教育部哲学社会科学系列发展报告
MOE Serial Reports on Developments in Humanities and Social Sciences

中国能源发展报告2016

China Energy Outlook 2016

主 编 林伯强

北京大学出版社
PEKING UNIVERSITY PRESS

图书在版编目(CIP)数据

中国能源发展报告.2016/林伯强主编.—北京:北京大学出版社,2017.1
ISBN 978-7-301-27970-0

Ⅰ.①中… Ⅱ.①林… Ⅲ.①能源发展—研究报告—中国—2016 Ⅳ.①F426.2

中国版本图书馆CIP数据核字(2017)第006981号

书　　　　名	中国能源发展报告 2016 ZHONGGUO NENGYUAN FAZHAN BAOGAO 2016
著作责任者	林伯强　主编
责 任 编 辑	王树通
标 准 书 号	ISBN 978-7-301-27970-0
出 版 发 行	北京大学出版社
地　　　　址	北京市海淀区成府路 205 号　100871
网　　　　址	http://www.pup.cn
电 子 信 箱	zpup@pup.cn
新 浪 微 博	@北京大学出版社
电　　　话	邮购部 62752015　发行部 62750672　编辑部 62752021
印 刷 者	北京大学印刷厂
经 销 者	新华书店
	730 毫米×980 毫米　16 开本　20.25 印张　375 千字 2017 年 1 月第 1 版　2017 年 1 月第 1 次印刷
定　　　　价	50.00 元

未经许可,不得以任何方式复制或抄袭本书之部分或全部内容。
版权所有,侵权必究
举报电话:010-62752024　电子信箱:fd@pup.pku.edu.cn
图书如有印装质量问题,请与出版部联系,电话:010-62756370

前　言

"十三五"是中国经济转型和改革的关键时期,"十三五"能源战略规划制定的成败,也是决定经济转型和改革能否顺利实现的关键之一。2014年,政府提出了能源革命(包括能源生产、消费革命、能源技术革命、能源体制革命)和具体要求。以经济转型和可持续发展为视角,以雾霾治理和应对气候变化为背景,"十三五"能源战略规划需要有什么样的革命性思路和相应战略性调整?

经济发展"新常态"使得能源需求增长减缓,能源企业的发展重点也发生改变。过去几十年,能源行业为了支持经济增长,满足能源需求是首要发展目标,能源行业的主要矛盾是供给能力不足,因此能源行业重在规模扩张。而随着经济增长放缓,能源供需已经由不足转为相对过剩,提高效率逐渐成为能源发展的首要目标,能源市场化改革和有效竞争日益重要。

能源革命要求"能源生产、消费革命、能源技术革命、能源体制革命"有机结合。中国的一次能源结构以煤炭为主,"十三五"能源战略规划除了要符合经济发展的阶段性特征外,还将受到温室气体减排的约束。

"十三五"将是能源体制和价格改革的重要推进期,能源体制和价格改革与战略规划需要保持一致性。能源改革虽有共识,但是顺利改革是有条件的,主要是能源改革对社会经济的影响和公众的接受程度。因此,改革比较好的时机应该是在能源供需相对宽松,能源价格低迷而且可以预期今后一段时间能源价格仍将低迷相对稳定的时期。近年来国内外能源供需状况和供应格局产生了巨大变化,十分有利于中国能源改革,因此"十三五"能源战略规划需要尽可能体现和促进能源改革。

任何国家的能源产业发展都难以回避政府的行政干预,问题是政府以何种方式进行干预,"十三五"能源战略规划应该通过改革除了尽可能减少政府行政干预,还需要政府以更为市场化的手段来进行必要的行政干预。比如说,行政审批权一直都被用来遏制产能过剩行业的盲目投资和扩张,但是近十年行政产能调控结果收效似乎不大,因此可能需要从更为市场化的角度来解决产能过剩问题。

应该尽量缩小中央和地方能源规划的差异,使地方能源规划与中央能源规划

相吻合,以保障整体能源战略规划的实施。有必要将地方的能源发展状况纳入到地方政府官员的政绩考核中,通过定期和不定期发布地区能源发展报告来监督地方能源产业的发展,以确保其发展与中央政府的战略规划相一致,服从国家能源大局的需要。

尽管已经在节能减排方面做了巨大努力,节能依然是"十三五"期间能源发展的主要环节,战略规划需要将节能(能源需求侧管理)作为平衡能源需求的有效组成部分。以往的能源战略规划中,主要是通过能源强度、碳强度等相对指标进行节能减排约束。"十三五"能源战略规划需要通过能源消费总量、环境排放总量以及清洁能源发展目标来硬化节能减排指标。

能源安全也是能源战略规划的一个重要目标,因此"十三五"战略规划需要提前布局能源,应对国际能源格局急剧变化,以保障能源安全。"十三五"能源战略规划需要提前布局石油替代,降低对其他国家的能源依赖,减少国际油价波动对国内的影响。长期而言,可再生能源、储能技术、微网和电动汽车有效结合,可以形成对传统化石能源(包括石油)的有效替代。因此,"十三五"能源战略规划需要重点关注清洁能源、电动汽车和储能技术的创新,因为技术创新导致的成本下降是确定、可靠和永久性的。

"十三五"能源战略规划还需要关注东西部产业转移和西部地区的环境保护问题。东部要素成本和环境成本的提高将迫使高耗能产业向西部转移,东西部地区的产业转移和资源流动将成为"十三五"经济发展的一个重要特征,需要把握转移的速度和规模,在发展西部的同时保护西部生态环境,需要同时考虑东部地区经济发展中的能源消耗和排放以及西部地区的增长和对能源基础设施的要求,通过吸取国际上区域保护的相关经验教训,设计有效的政策组合,尤其是在政策措施选择与路径设计上提出可行的解决方案。

正确把握能源需求是一个有效能源战略规划的起点。能源需求预测和规划应当符合中国阶段性经济增长的规律,能源投资战略规划应避免短期化,满足能源需求依然是能源战略规划的主要目标,在能源过剩的同时,需要警惕能源短缺对经济的影响;需要对中国能源安全做更为广义的界定,能源安全必须兼顾石油战略储备、低碳的能源供应多元化和能源市场发展。

《中国能源发展报告 2016》分两个部分:第一部分为行业能源发展与利用,第二部分介绍 2016 年能源热点问题。其中,第一部分包括第一章至第三章,主要介绍轻工业、重工业、服务业及其子行业的能源发展和利用情况以及能源效率、反弹效应、节能潜力和碳排放问题的研究;第二部分包括第四章至第七章,主要包括可再生能源与储能发展、中国汽车能源消费、中国能源补贴等。

《中国能源发展报告》系列获得教育部 2010 年教育部哲学社会科学研究(发

展）报告资助，此后《中国能源发展报告》每年都得到教育部提供的资助。

本书得到福建省能源经济与能源政策协同创新中心资金、厦门大学繁荣计划特别基金、福建省新华都商学院的资助，新华都能源经济与低碳发展研究院在数据采集、分析处理、模型建立等方面提供了大力的支持。

本书是团队合作的结果。厦门大学能源经济与能源政策协同创新中心、厦门大学中国能源政策研究院、厦门大学中国能源经济研究中心的陈广玉、陈星、陈先鹏、陈宇芳、杜之利、贺家欣、李想、林静、刘畅、刘奎、柳炜升、谭睿鹏、田鹏、王爱伦、仵金燕、吴微、张广璐、赵红丽、张子涵、郑清英、朱俊鹏、Shirley Lin 等博士研究生、硕士研究生参与了编写。特别感谢我的博士生刘畅所做的大量组织和协调工作。厦门大学中国能源政策研究院及中国能源经济研究中心的所有教师、科研人员、行政人员、研究生为本书编写提供了诸多的帮助。我们深知所做的努力总是不够的，不足之处，望读者指正。

林伯强
2016年8月于厦门

目 录

第一部分 行业能源发展和利用

第1章 重工业能源发展利用 …… 003
1.1 重工业能源发展利用 …… 003
1.2 重工业——高耗能行业能源发展利用 …… 018

第2章 轻工业能源发展利用 …… 039
2.1 轻工业的能源发展和利用 …… 039
2.2 轻工业——纺织行业的能源发展和利用 …… 056
2.3 轻工业——造纸及纸制品行业的能源发展和利用 …… 070

第3章 服务业能源发展利用 …… 089
3.1 服务业能源发展利用 …… 089
3.2 服务业——交通运输业的能源发展利用 …… 102
3.3 服务业——交通运输业——公路运输业的能源发展利用 …… 111
3.4 服务业——商业能源发展利用 …… 125

第二部分 2016年能源热点问题

第4章 能源热点问题之——可再生能源与储能发展 …… 149
4.1 可再生能源与储能发展 …… 149
4.2 中国光伏行业发展 …… 167

4.3 生物质能发展 ………………………………………………… 191

第 5 章 能源热点问题之——中国汽车能源消费 ……………… 210
  5.1 汽车行业发展现状和能源消费 …………………………… 210
  5.2 汽车部门能耗估算 ………………………………………… 215
  5.3 汽车部门柴油消费预测 …………………………………… 219
  5.4 柴油消费目标的实现 ……………………………………… 226
  5.5 轨道交通对汽车能耗的抑制作用 ………………………… 234

第 6 章 能源热点问题之——能源补贴改革与机制设计(以天然气为例) …… 236
  6.1 天然气价格改革与补贴变化 ……………………………… 237
  6.2 天然气补贴机制设计 ……………………………………… 251

第 7 章 能源热点问题之——其他 …………………………………… 265
  7.1 能源行业如何去产能 ……………………………………… 265
  7.2 "十三五"能源战略规划建议 ……………………………… 269

参考文献 ……………………………………………………………………… 274

附录 A 中国能源领域相关数据 ……………………………………… 282

附录 B 2015 年国内能源大事记 …………………………………… 302

附录 C 2015 年国际能源大事记 …………………………………… 310

第一部分
行业能源发展和利用

第1章 重工业能源发展利用

1.1 重工业能源发展利用

1.1.1 重工业的发展现状

重工业是指为国民经济各部门提供原材料、燃料、动力、技术装备等物质技术基础的主要进行生产资料生产的工业,而能耗高是重工业的典型特征。长期以来,重工业在国民经济中占有较高的比重。从新中国成立到改革开放初期,国家一直采取"重工业优先"的发展战略,将重工业看成是发展国民经济的重中之重,追求增长的高速度,中国的重工业在这一时期取得高速增长,并逐渐成为国家的主导产业。林毅夫(2006)的研究表明,从1949年到1981年重工业年均增长速度达到15.3%,重工业在工业总产值中所占比重,也从1949年的26.4%迅速增长至48.6%。改革开放之后,随着中国经济的迅速增长,重工业也迎来了新一轮的发展。这一段时期,重工业在工业总产值中所占比重先从1981年的48.6%增长到1991年的53.7%,再到2001年的60.6%,2013年这一比重为71.3%,重工业在国家工业结构中占有绝对重要的位置。

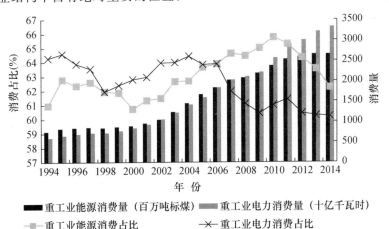

图1-1 1994—2014年中国重工业能源电力消费及比重

相比于其他国家,中国的能源消费结构以重工业为主。从图1-1中可以看出,从1994年到2014年的二十年间,重工业能源消费占全国一次能源消费总量的比重接近65%，电力消费占全社会用电量的比重超过60%。长期以来重工业的高速发展，导致产业升级和淘汰落后产能的进程相对比较缓慢，高排放、高污染成了重工业摘不掉的标签。因此，本节将围绕重工业的能源与环境问题以及产业结构调整等问题进行分析和探讨。

1.1.2 重工业发展与环境问题的空间计量分析[①]

以重工业为主的产业结构带来了巨大的能源消费量，这不但使能源供需形势日益严峻，还带来了严重的环境问题。尤其是自2012年冬天开始，全国大范围地区多次出现的雾霾天气，将严峻的环境形势暴露在人们面前，并引起了广泛的国际关注。

Arellano(2006)、彭水军和包群(2006)、黄菁(2013)等的研究发现，重工业发展、能源消费以及环境污染之间存在着一定的联系，由于各行业对环境的影响不同，因此产业结构同环境污染之间存在着一定的关系。传统研究多使用面板的分析方法，这当中存在的问题是面板回归假定各地区之间的污染是相对独立的；而针对环境污染来说，首先一个地区的环境质量会受到相邻地区排放的影响，其次重工业的发展的集群效应也会加强环境污染以及重工业发展的空间相关性。因此本文使用空间计量的方法，探讨中国重工业发展同环境污染之间的相关性。

为从空间计量的角度探究重工业发展同环境问题之间的关系，我们首先采用熵权法[②]，将各省份废水、废气及大气污染物量综合考虑，排放构建环境污染综合指数，用来衡量所考察地区的包含废水、废气和固体废弃物污染的综合环境污染程度。其次将环境污染的空间自相关性纳入计量模型，通过设置包括地理距离在内的空间权重矩阵，分析重工业发展同中国环境污染之间的关系。

各省、市、自治区环境污染综合指数计算结果如表1-1所示，数值越大说明污染程度越高。

表1-1 全国30个省、市、自治区环境污染综合指数

省份	北京	四川	福建	广东	贵州	黑龙江	海南	浙江	安徽	内蒙古
2005	0.0323	0.0344	0.0292	0.0328	0.0312	0.0300	0.0272	0.0432	0.0287	0.0290
2006	0.0321	0.0342	0.0295	0.0327	0.0311	0.0306	0.0272	0.0411	0.0286	0.0293
2007	0.0321	0.0331	0.0297	0.0324	0.0308	0.0306	0.0272	0.0401	0.0286	0.0295
2008	0.0316	0.0327	0.0297	0.0345	0.0304	0.0308	0.0272	0.0400	0.0283	0.0299
2009	0.0320	0.0330	0.0296	0.0333	0.0304	0.0314	0.0273	0.0412	0.0284	0.0296

---

① 本小节在参考文献"林伯强，刘奎. 中国重工业发展与环境污染的空间计量分析[J]. 厦门大学能源经济与能源政策协同创新中心工作论文，2015."基础上进行了修改和完善。

② 熵是系统无序程度的一个度量。根据熵权法的理论，如果某指标的信息熵越小，该指标提供的信息量越大，在综合评价中所起作用理当越大，权重就应该越高。具体到本文的计算中，则为某种污染物的排放量在各省份之间的差异越大，则权重越高，反之则权重越小。

(续表)

省份	北京	四川	福建	广东	贵州	黑龙江	海南	浙江	安徽	内蒙古
2010	0.0321	0.0305	0.0304	0.0327	0.0313	0.0319	0.0271	0.0399	0.0286	0.0304
2011	0.0317	0.0297	0.0300	0.0313	0.0314	0.0295	0.0265	0.0337	0.0312	0.0307
2012	0.0319	0.0302	0.0303	0.0314	0.0314	0.0299	0.0267	0.0336	0.0314	0.0317
2013	0.0317	0.0299	0.0306	0.0310	0.0315	0.0296	0.0267	0.0331	0.0312	0.0308
2014	0.0317	0.0299	0.0306	0.0312	0.0317	0.0303	0.0270	0.0333	0.0314	0.0324

省份	山东	云南	甘肃	江西	江苏	广西	上海	辽宁	河北	山西
2005	0.0302	0.0308	0.0287	0.0289	0.0383	0.0311	0.0425	0.0294	0.0343	0.0326
2006	0.0305	0.0315	0.0290	0.0293	0.0376	0.0309	0.0422	0.0301	0.0347	0.0328
2007	0.0308	0.0328	0.0293	0.0292	0.0371	0.0305	0.0422	0.0303	0.0355	0.0345
2008	0.0310	0.0333	0.0292	0.0292	0.0372	0.0309	0.0413	0.0302	0.0343	0.0343
2009	0.0309	0.0339	0.0294	0.0292	0.0371	0.0304	0.0407	0.0304	0.0343	0.0342
2010	0.0312	0.0345	0.0295	0.0292	0.0369	0.0303	0.0404	0.0309	0.0350	0.0353
2011	0.0319	0.0416	0.0296	0.0280	0.0360	0.0290	0.0408	0.0302	0.0356	0.0393
2012	0.0317	0.0388	0.0298	0.0286	0.0355	0.0292	0.0402	0.0306	0.0335	0.0378
2013	0.0314	0.0402	0.0299	0.0286	0.0359	0.0291	0.0394	0.0313	0.0360	0.0375
2014	0.0318	0.0354	0.0302	0.0287	0.0359	0.0293	0.0390	0.0318	0.0358	0.0366

省份	天津	新疆	湖北	陕西	青海	宁夏	吉林	湖南	河南	重庆
2005	0.0363	0.0294	0.0341	0.0311	0.0288	0.0283	0.0288	0.0286	0.0318	0.0509
2006	0.0354	0.0298	0.0340	0.0308	0.0289	0.0283	0.0289	0.0285	0.0322	0.0510
2007	0.0355	0.0302	0.0336	0.0312	0.0289	0.0283	0.0291	0.0285	0.0327	0.0484
2008	0.0354	0.0304	0.0342	0.0311	0.0290	0.0283	0.0292	0.0287	0.0327	0.0478
2009	0.0352	0.0303	0.0344	0.0306	0.0290	0.0285	0.0295	0.0286	0.0320	0.0478
2010	0.0365	0.0304	0.0343	0.0299	0.0292	0.0285	0.0296	0.0284	0.0324	0.0455
2011	0.0362	0.0314	0.0342	0.0291	0.0290	0.0297	0.0296	0.0274	0.0330	0.0456
2012	0.0366	0.0328	0.0342	0.0291	0.0293	0.0306	0.0293	0.0275	0.0340	0.0447
2013	0.0358	0.0318	0.0341	0.0287	0.0294	0.0304	0.0298	0.0275	0.0342	0.0452
2014	0.0365	0.0314	0.0342	0.0289	0.0297	0.0303	0.0300	0.0279	0.0338	0.0451

为更直观地体现不同区域环境污染水平情况，我们按照各省所在区域的不同，将其分为东部、中部和西部三个区域，整体考察这三个区域环境污染综合指数的变动，结果如图1-2所示。

从图1-2可以看出，2012年以前，东部地区的环境污染水平整体保持下降趋势。2008年由于受国际金融危机影响，下降程度较为明显，之后恢复到原有水平并有一定程度的反弹。2013年以来，东部地区的环境污染水平又开始上升，这与自2013年1月份全国东部大范围出现的雾霾天气在时间上保持吻合，从侧面验证

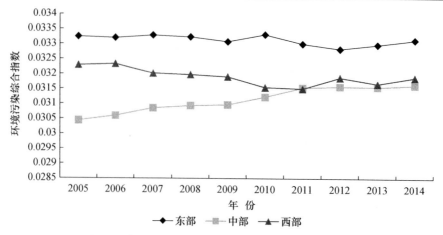

图 1-2 东部、中部、西部平均环境污染综合指数走势图

了环境污染综合指数的有效性。西部地区的情况同东部地区类似,整体环境污染水平自 2011 年一直保持下降趋势。此后受东部地区高耗能高排放产业向西部转移影响,2012 年开始西部地区环境污染水平开始上升,近年来整体在一定波动水平中保持上升趋势。中部地区的环境污染水平一直保持上升趋势,近年来受经济整体增速放缓的影响,环境污染上升水平开始放缓。

从 2005 年到 2014 年各省份环境污染指数的区域分布来看,东部地区的环境污染水平一直较高,而西部和中部地区的差距正在逐渐缩小。河北、天津、湖北、重庆和江苏等省市环境污染水平一直较高,而山西、云南、新疆等省份的环境污染水平有明显加重的趋势;从图中还可以看出,浙江、广东等东部经济较为发达的省份环境治理取得了较为明显的水平,环境污染水平表现出明显的下降趋势。受产业转移影响,山西、山东、内蒙古等省份的环境污染水平开始上升,从时间上看主要发生在 2011 年之后,这与国家促进产业向西部转移的政策执行有很大的关系。青海、湖南、陕西、江西等地的环境污染水平一直保持在较低的水平,青海、江西等地还有不同程度的下降。

从空间聚集的角度来讲,中国环境污染有明显的空间聚集效应,即分布在环境污染水平较高的区域周围的省份,环境污染水平整体上也较高,反之亦然。后面的 Moran's I 指数可以更好地说明这个问题。

图 1-3 和图 1-4 分别给出了 2005 年和 2014 年中国各省份环境污染综合指数的 Moran's I 指数。Moran's I 数值在 -1 到 1 之间。根据 Moran's I 指数的定义,越接近 1 则表明该指标的空间效应越明显,其中指数为正说明是正向效应,反之

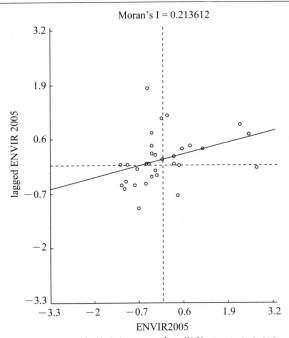

图 1-3　2005 年的空间 Moran's I 指数，I＝0.213612

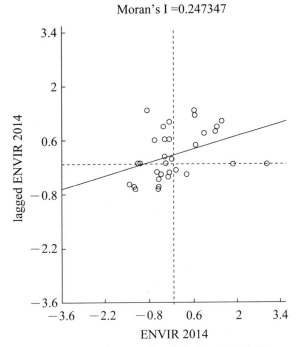

图 1-4　2014 年 Moran's I 指数，I＝0.247347

则为负向效应。计算结果表明,2005年的Moran's I 指数约为0.2136,说明各省份的环境污染综合指数存在较为明显的空间效应,且是影响是正向的。2014年的Moran's I 指数为0.2473,空间效应依然较为明显,且相比于2005年有增强的趋势。说明随着各地区之间的环境集聚效应逐渐增强,一个地区的环境受周围地区影响的趋势正在逐渐增强。

接下来考虑环境污染与重工业发展的空间关系,通过引入特定的权重矩阵,使用空间计量模型对二者进行回归。单位根检验可以防止"伪回归"问题。我们对对数化的环境指数(P)、重工业能源消费(E)、人均 GDP(GDP)、重工业固定资产投资(inv)、环境污染治理投资(eni)变量进行面板单位根检验,以确定平稳性。检验结果表明原始数据均为一阶单整序列。之后对变量进行协整检验,检验结果见表1-2。

表1-2 面板数据的协整检验

检验方法		统计量	P值
Pedroni检验	Panel v—Statistic	0.9139	0.1001
	Panel rho—Statistic	0.4137	0.6135
	Panel PP—Statistic	−2.9714***	0.0011
	Panel ADF—Statistic	−3.7820***	0.0001
	Group rho—Statistic	3.2399	0.9994
	Group PP—Statistic	−1.7184**	0.0101
	Group ADF—Statistic	−3.0161***	0.0010
Kao检验	t—Statistic	−4.4334***	0.0000

我们实证研究所设定的基础分析模型如下:

$$\ln P_{it} = \beta_1 W \ln P_{it} + \beta_2 \ln E_{it} + \beta_3 \ln eni_{it} + \beta_4 \ln inv_{it} + \beta_5 \ln GDP_{it} + \mu_i + \varepsilon_{it}$$

(1-1)

采用固定效用模型对上式进行回归,我们共选取了2005年到2013年全国30个省份共计270个数据。回归结果如表1-3所示。

表1-3 模型估计结果表

模型	变量	系数	标准差	统计量	P值
面板	E	0.453	0.204	2.22	0.027**
	eni	−0.252	0.157	1.60	0.111
	inv	0.406	0.094	4.34	0.000***
	GDP	0.123	0.037	3.32	0.000***
	C	−2.953	0.157	−18.75	0.000***

(续表)

模型	变量	系数	标准差	统计量	P 值
空间面板	$W*P$	0.238	0.098	2.41	**0.017****
	E	0.457	0.189	2.49	0.013**
	eni	−0.266	0.155	1.72	0.086*
	inv	0.393	0.092	4.28	0.000***
	GDP	0.137	0.037	3.75	0.000***
	C	−5.205	0.735	7.08	0.000***

为佐证检验结果的可靠性,表1-3中保留面板数据分析结果以进行对比。结果表明,面板数据分析系数与空间面板分析系数基本相近,并未出现数据级别上的差异,从而保证了研究结果的可信度。从表中我们可以得到如下结论:

从影响环境污染综合指数的因素来看,重工业能源消费量对环境指数有直观的正向作用,当重工业能源消费增长1个百分点,环境污染综合指数会同时恶化0.45%左右,重工业固定资产投资增长1%,环境污染综合指数增加0.4个百分点。这基本上佐证了我们之前的假设,重工业能源消费对污染物排放有着直接而重要的影响。由于环境污染综合指标由二氧化硫、废水以及固体废弃物构建而成,工业生产是三废最直接的来源,而重工业能源消费占工业能源消费在90%左右,重工业工业增加值占工业的比重也已经超过了70%,因而重工业的能源消费以及固定资产投资对环境污染综合指数的影响最大。

从环境污染治理投资方面来看,在考虑空间效应时,当环境污染治理投资增加1%时,环境污染综合指数会下降0.26个百分点。也就是说,加大环境污染治理的投资会对环境的改善有显著的作用。另一方面,GDP的增长对环境也存在显著的负面作用,人均GDP增加1个百分点,环境将恶化约0.13个百分点。根据环境库兹涅茨倒U假说,当收入达到一定程度后,随着收入的增加环境会得到改善。但是根据我们的实证结果,随着人均GDP的增加,环境污染指标仍然逐步恶化,说明中国目前仍未到达拐点。

值得注意的是,权重矩阵与环境污染指标的乘积项显著为正,说明环境污染具有明显的扩散效应。并且由于污染扩散所带来的环境恶化效应甚至大于环境污染治理投资的效应,这一点从之前的环境指标分布图也可以看出。

从未来发展来看,我们建议从以下几个方面入手,实现经济社会的可持续发展:

(1)发展第三产业,加速对重工业的替代。中国同很多西方国家在能源强度方面之所以存在很大差距,技术效率因素是一方面,产业结构方面的差异同样是十分重要的因素。重工业在中国产业结构中占有很重要的比重,消耗了大量的能源,而相比之下在西方国家的经济结构中金融服务业为主的第三产业则占比很高。不同产业产生相同GDP所消耗的能源差距巨大。以电力消费为例,第一产业和第三产业的单位GDP电耗分别为170千瓦时/万元和220千瓦时/万元,而工业的单位GDP电耗约为1750千瓦时/万元,包含工业和建筑业在内的整个第二产业单位GDP电耗也约为1500千瓦时/万元。因此加快发展第三产业,实现经济增长驱动方式的转变,对实现控制能源消费总量目标和环境治理有巨大的现实意义。事实上自2013年起,中国服务业在经济中的比重已经超过第二产业,中国的经济增长方式已经发生了巨大变化。但相较于其他国家,重工业在经济结构中的比重仍然过高,由此带来的能源、环境问题依然十分严重,因此仍有很长的路要走。

(2) 加大环境污染治理投入,严格重工业排放标准。从2005年到2013年的数据来看,全国每个省每年平均在环境污染治理方面投入167.5亿元,东部省份平均投入255亿,中部和西部省份平均每年投入141亿和98.9亿元,东部省份投入明显高于中部和西部,这也是东部近年来环境污染指数逐渐下降的重要原因之一。但从另一个角度来说,东部污染情况仍然要明显高于中部和西部,因而加大东部的污染治理投入是十分必要的。对于中西部来说,为避免东部先污染后治理的老路,布局环保产业,在现阶段加强环境治理方面的投资也会获得更大的边际效益。政府应该制定更为严格和严谨的排放标准,推动工业企业加强对污染治理的投资。

(3) 环境污染扩散效应显著,加强治理方面的协作。从我们的实证结果来看,环境污染具有明显的向外扩散效应,并且扩散带来的环境恶化甚至要大于环境污染治理投资的正向效应,因而加强省际之间的污染治理协作就显得尤为重要。为促进区域之间污染协作治理首先要制定跨行政区政府协作治理的法律,构建区域性的总体规划以及实施标准细则。并且可以设立具有切实监督执行权力的协调机构,职能可以包括制定空气质量管理标准,对固定源污染进行管理。同时也可以加强企业、社会等多元主体在环境治理中的参与度。

1.1.3 重工业的全要素生产率——基于投入产出的视角①

前文从空间计量的角度,对重工业发展与环境污染的关系进行了分析。这一部分我们提出一个新的观点,即考虑行业间的投入产出关系,在绿色GDP的框架内,对重工业的全要素生产率进行核算。

根据国家统计局和国家环保部(原国家环保总局)给出的解释,绿色GDP是指从现行统计的GDP中,扣除由于环境污染、自然资源退化、教育低下、人口数量失控、管理不善等因素引起的经济损失成本,从而得出真实的国内财富值。目前

---

① 本小节在参考文献"林伯强,刘奎. 中国重工业真实全要素生产率[J]. 厦门大学能源经济与能源政策协同创新中心工作论文,2016."基础上进行了修改和完善。

环境保护部已完成绿色GDP核算有关技术规范,并在部分地区展开试点。从世界范围来看,世界银行提出的"真实储蓄"的概念,也是从可持续发展的角度考虑,将环境污染、能源及矿产资源消耗、温室气体排放等因素综合考虑来衡量经济发展指标。

在绿色GDP及"真实储蓄"的视角来看,重工业大量的碳排放和能源资源消耗严重影响其真实经济产出,也进一步地对其全要素生产率核算产生了影响。高能耗、高排放是重工业的典型特点。在有关衡量中国重工业全要素生产率的问题上,如何将能源资源消耗和碳排放纳入计算框架,还原真实的全要素生产率,是一个值得研究的问题。

Forsund and Hjalmarsson(1979)、张军等(2009)、郑京海和胡鞍钢(2005)、胡鞍钢等(2008)、涂正革(2008)、王兵等(2010)、陈诗一(2009,2010)等都测算了包含环境因素在内的中国全要素生产率。从使用方法上来看,现有文献基本上都是采用数据包络分析的方法,将环境污染看成是非合意产出,通过判断与前沿面的距离来判断效率值。这种方法只能通过增加非合意产出的维度来涵盖不同的污染物,这样会对精度有一定的影响。更为重要的是,之前的研究都没有考虑到行业之间的投入产出关系对要素及污染物排放的重新分配,进而无法考虑到投入产出关系对各行业全要素生产率的影响。基于以上不足,我们参考胡鞍钢(2010),在真实储蓄核算的框架下,使用投入产出表计算了中国重工业的全要素生产率。

世界银行数据库提供了中国整体的能源及自然资源损耗数据以及全国二氧化碳排放的损耗数据。结合各行业的实际能源消费量,就可以得到各行业能源消耗导致的自然资源损耗。同时根据化石能源的消费数量,可以得到各行业的二氧化碳排放量,进而得到各行业二氧化碳排放导致的损耗值。

其中各行业的二氧化碳排放量可以通过对各化石能源品种的能源消费量乘以该品种的碳排放系数的所得值进行加总而来。根据IPCC(2006),各能源品种的碳排放系数如表1-4所示:

表1-4 各能源品种碳排放系数

能源品种	原煤	洗精煤	其他洗煤	焦炭	焦炉煤气	其他煤气	其他焦化产品	原油
碳排放系数	1.980356	2.495249	1.107727	3.046316	9.294696	7.76149	3.135913	3.409916
单位	万吨/万吨	万吨/万吨	万吨/万吨	万吨/万吨	万吨/亿立方米	万吨/亿立方米	万吨/万吨	万吨/万吨
能源品种	汽油	煤油	柴油	燃料油	液化石油气	炼厂干气	其他石油制品	天然气
碳排放系数	3.044655	3.198454	3.174568	3.04218	3.022209	3.617395	3.35	20.90427
单位	万吨/万吨	万吨/万吨	万吨/万吨	万吨/万吨	万吨/万吨	万吨/万吨	万吨/万吨	万吨/亿立方米

1994—2013年中国工业及重工业自然资本损耗及占各自增加值的比重如图1-5所示。从图1-5中可以看出,1994年到2013年期间,重工业包含能源和二氧化碳损耗在内的自然资本损耗占增加值的比重保持在10%左右,研究区间内于2008年达到20.9%的峰值。这主要是由于世界银行核定的当年煤炭、石油和天然气租金占GDP比重出现明显上升,重工业的能源结构及产出均未出现明显变化。整体上看,工业的自然资本损耗高于重工业,但工业自然资源损耗占比低于重工业。

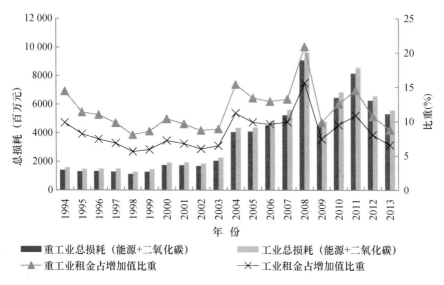

图1-5 中国工业及重工业能源和二氧化碳损耗及占对应增加值比重

图1-6列举了1994—2013年从属于重工业范畴内的细分行业自然资源损耗占各自GDP比重的平均值。从细分行业的情况来看,传统高耗能行业自然资源损耗占各自工业增加值的比重显著高于其他行业。高耗能行业范畴内的行业损耗占比均显著高于重工业的平均水平。燃气的生产和供应业占比最高,样本区间内均值达到了37%。

表1-5分别列举了投入产出视角比生产者视角下自然资源损耗有所增加以及有所减少的各个行业。从表中反映的情况来看,投入产出视角比生产者视角损耗有所增加的行业多处在产业链下游,接受来自上游行业的补贴;投入-产出视角比生产者视角损耗有所减少的行业多处在产业链上游,补贴了下游的相关行业。

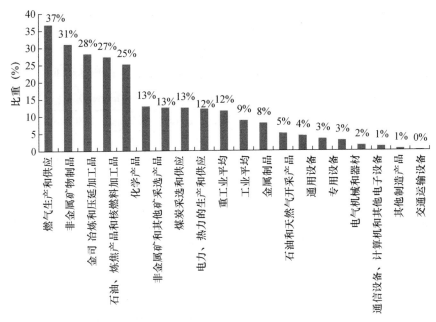

图1-6 生产视角下重工业各部门能源及二氧化碳损耗占增加值比重

表1-5 生产视角和投入-产出视角下能源及二氧化碳损耗变动

投入-产出视角比生产视角损耗增加(%)			投入-产出视角比生产视角损耗减少(%)		
行业	生产视角	投入-产出视角	行业	生产视角	投入-产出视角
燃气生产和供应	36.81	78.92	非金属矿物制品	31.03	13.04
金属矿采选产品	8.00	13.62	金属冶炼和压延加工品	28.22	19.10
金属制品	5.06	14.49	石油、炼焦产品和核燃料	27.30	4.69
通用设备	3.45	10.96	化学产品	25.17	24.92
专用设备	3.00	9.96	非金属矿和其他矿采选	12.98	2.74
电气机械和器材	1.56	8.53	煤炭采选产品	12.61	6.03
通信设备、计算机和其他电子	1.24	13.01	水的生产和供应	12.51	11.76
其他制造产品	0.54	5.02	电力、热力的生产和供应	12.18	9.65
交通运输设备	0.17	9.74	石油和天然气开采产品	4.33	0.15

投入-产出表的直接流量表体现了国民经济各行业之间中间投入的流向。从2012年投入产出表来看,燃气生产和供应业最大的中间投入来自燃气生产和供应业,化学产品制造业,电力、热力的生产和供应业以及石油炼焦和核燃料制品业,这四个行业的中间投入贡献了燃气生产和供应业中间投入的82%。

表1-6列举了投入-产出转换前后自然资本损耗的转移过程。在一定程度上可以说,上游的行业是"代替"下游行业消耗了自然资源,同时排放了二氧化碳以及其他污染物。从行业的划分上,这种转移可能是重工业子行业内部之间的转移,也可能是从重工业转移到轻工业,也可能是从重工业转移到其他非工业部门。

表1-6 投入-产出视角比生产者视角损耗增加的行业中间投入来源

损耗增加行业	最主要的中间投入来源行业			
	1	2	3	4
燃气生产和供应	燃气生产和供应业	化学产品制造业	电力热力生产和供应业	石油炼焦产品和核燃料加工业
金属矿采选产品	金属冶炼和压延加工业	金属矿采选业	化学产品制造业	非金属矿物品制造业
金属制品	金属制品业	电力机械和器材	通用设备制造业	专用设备制造业
通用设备	通用设备制造业	交通运输设备制造业	专用设备制造业	金属冶炼和压延加工业
专用设备	专用设备制造业	煤炭矿采选业	金属制品业	化学产品制造业
交通运输设备	交通运输设备制造业	专用设备制造业	通用设备制造业	非金属矿物品制造业
电气机械和器材	电力机械和器材	通信设备计算机和其他电子设备	通用设备制造业	电力热力生产和供应业
通信设备、计算机和其他电子设备	通信设备计算机和其他电子设备	电力机械和器材	通用设备制造业	专用设备制造业
其他制造产品	通信设备计算机和其他电子设备	其他制造产品	煤炭矿采选业	交通运输设备制造业

图1-7显示了经过投入-产出变换,重工业的自然资源损耗转移到轻工业以及非工业部门的比重。

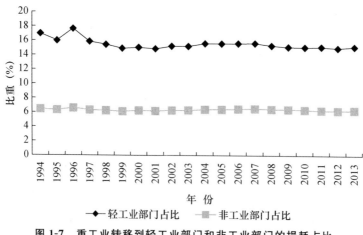

图1-7 重工业转移到轻工业部门和非工业部门的损耗占比

在进行投入-产出转换前,重工业的自然资本损耗占增加值的比重差异巨大。按照真实增加值的核算方法,转换前自然资本损耗将折扣掉部分工业增加值,造成真实增加值与增加值之间巨大差异。但是经过投入-产出转换,二者之间的差异大幅减小。基于同样的原理,可以得到重工业的真实资本存量和真实增加值,进而得到真实的全要素生产率。

图1-8展示了通过真实资本存量和真实工业增加值处理后得到的重工业全要素增长率同未经处理得到的重工业全要素增长率示意图。从图中可以发现,处理后的重工业全要素增长率有了显著的提高。这说明一直以来重工业内部全要素生产率的提高被其高消耗高排放的行业特点所掩盖。

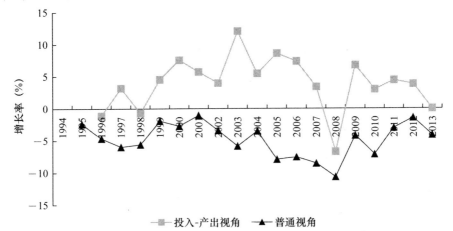

图1-8 投入-产出视角下和普通视角下重工业全要素生产率增长率

1.1.4 产业结构调整对能源、电力消费和GDP增长的影响

在全球经济增长速度普遍放缓的背景下,中国GDP增速和能源、电力消费增速从2014年开始出现了一定程度的背离。2014年GDP增长7.4%,能源消费增长2.2%,电力消费增长3.8%。2015年这种背离程度进一步加大。国家统计局及中国电力企业联合会、国家能源局最新公布的数据显示,今年上半年GDP增长率为7%,能源消费和电力消费增长率仅为0.7%和1.3%。从历史数据上看,这种现象不是第一次出现,1998年亚洲金融危机以及2008年国际金融危机期间,都曾在短期内出现这种背离。从图1-9可以看出。

通常的解释是这种背离跟存货有关。在经济收缩时期,工业企业处于去库存过程,当期生产规模收缩导致能源、电力消费出现超常规下滑;反过来在经济扩张时期,企业往往处于补库存过程,生产规模扩张导致能源及电力消费出现快速增长。短期的背离可以通过存货变动来解释,但从长期来看需考虑中国的能源消费结构及不断进行中的产业结构调整。

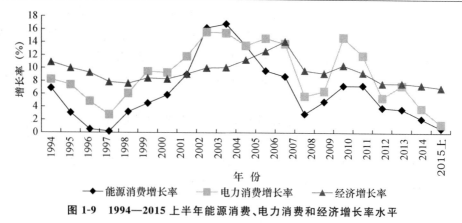

图1-9 1994—2015上半年能源消费、电力消费和经济增长率水平

中国能源及电力消费高度集中。重工业能源消费占全国一次能源消费总量的比重接近65%,电力消费占全社会用电量的比重超过60%。这种高度集中的结构很容易将重工业能源消费产生的波动放大到整体。

伴随着经济结构的不断调整,近年来重工业能源及电力消费在全社会中所占的比重有所下降,但仍保持在一个很高的水平。2014年重工业电力消费33 272亿千瓦时,占全社会电力消费量的60.24%,而包含第一产业、轻工业、建筑业、服务业与居民生活用电在内的其他所有部门仅占39.76%。这就意味着如果要保持电力消费增速不变,重工业电力消费增速下降1个百分点,需要其他行业多增长约1.5个百分点。

从总的能源消费角度来讲也是如此。2013年重工业能源消费占全部一次能源消费量的63.6%,也就是说如果重工业能源消费增速下降1个百分点,需要其他所有行业多增长1.75个百分点才能保持之前的增长水平。考虑到目前服务业已经成为驱动经济增长的最主要动力,在其他行业增速保持不变的前提下,重工业能耗及电耗每下降1个百分点,服务业能耗及电耗需多增长6.4和5个百分点,才能完全抵消重工业带来的增速下滑。

由于重工业在能源及电力消费中占比很高,因此重工业的波动很容易在能源和电力消费总量中体现出来。2015年电力消费数据可以很好地说明这种现象。

如表1-7所示,2015年上半年,重工业用电同比下降0.9%。总的来看,上半年1.3%的全社会用电增速中,第三产业上拉了0.96%,居民消费上拉了0.62%,而第二产业下拉了0.33%,其中重工业下拉了0.56%。从贡献率来看,第三产业对全社会用电增长的贡献率达到76.3%,第二产业的贡献率为−26.4%,其中重工业的贡献率为−44.61%。

表 1-7 2015 年上半年各产业电力消费增速及对全社会用电量的贡献

	第一产业	第二产业	工业	轻工业	重工业	第三产业	居民生活
同比增长率(%)	0.9	−0.5	−0.4	2.1	−0.9	8.1	4.8
贡献率(%)	1.12	−26.40	−24.30	20.31	−44.61	76.32	48.95
贡献值(%)	0.01	−0.33	−0.31	0.26	−0.56	0.96	0.62

长期以来,重工业在中国国民经济中占有十分重要的比重。21 世纪以来,重工业化发展带来的一系列问题开始突出,在严峻的资源、环境等条件约束下,政府采取了一系列措施,将产业结构向可持续发展的方向进行调整,并收获了一定的成效。近年来,重工业增加值仍在保持增长但增长速度开始放缓,在产业结构中的比重持续下降,受此影响,重工业的能源及电力消费增速也开始放缓,这也直接导致了整体能源消费及全社会用电量增速下滑。而相比于重工业,服务业一直以来保持着快速增长的趋势,同时其电力消费和能源消费均保持快速增长(图 1-10)。

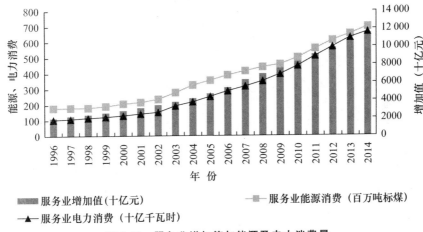

图 1-10 服务业增加值与能源及电力消费量

总的来看,重工业在能源及电力消费结构中占有很大的比重。这种高度集中的能源及电力消费结构导致了重工业能耗及电耗出现的波动很容易被放大到整体。而受产业结构调整的影响,重工业在国民经济中的比重开始下降,因此在一定程度上导致能源消费总量及全社会用电量的增速下滑。由于产业结构变动是长期的、持续的,因此这一因素带来的能源及电力消费量下降也将是长期的、持续性的。这种观点并不否认短期内库存对能源及电力增速下降的影响,而是基于中国的实际情况,从能源消费结构及产业结构调整的角度给出了解释。

换言之,库存引起的背离是短期的,不可持续的,当经济形势好转之后能源及电力消费必将出现反弹,来弥补之前库存的损耗;而经济结构调整引起的背离将是长期和持续的,经济驱动方式由第二产业向单位 GDP 能耗更低的第三产业转移的过程中,能源及电力消费增长将会长期落后于经济增长水平。

近年来,黑色金属冶炼、建筑业等行业持续低迷给钢铁、建材行业带来了很大的负面影响。随着产业结构调整的不断深入,以高耗能为代表的重工业在国民经济中所占的比重将持续下降,在能源消费结构中所占的比重也将逐渐变小,且产业结构变动是长期可持续的,因此经济增长与能源、电力消费的背离可能会在今后一段时间持续出现。即使当经济形势好转时,出现因企业为补充库存所导致的能源消费快速反弹的情况,反弹的幅度相对而言也会越来越小。

1.2 重工业——高耗能行业能源发展利用

1.2.1 高耗能行业的发展现状

中国《2010 年国民经济和社会发展统计报告》列出了中国的六大高耗能行业,它们分别是化学原料及化学制品制造业,非金属矿物制品业,黑色金属冶炼及压延加工业,有色金属冶炼及压延加工业,石油加工炼焦及核燃料加工业,电力、热力的生产和供应业。这六大行业不仅仅是中国能源消耗大户,而且因为作为中国重要的原材料生产和供应业,它们还在国民经济与社会发展中扮演着重要角色。比如,化学产品(无机酸、无机碱等),肥料(氮肥、钾肥、复合肥、有机肥等),钢铁,水泥,玻璃,有色金属产品(铜、铝、锌、锡等)各类石油制品(汽油、煤油、柴油、燃料油等)以及人们日常生活和现在化生产过程中的电力和热力都由这六大高耗能行业生产和提供。

图 1-11 描述了 1990 年到 2013 年中国六大高耗能行业能源消费总量及其占工业能源消费和中国能源消费量的比例。从图中可以看出,1990 年中国六大高耗能行业能源消费总量为 39 529 万吨标准煤,占该年工业能源消费总量的 58.49%,占该年中国能源消费总量的 40%。到 2013 年,中国六大高耗能行业能源消费量为 211 648 万吨标准煤,占该年工业能源消费总量的 72.69%,占该年中国能源消费总量的 50.76%。20 多年来,中国六大高耗能行业能源消费总量增长了 5.35 倍,占中国工业能源消费和中国能源总消费量的比例也在不断上升。2013 年以来,伴随着"中国梦"提出,保障房的建设进度开始加快,拉动建材、钢铁和有色金属行业继续快速发展。以 2005—2013 年为例,这一时期内,中国六大高耗能行业能源消费总量平均占中国能源消费总量的 50.27%,占中国工业能源消费总量的 70.75%。由此可以看出,中国高耗能行业能源消费的变动会对中国整体能源消费产生重要影响。

必须指出,石油加工炼焦及核燃料加工业与电力热力的生产和供应业这两个高耗能行业是用能源作为原材料生产另一种能源产品,即它们的投入品和产出品

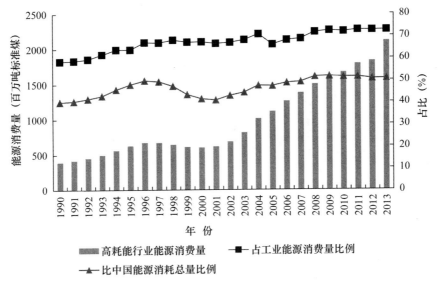

图 1-11　1990—2013 中国高耗能行业能源消费概况
数据来源:《中国统计年鉴》和《中国能源统计年鉴》。

都是能源。石油加工炼焦及核燃料加工业的主要原材料是原油、沥青铀矿或其他含铀矿石,产品是各种石油制品,如汽油、煤油、柴油、燃料油,石脑油等以及铀、浓缩铀。电力热力的生产和供应业的主要原材料是煤炭,石油,天然气,主要产品是电力和热力。在中国现有的能源统计口径下,在省一级别的分行业数据库里没办法区分这两大行业的中间投入和最终投入的能源消耗量,因此,下面的分析只包括了中国六大高耗能行业中的其他四个行业。此处先详细介绍这四个行业的能源消费和二氧化碳排放情况。

化学原料及化学制品制造业包括基础化学原料制造,肥料制造,农药制造,涂料、油墨、颜料及类似产品制造,合成材料制造,专用化学产品制造及日用化学产品制造 7 个子行业。图 1-12 是化学原料及化学制品制造业 2000—2013 年能源消费及二氧化碳排放情况。可以看出,2000—2013 年,中国化学原料及化学制品制造业的能源消费和二氧化碳排放均在增长,尤其是 2003—2007 年,二氧化碳排放和能源消费量的平均增长率分别达到 16.1% 和 17.8%。2000 年,该行业能源消费量仅为 0.663 亿吨标准煤,但是 2013 年却增长到 1.955 亿吨标准煤。二氧化碳排放量也是如此,2000 年为 2.817 亿吨,2013 年增长到 9.327 亿吨,是前者的 3.3 倍多,年平均增长率达到 9.83%。

非金属矿物品制造业主要生产建筑材料,如水泥,瓷砖,玻璃等。图 1-13 显示了非金属矿物品制造业能源消费及二氧化碳排放情况。近年来,中国房地产业发

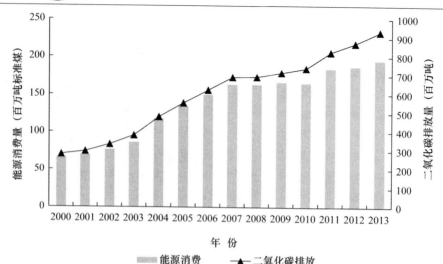

图 1-12 化学原料及化学制品制造业能源消费及二氧化碳排放
数据来源:《中国统计年鉴》和作者自己计算的结果。

展迅猛,也因此带动了非金属矿物品制造业的发展。同化学原料和化学制品制造业一样,非金属矿物品制造业的能源消费和二氧化碳排放量从 2000 年到 2013 年一直保持增长态势。2000 年,非金属矿物品能源消费量为 0.753 亿吨标准煤,二氧化碳排放量为 2.880 亿吨。2013 年,能源消费量和二氧化碳排放量分别增长至 2.269 亿吨标准煤和 9.485 亿吨,分别是 2000 年的 3.01 倍和 3.29 倍。

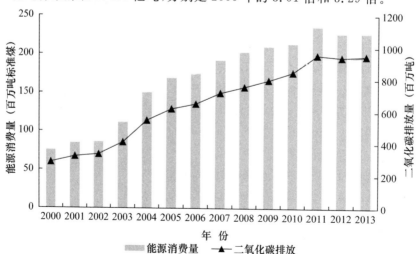

图 1-13 非金属矿物品制造业能源消费及二氧化碳排放
数据来源:《中国统计年鉴》和作者自己计算的结果。

黑色金属冶炼及压延加工业的主要组成部分是钢铁工业,中国现在处于工业化阶段后期,因此对于钢铁的需求仍然处于高位阶段。图 1-14 显示了 2000 年到 2013 年黑色金属冶炼及压延加工业能源消费及二氧化碳排放情况。其二氧化碳排放量从 2000 年的 4.452 亿吨增长到 2013 年的 20.324 亿吨,这比化学原料和化学制品制造业以及非金属矿物品制造业都要大得多。能源消费量也比前两个高耗能子行业要多,2013 年,黑色金属冶炼及压延加工业的能源消费量达到了 4.8728 亿吨标准煤。

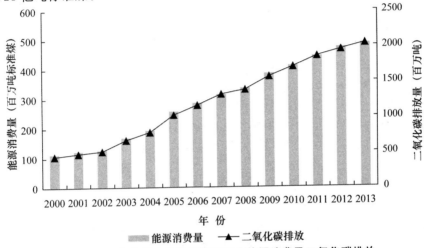

图 1-14　黑色金属冶炼及压延加工业能源消费及二氧化碳排放
数据来源:《中国统计年鉴》。

有色金属冶炼及压延加工业是这四个高耗能子行业中能源消费量和二氧化碳排放量最少的子行业。图 1-15 显示了 2000—2013 年有色金属冶炼及压延加工业能源消费及二氧化碳排放情况。其能源消费从 2000 年到 2007 年保持增长,然后开始在小范围内波动。对二氧化碳排放量来说,2000 年为 0.952 亿吨,2013 年增长到 4.709 亿吨。有色金属冶炼及压延加工业在航空工业,汽车产业,机械制造业和通信行业中的作用举足轻重。

面对中国高耗能行业的巨额能源消费,有必要对其能源效率进行定量研究。与之前的其他学者定义的能源效率不同,我们在计算中国高耗能行业的能源效率过程中不仅仅考虑了投入,即能源、资本和劳动,而且考虑了两种不同的产出:一是高耗能行业的行业总产值,也被称为期望产出(或者好产出);二是高耗能行业的二氧化碳排放量,也被称为非期望产出(或者坏产出)。所以我们测算的能源效率也叫生态能源效率。

对能源效率的分类一般分为两种:一种在测算过程中仅仅考虑了能源本身,

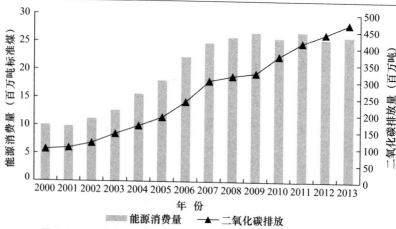

图 1-15　有色金属冶炼及压延加工业能源消费及二氧化碳排放

数据来源:《中国统计年鉴》和作者自己计算的结果。

如单位 GDP 所消耗的能源,这种能源效率也可以称为单要素能源效率;另一种在测算过程中不仅要考虑能源消耗本身,还要考虑其他投入,这种能源效率也称为全要素能源效率。

综合以上两点,我们测算的能源效率称为全要素生态能源效率(Ecological Total-Factor Energy Efficiency,以下简称 ETFEE),全要素生态能源效率包含有可持续发展的意义,对于当代中国高耗能行业的政策意义也更明显。

1.2.2　中国高耗能行业生态能源效率和节能潜力①

考虑到中国幅员辽阔,各地区之间差异巨大,传统上中国被分为三个地区:即东部地区,中部地区和西部地区②。本节我们将利用数据包络分析(Data Envelopment Analysis,以下简称 DEA),参考 Zhang et.al(2015),在包含非合意产出的生产技术集中采用 SBM 方法(Slack Based Model),并考虑到中国各省之间存在的差异,在共同前沿和群组前沿面下分别测算中国高耗能行业的生态能源效率,并分析相应结果。我们排除了海南省和西藏自治区,因为其高耗能行业占比极小。该方法可以同时解决能源效率分析中地区群组异质性、存在非合意产出和投入松弛变量的问题。

1. 共同前沿面下中国高耗能行业全要素生态能源效率

表 1-9～表 1-11 分别列示了非金属矿物品制造业、化学原料和化学制品制造

---

① 本小节在参考文献"Lin B, Tan R. Ecological total-factor energy efficiency of China's energy intensive industries[J]. Ecological Indicators,2016,70:480—497."基础上进行了修改和完善。

② 东部地区包括北京市、天津市、辽宁省、河北省、上海市、江苏省、浙江省、福建省、山东省、广东省和海南省;中部地区包括黑龙江省、吉林省、山西省、江西省、安徽省、河南省、湖南省和湖北省;西部地区包括内蒙古自治区、新疆维吾尔族自治区、宁夏回族自治区、陕西省、甘肃省、重庆市、四川省、广西壮族自治区、贵州省和云南省。

业、黑色金属冶炼及压延加工业、有色金属冶炼及压延加工业在共同前沿面下的全要素生态能源效率(METFEE)。

表 1-9　非金属矿物品制造业在共同前沿面下的全要素生态能源效率

地　区	2000	2001	2002	2003	2004	2005	2006
中国东部	0.174	0.169	0.173	0.169	0.152	0.186	0.170
中国中部	0.122	0.103	0.105	0.098	0.092	0.110	0.103
中国西部	0.101	0.092	0.089	0.080	0.072	0.085	0.078
中国平均	0.132	0.121	0.122	0.115	0.105	0.127	0.117
地　区	2007	2008	2009	2010	2011	2012	2013
中国东部	0.178	0.181	0.191	0.197	0.206	0.198	0.197
中国中部	0.118	0.114	0.142	0.156	0.173	0.276	0.178
中国西部	0.087	0.086	0.097	0.104	0.113	0.109	0.125
中国平均	0.128	0.127	0.143	0.152	0.164	0.194	0.167

数据来源：根据作者自己的计算结果。

表 1-10　化学原料和化学制品制造业在共同前沿面下的全要素生态能源效率

地　区	2000	2001	2002	2003	2004	2005	2006
中国东部	0.333	0.324	0.332	0.327	0.327	0.364	0.299
中国中部	0.266	0.253	0.153	0.141	0.143	0.166	0.141
中国西部	0.207	0.193	0.119	0.110	0.111	0.127	0.110
中国平均	0.269	0.257	0.201	0.193	0.194	0.219	0.184
地　区	2007	2008	2009	2010	2011	2012	2013
中国东部	0.325	0.303	0.322	0.310	0.338	0.369	0.440
中国中部	0.157	0.144	0.167	0.172	0.189	0.205	0.184
中国西部	0.112	0.103	0.112	0.108	0.111	0.102	0.104
中国平均	0.198	0.183	0.200	0.196	0.213	0.225	0.243

数据来源：根据作者自己的计算结果。

表 1-11　黑色金属冶炼及压延加工业在共同前沿面下的全要素生态能源效率

地　区	2000	2001	2002	2003	2004	2005	2006
中国东部	0.343	0.364	0.381	0.388	0.387	0.440	0.429
中国中部	0.150	0.154	0.162	0.155	0.162	0.194	0.199
中国西部	0.153	0.146	0.147	0.138	0.147	0.254	0.162
中国平均	0.215	0.222	0.230	0.227	0.232	0.296	0.263
地　区	2007	2008	2009	2010	2011	2012	2013
中国东部	0.362	0.375	0.363	0.395	0.342	0.338	0.363
中国中部	0.174	0.162	0.169	0.176	0.181	0.174	0.188
中国西部	0.167	0.157	0.169	0.159	0.171	0.167	0.166
中国平均	0.234	0.231	0.233	0.244	0.232	0.226	0.239

数据来源：根据作者自己的计算结果。

表 1-12　有色金属冶炼及压延加工业在共同前沿面下的全要素生态能源效率

地　区	2000	2001	2002	2003	2004	2005	2006
中国东部	0.577	0.524	0.571	0.630	0.577	0.618	0.524
中国中部	0.238	0.203	0.200	0.193	0.222	0.300	0.281
中国西部	0.218	0.200	0.189	0.181	0.169	0.204	0.192
中国平均	0.344	0.309	0.320	0.335	0.323	0.374	0.332
地　区	2007	2008	2009	2010	2011	2012	2013
中国东部	0.510	0.424	0.464	0.395	0.389	0.396	0.409
中国中部	0.287	0.273	0.287	0.179	0.192	0.175	0.194
中国西部	0.189	0.174	0.182	0.186	0.184	0.181	0.190
中国平均	0.329	0.290	0.311	0.254	0.255	0.251	0.264

数据来源：根据作者自己的计算结果。

从中可以看出，在共同前沿面下，2000—2013年中国非金属矿物品制造业的全要素生态能源效率平均值较低，仅为0.137（最大可能值为1）。在东部地区，天津市的全要素生态能源效率最高，为0.212，河北省该值最低，为0.100。中部地区全要素生态能源效率平均值为0.135，其中山西省表现最差，为0.061。西部地区全要素生态能源效率平均值为0.094，比中部地区稍高，其中云南省表现最差，为0.072。化学原料及化学制品制造业在2000—2013年全要素生态能源效率平均值为0.212，比非金属矿物品制造业高，其中辽宁省在东部地区表现最差，为0.161，江苏省最高，为0.652。中部地区中，山西省和黑龙江省分别为全要素生态能源效率最高和最低的省份，其值分别为0.227和0.132。西部地区中，四川省表现最好，为0.263，该值甚至高于中部地区所有省。黑色金属冶炼及压延加工业中，上海市在2000—2013年全要素生态能源效率一直为1，说明上海市高耗能行业的生产技术是这一时期中最先进的。整体而言，东部地区的全要素生态能源效率平均值为0.377，为三大地区中最高。西部地区和中部地区的平均值分别为0.165和0.171。上海市，河南省和甘肃省分别是三大地区中全要素生态能源效率最高的省，辽宁省，黑龙江省和青海省分别是三大地区中全要素生态能源效率最低的省。根据He et al.(2013)的研究，如果仅仅考虑到期望产出，钢铁工业在2001—2008年的能源效率平均值为0.611。这比我们的研究结果高很多，说明非期望产出（即二氧化碳）可以使全要素生态能源效率大幅度下降。对有色金属冶炼及压延加工业而言，所有省的全要素生态能源效率都相对其他三个行业而言较高，这说明其他三个行业还有较大空间来使它们的生产技术更加绿色化。天津市几乎所有年份的全要素生态能源效率都为1，说明天津市在化学原料及化学制品制造业中有最先进的生产技术。东部地区，中部地区和西部地区的平均全要素生态能源效率值为 0.501,0.230 和 0.189,都高于其他三个行业,江苏省、山西省和四川省分别是三大地区中表现最好的省。

从图 1-16 中可以看到,在共同前沿面下,中国东部地区的四个高耗能行业子行业的全要素生态能源效率都比中国西部和中部地区高(2012 年非金属矿物品制造业除外),中国中部和西部地区的全要素生态能源效率较为接近。诚然,一个地区的经济发展水平毫无疑问会影响到全要素生态能源效率的高低,但是矿藏的地理位置也是一个不可忽略的影响因素。根据 Wang 和 William（2010）的研究,如果一个行业的发展依赖于资源,那么就应该在离矿藏较近的位置修建工厂。整体而言,2000—2013 年在共同前沿面下的全要素生态能源效率在小范围内波动,而且其并没有明显上升,说明这一时期内,中国高耗能行业的生产技术并没有明显的绿色化。

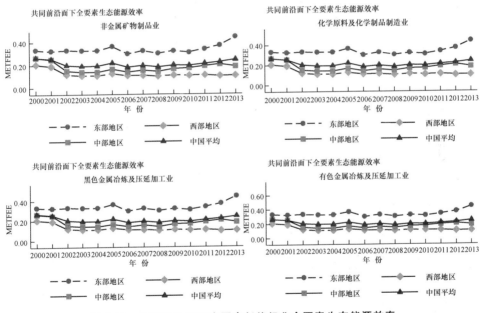

图 1-16　共同前沿面下中国高耗能行业全要素生态能源效率
数据来源:根据作者自己的计算结果。

2. 群组前沿面下中国高耗能行业全要素生态能源效率

表 1-12～表 1-15 分别列示了非金属矿物品制造业,化学原料和化学制品制造业,黑色金属冶炼及压延加工业,有色金属冶炼及压延加工业在群组前沿面下的全要素生态能源效率。

表 1-12　非金属矿物品制造业在群组前沿面下的全要素生态能源效率

地区	2000	2001	2002	2003	2004	2005	2006
中国东部	0.174	0.169	0.173	0.169	0.152	0.186	0.170
中国中部	0.251	0.280	0.287	0.285	0.254	0.248	0.309
中国西部	0.281	0.278	0.324	0.274	0.206	0.193	0.175
中国平均	0.236	0.242	0.261	0.243	0.204	0.209	0.218
地区	2007	2008	2009	2010	2011	2012	2013
中国东部	0.178	0.181	0.191	0.197	0.206	0.198	0.197
中国中部	0.333	0.325	0.379	0.446	0.509	0.602	0.548
中国西部	0.220	0.211	0.237	0.209	0.229	0.271	0.307
中国平均	0.244	0.239	0.269	0.284	0.314	0.357	0.351

数据来源：根据作者自己的计算结果。

表 1-13　化学原料及化学制品制造业在群组前沿面下的全要素生态能源效率

地区	2000	2001	2002	2003	2004	2005	2006
中国东部	0.333	0.324	0.332	0.327	0.327	0.364	0.299
中国中部	0.489	0.548	0.440	0.447	0.447	0.430	0.419
中国西部	0.423	0.411	0.445	0.358	0.320	0.296	0.239
中国平均	0.415	0.428	0.406	0.377	0.365	0.363	0.319
地区	2007	2008	2009	2010	2011	2012	2013
中国东部	0.328	0.313	0.330	0.310	0.338	0.390	0.440
中国中部	0.421	0.307	0.419	0.534	0.561	0.610	0.558
中国西部	0.265	0.254	0.281	0.210	0.216	0.235	0.233
中国平均	0.338	0.291	0.343	0.351	0.372	0.411	0.410

数据来源：根据作者自己的计算结果。

表 1-14　黑色金属冶炼及压延加工业在群组前沿面下的全要素生态能源效率

地区	2000	2001	2002	2003	2004	2005	2006
中国东部	0.343	0.364	0.381	0.388	0.387	0.440	0.429
中国中部	0.313	0.424	0.523	0.522	0.459	0.425	0.421
中国西部	0.513	0.488	0.555	0.498	0.467	0.435	0.381
中国平均	0.389	0.425	0.486	0.469	0.438	0.434	0.410
地区	2007	2008	2009	2010	2011	2012	2013
中国东部	0.362	0.401	0.356	0.407	0.342	0.340	0.384
中国中部	0.433	0.431	0.437	0.524	0.494	0.563	0.430
中国西部	0.381	0.377	0.411	0.297	0.325	0.393	0.381
中国平均	0.392	0.403	0.401	0.409	0.387	0.432	0.398

数据来源：根据作者自己的计算结果。

表 1-15 有色金属冶炼及压延加工业在群组前沿面下的全要素生态能源效率

地 区	2000	2001	2002	2003	2004	2005	2006
中国东部	0.577	0.524	0.571	0.630	0.577	0.618	0.524
中国中部	0.645	0.727	0.774	0.622	0.611	0.506	0.523
中国西部	0.783	0.729	0.677	0.682	0.560	0.496	0.456
中国平均	0.669	0.660	0.674	0.645	0.583	0.540	0.501
地 区	2007	2008	2009	2010	2011	2012	2013
中国东部	0.510	0.454	0.495	0.395	0.389	0.409	0.409
中国中部	0.663	0.538	0.477	0.530	0.605	0.524	0.633
中国西部	0.528	0.530	0.525	0.426	0.408	0.517	0.520
中国平均	0.567	0.508	0.499	0.450	0.467	0.483	0.521

数据来源：根据作者自己的计算结果。

在群组前沿的框架下，不同地区面临的前沿面不一样，因此不能直接比较不同地区的结果，我们只能比较同一个地区不同省份的结果。如表 1-12～表 1-15 所示，中国西部地区中，除了黑色金属冶炼及压延加工业以外，四川省在其他三个高耗能子行业中全要素生态能源效率最高。中部地区中，湖南省的黑色金属冶炼及压延加工业的全要素生态能源效率最高，吉林省的化学原料及化学制品制造业的全要素生态能源效率最高，河南省的有色金属冶炼及压延加工业和非矿物品制造业的全要素生态能源效率最高。东部地区中，山东省的非金属矿物品制造业的全要素生态能源效率最高，上海市的黑色金属冶炼及压延加工业的全要素生态能源效率最高，天津市的有色金属冶炼及压延加工业的全要素生态能源效率最高，江苏省的化学原料及化学制品制造业的全要素生态能源效率最高。全要素生态能源效率最高，则说明相应省份相应行业的生产技术绿色化程度也最高。

3. 生态能源效率方面的技术差异率

表 1-16～表 1-19 分别列示了非金属矿物品制造业，化学原料和化学制品制造业，黑色金属冶炼及压延加工业，有色金属冶炼及压延加工业在全要素生态能源效率方面的技术差异率（Technology Gap Ratio，简称 TGR），图 1-17 表示的是高耗能行业四个子行业技术差异率趋势图。这里所说的技术差异率测度的是共同前沿面下和群组前沿面下生态能源效率的接近程度。技术差异率取值介于 0～1 之间，最小值为 0，意味着没有技术差异。

表 1-16 非金属矿物品制造业技术差异率

地 区	2000	2001	2002	2003	2004	2005	2006
中国东部	0.000	0.000	0.000	0.000	0.000	0.000	0.000
中国中部	0.504	0.630	0.634	0.636	0.627	0.526	0.589
中国西部	0.642	0.668	0.721	0.702	0.649	0.555	0.554
中国平均	0.382	0.432	0.452	0.446	0.426	0.360	0.381
地 区	2007	2008	2009	2010	2011	2012	2013
中国东部	0.000	0.000	0.000	0.000	0.000	0.000	0.000
中国中部	0.587	0.581	0.587	0.629	0.632	0.579	0.652
中国西部	0.590	0.590	0.587	0.495	0.500	0.590	0.585
中国平均	0.392	0.390	0.391	0.375	0.377	0.390	0.412

数据来源：根据作者自己的计算结果。

表 1-17 化学原料及化学制品制造业技术差异率

地 区	2000	2001	2002	2003	2004	2005	2006
中国东部	0.000	0.000	0.000	0.000	0.000	0.000	0.000
中国中部	0.485	0.581	0.649	0.645	0.649	0.565	0.608
中国西部	0.591	0.619	0.710	0.690	0.646	0.555	0.533
中国平均	0.359	0.400	0.453	0.445	0.432	0.373	0.380
地 区	2007	2008	2009	2010	2011	2012	2013
中国东部	0.004	0.014	0.011	0.000	0.000	0.021	0.000
中国中部	0.585	0.532	0.572	0.647	0.634	0.649	0.647
中国西部	0.567	0.583	0.587	0.477	0.479	0.560	0.545
中国平均	0.386	0.376	0.390	0.375	0.371	0.410	0.397

数据来源：根据作者自己的计算结果。

表 1-18 黑色金属冶炼及压延加工业技术差异率

地 区	2000	2001	2002	2003	2004	2005	2006
中国东部	0.000	0.000	0.000	0.000	0.000	0.000	0.000
中国中部	0.516	0.633	0.667	0.661	0.618	0.497	0.492
中国西部	0.678	0.697	0.719	0.709	0.660	0.480	0.537
中国平均	0.398	0.444	0.462	0.456	0.426	0.326	0.343
地 区	2007	2008	2009	2010	2011	2012	2013
中国东部	0.000	0.030	−0.028	0.030	0.000	0.007	0.027
中国中部	0.567	0.583	0.580	0.612	0.595	0.653	0.545
中国西部	0.559	0.581	0.588	0.463	0.470	0.571	0.557
中国平均	0.375	0.398	0.380	0.368	0.355	0.411	0.376

数据来源：根据作者自己的计算结果。

表 1-19 有色金属冶炼及压延加工业技术差异率

地 区	2000	2001	2002	2003	2004	2005	2006
中国东部	0.000	0.000	0.000	0.000	0.000	0.000	0.000
中国中部	0.590	0.697	0.717	0.664	0.626	0.428	0.491
中国西部	0.711	0.718	0.710	0.718	0.676	0.557	0.537
中国平均	0.434	0.472	0.476	0.461	0.434	0.328	0.343

地 区	2007	2008	2009	2010	2011	2012	2013
中国东部	0.000	0.031	0.031	0.000	0.000	0.017	0.000
中国中部	0.578	0.506	0.469	0.632	0.643	0.639	0.669
中国西部	0.606	0.636	0.624	0.507	0.494	0.601	0.593
中国平均	0.395	0.391	0.375	0.380	0.379	0.419	0.420

数据来源：根据作者自己的计算结果。

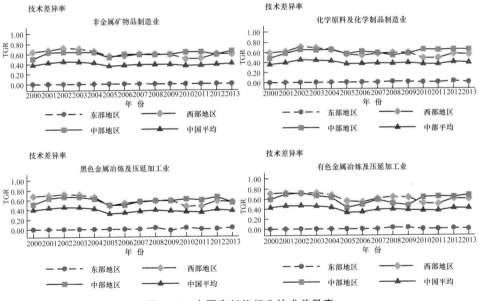

图 1-17 中国高耗能行业技术差异率

数据来源：根据作者自己的计算结果。

从表 1-16～表 1-19 中可以看出，东部地区的技术差异率几乎全为 0，这说明这些省份的技术构成了共同前沿面，它们是最先进的生产技术。对中国西部地区而言，技术差异率在非金属矿物品制造业、化学原料和化学制品制造业、黑色金属冶炼及压延加工业、有色金属冶炼及压延加工业中分别为 0.602、0.582、0591 和 0.621。这说明，如果采取有效措施，这些行业的全要素生态能源效率可以分别提高 60.2%、58.2%、59.1% 和 62.1% 来达到共同前沿面的技术水平。中国中部地区的技术技术差异率与西部地区非常接近,在四个行业中分别为0.600,0.604,0.587和0.596。如果仅仅从全要素生态能源效率方面进行评估,中国中部地区和西部地区仍然有较大空间进行改进。

4. 中国高耗能行业节能潜力

表1-20是从生态能源效率角度计算出的中国高耗能行业的节能潜力,可以看出,中国高耗能行业节能潜力巨大。

表1-20 中国高耗能行业节能潜力

地 区	非矿物品制造业(%)	黑色金属冶炼及压延加工业(%)	有色金属冶炼及压延加工业(%)	化学原料及化学制品制造业(%)
中国东部	38.819	62.347	49.935	66.336
中国中部	86.495	62.810	76.975	82.280
中国西部	44.348	83.541	50.961	87.647
中国平均	56.554	69.566	59.290	78.754

数据来源:根据作者自己的计算结果。

整体而言,中国高耗能行业的节能潜力超过50%,其中东部地区的节能潜力最低,这也是由其最高的全要素生态能源效率决定的。在计算某个省节能潜力时,我们把它与相应地区全要素生态能源效率最高的省份相比,因此,当它们之间的全要素生态能源效率差距大时,该省的节能潜力也就相应很大。对非矿物品制造业和有色金属冶炼及压延加工业而言,中部地区的节能潜力都要大于西部地区。具体而言,对有色金属冶炼及压延加工业来说,安徽省的全要素生态能源效率是中部地区最高的,为0.578,但是,中部其他五省的全要素生态能源效率平均值仅为0.181。但对西部地区来说,四川省最高,为0.305,其他省平均为0.177。也就是说,中部地区的全要素生态能源效率差距要大于西部地区,所以中部地区的节能潜力也要大于西部地区。非金属矿物品制造业情况与此类似,中部地区的全要素生态能源效率差距为0.134(0.194-0.061=0.134),西部地区的全要素生态能源效率差距为0.048(0.120-0.072=0.048)。这也从侧面证明了中国高耗能行业在各省的发展水平并不均衡。

5. 小结

首先,在共同前沿面下,2000—2013年中国高耗能行业的四大子行业的全要素生态能源效率很低。在非金属矿物品制造业,化学原料及化学制品制造业,黑色金属冶炼及压延加工业,有色金属冶炼及压延加工业中分别为0.137,0.212,0.238和0.307。与此对应,中国高耗能行业的节能潜力也巨大。这说明从全要素生态能源效率方面考量,中国高耗能行业还存在很大的进步和改进空间。

其次,中国东部地区高耗能行业的全要素生态能源效率是三大地区中最高的,中部地区和西部地区落后,但是非常接近。经济发展水平是影响全要素生态能源效率不可忽略的因素,但是对于依赖于矿藏的工业而言,情况并非总是如此。中部地区的经济发展水平要领先于西部地区,但是其高耗能行业的全要素生态能源效率并没有比西部地区大很多,这是因为矿藏的位置在全要素生态能源效率方面也扮演着重要角色。

再次,在群组前沿面下,四川省的高耗能行业是西部地区中全要素生态能源效率最高的,但是对中部和东部地区来说,没有哪一个省能够在四个高耗能子行业中全要素生态能源效率比其他省都高。这说明西部地区的高耗能行业发展最不均衡,而中部地区和东部地区的高耗能行业在各省之间的发展较为均衡。

最后,针对群组前沿和共同前沿而言,东部地区的高耗能行业技术差异率几乎为零,中部和西部地区差距几乎持平。

1.2.3 中国高耗能行业二氧化碳排放绩效及减排潜力①

如上文所述,中国高耗能行业消费了大量的化石能源,也不可避免地排放了大量以二氧化碳为主的温室气体,并且其排放量在2000—2013年一直保持上升趋势。2013年中国高耗能行业排放了大约43.84亿吨二氧化碳。相关研究已经表明二氧化碳作为全球气温上升的首要元凶,在2000—2014年间全球气温保持每十年上升0.116摄氏度(Karl et al.,2015)。世界各国为了温室气体减排已经作出了巨大努力,作为世界第一个控制温室气体排放的合约,《联合国气候变化框架公约》于1992年6月在巴西签订,自那之后,世界气候变化大会每年举办一次,也达成了一系列共识,其中最有名的是《京都议定书》。到2005年8月为止,世界上共有142个国家签署了这一协定,包含了超过世界80%的人口。

中国在世界温室气体减排方面一直扮演着重要角色。2009年11月,中国首次公布了控制温室气体排放目标,那就是到2020年,实现单位GDP二氧化碳排放比2005年下降40%~45%。2014中国与美国共同签订了《中美气候变化联合声明》,中国承诺到2030年前后到达二氧化碳排放峰值。紧接着,中国政府于2015年6月30日在《强化应对气候变化行动——中国国家自主贡献》中确定了到2030年中国的自主行动目标:单位国内生产总值二氧化碳排放量比2005年下降60%~65%,非化石能源消费占一次能源消费的比重达到20%左右。

对中国来说,要实现这些节能减排目标充满了挑战和不确定性,因为直到2020年前,中国也仍然处于工业化和城市化进程中,重工业和高耗能行业仍然是国民经济的支柱性产业。另外,中国以煤为主的能源结构在短期内也难以改变,所以单位GDP的化石能源消耗(能源强度)也不会大幅度下降,进而,二氧化碳排

---

① 本小节在参考文献"林伯强,谭睿鹏.控制中国关键行业二氧化碳排放:来自中国高耗能行业的证据[J].厦门大学能源经济与能源政策协同创新中心工作论文,2016."基础上进行了修改和完善。

放量也不会大幅度下降。最后,中国目前无法从别的国家学习到类似的实现节能减排的经验。基于以上这些事实,中国政府应该首先从重点领域和行业的节能减排做起,而高耗能行业就是其中之一。

图1-18显示了中国工业,制造业和高耗能行业2000—2013年的二氧化碳排放量及高耗能行业排放占工业总排放的比例。从中可以看出,它们的二氧化碳排放量在这一时间段均保持上升趋势。仅对高耗能行业而言,其二氧化碳排放量2000年为11.1亿吨,2013年增长到43.84亿吨。2000年,高耗能行业二氧化碳排放占工业总排放的53.51%,2013年这一比例增长到62.68%。尤其是从2005年后,这一占比一直较高,2005—2013年平均占比为62.07%。

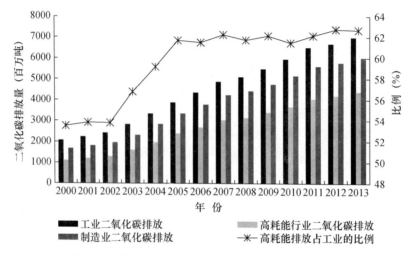

图1-18 中国工业、高耗能行业和制造业二氧化碳排放

数据来源:《中国能源统计年鉴》和《中国统计年鉴》及作者自己的计算。

面对中国高耗能行业巨额二氧化碳排放量,我们在本小节将回答以下几个问题。第一,这些二氧化碳是否是有效排放?第二,在2000—2013年间,中国高耗能行业的二氧化碳排放绩效是否得到改善?第三,中国高耗能行业二氧化碳减排潜力多大?

同样的,按照上小节的思路,我们的分析将把中国分为三大地区,即东部地区,中部地区和西部地区。因为石油加工炼焦及核燃料加工业、电力热力的生产和供应业是用能源作为原材料生产能源产品,所以我们本小节的分析仍然不包括这两个高耗能子行业。

参考 Zhou et al.(2010),O'Donnell et al.(2008),Chen 和 Yang(2011),我们将分析从以下三步着手,首先,我们利用谢泼德距离函数(Shephard Distance Function,以下简称SDF)构建共同前沿面下 Malmquist 二氧化碳排放绩效指数

(Meta-frontier Malmquist CO_2 Performance Index,以下简称 MMCPI)并得到技术差异率(TGR);然后,我们把 MMCPI 分解成技术效率变化(EFFCH)、技术进步变化(TECCH)以及追赶效应(CATCHUP),从这三个角度解释 MMCPI 的变化。最后,在前两步的基础上,我们计算了中国高耗能行业的二氧化碳减排潜力。

在以往的研究中,多数学者采用碳强度测算二氧化碳排放效率,但是碳强度指标的构建仅仅是单位 GDP 的二氧化碳排放量,没有考虑到在能源消耗过程中其他投入要素之间的相互作用(朱德进,2013)。我们构建的 MMCPI 指标考虑了能源、资本、劳动力三种投入要素,可以更加全面地测度二氧化碳排放绩效。

1. 技术差异率

图 1-19 展示了中国三大地区高耗能行业的二氧化碳排放技术差异率。这里的二氧化碳排放技术差异率是共同前沿面下测算的二氧化碳排放效率与群组前沿面下测算的效率之比。其值越大,说明群组前沿面和共同前沿面的技术差距越小。

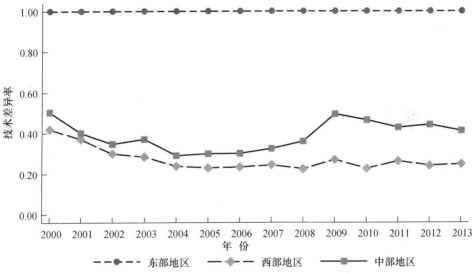

图 1-19 中国高耗能行业三大地区二氧化碳排放技术差异率
数据来源:根据作者自己的计算结果。

从图 1-19 可以看出,2000—2013 年间中国三大地区的高耗能行业二氧化碳排放技术差距巨大。其中东部地区的 TGR 值几乎全为 1,说明对东部地区而言,其群组前沿和共同前沿没有技术差距。但对中部地区和西部地区则不然,尤其是对西部地区,其群组前沿的技术还没达到共同前沿技术的一半。2008 年以前,三大地区的 TGR 值均下降,这正是由 2000—2008 年间中国工业的重化发展造成的。金融危机前,中国经济高速发展,2000—2008 年中国平均 GDP 平均增长率甚至超过了 9.99%。当经济处于高速发展时期,环境质量通常会被政府当局忽略。

但是,始于 2008 年并席卷全球的金融危机使中国经济从 2009 年开始下滑。这段时期,大部分中国高耗能行业的企业开始停止继续生产产品,而是选择消耗自己的库存量。即使有些企业继续生产,但也只是用最先进的,最节能的生产技术。因此,二氧化碳排放效率会提高,技术差距也会缩小,但是,这种情况只会持续很短一段时间。金融危机发生后,中国政府出台大量刺激经济的政策,比如"四万亿"投资计划。自 2010 年开始,中国经济开始缓慢复苏,很多中小企业重新开始生产,对中国东部地区的一些企业尤其如此,很多不那么先进的机器重新开始使用。但对中部和西部地区来说,情况稍微好一些,因为它们复苏的时间稍微晚于东部地区。所以,在 2000—2013 年间,中部和西部地区与东部地区之间的技术差距又重新扩大。

2. 共同前沿面下中国高耗能行业二氧化碳排放绩效

图 1-20 显示了 2000—2013 年中国高耗能行业三大地区共同前沿面下 Malmquist 二氧化碳排放绩效指数(Meta-frontier Malmquist CO_2 Performance Index,MMCPI)变化趋势。如果 MMCPI 大于 1,则说明中国高耗能行业的生产技术和二氧化碳排放效率得到改善。从图中可以看出,中国东部地区在 2000—2013 年的 MMCPI 均大于 1,这说明该地区的高耗能行业二氧化碳排放效率不断得到提高。对中国西部地区而言,除了 2001—2002 年,2003—2004 年,2007—2008 年,MMCPI 在其他年份均大于 1,说明西部地区高耗能行业二氧化碳排放效率在绝大多数时间得到提高。这同时也说明虽然中国西部地区高耗能行业生产技术落后于东部地区,但是它也在不断进步,存在追赶效应。中部地区情况与西部地区类似,除了 2004—2005 年,2005—2006 年,MMCPI 在其他年份全部大于 1,说明其高耗能行业的二氧化碳排放效率得到改善。过去十几年,中国政府相继实施了西部大开发和中部崛起战略,目的是促进中国西部和中部地区经济发展。这两大地区的高耗能行业技术不断得到改进一定程度上从一个侧面说明了中国这两大战略的有效性。

为了更深层次地探究中国高耗能行业二氧化碳排放效率不断得到提高的原因,我们将把 MMCPI 分解为技术效率变化(EFFCH)、技术进步变化(TECCH)和追赶效应(CATCHUP)。如表 1-21 所示。

表 1-21 中国各省份高耗能行业 MMCPI 平均值及分解

地 区	MMCPI	EFFCH	TECCH	CATCHUP
中国东部	1.200	1.025	1.179	1.000
中国中部	1.136	1.048	1.214	0.937
中国西部	1.091	1.034	1.252	0.869
中国平均	1.141	1.035	1.216	0.933

数据来源:根据作者自己的计算。

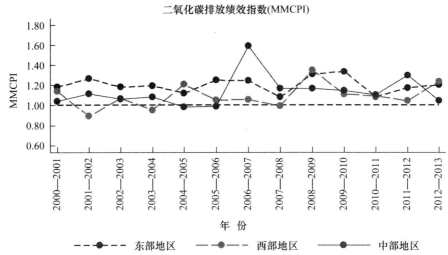

图 1-20　中国高耗能行业三大地区二氧化碳排放绩效指数（MMCPI）
数据来源：根据作者自己计算的结果。

计算结果表明，除了云南省，中国其他所有省份的 MMCPI 值均大于 1，这说明在 2000—2013 年间，中国绝大部分省份高耗能行业的二氧化碳排放效率得到提高。从表 1-21 中可以看出，分地区来看，东部地区的 MMCPI 值最大，中部其次，西部最小。作为中国经济社会发展水平最高的地区，东部省份的高耗能行业更容易使用最先进的生产技术，这毫无疑问能够提高二氧化碳排放效率。中部地区和西部地区虽然在经济方面落后于东部地区，但是其高耗能行业的二氧化碳排放效率也得到了提高，可以预见，未来政府会把更多的关注力放到环境保护上来，高耗能行业二氧化碳排放效率将会继续得到提高。表 1-21 的第三列是技术效率变化，同样地，该值在中国三大地区都大于 1，东部地区第一，中部和西部紧随其后。其中各地区最低值分别是河北省，山西省和贵州省。河北省和山西省是东部地区和西部地区经济最不发达的省份，其高耗能行业的能源效率相对较低，因此二氧化碳排放效率也较低。中国西部是全中国清洁能源资源最为丰富的地区，有大量太阳能和风能，比如新疆，甘肃和内蒙古。虽然贵州省并不是西部地区经济最不发达的地区，但是贵州省几乎没有什么清洁能源，所以贵州省的高耗能行业会大量使用化石能源，其二氧化碳排放效率的技术效率变化会很低。表 1-21 的第四列是技术进步变化（TECCH），所有省份的 TECCH 值均大于 1，说明所有省份的高耗能行业技术水平得到了提高。所有省份技术水平提高可以使共同前沿面向前移动，二氧化碳排放效率也会因此提高。东部地区利用其较好的经济发展水平和其他条件容易引进新的技术，中部和西部地区不断承接东部地区的产业转移和技术扩散。这些都能促进高耗能行业技术进步。表 1-21 的第五列是追赶效应

(CATCHUP)。东部地区所有省份的CATCHUP值为1,因为东部省份的高耗能行业技术水平已经是全中国最先进的,没有对象继续追赶。中部地区和西部地区的高耗能行业技术落后于东部地区,所以其CATCHUP值均小于1。

3. 中国高耗能行业二氧化碳减排潜力

如图1-21所示,中国三大地区高耗能行业二氧化碳减排潜力差异巨大。其中东部地区减排潜力最小,在2000—2013年间平均为37.6%。但是中部地区和西部地区的高耗能行业二氧化碳减排潜力较大,分别为75.3%和81.1%。中部和西部地区的高耗能行业可以通过跨越管理上的短板,缩小技术上的差距和其他方面来实现二氧化碳减排。从变化趋势来看,东部地区高耗能行业在2000—2013年二氧化碳减排潜力不断下降,中部和西部地区基本维持不变。上一小节的结论说明中国高耗能行业的二氧化碳排放绩效不断得到改善,与在图1-21看出的中部和西部地区二氧化碳减排潜力基本维持不变的结论相比,可以看出,虽然三大地区的高耗能行业生产技术都得到了提高,但是进步速度并不一样,东部地区速度最快,中部次之,西部最慢。

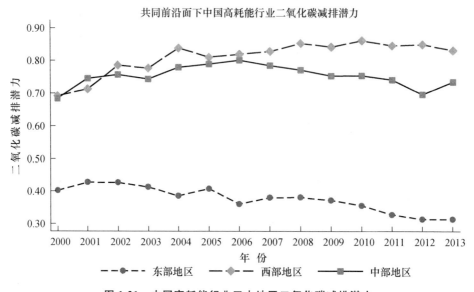

图1-21　中国高耗能行业三大地区二氧化碳减排潜力

数据来源:根据作者自己计算的结果。

如表1-22所示,在群组前沿面下计算的中国高耗能行业二氧化碳减排潜力因为其前沿面不一样,不能跨区域比较,只能比较同一区域下的不同省份。东部地区中,江苏省和上海市的高耗能行业二氧化碳减排潜力几乎为零,说明这两个省份高耗能行业的生产技术在东部地区中是最先进的。河北省和辽宁省高耗能行业二氧化碳减排潜力较大,分别为80.80%和76.51%,因为它们的高耗能行业生产技术相对江苏和上海来说较为落后。中部地区中,河南省高耗能行业二氧化碳减排潜力最低,山西省最高。西部地区中,四川省高耗能行业减排潜力最低,宁夏最高。

表1-22 群组前沿下中国各省份高耗能行业二氧化碳减排潜力

省份	地区	减排潜力(%)	省份	地区	减排潜力(%)	省份	地区	减排潜力(%)
北京	东部	60.32	安徽	中部	37.05	重庆	西部	8.66
福建	东部	55.38	黑龙江	中部	52.57	甘肃	西部	40.95
广东	东部	11.23	河南	中部	0.00	广西	西部	19.32
河北	东部	80.80	湖北	中部	7.46	贵州	西部	52.01
江苏	东部	0.08	湖南	中部	24.37	内蒙古	西部	12.46
辽宁	东部	76.51	江西	中部	62.42	宁夏	西部	52.84
山东	东部	55.31	吉林	中部	3.09	青海	西部	12.57
上海	东部	0.00	山西	中部	75.41	陕西	西部	49.72
天津	东部	9.89				四川	西部	5.41
浙江	东部	26.55				新疆	西部	29.27
						云南	西部	28.66
中国东部		37.61	中国中部		32.80	中国西部		28.35

数据来源:根据作者自己计算的结果。

4. 小结

中国东部地区的高耗能行业技术最为先进,中部地区次之,西部地区最为落后。所以东部地区在群组前沿和共同前沿面下几乎没有技术差距,而中部和西部地区分别需要提高61.09%和72.86%才能到达共同前沿面。

2000—2013年中国高耗能行业二氧化碳排放效率得到提高和进步。这种进步可以通过技术效率变化,技术变化和技术追赶效应解释。虽然三大地区高耗能行业技术都得到进步,但是进步速度不一样,东部地区最快,中部地区次之,西部最慢。三大地区中,技术效率的变化率在河北省,山西省和贵州省分别最低。

在群组前沿面下,东部地区中江苏省和上海市高耗能行业二氧化碳减排潜力最低,河北省和辽宁省减排潜力最高。中部地区中山西省高耗能行业二氧化碳减排潜力最高,河南省二氧化碳减排潜力最低。西部地区中四川省高耗能行业二氧化碳减排潜力最低,宁夏二氧化碳减排潜力最高。

1.2.4 政策建议

根据我们的分析结果,对中国高耗能行业实现节能减排提出如下政策建议:

既然中国东部是目前中国高耗能行业全要素生态能源效率最高的地区,今后

该地区应该注意保持这一优势。东部地区拥有较发达的经济发展水平，相应的高校和科研院所也是最多的，拥有最多的科研资金，今后应注意吸引人才并鼓励更多的人才把研究焦点聚焦到高耗能行业节能减排上来。人才的引进是一大问题，如何用好人才也十分重要。很多高耗能行业的相关企业可能并不在城区，那么在其工厂周围应该配套建设好相应的生活设施，如医院，学校，超市，生活娱乐设施等，并注意把工厂与大都市之间的交通基础设施建设好。

中国中部地区和西部地区应该利用好资源丰富这一优势，吸引更多的拥有先进技术的高耗能企业把新建的工厂和企业安排在中部和西部地区。另外，在资源开采过程中，矿藏的质量必须纳入考虑，优先去开采那些质量高的、开采容易的矿藏，对黑色和有色金属冶炼及压延加工业尤其如此。

中国中部地区和西部地区高耗能行业的二氧化碳排放效率在2000—2013年得到持续改善，这与西部大开发与中部崛起战略有关，从一个方面证明了这两大策略的作用。今后应该继续实施这两项政策，东部地区可以把先进的管理经验传授给中西部地区。同时，中西部地区要利用好新能源资源丰富这一天然优势，高耗能企业可以更多地使用当地的新能源电力，这在一定程度上也可以缓解较为严重的弃风弃光问题。

以后政府或决策部门在制定关于能源效率的考查标准时，应该把更多的重点放在全要素生态能源效率这个指标上来，单纯的能源效率没有全要素生态能源效率重要。

上海市、河南省和四川省分别是中国东部、中部和西部高耗能行业二氧化碳减排潜力最小的省市，而河北省、山西省和宁夏回族自治区分别是东、中、西部高耗能行业二氧化碳减排潜力最大的省和自治区。今后应该有更多的学者和专家来研究这几个省、市和自治区的高耗能行业企业，尝试从更加微观的角度，如企业级别寻找其二氧化碳减排潜力差异的原因，这样可以更有针对性的从企业级别实现节能减排，并为其他省市高耗能行业实现节能减排提供相关经验。

第 2 章 轻工业能源发展利用

2.1 轻工业的能源发展和利用
2.1.1 轻工业的发展现状

轻工产品多为人们生活所用,不同于重化工业为生产而服务,轻工业主要生产生活消费品,主要涵盖日常生活中的"衣""食",对于"住""行"也有所涉及,例如生活用陶瓷、自行车的生产制造等。在当今社会,科技革命快速推进,知识经济所占比重越来越高,以往轻工生产的各行业通过技术改造和装备革新,被赋予了一定的现代意义。广义上的轻工业划分也被叫做现代轻工业,从大类上划分,轻工业可以分为快速消费品制造、日用消费品制造、耐用消费品制造、文体休闲用品制造、原料产品生产和轻工机械装备制造六个大的行业。《轻工业年鉴》中的分类标准将轻工业分为 60 多个子行业,涉及轻工制造有 47 个,包括:造纸和纸制品业、制糖业、酒类和饮料等的制造、衡器制造等,此外还包括了 3 个与烟草生产相关的子行业以及十多个纺织品生产制造的子行业。部分学者认为,从轻工业生产生活消费品的角度出发,一些高科技制造的电子消费品也属于生活消费品的范畴,应当被划入现代轻工业的范围,《轻工业年鉴》中对于轻工业的划分见表 2-1。《轻工业年鉴》中主要统计的是各分类子行业的生产经营状况,基本没有涉及行业的能源消费,另外其采用的划分标准不能够与国民经济核算的工业两位数子行业分类相对应起来,因而无法在历年的《能源统计年鉴》中直接获取能源消费量。为了研究轻工业的能源消费和利用状况,需要对两位数子行业进行分析,按照对应的关系重新分类汇总(见表 2-1)。

表 2-1 轻工行业的主要子行业分类

轻工业年鉴主要分类			
造纸工业	自行车工业	缝纫机械工业	钟表工业
陶瓷工业	搪瓷工业	日供玻璃工业	眼镜行业
照明电器工业	香料香精工业	化妆品工业	洗涤用品工业
口腔清洁护理用品工业	油墨工业	电池工业	制糖工业
烟草工业	罐头工业	白酒工业	啤酒工业
葡萄酒工业	酒精工业	乳制品工业	饮料工业
食品添加剂和配料工业	生物发酵工业	焙烤食品糖制品工业	皮革工业

(续表)

塑料加工工业	教教体育用品工业	制笔工业	文房四宝工业
乐器工业	少数民族用品工业	工艺美术工业	玩具和婴童用品工业
轻工机械工业	衡器工业	日用杂品工业	室内装饰工业
家具工业	五金制品工业	感光材料工业	
能源统计年鉴中主要两位数子行业分类			
农副食品加工业	食品制造业	文教体育用品制造业	
纺织业	纺织服装、鞋、帽制造业	皮革毛皮羽绒及其制品业	
家具制造业	造纸及纸制品业	印刷业和记录媒介的复制	
塑料制品业	饮料制造业	仪表仪器及文化办公用机械制造业	
工艺品及其他制造业	烟草制品业	木材加工及木、竹、藤、棕、草制品业	

2014年轻工业规模及以上企业主营业务收入约为22.1万亿元,相较于2013年增长8.7%,比2013年增速回落4.9个百分点。从六个大门类的分行业看,快速消费品制造主营业务收入为9.8万亿元,日用消费品制造为4.4万亿元,耐用消费品制造为3.7万亿元,文体休闲用品制造为2.5万亿元,原料产品生产为1.3万亿元,轻工机械装备制造为0.3万亿元。这六大行业与2013年相比,主营业务增长分别达到8.2%、9.8%、9%、10.0%、6.3%、6.7%,其中文体休闲用品制造和日用消费品制造增长较快。轻工行业增加值增速为8.6%,相较于全国工业增加值的增速高出了0.3个百分点,其中增速较高的行业有轻工通用及生产专用设备制造业、工艺美术品制造、玩具制造、玻璃制品制造、采盐、文教办公用品制造等行业,增速分别为28.4%、16.2%、12.3%、10.8%、10.7%和10.3%。

2014年轻工行业规模及以上工业企业累计出口交货2.72万亿元,相较于2013年增长7.2%,出口额达到6154.4亿美元,相较于2013年增长10.3%,在全国出口总额的比重为26.3%,进口额为1528.5亿美元,相较于2013年增长22.2%,在出口产品中工艺美术品、塑料制品、教用电企、家具行业、皮革毛皮制品和鞋类制品在轻工行业处于前列。从规模及以上企业的主要经济指标来看,2012年利润总额增速为19.6%,2013年收窄至14.6%,2014年进步一步降为5.2%,利润总额增速逐年下滑,下滑幅度逐渐变大,这与中国经济整体上增速放缓,进入发展的"新常态"具有较大的关系。对于亏损企业亏损额的增速,由2012年的27.0%,收窄到2013年的7.5%,并与2014年快速反弹至26.9%,形势依然严峻。

随着经济的发展,中国进入中等收入国家,并进一步跨向高收入国家,生活水平的提高使得人们对于生活用品的质量、舒适度有着越来越高的要求。近年来,国外生活用品例如食品、化妆品等在中国大受欢迎,海外网上代购也蓬勃发展起来,人们出国旅行往往带回大量的国外日用品。相比较而言,国产品牌受到或多或少的冷遇,这种鲜明的对比显示了中国的轻工业制造水平同国外相比仍然有较大的差距,尤其是在高端产品方面。需求侧对生活用品的精致化和多样化要求,将导致轻工业能耗有增加的趋势,人们对于舒适生活的追求(在炎热天气更倾向于使用更多的空调等),给家用电器的节能要求带来了更高的挑战。居民收入持续增长,从产品需求端决定了轻工产品需要升级换代,从而向高质量、多样化的方向发展;在人口结构调整的背景下,劳动力成本将持续攀升,存在着资本和能源对劳动的替代趋势,这些都表明了轻工业的能耗在未来将发生较大的变动。

2014年中国轻工业的能源消费量超过3亿吨标煤(发电煤耗法计算),占全中国能源消费的8.1%,大约相当于韩国一年的消费量。采用电热当量法计算,2014年轻工业的能耗约为2.2亿吨标煤,其中有煤炭0.81亿吨标煤,电力消费0.91亿吨标煤,热力0.26亿吨标煤,天然气和油品的消费量相对较少,分别是0.08亿吨和0.07亿吨标煤,其他的能源消费为0.10亿吨标煤。图2-1显示了2014年终端能源消费中分品种的构成情况,电力、煤炭、热力、天然气、石油及石油制品的消费占轻工业能源消费总量的比重分别是41%、36%、12%、4%、3%,此外还有其他能源品种消费占比为4%。在总的能源消费构成中,电力消费占比最大,其次是煤炭,接着是热力的消费;总体上看,化石能源消费在轻工业能源消费中占比较高。在轻工业的众多子行业中,纺织业、造纸及纸制品业、农副食品加工等行业的能耗占比相对较高,其中造纸、玻璃和陶瓷生产、发酵等行业属于高能耗、高排放。

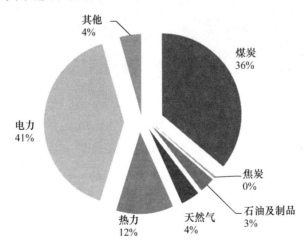

图2-1 2014年轻工业终端能源消费构成

数据来源:中国能源统计年鉴。

注:2014年轻工业能源消费中,焦炭的消费量仅为月80万吨标煤左右,相较于总的能源消费量占比不足1%。

图2-2显示了近年来轻工业的终端能源消费变动情况,可以看出轻工业的能源消费在20世纪90年代出现了一定程度的缓慢下滑,该段时间电力和油品的消费缓慢增加,能源消费总量的增加主要由煤炭消费量的减少所导致。在经历了1997年亚洲金融风暴之后,能源消费逐渐回升并缓慢增加,到2003年之后出现了较为快速的增加,2008年金融危机使得沿海地区的出口受到了严重的影响,波及轻工业的出口和生产,虽然该段时间轻工业产值不断增加,然而由于能源强度的降低以及每单位能源投入的产值不断提高,从总量上看,能源消费变动并不十分明显。在2013年之后,轻工业的能源消费又呈现了快速增加的态势,一方面电力消费稳定增加,另一方面煤炭行业的过剩产能导致供需严重失衡下的煤炭价格持续走低,由于这两方面的原因在一定程度上刺激了轻工业煤炭消费有所增加。

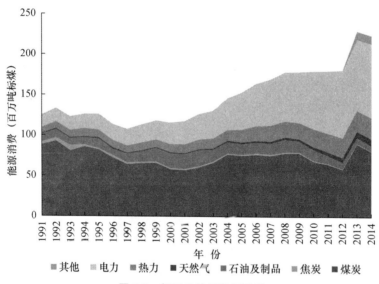

图2-2 轻工业终端能源消费

数据来源:中国能源统计年鉴,笔者计算制图。

注:此图采用电热当量法计算。其中,2013年、2014年《中国能源统计年鉴》中关于能源消费中增加了"其他"子分类,在以往的年份中则没有这个分类细目;2013年煤炭消费量的快速回升部分由中国统计局对于以往年份煤炭消费量的统计误差因素造成。

近年来,轻工行业的能源消费结构呈现出电力消费不断增加的趋势,从绝对量上看在2000年时电力消费仅仅相当于2613万吨标煤,2005年消费增加到约为4553万吨,2010年的消费达到7124万吨,2014年进一步达到9145万吨标煤,年均增幅较大。与之相对应的是,煤炭消费占比的不断减少,从消费的绝对量上看,1991年煤炭消费为8847万吨标煤,整个20世纪90年代,除了个别年份有所反复,总体上处于下降的态势,到 2001 年则下降到 5678 万吨标煤,随后出现了一定程度的快速回升,2004 年达到 7676 万吨标煤,随后缓慢增加到 2008 年的 7819 万吨标煤。2008 年全球金融危机的爆发,中国政府实施刺激政策,导致煤炭、有色等大宗商品的价格快速攀高,由于不同能源品种之间的替代等因素,轻工业的煤炭消费快速下降到 5855 万吨标煤,随后又出现了快速的回升。对于油品的消费,在 1991 年约为 972 万吨标煤,逐步增加到 2002 年的 1983 万吨标煤,随后出现了下降的趋势,到 2014 年减少到 694 万吨标煤。轻工业天然气的消费在 20 世纪 90 年代变动较为频繁,然而绝对量较少,1991 年仅为 102 万吨标煤,2000 年为 101 万吨标煤,随后快速增加,到 2014 年达到 844 万吨标煤。热力的消费也大致呈现出增加的趋势,1991 年消费量为 721 万吨标煤,2000 年达到 1028 万吨标煤,2010 年达到 2222 万吨标煤,2014 年进一步增长到 2618 万吨标煤。

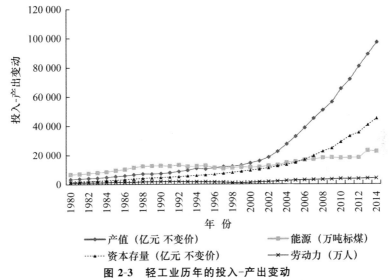

图 2-3 轻工业历年的投入-产出变动

数据来源:基本数据来自于《中国统计年鉴》《中国工业年鉴》《中国能源统计年鉴》《中国劳动统计年鉴》等,笔者计算制图;资本存量 2008 年之前的数据来自于陈诗一(2011)

注:产值和资本存量采用 1990 年不变价格计算,其中 2013 年和 2014 年《中国工业年鉴》没有列出轻工业的产值,这两个年份的产值采用对比近年来工业增加值增速和轻工业产值增速之间的关系估计得到。

图 2-4 显示了历年来轻工业的投入-产出变动情况,从投入方面来看,对于轻工业的资本存量采用不变价格核算和永续盘存法计算,1980 年轻工业资本存量为 1408 亿元,伴随着改革开放的推进,轻工业快速发展,1990 年资本存量达到 4670 亿元,2000 年为 9560.5 亿元,2014 年则达到 45 039.15 亿元。能源投入从 1980 年的月 6772 万吨标煤,增长到 2014 年的 22 422 万吨标煤。从业人员在 1980 年

约为1080万人,到2014年增长到4092万人,其中1997年发生的东南亚金融危机对轻工业的影响较大,引起了从业人数较为快速的突然减少,随后快速恢复。从产出方面看,采用不变价格计算的1980年产值约为3412亿元,2000年达到14 544亿元,在这20年间增长了2倍左右,跨入2000年之后,伴随着人们收入水平的增长,对生活消费品的需求也稳步攀升,2014年轻工业产值进一步达到97 194亿元。随着人们收入水平的进一步提高,生活消费品迎来了过剩的时代,需求端的消费结构出现了显著地变化,人们更倾向于选择质量好、设计新颖、使用舒适的产品。在国内市场产品质量良莠不齐,消费者选择甄别成本较高的背景下,不少消费者甚至转向国外市场,导致国外生活消费品越来越受到人们的欢迎。图2-4显示了采用不变价格衡量的不同投入要素的变动情况,其中资本的投入变动相对于其他两种生产要素来说更为剧烈,主要在于资本价格的波动。在这里采用三到五年期贷款的基准利率、固定资产折旧率和GDP平减指数来计算资本的价格,其中固定资产折旧率和衡量物价变动的GDP平减指数波动较为剧烈,因而导致资本投入变动较大。由此可以看出相对于能源而言,资本和劳动的投入在图中列出的时间范围内变动更大,其中劳动投入的主要变动数据来源于劳动力价格的快速增长,采用1990年不变价格衡量的劳动力价格在1980年为1323元,到2014年则为16 892元,采用当年价格核算为47 355元。资本投入增加的主要原因在于资本存量由1980年的1408亿元,增加到2014年的45 039亿元(1990年不变价格)。

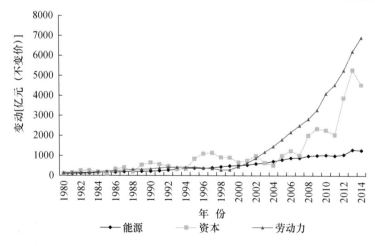

图2-4 轻工业能源、资本、劳动力投入的变动情况

数据来源:基本数据来自于《中国统计年鉴》《中国工业年鉴》《中国能源统计年鉴》《中国劳动统计年鉴》等,笔者计算制图。

注:本图采用1990年不变价格进行计算。

上述关于轻工业能源消费以及其他经济投入要素和产出的分析，基本上描绘出轻工业能源利用的大致轮廓，轻工业在1980年以来的能源消费具有以下特征：煤炭消费占比下降然后趋于稳定，电力消费占比大致呈现出不断增加的态势。而在人口红利不断减少，人们生活消费品需求结构朝着高质量、高品牌附加值的转移以及对于舒适生活风气的追求所带来的家用电器能耗不断增加的背景下，未来在轻工业生产过程中，将面临劳动力成本不断增加、能耗进一步增长等所带来的压力。细致的分析以往各种投入要素之间的替代关系，通过采用结构分解的方法阐述轻工业能源强度的主要驱动因素，能够为新形势下轻工业的节能提供更具针对性的政策建议，下面运用规范的能源经济学分析方法进行更详细的研究。

2.1.2 轻工业的能源替代和能源强度问题[①]

能源经济学文献较多的采用超越对数生产函数（TPF，translog production function）来研究需求弹性和各种投入要素之间的替代弹性。关于能源强度的变动问题有不少研究从回归分析和协整分析的角度进行研究，主要从统计的角度分析能源强度与经济变量之间的影响关系；也有部分研究从结构化分解的角度出发，将其变动分解为各个不同的子类，详细地比较其各时期不同因素的贡献情况。超越对数生产函数模型最早由Christensen, Jorgenson和Lau在1973年提出，函数的具体形式可以表示为被解释变量与解释变量一次项和二次项之间的线性关系，如公式（2-1）所示，也可以在解释变量中包含时间趋势项，用于查看被解释变量相对于时间的历史变动情况。对于生产函数的估计，往往难以解决部分变量观测值可得性的问题，而价格数据相对容易获取，超越对数生产函数作为一般生产函数的二阶泰勒近似展开式，利用对偶性原理能够容易将其转化为超越对数成本函数的形式。其中Y表示产出，X_1和X_2表示投入要素，θ表示参数。

$$\ln Y = \theta_0 + \theta_1 \ln X_1 + \theta_2 \ln X_2 + \theta_3 (\ln X_1)^2 + \theta_4 (\ln X_2)^2 + \theta_5 \ln X_1 \ln X_2 \quad (2\text{-}1)$$

下面我们采用三要素生产函数所对应的超越对数成本函数来研究轻工业各种投入要素（能源、资本、劳动力）之间的替代关系以及各种能源（煤炭、电力、石油等）之间的替代关系。首先，假定生产函数在各种主要的投入要素（煤炭、电力、石油）之间是弱可分的。进一步假定各种投入要素是位似的，从而使我们可以得到一个位似的能源成本份额方程。有了上面的假设，我们构造出超越对数成本函数的形式。为了回归的参数具有更强的经济含义，对各回归变量取对数值，被解释变量为要素投入的总成本，解释变量是各种投入要素价格的一次项、二次项和交叉项，其中也包含了轻工业总的产出。为了考察随时间变动的技术因素，参照

[①] 本小节在参考文献"林伯强，田鹏. 中国轻工行业的节能：从要素替代和能源替代的视角[J]. 厦门大学能源经济与能源政策协同创新中心工作论文. 2016."基础上进行了修改和完善。

Welsch 和 Ochsen 在其 2005 年的做法，将包含时间趋势的解释变量纳入回归方程，如公式(2-2)所示：

$$\ln TC = \beta_0 + \sum_{i=1}^{m}\beta_i \ln P_{it} + \frac{1}{2}\sum_{i=1}^{m}\sum_{j=1}^{m}\beta_{ij}\ln P_{it}\ln P_{it} + \beta_t t + \frac{1}{2}\beta_{tt}t^2 + \beta_y \ln Y_t$$
$$+ \frac{1}{2}\beta_{yy}(\ln Y_t)^2 + \sum_{i=1}^{m}\beta_{iy}\ln P_{it}\ln Y_t + \sum_{i=1}^{m}\beta_{it}t\ln P_{it} + \beta_{yt}t\ln Y_t \quad (2\text{-}2)$$

其中，ln 表示取变量的自然对数；TC 是总的成本；$P_{it}(P_{jt})$ 表示 t 时期投入要素 $i(j)$ 的价格；Y_t 表示 t 时期的总产出；t 反映技术变动的时间趋势。假定超越对数成本函数服从规模报酬不变的假定和新古典经济学的约束，分别是对称性、成本和价格的一次齐次性等。

根据谢泼德引理，在成本最小化的假定下，求解要素需求，可以利用超越对数成本函数对要素价格进行微分，进而得到三个投入要素的份额方程，如公式(2-3)所示。该方程的左边是要素投入在总成本中所占的比例，右边是对应的各种投入要素价格的一次项以及产出和时间趋势项。在新古典的约束条件下，在采用计量方法估计的过程中只需要对其中两个模型进行估计，第三个要素方程属于冗余的，其待估参数可以采用前两个方程的估计结果计算得到。

$$S_{\text{factor}} = \beta_i + \sum_{j=1}^{m}\beta_{ji}\ln P_{jt} + \beta_{iy}\ln Y_t + \beta_{it}t \quad (i,j = K, L, E) \quad (2\text{-}3)$$

其中，S_{factor} 表示要素份额，P 对应要素价格，Y 是产出，t 表示时间。对应于各种投入要素的超越对数生产函数、成本函数、要素份额方程，我们可以得到不同品种能源投入的要素份额方程。从轻工业能源消费的实际情况出发，天然气的消费量在轻工业各年份能源消费的总量中占比很少，对最终结果影响不大，为了简便起见，下面没有估算天然气的分品种能源投入份额。这样，我们得到了煤炭、电力和石油分品种的能源份额方程。仿照 Pindyck(1979)中采用的两部估计方法，我们假定规模报酬不变，首先估计各种能源投入的份额方程，从估计的参数中，我们可以得到每种能源的自价格弹性和交叉价格弹性。然后进一步可以计算出加总能源价格的拟合值，在此基础之上，加上新古典约束，来估计不同投入要素的份额方程。可以利用上面估计的参数计算出不同投入要素的 Allen 替代弹性和自价格弹性以及交叉价格弹性。同样地，我们也可以计算不同能源品种之间的替代弹性、自价格弹性以及交叉价格替代弹性。上述不同能源品种之间的弹性属于条件要素需求下的计算结果，采用与 Pindyck(1979)类似的做法，利用能源自价格弹性和不同品种能源份额的乘积加上该品种能源条件要素需求下的自价格弹性或者交叉价格弹性，可以得到不同种类的能源需求的自价格弹性或者交叉价格弹性。为了进一步分析驱动能源强度变化的因素，我们这里采用 Welsch 和 Ochsen(2005)

对能源强度进行分解的方法把能源强度分解为六个因素的加总,如公式(2-4)所示,其中 $\hat{\beta}$ 是 β 的估计值。可以分别划归到预算效应、产出效应、替代效应、技术变动效应,其中替代效应包含了三种投入价格变动的影响因素,分别是能源、资本和劳动力价格变动所引起的替代效应变化。

$$\hat{e} = E/Q = (P_Q/P_E)S_E$$
$$= \frac{P_Q}{P_E}(\hat{\beta}_E + \hat{\beta}_{EE}\ln P_E + \hat{\beta}_{EK}\ln P_K + \hat{\beta}_{EL}\ln P_L + \hat{\beta}_{ty}\ln Y + \hat{\beta}_{Et}t)$$
$$= \frac{P_Q}{P_E}\hat{\beta}_E + \frac{P_Q}{P_E}\hat{\beta}_{EE}\ln P_E + \frac{P_Q}{P_E}\hat{\beta}_{EK}\ln P_K + \frac{P_Q}{P_E}\hat{\beta}_{EL}\ln P_L + \frac{P_Q}{P_E}\hat{\beta}_{ty}\ln Y + \frac{P_Q}{P_E}\hat{\beta}_{Et}t$$

(2-4)

其中,$\hat{e}$ 表示能源强度,P 对应的是不同要素、产出的价格,$\hat{\beta}$ 为上文中回归的参数,t 表示时间。对于研究过程中所使用的数据,在目前中国的统计资料中,尚无法直接获取分行业资本存量的数据。但是目前,关于工业行业资本存量估算的方法已经比较成熟。陈诗一(2011)曾对中国工业部门细分行业 1980—2008 年的资本存量进行了计算。利用该数据,对于 1980—2008 年轻工业的资本存量数据,直接对其包含的子行业的资本存量数据进行相加而得到。对于 2008 年以后年份的数据,参考陈诗一(2011)的方法,采用永续盘存法计算中国轻工业部门的资本存量。其中固定资产原值和累计折旧的数值来自《中国工业经济统计年鉴》,折旧率采用陈诗一(2011)的方法进行计算。对于能源数据,轻工业各子行业的能源消费包括煤炭、石油、天然气、电力等,数据从《中国能源统计年鉴》中取得,其中天然气的使用量相对较少,在总能耗中所占比例不超过 4%。将各个子行业的各种能源使用量分别进行加总得到轻工业每年的能源使用量。能源使用量中,《中国能源统计年鉴》中 1985 年的数据与《中国能源统计年鉴 1986》和《中国能源统计年鉴 1989》中的统计数据不一致,统计口径存在差异,因为《中国能源统计年鉴 1986》的统计数据包含了 1980—1985 年的数据,跳跃度相对较小,我们选取的是 1986 年的统计数据,然后对 1980—1984 年的数据按照对应比例进行调整。1980 年到 1990 年的轻工业能源消费数据来自《中国能源经济统计年鉴》;而 1991 年之后的年鉴中不能够直接查到轻工业的能源消费,为此将轻工业各自行业的能源消费数据进行加总,得到近似的能源消费数据。轻工业的劳动力数据可以从《轻工业统计年鉴》和《中国劳动统计年鉴》中得到,部分年份数据缺失,采用线性差值法进行补充。从《中国劳动统计年鉴》中可以得到 2003—2014 年轻工业各子行业的劳动力人数。轻工业作为众多细分行业的加总,生产出的产品包含多种,不同的产品数量不能够直接简单相加,无法以实物量对产出进行直接度量。因而,这里采用轻工业的产值作为对其产出的度量,数据来自于《中国工业经济统计年鉴》。

1. 不同能源品种之间的替代

利用各种不同能源价格序列及各种能源的出厂价格指数,得到 1980—2014

年的价格序列,将其折算到1990年的不变价格。根据价格和每年的投入量,得到每种能源的投入,加总之后得到总的投入,然后利用各种能源投入与总投入的比值我们得到每种能源投入的份额,其逐年变动显示了石油消费所占的份额在1980年以来的30多年中的变化相对较小,而煤炭的份额大幅度的下降,电力消费所占的份额呈现出大幅度的增加,背后体现了轻工业内部产业升级换代以及各个子行业之间比例的调整。图2-5显示了轻工业的能源成本构成中主要能源品种占比的变动情况。从图中可以看出,电力成本在轻工业的能源成本占比是最大的,并呈现出一直缓慢增加的态势,20世纪80年代初期约为55.3%,到2000年增加到约74.5%,2014年进一步增加到约86.3%。煤炭成本占比从1980年的36.8%减少到1990年的30.1%,这一段时间缓慢减少,随后在20世纪90年代快速减少到10%,在近些年一直维持在大约12%的水平。石油成本占比相对来说变动不大,在1980年约为7.9%,最高年份出现在2000年为12.6%,最近几年呈现出不断减少的趋势。轻工业能源成本份额变动的背后,体现了轻工业的升级换代。在人口红利逐渐减退,劳动力成本快速上升的经济和社会发展背景下,自动化生产线的不断推广使用,在一定程度上实现了资本和能源对于劳动力的部分替代。

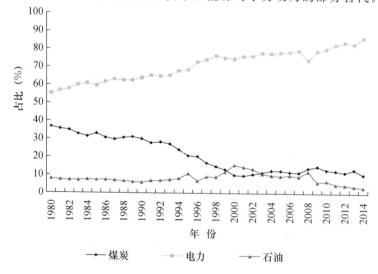

图2-5 轻工业能源成本分品种占比变动情况

数据来源:中国能源统计年鉴,笔者计算制图。

注:轻工业的能源消费包括了煤炭、电力、石油、天然气和其他能源等,由于天然气的消费量在总能源消费中所占比重很小,最高年份尚不足4%,变动趋势不够明显,对行业总的能源消费影响相对较小;其他能源仅在2013年和2014年纳入《中国能源统计年鉴》的统计中,以往年份没有此分类细目,具体的消费情况可以参照图2-1。本图采用不变价格计算各种能源品种的历年价格,然后根据历年分品种能源消费量,计算出轻工业历年的能源总成本,进一步得到各能源品种的成本份额,图中没有列出天然气和其他能源占比变动情况。

接着利用三阶段最小二乘法,对由煤炭和电力份额组成的联立方程系统进行估计,其中石油的份额方程可以由新古典约束条件而省略,根据估计出的参数我们可以计算不同能源投入之间的替代价格弹性和自价格弹性如表 2-2 所示。

表 2-2　不同能源投入之间的 Allen 替代弹性、条件需求的自价格弹性和交叉价格弹性

价格弹性		替代弹性	
η_{co-co}	−0.044	σ_{co-co}	−0.210
η_{co-el}	0.527	σ_{co-el}	0.750
η_{co-oi}	0.083	σ_{co-oi}	0.970
η_{el-co}	0.161	σ_{el-el}	−0.200
η_{el-el}	−0.139	σ_{el-oi}	1.000
η_{el-oi}	0.085		
η_{oi-co}	0.207		
η_{oi-el}	0.698		

注:co,el,oi 分别代表煤炭,电力和石油;η 表示条件需求的自价格弹性和交叉价格弹性,σ 表示替代弹性。

不同能源投入煤炭与石油、石油与电力、电力与煤炭之间的替代弹性都是正值,表明轻工业生产过程中不同的种类的能源投入是替代品。各种能源品种之间的替代是可行的,因而调整轻工业的能源消费结构,从碳排放较多的煤炭转向更为清洁的能源品种是一种减少排放的可行选择。

为了探讨长期中不同种类能源价格变化对能源消费的影响,我们采用 Pindyck(1979)的做法,根据上面计算的结果,进一步计算得到各种能源总的自价格弹性和交叉价格弹性,列在表 2-3 中。在几种能源投入中,长期来看 η^*_{el-el} 的绝对值最大,表明电力的需求对其价格变化最为敏感,其次是煤炭,最后是石油。η^*_{co-el} 和 η^*_{oi-el} 都比较大,表明电力价格变动对长期中的煤炭和石油消费影响比较大。所以,整体上电力价格对轻工业的能源消费影响相对较大,从而电力市场价格的改革对于轻工业的节能是至关重要的。

表 2-3　不同能源投入之间总的自价格弹性和交叉价格弹性

η^*_{co-co}	−0.103	η^*_{el-ot}	0.061
η^*_{co-el}	0.333	η^*_{el-co}	0.908
η^*_{co-oi}	0.059	η^*_{oi-el}	0.802
η^*_{el-co}	0.102		
η^*_{el-el}	−0.332		

注:co,el,oi 分别代表煤炭、电力和石油。

2. 各种要素之间的替代

利用不同品种能源投入份额方程的估计参数,计算出加总能源价格的估计

值，接着计算出不同投入要素的份额，进而对各种投入要素的份额方程进行估计，利用上述估计结果我们可以计算各种投入要素之间的 Allen 替代弹性、自价格弹性和交叉价格弹性，如表 2-4 所示。图 2-6 显示了近年来能源、资本、劳动力三种投入要素所占比例的变动情况，可以看出近年来能源投入比重有一定程度的降低，资本投入比重变动情形不太明显，而劳动投入比重在 2000 年到 2004 年有较为快速的增加，随后基本上稳定在一定范围内。

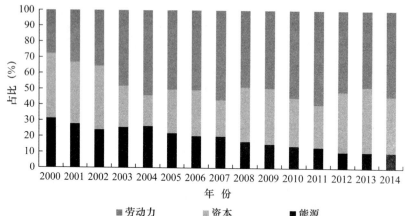

图 2-6　近年来各种投入要素占比变动情况

表 2-4　各种投入要素的自价格弹性、交叉价格弹性及替代弹性

价格弹性		替代弹性	
η_{EE}	−0.276	σ_{EE}	−1.193
η_{EK}	0.322	σ_{EK}	0.849
η_{EL}	0.363	σ_{EL}	0.960
η_{KE}	0.197	σ_{KK}	−0.094
η_{KK}	−0.037	σ_{LL}	−0.536
η_{KL}	0.329	σ_{KL}	0.870
η_{LE}	0.222		
η_{LK}	0.340		
η_{LL}	−0.202		

能源、资本、劳动力的自价格弹性分别为−0.276、−0.037、−0.202，与基本经济理论是相符的，其中能源的自价格弹性最高，劳动次之，资本的自价格弹性最小。这反映出各种投入要素中，能源对自身的价格变动最为敏感，其次是劳动，资本对于自身的价格而变动最不敏感。对于不同投入之间的交叉价格弹性，能源对于资本和劳动力的价格弹性分别为 0.322 和 0.363，表明劳动力和资本价格的提高都将导致能源要素的投入有所增加，其中劳动力价格变动对能源投入影响相较

于资本价格变动的影响略大;资本对于劳动和能源的价格弹性分别为0.329和0.197,资本投入受劳动力价格变动的影响显著大于能源价格变动的影响;劳动力对于能源和资本价格的弹性分别为0.222和0.340,资本价格的变动对于劳动力投入的影响更大一些。各要素的交叉价格弹性大体上呈现出劳动价格变动对其他两种要素投入的影响更大,也就是说其他两种要素的投入对于劳动价格变动更为敏感,这与轻工业是劳动密集型行业是相符合的。可以预计,未来随着劳动力成本的不断攀升,将对轻工业的能源和资本投入产生较大的影响,企业生产者将相对更多地采用能源和资本,利用更为自动化的生产线来实现对劳动力的替代。对于不同投入要素的替代弹性能源和资本、资本和劳动力、劳动力和能源之间的替代弹性分别为0.849、0.870和0.960,可以看出劳动和能源之间的替代弹性最大,其次是资本和劳动之间的替代弹性,而能源和资本之间的替代弹性最小。从各种投入要素的Allen替代弹性可以看出,他们之间是互相替代的,从而说明在轻工业的生产中,加大节能的资本投入,提高劳动者的素质,来实现资本和劳动力对能源的替代是可行的。Lin et al.(2014,2015)分别对中国道路交通运输业和农业的能源投入和资本、劳动投入之间的关系进行了研究,发现能源与资本和劳动力之间均是互相替代的,所得到的替代弹性都位于1附近,这里所得到的弹性数值在大小上与Lin et al.(2014,2015)的研究结果接近。

3. 能源强度的影响因素分解

利用能源份额方程的参数估计结果,对影响能源强度变化的因素进行分解,结果如表2-5所示,在1980—2014年整个研究时间段之内将能源强度的变动分解为预算效应、产出效应、技术效应和替代效应,其中替代效应包含了能源、资本、劳动力三种要素价格变动所引起的替代效应。产出效应衡量了产出变动对于轻工业能源强度的拉动作用;技术效应顾名思义,反映的是技术变动对于能源强度的拉动作用。

表2-5 能源强度变动的因素分解

时间段	总变动	预算效应	替代效应				产出效应	技术效应
			加总	能源	资本	劳动力		
1980—1985	−0.091	−0.531	−0.217	−0.335	0.027	0.090	0.597	0.060
1984—1990	0.034	1.611	0.855	1.183	0.000	−0.328	−2.616	0.185
1990—1995	−0.356	−1.615	−1.072	−1.026	−0.351	0.305	2.380	−0.050
1994—2000	−0.373	−1.620	−1.162	−1.221	−0.260	0.318	2.528	−0.119
2000—2005	−0.353	−0.388	−0.340	−0.286	−0.110	0.057	0.361	0.013
2004—2010	−0.388	−0.255	−0.293	−0.181	−0.132	0.019	0.109	0.051
2010—2014	−0.335	0.460	0.323	0.417	0.093	−0.187	−1.379	0.261

可以看出，总体上除个别年份有略微的反复之外，轻工业的能源强度大体上呈现出下降的趋势，这里的能源强度采用的是轻工业能源消费与产量的比。表2-5中的数据可以从下面的角度来理解，从1980—1985年来看，总的能源强度下降了9.1%，如果保持其他因素不变，仅仅预算效应的变化就可以导致能源强度降低53.1%，由于能源、资本、劳动力的价格变化所导致的替代效应可以使能源强度降低21.7%，而产出效应可以使能源强度增加59.7%，技术的效应影响较小为6.0%，从而加总起来看，能源强度最终下降了9.1%。

考察2010—2014最近这一时间段中各种影响因素对于轻工业能源强度的拉动作用，预算效应、替代效应和技术效应对于减少能源强度有负向的贡献，而产出效应具有显著的正向贡献，这反映出近年来轻工业的生产开始逐渐朝着集约化的方向发展，能源价格的变动和资本价格的变动所导致的替代效应有拉高轻工业能源强度的倾向。在中国目前的能源价格体制中，煤炭基本实现了市场化定价，油品的价格也与国际原油市场的价格波动具有一定的联系，电力市场价格受到政府政策作用的影响较大，而轻工业的能源消费中电力所占比重越来越大，现行的电力定价机制在一定程度上不利于轻工业的进一步节能。资本价格的持续高企，不利于中小企业的投资，因而对能源强度降低具有负向拉动。需要注意的是该段时间，技术水平的变动对于轻工业的能源强度不仅有正向拉动的作用，而且程度相较于以往的年份有所增大，反映出企业对于节能技术的推广和节能设备的利用仍然存在着一定的问题，未来轻工业的能源政策需要更多的针对节能技术的推广和利用。

在整个样本研究的时间段内，各种影响因素之中，替代效应的影响最大，预算效应也具有相当大的影响。在替代效应的各种影响因素中，能源自身价格因素的变动对降低能源强度具有最大的贡献，在大部分年份中，资本价格因素的变动对降低能源强度有着持久稳定的影响。资本替代能源在一定程度上促进了轻工业的节能，在20世纪90年代对降低能源强度具有较为明显的负向拉动作用，进入2000年之后，虽然总体上仍呈现出负向拉动，但是已经有所降低，在2010年到2014年的时间段，资本价格变动对于能源强度的变动甚至呈现出不利的影响。现实中的情形是，在2000之后中国经济逐渐转向了以基础设施建设投资和房地产业为主要拉动力的增长模式，进而导致全社会无风险利率的持续走高，高昂的资金成本不利于轻工业的节能投资。

在1990年到2010年大部分的时间段内，产出效应对于降低能源强度具有负面的影响，也就是说中国轻工业的发展在过去大多采用粗放的生产经营方式，产出的增加主要依赖于要素投入的增加，而2010—2014年产出效应开始变为负值，在该段时间，轻工业的生产逐步从依赖于要素投入的粗放增长型转向依赖于附加值提高的集约增长性模式。一些基于微观调查数据的研究资料表明,中国轻工业的众多子行业处于产业链的低端,利润创造能力较低,以轻工业中占比较大的纺织业为例,其在所有的竞争性行业中利润创造能力最差,纺织业低技术、低标准造成了服装、鞋帽、皮革制造等产业链上游企业整体利润的提升,中国众多的纺织制造商中,鲜有国际驰名品牌。技术进步对能源强度的影响较弱,意味着通过增强技术进步来提高能源强度具有较大的发展空间,也是以后加强轻工业节能的重点方向。

考察劳动力价格变动对于轻工业的能源强度的影响,其在1990年到2000年之间有一定的正向拉动作用,在这段时间中国各省份的生产要素流通存在着一定的限制;自进入2000年之后,劳动力价格对于能源强度的正向拉动作用显著减弱。而在2010年之后,中国劳动力富余的现象逐步消失,不少地区出现了"用工难"和"用工荒"的情况,伴随着人口红利的逐渐消失,劳动力成本快速增加。自动化生产线的引入对劳动生产率的提高有显著的促进作用,整体上看随着劳动生产率的不断提高,对能源强度的降低有一定的促进作用。

考察技术效应对于能源强度变动的影响,可以看出总体上大部分年份,技术效应对于能源强度的降低并没有显著的促进作用,这从侧面反映出中国轻工业的发展依然面临着技术薄弱,高端产品缺乏的现象。近年来,消费者购买生活消费品更倾向于选择知名品牌、国外品牌,则从侧面显现出中国轻工业发展过程中存在着的一些问题。王兵等(2013)的研究发现了技术效率的恶化,不利于中国工业的可持续发展。

能源强度下降的因素分解中,我们发现预算效应和替代效应对能源强度的降低贡献最大,产出效应以及技术进步的贡献相对较小,从而说明了在轻工业以往的节能主要通过下面的渠道:资本等对能源的替代以及能源自身的价格提高来抑制能源消费。而产出效应和技术进步的贡献度较小,说明以往的节能中这两个因素扮演的角色较弱,而未来轻工业的能源节约,需要侧重于提高产品的附加值以及加强生产过程中的节能技术进步以及生产过程中有效的能源管理来实现。

2.1.3 轻工业的节能途径

轻工业的能源消费总量占全中国的比重约为8%,大约相当于韩国整个国家的能源消费量。轻工业具有以下特点:轻工业包含的子行业众多,其中能耗较高的行业有日用陶瓷和日用玻璃的制造、造纸、酿酒、发酵、皮革、电池等;家用电器、照明设备等轻工业产品在未来使用中将进一步消耗电能,轻工产品的节能设计关系到产品全寿命周期的能源消耗;轻工业多有中小企业组成,各子行业中小企业数量占比往往超过80%,部分行业销售收入在全行业中所占比重超过一半;轻工业电力消费所占比重呈现出持续增加的态势;国内轻工产品尚不能够满足人们对于产品质量和多样化日益增长的需求,尤其是高质量、高品牌附加值的高端品牌缺乏,导致人们对于国外进口的高档化妆品、服装和食品趋之若鹜。面对轻工业目前所具有的特点和能源消费现状,在未来的节能减排过程中,可以从下面的途径入手来加强行业的节能。

(1) 以需求侧为导向,从消费风尚的变动出发,注重品牌培育,通过提高产品附加值,来增加每单位能耗的产出,逐渐从产业链的上游迁移到附加值高的下游。

上文中通过对促进能源强度降低的因素分解,对于产出效应而言,在1980至2010年中以每五年末区间段的结果显示,大部分时间段呈现出正值,表明产出效应有拉高轻工业能源强度的倾向,背后体现了该段时间轻工业的增长主要依赖于要素投入的粗放型增长,每单位能耗所能创造的产品附加值较低。比如说,陶瓷和日用玻璃生产都属于高能耗行业,中国这两个行业的生产量都位居世界前列,然而生产过程中的能源利用效率低,产成品的品质也不高,严重限制了单位能耗的产出。从陶瓷工业的生产现状来看,整个生产流程中烧成和干燥环节的能耗在产品综合能耗中占比超过80%,其中烧成流程占比约60%,干燥流程占比20%。中国陶瓷工业的能源利用率为30%左右,而西方发达国家大体上高于50%,其中美国高于55%。

从日用玻璃的生产来说,对于规模及以上生产企业,2014年的统计结果显示总产量约为2800万吨,根据该年份行业生产的平均综合能耗计算,共消费了大约1000万吨标煤。对于日用玻璃的生产,虽然不同质量和种类产品的生产流程不尽相同,但是大体上都需要经过制备原料、熔制、产品成型、退火等步骤,在这些流程中,熔制需要消耗的能源最多,约占产品生产全部能源消费的70%。日用玻璃产成品主要用于家用玻璃器皿和工艺品、实验室和医用玻璃器皿、玻璃保温瓶和包装用玻璃等,其中中国目前生产的日用玻璃产成品中有70%属于低端的用于产品包装的玻璃瓶罐,20%是家用玻璃器皿,8%是实验室和医用的较高端玻璃器皿,剩余的约2%属于其他用途。包装用玻璃瓶罐的生产可以采用优化窑炉设计,采用轻量化生产技术和高校数控生产设备,以减少原材料投入,同时也可以采用满足用户独特需求特性的高品质、高档瓶罐生产线来提高产品的附加值,增加单位能源投入所带来的经济效益。从整个行业来看,在日用玻璃产成品中的能源成本约占40%,然而大部分产成品却应用于低端用途,较低的产品附加值使得企业难以有留存资金用于产品的研发和生产线的升级换代,严重制约了行业整体的发展水平。

(2) 继续加大节能投资,通过劳动者素质的提高来促进节能,同时注重能源的价格改革。

节能投资的增加对于促进能源强度的降低具有持久而稳定的影响,仍然是促进节能的主要途径之一。而近年来轻工业总体能耗中电力所占比例由2000年的22.4%快速增加到2014年的41.0%左右,根据上文中各种能源需求的自价格弹性和交叉价格弹性发现,在中长期中各种能源投入对电力价格的弹性是较大的,因而促进电力价格体制改革对于促进轻工业整体的节能至关重要。

（3）降低融资成本,促进中小企业的节能投资。表2-6显示了2014年部分轻工行业的中小企业占比情况,农副食品加工业、食品、饮料制造业、纺织业、造纸和纸制品业、家具制造业几个代表性行业中小企业数量占比依次为87.8%、80.7%、82.6%、85.4%、82.4%,这些行业中小企业销售产值占比依次为56.4%、40.3%、44.8%、46.6%、51.2%。从数量上来说,数据显示轻工业中大部分企业属于中小型企业,从销售产值上看,其所占比重也有一半左右。2013年轻工行业大、中、小型企业负债增速分别为11.8%、10.0%、15.4%,财务费用增速分别为－1.5%、10.9%、14.8%,利息支出增速分别为1.4%、6.9%和10.8%。可以看出中小型企业的负债、财务费用和利息支出大体上都高于大型企业。在中国目前的金融市场下,由于体制和历史的原因,企业融资仍然以银行贷款等间接融资方式为主,直接融资极为不发达,部分中小企业由于融资渠道缺乏,采用民间融资方式,而奇高的民间融资利率,造成中小企业"借东墙补西墙",受限于企业财务困境的泥淖,无力从事于企业的进一步发展,处于破产边缘的企业更没有可能在新产品的研发和节能投资方面有所行动。高昂的融资成本,不仅限制了中小企业的节能投资,不利于节能技术的推广,更损害了经济的进一步发展。经济的发展有内在的规律,企业之间的兼并和重组一般在经济规律的推动下进行,政府可以采取一定的扶持和促进措施,来加快部分产业的整合和经济结构调整的过程。节能投资和方案的实施往往具有一定的规模效益,政府可以通过设立产业并购基金的方式,促进行业的规模化发展,淘汰附加值低、出口依赖度较高的落后企业,通过兼并、重组等手段向行业下游附加值高的区段迁移,同时提高劳动力素质和管理水平,降低企业融资成本,实现劳动、资本对能源的替代,来促进节能投资和节能技术的进步。

表2-6 2014年部分轻工行业构成情况

	小企业数量占比(%)	小企业销售产值占比(%)
农副食品加工	87.8	56.4
食品、饮料制造业	80.7	40.3
纺织业	82.6	44.8
造纸和纸制品业	85.4	46.6
家具制造业	82.4	51.2

数据来源:中国工业经济统计年鉴,笔者计算制表。

（4）加强行业相关节能生产技术的基础科学研究，有针对性的通过法律、行政、税收等手段促进部分高能耗产业（如：日用玻璃和陶瓷的生产、发酵、造纸等）的节能，通过运用补贴和税收优惠等措施促进节能技术推广和高效节能生产线的推广使用。日用玻璃和陶瓷制品的生产、发酵、造纸等高能耗行业能源投入在产成品的综合成本中占比高，这些行业存在着一定的规模经济，小的企业由于规模不经济和融资成本高等因素无法通过革新生产线来降低单位产品的能耗。在这种情况下，对于行业中现有的落后中小企业，可以通过鼓励并购和重组来促进行业的整合；对于潜在进入者，实施市场准入限制，使得不符合一定环保资质的企业不能够进入这些行业，以此来提高行业整体的生产者资质，从而提高能效水平。经济运行有其内在的规律，在未来较长的时间内，轻工业中小企业占比较高的现状仍将维持，理论上虽然说可以对采用高效节能生产技术的单个企业进行直接的补贴和税收优惠，然而这种方案的政策实施成本较高，如果一些不法企业投机骗补，虚假信息甄别的成本高昂，难以达到预定的效果。可以通过对节能生产技术推广企业进行补助，对节能生产线设计和制造的上游企业进行直接补贴，重点地有针对性地促进节能生产技术的研发和进步，同时也能较好的推广节能生产设备的利用，从而达到促进行业节能减排的预定政策效果。

2.2　轻工业——纺织行业的能源发展和利用

2.2.1　纺织行业的发展现状

按原料性质的不同，纺织行业可分为棉纺织工业、毛纺织工业、丝纺织工业、麻纺织工业、化学纤维工业等。纺织行业是国民经济的传统支柱产业，对经济发展起着重要作用。随着经济的发展，GDP 呈现平稳递增水平，纺织行业也保持了稳定增长的趋势。随着中国根据经济发展状况不断调整产业结构，作为传统劳动力密集型产业的纺织行业，行业总产值占 GDP 比重从 2004 年开始呈现下降趋势，如图 2-7 所示。从图中可以看出，从 2009 年开始，纺织行业产值占 GDP 比重开始缓慢增加，并呈现上升趋势。虽然纺织行业产值占 GDP 比重曾出现过下降趋势，但未来仍是上升的趋势，纺织行业在中国经济发展中仍占据着重要地位。

进入 21 世纪以来，中国纺织品出口占全球纺织品总出口的比例已从 2000 年的 10.3% 增长到 2013 年的 37.07%。从 2010 年开始，世界上纺织品的出口中有超过 1/3 的是来自中国，中国纺织业在世界上有着明显的竞争力。

改革开放之后，纺织行业发展迅速。2013 年，中国纺织行业规模以上企业累计完成工业总产值为 62 839 亿元，同比增长 8.7%，增速较 2009 年提高 17.16 个百分点，占全国规模以上工业总产值 6.58%。2013 年，全行业出口纺织品服装总价值 2920.75 亿美元，同比增长 11.24%，占全国出口总额 13.22%，是中国实现出

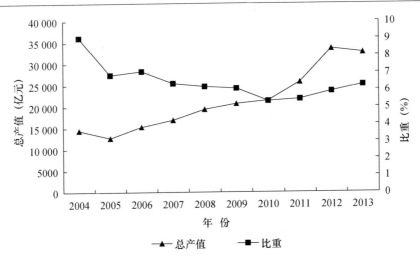

图 2-7 2004—2013 年纺织行业工业总产值占 GDP 比重变化
数据来源：中国工业统计年鉴、中国统计年鉴。

口创汇的重要行业，属于贸易顺差较大的行业。2013 年中国纺织行业进出口顺差达到 2645.3 亿美元。图 2-8 是 2004—2013 年中国纺织行业进出口贸易值变动图，从图中近十年中国纺织业贸易差额的变化趋势看，中国纺织业一直处于贸易

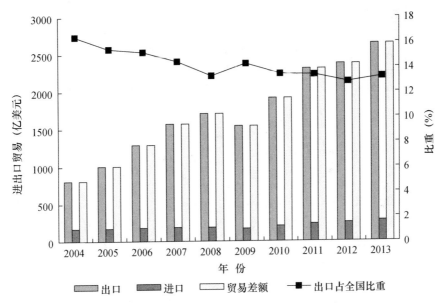

图 2-8 2004—2013 年中国纺织行业进出口贸易值
数据来源：中国统计年鉴、中国纺织工业发展报告。

顺差的状态,且除了2009年贸易差额出现小幅度下降之外,纺织品贸易顺差呈现一直逐渐增大的趋势。

2013年,中国纺织业固定资产投资项目累计实现投资4094.85亿元,同比增长14.62%,但是增速和2012年相比有一定的差距,2012年纺织行业固定资产投资同期增长率为36.33%。同时,2013年纺织行业固定资产投资增速落后于同期全国制造业22.03%的增长水平达7.41个百分点。

由于中国各个地区的资源禀赋水平及基础设施条件不同,区域间经济发展非常不均衡。纺织行业多集中于东部地区,其他地区的发展则相对落后。如图2-9显示,1994—2013年间东部十个省市纺织行业总产出的全国占比平均在81.04%左右,中部八个个省市纺织行业总产出的全国占比平均在13.48%左右,西部十个省市纺织行业的总产出的全国占比平均在5.48%左右。从图2-9可以看到:1995年之前东部地区纺织业工业产值的全国占比呈现一直上升的趋势,在2005年之后东部地区的全国占比逐渐出现下降趋势。与之相反,中部地区纺织业工业产值的全国占比在2007年之后出现了逐渐增加的趋势,这也是国家实施纺织行业产业转移政策具体落实的体现。

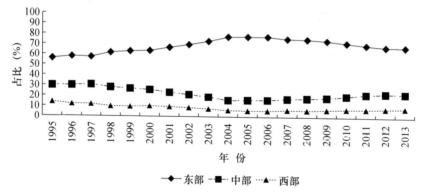

图2-9　1994—2013中国纺织行业区域产值全国占比

数据来源:各省市统计年鉴、中国纺织工业发展报告。

东部地区纺织业工业产值的全国占比呈现一直上升,从1995年的56.05%一直攀升到2005年的最高点77.55%。2005年之后,东部地区纺织行业产出的全国占比开始呈现缓慢下降的趋势。与东部地区相比,中部地区纺织行业产出的全国占比呈现不同的特征。从1997年起,中部地区纺织行业产出的全国占比大致呈现持续下降的趋势,下降趋势一直持续到2005年,2005年之后中部纺织行业产出的全国占比则开始缓慢上升。2005年之前,中部地区纺织行业产出的全国占比从1997年的30.68%持续下降到2005年的最低点16.34%。2005年之后,中部地区纺织行业产出的全国占比又从2005年的16.34%回升至2013年的22.96%。与东部纺织行业产出全国占比及中部纺织行业产出全国占比相比,西部地区纺织行业产出占全国比重一直处于较低的水平。

随后,对不同地区的行业能源强度进行了计算(图2-10),发现1994—2013年间中国纺织业东部、中部和西部的能源强度具有明显不同的特征。其中,东部纺织业的能源强度一直处于最低水平,中部纺织行业次之,西部纺织行业最高。某种程度而言,与中部和西部相比较,东部地区单位产出所需要的能源投入最少,能源生产效率最高,西部地区单位产出所需要的能源投入最多,能源生产效率最低。

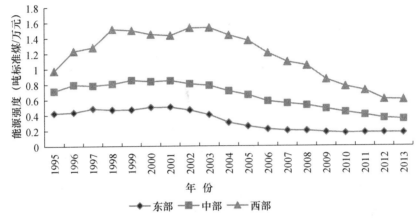

图2-10 1994—2013中国纺织行业东中西部能源强度变化
数据来源:中国能源统计年鉴、各省市统计年鉴。

此外,通过不同地区间能源强度的走势还可以看出1994—2013年间中国纺织行业的能源强度在2003年之后出现持续下降的趋势,且地区间的能源强度差距也在逐渐缩小。1995年,东部、中部和西部地区纺织行业能源强度分别为0.424吨标准煤/万元、0.713吨标准煤/万元和0.976吨标准煤/万元,1995年,中部和西部地区纺织行业能源强度与东部地区纺织行业能源强度之间的差距分别为0.289吨标准煤/万元和0.552吨标准煤/万元。2013年东部、中部、西部的能源强度数值分别降至0.175吨标准煤/万元、0.351吨标准煤/万元和0.602吨标准煤/万元。2013年,中部地区和东部地区能源强度差距缩小的较为明显,相对而言,西部地区和东部地区行业能源强度差异缩小的较慢,这也在一定程度上说明了由于地理位置和资源禀赋差异等原因,西部纺织业发展相对滞后,效率也相对低下。

在能源资源日益匮乏和可持续发展的大背景下,未来中国纺织行业必然面临着极强的能源约束限制,有效配置资源、降低能源消耗、提高能源效率成为纺织行业当务之急。如何更加全面地测算纺织业能源效率的大小,了解每个省份纺织业差距?促进纺织业能源效率提高的关键因素是什么?作为单要素指标,能源强度所能提供的信息相对有限。因此,我们从全要素能源效率的视角入手,对中国纺织地的能源生产效率水平进行测算,在此基础上分析了影响其变化的因素。

2.2.2 纺织行业能源效率问题①

纺织工业一般不被视为高能耗产业,但是,从事纺织业的工厂数目众多,所消耗的能源总量相当可观。要计算特定国家的纺织工业所用能耗占制造业总能耗的比重,需看该国制造业的结构。例如,在中国,纺织业占制造业的终端能耗约4%(LBNL,2007),在美国,纺织业占制造业的终端能耗不到2%。如图2-11所示,随着中国纺织业的飞速发展,能源消耗量和二氧化碳排放也在持续不断地上升。在能源资源日益匮乏和可持续发展的大背景下,未来中国纺织行业必然面临着极强的能源约束限制,有效配置资源、降低能源消耗、提高能源效率成为纺织行业当务之急。一般而言,单要素能源效率考虑相对不够全面,相对简单,仅仅考虑投入和产出之间的关系。相对而言,和单要素能源效率不同的是,全要素能源效率考虑相对全面,在揭示一个地区要素禀赋结构对能效的影响方面有着单要素方法不可替代的优势。因此,我们以中国省际纺织业为研究对象,基于28个省市的纺织业面板数据,采用Malmquist能源绩效指数(Malmquist Energy Performance Index,以下简称MEPI②)测度纺织业的能源效率动态变化趋势,分析能源效率的影响因素,为确定节能减排重点和优化能源结构提供借鉴。利用MEPI研究能源效率有如下优点:一是适用于多个国家或地区跨时期的样本分析。二是避免对模型的误设。三是可以更加清晰地了解技术效率对纺织业能源效率变化的贡献程度,结果能加丰富。我们实证分析选择时间为1994—2013年,为研究全要素能源效率的区域差异,按照传统的区域划分方法分为东、中、西三大地区,结果列于表2-7。

表2-7 纺织业1994—2013年全要素能源效率平均变化及分解

省市	全要素能源效率	区域	MEPI	技术效率变化	技术进步变化
北京	0.7145	东部	1.1030	1.0506	1.0540
天津	0.5689	东部	1.1302	1.0503	1.0763
河北	0.6132	东部	1.0703	1.0176	1.0525
辽宁	0.6503	东部	1.1708	1.0714	1.0943
上海	0.8655	东部	1.1094	1.0062	1.1001
江苏	0.9913	东部	1.1336	1.0035	1.1296
浙江	0.9411	东部	1.1613	1.0160	1.1444

---

① 本小节在参考文献"林伯强,赵红丽.中国纺织业全要素能源效率变动分解—基于Malmquist指数的视角[J].厦门大学能源经济与能源政策协同创新中心工作论文.2016."基础上进行了修改和完善。

② 为分析全要素能源效率变化提供了便利的工具,可以通过对全要素能源效率进行分解,从而研究全要素能源效率变动的源泉。

（续表）

省市	全要素能源效率	区域	MEPI	技术效率变化	技术进步变化
福建	0.6808	东部	1.1395	1.0491	1.0876
山东	0.8590	东部	1.1233	1.0067	1.1108
广东	0.8899	东部	1.2580	1.0522	1.2160
山西	0.2141	中部	1.0520	0.9869	1.0641
吉林	0.2645	中部	1.0758	1.0317	1.0510
黑龙江	0.2338	中部	1.0121	0.9666	1.0520
安徽	0.4072	中部	1.0961	1.0404	1.0556
江西	0.4464	中部	1.1876	1.0740	1.1237
河南	0.6728	中部	1.0767	1.0209	1.0546
湖南	0.7095	中部	1.2187	1.0707	1.1440
湖北	0.7244	中部	1.1063	0.9724	1.1590
内蒙古	0.2565	西部	1.0958	0.9914	1.1060
广西	0.2956	西部	1.1771	1.0681	1.1221
四川	0.3387	西部	1.4103	1.0891	1.3076
贵州	0.1895	西部	1.0917	1.0350	1.0556
云南	0.1772	西部	1.0760	1.0085	1.0684
陕西	0.2388	西部	1.0647	1.0154	1.0508
甘肃	0.2768	西部	1.0464	0.9940	1.0536
青海	0.2287	西部	1.1151	1.0611	1.0534
宁夏	0.3037	西部	1.2241	1.0710	1.2150
新疆	0.1857	西部	1.0529	1.0017	1.0519
东部	0.7775		1.1399	1.0323	1.1066
中部	0.4591		1.1032	1.0205	1.0880
西部	0.2491		1.1354	1.0335	1.1084
全国	0.4978		1.1278	1.0294	1.1019

从表2-7可以得知，中国纺织行业存在着巨大的节能空间。从全国平均水平来看，1994—2013年间纺织行业的全要素能源效率均值为0.4978，说明在各年技术水平不变的情况下，纺织行业可通过能源利用效率的提高节约至少50.22%的能源投入。以2013年为例，纺织行业当年能源消费总量为7365.72万吨标准煤，50.22%的节能空间意味着在当年的技术水平下，如果能源投入得以充分利用，可以节省大约3699.06万吨标准煤。由表2-7中可知，在样本期间内，东部纺织业的平均能源效率值为0.7775，中部纺织业能源效率值为0.4591，西部纺织业能源效率值则为0.2491。东部纺织业的能源效率值最大，明显高于全国平均水平，中部纺织业能源效率稍微低于全国平均水平，西部纺织业距离全国平均水平仍有较大差距。西部纺织业能源效率平均值和东部纺织业平均值、中部纺织业平均值以及

全国平均水平相比,仍然是最低的。

MEPI可分解为技术效率变化(EFFCH)、技术进步变化(TECCH)。不同地区能源效率增长的动力来源基本相同,但不同影响因素的贡献程度有所不同。不考虑地区生产技术差异时,技术效率的改善和技术进步对三大地区能源生产率的提升都有显著的积极作用。其中:东部地区的技术效率改善推动能源效率提升3.23%,依靠技术进步促进了能源效率的提高,提高比例为10.66%;中部地区依赖技术效率改善从而提高了能源效率,比例为3.35%,依靠技术进步促进了能源效率的提高,提高比例则为10.84%;西部地区的技术效率改善推动能源效率提升2.94%,技术进步推动能源效率提升10.19%。

通过上述对中国各省市的全要素能源效率的测度和分解分析可知,技术进步是中国纺织业全要素能源效率提高的源泉。为了进一步分析影响纺织业全要素能源效率的影响因素,我们以计算出的能源值作为被解释变量,建立回归模型。

行业的规模经济性能够通过企业在整个行业中的平均规模和企业在行业中的集中度来反映,因此,在度量纺织行业的规模效率时,通常采用企业的平均规模以及企业在行业中的集中度两个指标。在模型中,纺织行业的平均规模等于行业工业总产值除以企业个数(亿元/个);为了便于研究和数据统计,我们用规模以上企业个数来表示纺织行业的集中度,即企业数越多,行业集中度越高,反之,则越低。

同时,我们在研究纺织行业的结构调整时,主要通过能源消费结构和产权结构这两个指标来表示。其中,能源消费结构等于煤炭消费量除以纺织行业能源消费总量;产权结构等于国有及国有控股纺织企业的产值除以纺织行业的工业总产值。

MEPI均是与上一年的相对比值,将计算的全要素能源效率值以基期1995年为1进行累计转换,转换后的MEPI作为因变量,以上述影响因素作为自变量建立模型,如下:

$$Y_{it} = \alpha + \beta_1 ES_{it} + \beta_2 ES_{it}^2 + \beta_3 STR_{it} + \beta_4 MC_{it} + \beta_5 CON_{it} + \varepsilon_{it} \quad (2-5)$$

Y_{it}表示第i个省份纺织业第t年的MEPI,β表示回归系数,ε_{it}表示扰动项,ES代表企业的平均规模,STR代表纺织业的产权结构,MC代表能源结构,CON代表行业集中度。

结果可知,企业的平均规模(ES)对能源效率有着同向促进作用,且在99%的置信区间内显示,ES的估计系数是显著的。换言之,纺织行业每提高1个点的ES,则会相对促进纺织业能源效率提高1.07%。

行业集中度指标对东部纺织业能源效率而言,未能通过检验,系数不显著。对中西部地区显著,也意味着中西部行业集中度提高1个百分点,行业的能源效率可提高6.71%。纺织行业是典型的劳动密集型行业,需要大量廉价的劳动力。伴随产业升级的激烈竞争,原材料成本及人力成本也不断上涨,导致在东部的纺织业成本逐渐增加。为规避较高的劳动力成本,部分纺织企业开始转移至中西部地区,逐渐形成了中西部地区为主导的产业空间布局格局,而现实是中西部经济欠发达地区的纺织行业发展相对滞后。总体而言,目前中国纺织行业产业集中度并不是很高,还未形成规模经济。未来可以在保障大型企业产能正常运行的前提下快速扩张,淘汰落后产能,提高行业集中度,为提高行业能源效率做贡献。

我们实证结果表明,纺织业产权结构变量的回归系数为负,且通过了显著性检验。这表明国有纺织行业的工业产值在行业总产值中的比重越高,则行业的全要素能源效率则越低,同已有的大部分研究结论相同。值得注意的是,产权结构变量对东部纺织业、中部纺织业及西部纺织业的影响却存在较大差别。产权结构变量对东部纺织业的全要素能源效率的影响同全国情况相同,回归系数显著为负;中部地区的产权结构变量对全要素能源效率的影响不显著。西部地区的产权结构变量对全要素能源效率影响显著,但回归系数为正,表明西部国有纺织行业的比重越高,也并不会导致纺织业能源效率降低,甚至反而会起到相反的作用。这在一定程度上是和西部落后地区的相对劳动力廉价充足、中央政府对落后地区发展的大力扶持对纺织业全要素能源效率的改善是有很大帮助的。

能源消费结构在10%的水平上与能源效率呈现负相关的关系,即能源利用效率相对越低,节能减排潜力越大。作为煤炭是最主要能源消费品种的纺织行业而言,煤炭在所有能源消费品种的占比每提高1%,则会导致纺织行业的能源效率相对降低10.43%。煤炭在纺织行业所有能源消耗品种中所占的消耗比重最大,如果能使煤炭在纺织行业所有消费品种中的消费比重适度下降,则可以在一定程度上提高纺织行业的能源效率。

本节的分析结果表明,1994—2013年间中国纺织行业的全要素能源效率均值为0.4978,中国纺织行业存在着巨大的节能空间。企业的平均规模在1%的显著水平上与全要素能源效率水平正相关;能源消费结构在10%的显著水平上与全要素能源效率负相关;产权结构变量与东部纺织业能源效率呈现负相关的关系,回归系数显著为负。与西部纺织业能源效率呈现显著正相关的关系,但对中部纺织能源效率而言,未能通过检验,影响不显著。

根据上述分析,提出如下政策建议:

(1)有关部门应该出台控制纺织行业盲目投资的文件,可以采取指定强制性的设备技术指标的方式来提高企业集中度,积极推进淘汰落后产能,控制新增产能,加快对产品结构的升级,扭转低效率和低技术水平的纺织企业。

(2)纺织行业是劳动密集型产业,可以发挥劳动力的比较优势,发挥范围经济的优势。而对于纺织企业来说,由于中国纺织企业大部分都还没有达到最有效的规模效率,因此纺织企业应该努力通过扩大生产规模、提高其规模效率,进而提高生产水平,从而产生规模经济。

(3) 针对纺织行业的节能减排,政府应该鼓励企业积极进行产品和技术方面的创新,加强对其相关项目的支持。在现阶段,可以将节能技术,如空压机做重点推广。同时,要将纺织行业废水废气在技术上做进一步的改进。

随着全球经济一体化的发展,全球范围内气候变暖以及二氧化碳排放等一系列环境问题也逐渐成为世界各国最为关注的问题之一。中国人口众多,而且中国的能源消费结构主要是煤炭占据最重要地位,排放二氧化碳较多,已成为近年来关注的焦点。纺织业也是一个高污染行业,随着中国经济社会的飞速发展,纺织业的能源消耗和二氧化碳排放也在持续不断的上升。影响中国纺织业碳排放的因素有哪些?下文将进行探讨。

2.2.3 纺织行业二氧化碳影响因素

纺织业也是一个高污染行业。2013 年,纺织业能耗约占 39 个行业总能耗的 4.3%,略高于 39 个行业平均值,也是能耗排放较大行业之一。1980 年,纺织业能源消耗量为 19.92 百万吨标煤,二氧化碳排放量为 32.15 百万吨。2013 年,纺织业能源消耗量为 73.66 万吨标煤,二氧化碳排放量为 53.19 百万吨,1980—2013 年期间,能源消耗量和二氧化碳排放量都发生了很大的变化。如图 2-11 所示,随着中国纺织业的飞速发展,能源消耗和二氧化碳排放也在持续不断地上升。

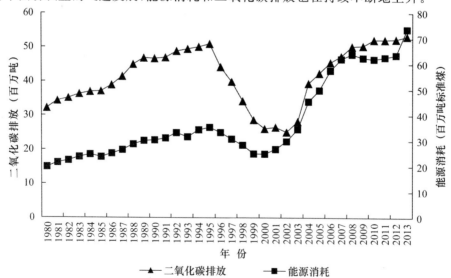

图 2-11 中国纺织业能源消耗和二氧化碳排放情况(1980—2013)

数据来源:中国能源统计年鉴。

因此，我们以中国纺织业为研究对象，探讨影响中国纺织业碳排放的各种因素，能够为中国纺织业碳减排工作提供重要的科学依据，并为制定相关措施提供决策依据。

我们将采用 STIRPAT 模型①，对影响纺织行业二氧化碳排放的几个关键因素进行了分析。我们根据中国纺织业特征及其排放影响因素的特殊性也对 STIRPAT 模型进行相应的拓展与改进，引入了城市化指标。城市化水平越高，相应的能源消耗量就大，碳排放量也会相应越大。有研究表明，城市居民的人均能源消费量是农村居民的约 3.4～4 倍。

根据以上分析，最终纺织业二氧化碳排放影响因素分析，公式为

$$\ln CO_{2t} = \alpha + \beta_1 \ln GDP_t + \beta_2 \ln POP_t + \beta_3 \ln EI_t + \beta_4 \ln URB + e_t \quad (2-6)$$

其中，POP 代表人口，EI 代表能源效率，URB 代表城市化水平。我们所涉及的统计数据包括：纺织业二氧化碳排放量、纺织业工业总产值、纺织业能源消耗总量、城镇人口、总人口、人均 GDP。时间跨度是 1980—2013 年。

在计算纺织业二氧化碳排放过程中，煤、石油、天然气等纺织业历年各种化石能源的消费量来自《中国能源统计年鉴》(1981—2014)，相应的碳排放系数来自(IPCC, 2006)。纺织业工业总产值数据来自《中国工业经济统计年鉴》和《中国纺织业工业年鉴》，对于缺失的 1999 年数据，则根据已知的 1999 年纺织业工业品产量数据，用工业品产量的增长率同 1998 的可比价工业总产值推算当年的可比价工业总产值。人口和历年人均 GDP 数据来源于各年的《中国统计年鉴》。为剔除价格波动带来的影响，历年人均 GDP 已折算成 1980 年不变价。为消除异方差，对任意一个变量 X 进行对数化处理($\ln X$)。

脉冲响应是对其中一个变量给予了一个单位标准差的冲击后，其他变量会随着相应变化。即给解释变量一个冲击后，被解释变量如何变化。基于 VAR 模型的脉冲响应函数曲线表明：

给能源效率一个标准差的冲击，会在 1～6 期对二氧化碳排放产生正向的影响，但在 7 期后出现了负向的影响。在最初阶段，纺织业的设备和技术都处于落后水平，在短暂时间导致了二氧化碳增加。随着先进技术的不断引进和设备的不断更新，对二氧化碳排放开始呈现负向的影响。

给经济发展水平人均 GDP 一个标准差的冲击，会在 1～3 期对二氧化碳排放产生正向的影响，随着时间推移，之后对二氧化碳排放产生负向的影响。这和环境库兹涅次曲线是符合的。在经济发展的最初阶段，随着经济发展，对纺织业二

---

① STIRPAT 模型是 IPAT 模型的随机模型，通过对人口、财富和技术条件的统计回归，进行二氧化碳排放影响的随机估计。

氧化碳排放带来正向影响,增加纺织业二氧化碳排放。然而,随着经济发展到一定阶段,GDP增加并未引起纺织业二氧化碳排放的增加。随着经济发展,纺织业不断更新设备和提高技术,在一定程度上减少了二氧化碳排放。

给人口一个标准差的冲击,会对二氧化碳排放产生正向的影响,并逐渐呈现平稳趋势。在发展的前期阶段,随着人口的不断膨胀,在原材料短缺的情况下,纺织业作为国民经济的传统支柱行业,需要满足亿万人口的衣被需要,增加了二氧化碳排放。随着国家逐步推进计划生育政策,人口增长逐渐平稳,人口变化对纺织业二氧化碳排放的影响是平稳的。

给城市化率一个标准差的冲击,会在1~4期对二氧化碳排放产生正向的影响,之后出现了负向的影响。随着时间推移,又逐渐呈现正向影响并呈上升趋势。在城市化进程的最初阶段,城市化水平带来二氧化碳排放量增加的作用还不是很明显。但在随着城市化水平不断提高的经济阶段,大规模的农村人口转移至城市。纺织业是劳动密集型行业,农民工已成为中国纺织产业工人中的主体。随着大量农民工进入城市寻找工作机会,一定程度上有助于促进城市化。一般而言,人均的能源消费量在农村和城市之间有比较明显的差异,城市要显著大于农村。随着大量农民工融入城市,会增大城市原本的能源需求。

接下来我们通过方差分解来分析不同变量的相对重要性,所谓的方差分解是指在系统内部,将某一个变量的变化程度即均方差,分解成具体的系统内部各个变量对它的影响大小以及这些变量在影响中所占的比重,因此,通过这样的手段来判断和评价,系统内部各个变量在影响纺织行业二氧化碳排放的相对重要性。

由表2-8可知,能源效率对纺织业二氧化碳排放贡献最大,并呈现逐渐上升的趋势。从第2期3.64%开始逐渐增长,在未来较长时间内,贡献率能达到34%左右;经济发展水平的贡献次之,在第3期0.5%开始逐渐增长,且增长较为平缓。在长期时间内,经济发展水平的贡献率达到20%左右;和能源效率以及经济发展水平相比,城市化水平对纺织业二氧化碳排放影响第三,呈现较为平稳态势,为4%左右;人口的贡献率相对最小,也呈现相对平稳的态势,为3%左右。

本节运用VAR和STIRPAI模型,分析了1980—2013年影响纺织业二氧化碳排放因素和动态变化。结果显示:能源效率对纺织业二氧化碳排放贡献最大,并呈现逐渐上升的趋势;经济增长的贡献次之,也呈现出平稳上升的趋势;城市化水平的贡献率相对较小,对纺织业二氧化碳排放影响第三,呈现较为平稳态势;人口的贡献率相对最小,也呈现相对平稳的态势。

表 2-8　1980—2013 年中国纺织业二氧化碳排放的方差分解结果

预测器	标准误差	二氧化碳	能源效率	人均 GDP	人口	城市化水平
1	0.061 034	100.0000	0.000 000	0.000 000	0.000 000	0.000 000
2	0.094 947	94.125 59	3.643 835	0.825 907	0.010 134	1.394 535
3	0.116 595	84.206 97	12.263 57	0.556 592	0.125 262	2.847 605
4	0.129 338	75.373 41	20.017 30	1.544 948	0.536 249	2.528 089
5	0.135 959	69.534 85	22.051 54	4.153 098	1.424 553	2.835 954
6	0.140 374	65.259 99	20.727 70	7.161 590	2.541 039	4.309 676
7	0.145 914	60.512 94	21.004 82	10.323 82	3.314 722	4.843 702
8	0.154 672	54.077 71	24.100 19	14.019 28	3.473 229	4.329 596
9	0.167 796	46.070 05	28.863 87	17.945 53	3.168 178	3.952 368
10	0.185 111	37.862 20	34.507 53	20.928 20	2.676 468	4.025 602

注：以上所有变量都已进行对数化处理，均是取对数形式。

基于以上分析，提出政策建议如下：

（1）采用先进的技术和设备提高纺织业能源效率。纺织业的能源利用效率还有待提高，节能降耗空间很大。政府首先应该做的就是鼓励技术创新，加强对技术创新项目的支持，提高产品的科技含量。

（2）政府要采取有效措施促进新型城镇化与纺织业转型协同发展。城镇化与纺织产业化互为影响：一是纺织产业转型影响决定城镇发展—纺织产业是立城之本，是城镇发展的推进器和动力源。二是城镇发展影响决定纺织产业转型—城镇空间布局上的变化，对纺织产业重新集聚往往起决定性作用。纺织产业与城镇化融合发展是加快纺织产业结构调整的新渠道，是推进新型城镇化和城乡发展一体化的新途径，更是实现人的现代化、提高纺织行业整体竞争力的发展新模式。同时要利用新型城镇化的关键机遇，将纺织业区域间产业转移和城镇化结合起来，实现更有特色的纺织业梯度转移。

2.2.3　纺织行业能源替代问题

能源替代包括内部替代和外部替代两个方面。前者是指能源各品种之间的相互替代，属于能源结构性优化问题。后者主要是指能源同劳动力、资本等非能源要素之间的相互替代，属于社会资源的有效配置范畴。因此，通过资本和劳动对能源的替代，不仅可以在短时间内通过要素重新配置组合来实现，而且对于完成控制能源消费总量目标，解决过剩资本投资的问题，降低能源对外依存度都有积极的作用。

超越对数生产函数模最早由 Christensen、Jorgenson 和 Lau(1973)提出，下面我们采用要素的生产函数对应的超越对数成本函数来研究纺织业劳动力、资本、能源之间的替代关系。函数的具体形式为

$$\ln Y = \beta_0 + \beta_1 \ln X_1 + \beta_2 \ln X_2 + \beta_3 (\ln X_1)^2 + \beta_4 (\ln X_2)^2 + \beta_5 \ln X_1 * \ln X_2 \quad (2-7)$$

我们选取的因变量是中国纺织业的年均工业产值(Y),同时自变量有纺织业的能源消费量(E)、纺织行业的资本存量(K)和纺织行业的劳动力人数,此处用纺织行业就业人员年末人数(L)表示,我们构建了如下模型:

$$\ln Y_t = \beta_0 + \beta_K \ln K_t + \beta_L \ln L_t + \beta_E \ln E_t + \beta_{KK}(\ln K_t)^2 + \beta_{LL}(\ln L_t)^2 + \beta_E(\ln E_t)^2 \\ + \beta_{KL} \ln K_t * \ln L_t + \beta_{KE} \ln K_t * \ln E_t + \beta_{LE} \ln L_t * \ln E_t \quad (2-8)$$

由于超越对数生产函数模型中选定的变量之间存在一定的相关性,变化趋势相同,且因为获取可能的限制样本区间有限,因此必然会面临多重共线性问题,利用普通最小二乘法回归将会对结论的准确性产生不利影响。为了解决这个问题,在计量回归方法选择上我们采用了岭回归。

从各生产要素的产出弹性看(图2-12),样本期内,纺织业的投入要素能源、资本、劳动力,三者的产出弹性的符号相同,都为正数,但弹性大小各不相同。能源产出弹性最高,劳动力次之,资本最小,说明和劳动力、能源相比,纺织行业对资本的利用效率还不是很高,仍有较大的提高空间;样本期间内,三种投入要素的产出弹性呈现出缓慢增长的趋势,且在未来时间内仍有增长的趋势。

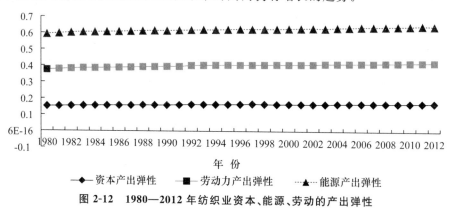

图 2-12　1980—2012 年纺织业资本、能源、劳动的产出弹性

图 2-13 为纺织行业资本、劳动力和能源之间的替代弹性,从图中可以发现:

(1)纺织业中各要素间的替代弹性逐年变化较为稳定并呈现出特定的趋势。

(2)资本与劳动力之间的替代弹性为正数,同样替代弹性系数为正的有资本和能源、劳动和能源。替代弹性系数均保持在 1 附近,相对稳定,说明样本期间内,中国纺织业资本、劳动与能源三种要素之间存在互为替代关系。

(3)资本与能源、劳动力与资本之间的替代弹性基本相同,维持在 0.98 左右,且在样本期内有轻微的下降趋势,纺织行业可通过增加资本投入,或者引进更加先进的技术和经验,实现技术升级,从而来实现减少能源消耗的空间还很大,同样也存在利用劳动力对能源进行替代以减少能耗和排放的可能。

(4)劳动力与能源的替代弹性最大,样本期间保持在1.01以上,这在一定程度上说明在当前发展状况下,我国纺织行业的整体发展技术相对还不够先进。随着纺织业的不断发展,技术也将继续提升和进步,更多富余的劳动力将会被先进的机器设备所代替,劳动力对能源的替代弹性也呈现出下降的趋势。从长期发展来看,随着中国工业化和城市化进程的不断推进,纺织业技术的不断进步,如果仅仅通过加大纺织工业劳动投入数量来实现劳动和能源的替代会是不可持续的。因此,从长远看,必须加强技依托于技术创新和产出持续扩大带来的规模效应来实现劳动力对能源的替代,唯有如此,才能取得更大的发展空间。

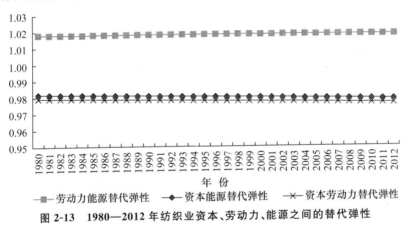

图 2-13 1980—2012 年纺织业资本、劳动力、能源之间的替代弹性

我们以超越对数生产函数模型为基础,以 2012 年为例,在假设行业产出及劳动投入不变的情况下,给出了不同资本投入情境下的节能和减排量。

从表 2-9 可以看到:在产出和劳动力投入不变的情况下,如果行业的资本投入增加 5%,行业可以减少能耗 2.36 百万吨标准煤,减少 6.54 百万吨二氧化碳排放;当资本投入增加幅度达到 10% 时,行业可以减少能耗 8.43 百万吨标准煤,减少 23.37 百万吨二氧化碳排放;当资本投入增加幅度达到 15% 时,行业的节能量和减排潜力分别为 13.72 百万吨标煤和 38.03 百万吨。模拟情形表明,对于纺织行业来说,资本可以有效地替代能源,相应提高资本比例,行业的节能减排效果均十分明显,这也为今后纺织行业的节能指明了新的方向。

表 2-9 不同情境下纺织业节能及减排潜力

2012	资本提高		
	5%	10%	15%
节能量(百万吨标准煤)	2.36	8.43	13.72
二氧化碳减排量(百万吨)	6.54	23.37	38.03

我们利用超越对数生产函数模型对1980—2012年间纺织行业产出与资本、劳动及能源之间的关系进行了分析,同时考察了三种要素间的替代关系,实证结果表明:样本期内,纺织业的投入要素能源、资本、劳动,三者的产出弹性的符号相同,都为正数,但弹性大小各不相同。能源产出弹性最高,劳动次之,资本最小,说明与劳动、能源相比,纺织行业对资本的利用效率还不是很高,仍有较大的提高空间;资本与劳动、资本与能源以及劳动与能源之间的替代弹性均为正数,替代弹性系数均保持在1附近,说明样本期间内,中国纺织业资本、劳动与能源三种要素之间存在互为替代关系。同时,还模拟了不同情境下行业的节能减排可能,也进一步验证了相应提高纺织行业的资本存量,可以给纺织行业带来明显的能源消耗节能量。说明通过此方式来减少纺织业能源消耗的空间还很大。目前,中国纺织业和国际先进水平相比之下,设备状况老化严重,纺织设备的落后直接制约着中国纺织品的质量和企业产品创新能力,企业的资金相对不足。实证结果表明,资本同能源之间存在显著的替代关系,提高行业的资本投入有利于降低纺织行业对能源资源的依赖,减少行业的排放污染。因此,政府应该以政策为手段,市场为导向,信息化为动力,加大资本投入和科技投入,推动产业升级。

2.3 轻工业——造纸及纸制品行业的能源发展和利用
2.3.1 造纸及纸制品行业的发展现状

造纸及纸制品行业是轻工业的重要组成部分。根据国家统计局的国民行业分类,造纸及纸制品行业下分三个大类、七个小类。三个大类包括:纸浆制造业、造纸业和纸制品业。七个小类包括:纸浆制造业的木竹浆制造和非木竹浆制造;造纸业的机械纸及纸板制造、手工纸制造和加工纸制造;纸制品业的纸和纸板容器制造及其他纸制品制造。

三个大类子行业中,造纸业占比最高,其次为纸制品业,纸浆制造业所占的比例最小。但随着时间的推移,各个行业的占比也在发生变化。《中国经济普查年鉴》各年的数据显示:1994—2013年,造纸业的产出占比从68.37%降至58.49%,纸制品业的产出占比则从30.71%上升至40.48%,纸浆制造业产出占比最初在0.92%,虽然中间曾一度提高到3.50%,但2013年重新降至1.03%。

2013年的普查数据同样给出了各个小类子行业的经济指标数据。数据显示:木竹浆制造是纸浆制造业的主要组成部分,其销售产值在纸浆制造业销售总产值中的占比为67.95%,非木竹浆制造的销售产值占比则为32.05%。造纸业的主要构成是机械纸及纸板制造。机械纸及纸板制造销售产值在造纸业销售总产值中的占比高达94.89%,而加工纸制造和手工纸制造的销售产值占比则分别只有4.34%和0.77%。纸和纸板容器制造是纸制品制造的主要构成,其销售产值在纸制品制造中的占比为 61.48%。

建国后,造纸及纸制品行业经历了快速的增长。图 2-14 是样本期间中国造纸及纸制品行业[①]的产出和投入情况,其中产出和资本的测算是建立在 1990 年不变价的基础上。可以看到:从 1990 年开始,造纸及纸制品行业的产出一直在不断提高,尤其是 2000 年中国加入世界贸易组织(WTO)之后,年均增长速度从原来的 8.37%(1990—1999)提高到之后的 18.66%(2000—2011)。2011 年之后,产出的增长速度开始放缓,平均为 6.21%(2012—2013)。同样出现显著上涨的还有资本和能源的投入。1990 年,造纸及纸制品行业的资本投入和能源投入分别为 195.76 亿人民币和 1567.95 万吨标准煤。2013 年资本投入和能源投入的数值分别提高到了 2411.21 亿人民币和 5998.39 万吨标准煤,年均增速分别为 11.54% 和 6.01%。相对产出和其他两种投入,造纸及纸制品行业的劳动力投入并无太大的变化,虽然有些微的起伏但基本持平,年均增幅仅为 0.09%。结合产出和各个投入之间的变动,可以发现:样本期间中国造纸及纸制品行业呈现出很强烈的资本和能源对劳动进行替代的特征。

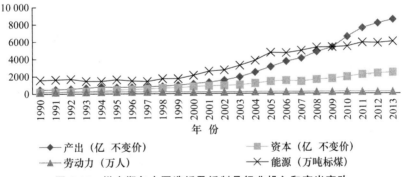

图 2-14 样本期年中国造纸及纸制品行业投入和产出变动
数据来源:中国工业统计年鉴、各省市统计年鉴。

由于中国疆域辽阔,在资源禀赋水平、基础设施条件及历史政策等原因的综合作用下,区域间经济发展非常不均衡。工业行业多集中于东部地区,其他地区的发展则相对落后,造纸及纸制品行业也是如此。《中国统计年鉴》和各省市统计年鉴中的产出数据显示,样本期间东部 11 个省市造纸及纸制品行业的总产出全国占比平均在 69.86% 左右,中部 8 个省市造纸及纸制品行业的总产出全国占比平均在 19.63% 左右,西部 10 个省市造纸及纸制品行业的总产出全国占比平均在 10.51% 左右。细化到单个省市的话,东部地区每个省市的全国占比平均在

---

① 因为数据缺失的缘故,如无特别说明,本节中造纸及纸制品行业国家层面的投入、产出等数据均为剔除青海省和西藏自治区后的 29 个省市总和。

6.35%左右,中部地区每个省市的全国占比平均在2.45%左右,西部地区每个省市的全国占比平均在1.05%。显然,不论是从区域产出规模来看,还是从单个省市的产出规模来看,东部地区造纸及纸制品行业的发展程度都要大大高于其他地区。

2000年后,中国政府为了缩小区域间的发展差距,连续推出了"西部大开发战略""振兴东北老工业基地战略"和"中部崛起计划"的区域发展计划。受其影响,造纸及纸制品行业也开始逐渐从东部向非东部地区转移。图2-15是样本期间中国造纸及纸制品行业区域分布的情况,可以看到:2004年之前东部地区造纸及纸制品行业产出[①]的全国占比一直在不断攀升,从1990年的60.33%一直攀升到2004年的最高点77.76%,年均增幅1.83%。2004年之后,东部地区造纸及纸制品行业产出的全国占比开始缓慢下降,2010年后基本维持在69.16%左右,年均降幅1.23%。反观其他地区,2004年之前区域造纸及纸制品行业产出的全国占比基本处于下降趋势,2004年之后区域造纸及纸制品行业产出的全国占比则开始缓步上升。2004年之前,中部地区造纸及纸制品行业产出的全国占比从1990年的25.64%下降到2004年的最低点14.42%,年均降幅4.03%。2004年之后,中部地区造纸及纸制品行业产出的全国占比又从2004年的14.42%回升至2013年的19.38%,年均增幅3.34%。2005年之前,西部地区造纸及纸制品行业产出的全国占比从1990年的14.03%下降至2004年的7.83%%,年均降幅4.08%。此后西部地区造纸及纸制品行业一直维持在7.30%上下,一直到2007年之后才开始回升。2008年开始,西部地区造纸及纸制品行业占比以年均7.61%的速度重回2013年的11.08%。

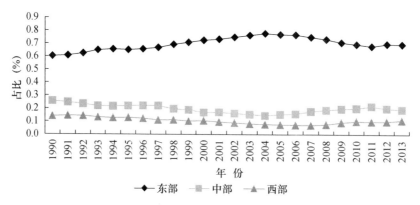

图2-15 样本期中国造纸及纸制品行业区域分布

数据来源:中国工业统计年鉴、各省市统计年鉴。

---

① 如无特殊说明,本节所提到的产出和资本都是在1990年不变价的基础上计算得到的。

与造纸及纸制品行业地区间发展差异相伴的还有地区间行业能源效率的不同。造纸及纸制品行业是轻工业部门中的重点耗能单位,受中国整体能源结构以及自身生产工艺的影响,行业的能源消费主要以化石能源为主(图2-16)。

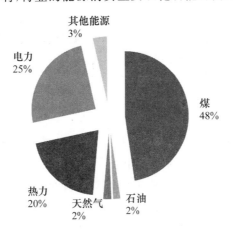

图2-16　2013年中国造纸及纸制品行业能源消费结构
数据来源:中国能源统计年鉴2014。

我们对不同地区的行业能源强度进行了计算(图2-17),发现样本期间东部地区能源强度一直处于最低水平。换句话说,三个地区中东部地区单位产出所需要的能源投入最少,能源生产效率最高。中部和西部的能源强度则处于交替变化中。2005年之前,西部地区行业能源强度要小于中部地区。2005年之后,西部地区行业能源强度要略微高于中部地区。

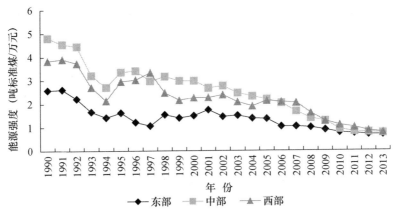

图2-17　样本期三大地区造纸及纸制品行业能源强度变化
数据来源:中国工业统计年鉴、各省市统计年鉴。

此外,从不同地区间能源强度的走势还可以看出样本期间内中国造纸及纸制品行业的能源效率一直在不断下降,且地区间的能源强度差距也在逐渐缩小。1990年,东部、中部和西部地区造纸及纸制品行业能源强度分别为2.58吨标准煤/万元、4.81吨标准煤/万元和3.84吨标准煤/万元,2013年三个地区的能源强度数值分别降至0.68吨标准煤/万元、0.75吨标准煤/万元和0.78吨标准煤/万元。1990年,中部和西部地区造纸及纸制品行业能源强度与东部行业能源强度之间的差距分别为2.23吨标准煤/万元和1.26吨标准煤/万元,2013年两个地区行业能源强度与东部行业能源强度之间的差距则分别降至0.07吨标准煤/万元和0.1吨标准煤/万元。

虽然能源强度数据显示造纸及纸制品行业的能源生产效率一直在不断改善,但相比其他发达国家,中国的造纸及纸制品行业的能源生产效率还有待继续提高。《中国造纸年鉴》中曾就中国造纸及纸制品行业中浆纸的综合能耗水平和国际浆纸综合能耗水平做过对比说明。资料显示:2010年中国每吨浆纸的综合能耗为1.13吨标准煤,而2005国际每吨浆纸的综合能耗水平大概在0.9~1.1吨标准煤之间。明显,中国的造纸及纸制品行业能源生产效率低于国际水平。

作为单要素指标,能源强度所能提供的信息相对有限。中国造纸及纸制品行业的实际能源效率表现如何?不同地区之间造纸及纸制品行业的能源效率是否存在显著差异?仅靠能源强度表现还无法对这些问题进行回答。此外,正如之前分析的那样,政府提出的一系列区域发展政策推动了造纸及纸制品行业从东部地区向其他地区转移。理论上,中国不同地区之间在生产技术、基础建设、交通运输等方面存在着一定的差距,如果这个差距也体现到各个地区造纸及纸制品行业中的能源效率上的话,区域发展政策的出台必然也会通过产业转移时伴随着的生产技术、设备和管理制度转移对造纸及纸制品行业的能源效率产生影响。那么中国政府的区域发展政策是否对造纸及纸制品行业的能源生产效率造成影响?政府应该如何帮助造纸及纸制品行业实现能源节约?这些问题都有赖于进一步的研究分析。下文将从全要素能源效率的视角入手,对中国造纸及纸制品行业的能源生产效率水平进行测算,并结合中国经济改革实际,就造纸及纸制品行业的节能途径进行探讨。

2.3.2 造纸及纸制品行业能源效率问题[①]

作为中国轻工业的重点耗能行业,造纸及纸制品行业能源消费量在中国工业

---

① 本小节在参考文献"林伯强,郑清英. 造纸及纸制品行业能源效率表现及地区技术差异[J]. 厦门大学能源经济与能源政策协同创新中心工作论文,2016。"以及"林伯强,郑清英. 产业集聚是否促进了中国造纸及纸制品行业的能源效率改善—基于面板门限的分析[J]. 厦门大学能源经济与能源政策协同创新中心工作论文,2016。"基础上进行了修改和完善。

行业能源总消费中的占比看似不大,但其绝对量却相当惊人。以2013年为例,中国造纸及纸制品行业全年能源消费总量约为42百万吨标准煤,超过了希腊、瑞士、白俄罗斯、保加利亚、丹麦、芬兰、匈牙利、葡萄牙等欧洲国家当年的能源消费总量。因此,中国造纸及纸制品行业的能源效率表现不仅仅关系到行业的竞争力,还关系到中国整体工业的节能减排以及世界能源市场的供求关系和全球的污染治理。本部分将对造纸及纸制品行业的能源效率表现、地区之间的差异以及能源效率同行业发展之间的关系进行分析,希望能够对未来行业的发展和节能减排有所帮助。

1. 造纸及纸制品行业能源效率测算

能源强度属于单要素能源效率指标。单要素能源效率对应的是全要素能源效率指标。二者的区别在于单要素能源效率指标在测度效率时并未考虑不同要素之间的影响,只是投入和产出之间的简单比例关系,而全要素能源效率指标综合考虑了各个方面的影响,在测度效率的准确性上要高于单要素能源效率指标。基于上述考虑,我们从全要素能源效率的框架出发,对中国造纸及纸制品行业的能源效率问题进行分析。

我们利用29个省市1990—2013年的投入产出数据,在数据包络分析(Data Envelopment Analysis,以下简称DEA)的帮助下,测算了各个省市造纸及纸制品行业的全要素能源效率(Total-Factor Energy Efficiency,简称TFEE)表现。考虑到造纸及纸制品行业生产的区域差距,参考已有的研究,我们引入了群组前沿和共同前沿的概念。此外,考虑到不同时点上,行业的生产技术水平存在差异(Li和Lin,2015),因此无法通过全要素能源效率的数值直接判断行业全要素能源效率是进步了还是退步了。我们同时测算了造纸及纸制品行业全要素能源效率的动态评价指标Malmquist能源绩效指数(Malmquist Energy Performance Index,以下简称MEPI),并对其进行了分解用以考察不同因素对全要素能源效率变动的影响。

表2-10和表2-11分别是共同前沿下和群组前沿下所有省市造纸及纸制品行业在样本期间的全要素能源效率表现(已经按全要素能源效率的大小综合排序)。综合两表的结果我们可以发现:

第一,中国造纸及纸制品行业存在着巨大的节能空间。从全国平均水平来看,不考虑地区间生产差异的话,样本期间造纸及纸制品行业的全要素能源效率均值为0.3501,说明在各年技术水平不变的情况下,造纸及纸制品行业可通过能源利用效率的提高节约至少64.99%的能源投入。以2013年为例。造纸及纸制品行业当年能源消费总量为5998.39万吨标准煤,64.99%的节能空间意味着在当年的技术水平下,如果能源投入得以充分利用,可以节省大约3898.35万吨标

准煤,相当于2013年希腊一国能源消费总量①。考虑地区间生产差异的话,样本期间造纸及纸制品行业的全要素能源效率均值为0.5619,说明在各区域各年技术水平不变的情况下,造纸及纸制品行业可以通过能源利用效率的提高节约至少43.81%的能源投入。同样以2013年为例,43.81%的节能空间意味着2627.89万吨标准煤的能源节约量,超过了2013年希腊一国能源消费总量的半数。

第二,东部地区造纸及纸制品行业全要素能源效率表现普遍要优于其他地区。样本期间,不考虑地区间经济和技术差异时,全要素能源效率最高的9个省均来自东部地区。其中上海地区造纸及纸制品行业的全要素能源效率均值为全国最高,达到了0.9224。中部地区和西部地区省市的全要素能源效率均未超过0.5。重庆作为中西部地区中能源效率表现最好的省市,全要素能源效率也只有0.4456,意味着样本期内,重庆市存在着55.44%的节能空间。新疆地区作为全国能源效率表现最差的省市,全要素能源效率只有0.0645,不足0.1,说明在技术及管理水平允许的情况下,样本期内新疆自治区可以节约超过90%的能源投入。

第三,不同地区造纸及纸制品行业的能源生产技术水平存在很大差异。允许地区间差异存在之后(群组前沿),东部地区的上海市依旧占据全要素能源效率榜首,全要素能源效率数值不变。但区域全要素能源效率表现仅次于上海的两个省市,已经不再是东部地区的江苏和海南,而是中部地区的湖北和西部地区的重庆,全要素能源效率数值分别达到了0.8807和0.8722。相比共同前沿下,湖北省和重庆市的全要素能源效率分别上升了110.59%和95.74%。各个省市在不同前沿假定下全要素能源效率的巨大差异说明了地区间生产前沿的不一致和技术差异的存在。

第四,样本期间,造纸及纸制品行业的全要素能源效率处于不断改善的状态。整体来看,1990年到2013年间,中国造纸及纸制品行业的MEPI均值为1.3250,说明行业全要素能源效率以年均32.50%的速度不断上涨。分省市来看,29个省市在样本期间的平均MEPI虽然各不相同,但均大于1,说明在实证区间内各个省市的全要素能源效率整体上处于上升趋势,且不同省市全要素能源效率改善的速度不同。

表2-10 共同前沿下样本期间地区全要素能源效率平均表现

区域	全要素能源效率	MEPI	技术效率变化	技术进步变化
东部	0.5799	1.4145	1.1332	1.2927
中部	0.2233	1.3288	1.1486	1.2008
西部	0.1987	1.2316	1.1188	1.1367
全国平均	0.3501	1.3250	1.1335	1.2101

---

① 《BP世界能源统计年鉴2014》显示,2013年希腊全年的能源消费总量为27.2百万吨油当量,换算成煤当量后大约是38.86百万吨标准煤。

表 2-11　群组前沿下样本期间地区全要素能源效率平均表现

区域	全要素能源效率	MEPI	技术效率变化	技术进步变化	追赶效应
东部	0.5859	1.4145	1.1408	1.2862	1.0020
中部	0.6053	1.3288	1.0308	1.2069	1.0926
西部	0.4946	1.2316	1.0556	1.3013	0.9890
全国平均	0.5619	1.3250	1.0757	1.2648	1.0279

第五,技术进步是效率增长的主要源泉,但不同省市能源效率增长的动力不同。从全国来看,共同前沿下,技术进步推动全要素效率以21.01%的平均速度增长,技术效率改善推动全要素能源效率以13.35%的平均速度增长。群组前沿下,技术进步推动全要素能源效率以26.48%的平均速度增长,技术效率改善推动全要素能源效率以7.57%的平均速度增长,区域技术前沿向共同前沿的移动则推动全要素能源效率以2.79%的平均速度增长。

2. 区域间造纸及纸制品行业能源技术差异

共同前沿和群组前沿的测算结果显示不同区域间造纸及纸制品行业的能源生产技术水平存在差距,基于此我们进一步度量了用以衡量区域能源技术水平同最优能源技术水平之间距离的技术差异率(Technology Gap Ratio,简称TGR)。TGR等于共同前沿下的全要素能源效率和群组前沿下全要素能源效率的比值。TGR越接近于1,说明区域能源技术水平同最优能源技术水平之间的距离越小;当TGR等于1时,说明区域能源技术水平已经达到最优能源技术水平。

我们的测算结果显示,东部地区造纸及纸制品行业的能源技术水平是三大地区中最高的。2010年前,东部地区TGR值均为1,说明这一期间东部地区造纸及纸制品行业达到了最优能源生产技术水平,东部地区的生产前沿就是中国造纸及纸制品行业的共同生产前沿。2010年之后,东部地区的能源技术水平同最优能源技术水平之间开始出现差距,且差距逐渐扩大。但即使如此,东部地区的能源技术水平依然是三大地区中最高的。同时,中部地区和西部地区造纸及纸制品行业的能源技术水平虽然一直低于东部地区,但其同中国造纸及纸制品行业最优能源技术水平之间的距离一直在不断缩小,与东部地区能源技术水平之间的差距也一直在不断缩小。

为了验证东部地区和非东部地区造纸及纸制品行业能源生产技术差异率的收敛性,我们引入了σ收敛分析方法。σ收敛主要通过对不同地区间技术差异的时间走势的考察来判断技术差异是否出现区域间的收敛。σ收敛中对离差的测度主要是σ系数,我们在σ系数的基础上同时加入了变异系数和基尼系数。σ系数、变异系数和基尼系数三者都是测度数据离散程度大小的指标,系数值越大,数据越离散。

表 2-12 是各个收敛指标的具体测试结果。从 1990 年到 2013 年,变异系数值从 1.08 降到 0.09,基尼系数从 0.42 降到 0.04,σ系数则从 1.03 降到 0.09。明显,测算数据显示σ系数、变异系数和基尼系数三者拥有共同的趋势,总体呈现下行的趋势,证明了实证区间内各个地区间造纸及纸制品行业能源生产的技术差异在不断缩小且趋于收敛的事实。

表 2-12 1990—2013 年区域间行业技术差异率 σ 收敛表现

年 份	变异系数	基尼系数	σ 系数
1990	1.08	0.42	1.03
1991	1.08	0.42	1.03
1992	1.09	0.42	1.04
1993	0.89	0.34	0.82
1994	0.74	0.30	0.69
1995	0.70	0.29	0.66
1996	0.67	0.28	0.64
1997	0.51	0.21	0.48
1998	0.67	0.27	0.62
1999	0.64	0.26	0.61
2000	0.54	0.21	0.50
2001	0.43	0.19	0.42
2002	0.75	0.29	0.69
2003	0.70	0.27	0.64
2004	0.74	0.31	0.74
2005	0.73	0.31	0.73
2006	0.59	0.24	0.55
2007	0.65	0.26	0.60
2008	0.63	0.25	0.57
2009	0.50	0.21	0.47
2010	0.37	0.15	0.34
2011	0.35	0.15	0.33
2012	0.19	0.09	0.19
2013	0.09	0.04	0.09

值得注意的是,σ 收敛中各指标的数值变化显示:2000 年之后(特别是 2002 年),中国造纸及纸制品行业的区域间差距一改之前收敛的态势,转而趋向发散。2001 年变异系数、基尼系数和 σ 系数分别为 0.43、0.19 和 0.42,2002 年三个指标均出现了明显的向上跳跃,分别上升至 0.75、0.29 和 0.69,并且相比之前在此后的 4 年时间里一直维持在一个较高的水平。直到 2005 之后三个指标的数值才再

次下降，即区域间造纸及纸制品行业能源生产的技术差异才重归收敛。

对于上述异常表现，我们认为这与中国经济发展的大环境和政府的区域经济发展规划有关。2000年，在经历了15年的"长征"后中国加入了世界贸易组织。世界贸易组织的市场准入原则要求成员国分阶段有计划地实现贸易自由化。因此从2000年开始，中国国内各个行业开始陆续向外资开放。外资的加入为中国的经济发展带来了先进的生产设备和技术，生产效率也因此提高。而外商在选择投资地点时，会综合考虑上下游衔接、交通、劳动力价格等多个方面的因素，因而首选地点一般都是东部发达地区。这是2000年各地区造纸及纸制品行业技术差异趋向发散的主要原因。另外，2000年后，为了缩小区域发展差距，中国政府分别针对不同地区推出了相应的发展规划和政策支持。在"西部大开发""中部崛起"以及"振兴东北老工业基地"等计划和政策的鼓励下，中国的产业开始由东部地区向其他地区转移。产业转移过程中伴随的技术、设备转移正是2005年之后中国不同区域间造纸及纸制品行业能源生产的技术差异重新回归收敛的主要原因。

本节的分析结果表明，中国政府未来应该继续加强对造纸及纸制品行业的节能减排的监督和引导。2012年，中国国家发展和改革委员会将500家造纸行业企业纳入了节能低碳行动内，设定"十二五"期间节能总量大约为5.31百万吨标准煤。将该数字同我们2013年一年的38.98百万吨标准煤的节能空间相比，明显可以发现中国造纸及纸制品行业的节能政策力度还有待提高。此外，基于不同地区造纸及纸制品行业的特点，能源效率的提高应该从不同的方向入手。对于东部地区行业企业来说，其行业技术水平相对处于高位，向上突破所需的努力和成本相对较大。因此，想要提高造纸及纸制品行业的能源效率，更快且更经济的方法应该是通过能源管理、生产优化等方式提高既有水平下的能源利用效率。反观中部地区和西部地区，行业企业除了进一步提高既有技术水平下的能源利用效率之外，考虑到这些地区同东部地区之间存在一定的技术差异，因此通过技术引进、技术学习、设备更新等方式可以有助于其更好地提升生产技术水平。

2.3.3 造纸及纸制品行业节能途径

技术进步和技术效率改善是公认的有效节能手段，这一点在上文的MEPI的分解中也得到了证实。对于微观企业而言，技术效率的改善可以依靠能源管理、生产流程的改进等方面的努力来实现；技术进步则可以通过设备更新、技术引进、技术开发等方式实现。那么对于政府而言，除了通过节能减排政策给予微观企业约束和激励外，还可以通过哪些方面的努力帮助造纸及纸制品行业实现可持续发展？本部分将就此展开相应的分析。

1. 能源效率可能影响因素分析

(1) 能源价格对行业能源效率的影响。

成本是刺激企业提高生产效率的最主要动力。成本上升一方面会提高企业的节能意识,加强生产过程中的投入管理;另一方面也会刺激企业通过不同方法寻求生产技术改进,如对外学习,又如自主研发。

能源作为三大生产投入之一,其价格直接影响着企业的生产成本。能源价格和能源效率之间的直接关系已经被很多学者所证实,国内外学者也都曾提到能源提价具有改善能源效率的作用。建国后相当长的一段时间里,为了发展经济,中国政府一直对能源市场实行严格的管制,不论是能源的生产或是能源价格都由政府所控制。20 世纪 70 年代后期改革开放之后,因为发展的需要和能源安全问题的显现,中国政府开始酝酿并推进能源领域的市场化改革,改革对象涵盖了煤炭、电力、天然气和石油等各个方面。从取消煤炭双轨制到煤电联动,从石油管制到放开原油价格,三十多年过去,中国的能源价格改革取得了一定的成果,煤炭和原油的价格已经基本市场化,但是除煤炭和原油外的其他能源品种都还处于向市场化靠拢的进程中。电力、成品油、天然气等能源的价格依旧存在着不同程度的政府管制。

政府指导定价往往存在着调价不及时、调价不到位等问题,且容易因为政策上的考虑维持在较低的水平,从而低估能源消费的真实成本,削弱企业的节能动力。促进包括造纸及纸制品行业等工业行业在内的整体经济的能源效率的提高,政府需要抓住价格低迷、供给宽松的好时机,加大能源价格市场化改革的力度,恢复价格对市场的调节作用。

(2) 研发活动对能源效率的影响。

造纸及纸制品行业全要素能源效率动态变化的分解结果表明技术进步是提高全要素能源效率的最主要手段。从长远来看,技术进步甚至可以说是效率提升的唯一手段。

行业生产技术的进步除了依赖高新设备的引入、专利技术的购买和学习之外,也取决于行业自身研发活动的开展。中国研究与实验发展活动在近几年呈现高速增长的态势,但相比其他发达国家,研发投入依旧偏低。创新能力已经成为制约中国经济增长方式转变的主要原因之一。《中国科技统计年鉴》中的数字显示:2013 年,中国工业行业有研发机构的企业占工业行业企业总数的 11.64%,有研发活动的企业占工业行业企业总数的 14.83%。此外,工业行业研发支出总额(内部支出)为 8318.4 亿人民币,研发支出占主营业务收入的比例仅为 0.8%。而造纸及纸制品行业的研究与实验发展活动的开展情况还要劣于工业全行业的平均表现。

表 2-13 给出了 2013 年 38 个工业行业研究与实验发展活动开展的具体情况（按有研发机构企业占比排序）。在 7082 个造纸及纸制品行业企业中：有研发机构的企业数目为 426 个，占行业企业总数的 6.02%；有研发活动的企业数目为 593 个，占行业企业总数的 8.37%；研发支出总额为 87.79 亿人民币，占当年主营业务收入总额的 0.68%。不论是有研发机构企业占比、有研发活动企业占比，或是研发支出占比均低于工业行业的平均水平。从有研发机构企业占比的数值来看，造纸及纸制品行业在 38 个行业中排在 28 位。从有研发活动企业占比的数值来看，造纸及纸制品行业在 38 个行业中排在 26 位。从研发支出占比的数值来看，造纸及纸质照片行业在 38 个行业中排在 17 位。

表 2-13　2013 年工业行业研究与实验发展活动开展情况（规模以上）

	有研发机构企业占比(%)	有研发活动企业占比(%)	研发支出占比(%)
工业行业	**11.64**	**14.83**	**0.80**
仪器仪表制造业	29.10	40.01	1.99
医药制造业	28.29	37.81	1.69
烟草制品业	26.92	43.85	0.27
计算机、通信和其他电子设备制造业	23.74	31.63	1.59
电气机械和器材制造业	20.61	26.84	1.32
专用设备制造业	20.33	26.94	1.57
化学纤维制造业	19.08	19.88	0.95
石油和天然气开采业	18.06	20.83	0.70
铁路、船舶、航空航天和其他运输设备制造业	17.73	21.21	2.41
通用设备制造业	17.56	22.81	1.26
汽车制造业	16.23	21.64	1.14
化学原料和化学制品制造业	15.35	19.80	0.86
有色金属冶炼和压延加工业	13.28	17.14	0.64
金属制品、机械和设备修理业	10.96	15.85	0.85
金属制品业	9.78	12.87	0.69
纺织业	9.63	9.74	0.44
食品制造业	9.52	12.49	0.53
黑色金属冶炼和压延加工业	9.31	10.66	0.83
文教、工美、体育和娱乐用品制造业	9.28	11.06	0.38
橡胶和塑料制品业	9.16	11.97	0.72
酒、饮料和精制茶制造业	8.89	10.98	0.54
石油加工、炼焦和核燃料加工业	8.61	12.13	0.22
印刷和记录媒介复制业	7.62	9.09	0.51
其他制造业	7.32	10.62	0.67

(续表)

	有研发机构企业占比(%)	有研发活动企业占比(%)	研发支出占比(%)
纺织服装、服饰业	6.86	6.66	0.36
农副食品加工业	6.42	7.51	0.29
造纸和纸制品业	6.02	8.37	0.68
非金属矿物制品业	5.95	8.08	0.41
皮革、毛皮、羽毛及其制品和制鞋业	5.74	5.55	0.27
木材加工和木、竹、藤、棕、草制品业	5.70	5.53	0.23
家具制造业	4.97	6.72	0.34
水的生产和供应业	4.22	6.32	0.26
电力、热力生产和供应业	2.88	5.49	0.10
非金属矿采选业	2.45	3.07	0.15
有色金属矿采选业	2.42	5.08	0.35
煤炭开采和洗选业	1.72	2.47	0.48
燃气生产和供应业	1.68	3.00	0.09
黑色金属矿采选业	1.36	1.99	0.08

数据来源：中国科技统计年鉴。

造纸及纸制品行业研究与实验发展活动的资金主要来自于政府资金、企业资金和其他资金三个方面，其中企业资金是研发经费的主要来源。2013年造纸及纸制品行业的研发支出中企业资金占了98.53%，政府资金占了1.16%，其他资金仅占0.31%。因为研发投资的回报具有不确定和长周期的特点，行业企业在开展研发活动时顾虑较多。提高行业技术研发力度，改善行业能源生产效率，政府可以考虑为行业企业的研发活动提供财政或是税收上的直接支持，也可以考虑从税收收入中拨出专门的款项成立对应的研发机构或部门。

（3）节能规制对行业能源效率的影响。

长久以来，中国政府对于经济的重视程度要远远高过对环境的重视程度。对发展速度的追求和对环境污染的忽视使得在新中国成立后的五十多年里，中国的经济一直走高耗能、高污染的粗放式发展道路。长期低廉的能源价格以及节能约束的缺乏都是行业企业节能动力不足的主要原因。加强节能规制一方面可以刺激企业加强自身能源管理，减少不必要的能源浪费；另一方面可以倒逼企业完善和改进自身的生产工艺和技术、提高行业企业关于能源生产的技术研发投入，从各个方面综合提高企业能源生产效率（高志刚、尤济红，2015）。

发挥节能规制对能源效率的正面作用，除了需要认真考虑政策和措施的各个细节之外，还需要保证政策的落实情况。"十二五"规划中曾明确指出过节能减排的具体目标，但后期实施过程中出现了实际完成情况落后于目标要求的情况。保证节能规制的落实,政府在制定相关政策措施时应该将任务具体到相应的地区和单位,同时加强后期执行时的相关监测和监管。

(4)产业布局对行业能源效率的影响。

中国造纸及纸制品行业在地区分布上严重不均。2013年,山东、广东、浙江和江苏四省造纸及纸制品行业的产出总额占到了全国31个省市造纸及纸制品行业总产出的一半以上。图2-18是1990—2013年间上述四个省市造纸及纸制品行业产出占比的变动情况。明显可以看到:1990年到2004年之间的这段时间里,山东、广东、浙江和江苏四省造纸及纸制品行业产出的全国占比一直在不断增加,2004年四省产出占比达到最高值61.09%;2004年之后,四省造纸及纸制品行业产出的全国占比虽然有所下降,但也都维持在50%以上。

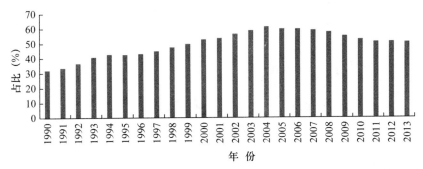

图2-18 1990—2013山东、广东、浙江及江苏四省造纸及纸制品行业产出占比

对于行业产业在空间上的集中分布,学界有个类似的词汇——产业集聚。在对产业集聚进行定义时,有些学者将行业集聚定义为同一产业中大量企业在同一地理区域的集中,有些学者则将行业集聚定义为在某一特定领域内存在相关联系的企业及机构在地理上的聚集体。联合国工业发展组织也曾就行业集聚给出自己的定义:由生产、销售一系列相关或相互补充的产品,面临着相同的机遇与挑战的企业在特定经济部门和地理区位上的集中。虽然学界对于行业集聚中相关企业的属性仍然存在不同的看法,但对于产业集聚现象必须具备地理区域上的集中这一观点是一致的。

产业集聚的出现可能有两种情况。第一种是对于资源依赖程度相对较高的产业,如冶金行业、能源行业、水泥行业等,这些行业的发展高度依赖自然资源,因此行业的空间分布也自然会呈现出集聚在资源丰富区域的特征。第二种则相对复杂。相当数量的理论经济学家认为,非资源依赖的行业的空间布局是由令产业向某一地区集中的向心力和令产业向不同地区分散的离心力博弈后的综合结果。向心力来自于规模效应、技术溢出效应等外部经济性,离心力则来自于集中分布所带来的市场竞争和拥堵成本等外部不经济。当向心力大于离心力时,最终的表现就是行业企业在某一地区的集中分布。当离心力大于向心力时,最终的表现就是行业企业在不同地区的分散分布。

从非资源依赖行业产生产业集聚的原因来看,集聚对生产效率的作用同样存在着正负两方面的影响。一方面,行业集聚可以通过分工合作、知识溢出、规模经济等途径促进行业生产效率的提高;另一方面,行业集聚达到一定程度后,容易出现基础设施或技术创新上的搭便车,同时对资源、要素和市场的争夺也会提高企业的生产成本上升,并最终导致生产效率下降。产业集聚对能源效率的复杂影响决定了政府在制定行业发展战略时需要综合考虑不同地区行业的发展实际,针对性地安排产业布局。

从东部地区以及山东、广东、浙江和江苏四省造纸及纸制品行业的高占比情况来看,中国的造纸及纸制品行业很可能存在着行业集聚的现象。事实是否如此,我们需要进一步的测算。进一步,如果造纸及纸制品行业的确存在行业集聚现象,那么集聚对造纸及纸制品行业的能源效率是否造成了影响?2000年之后,中国政府陆续出台的区域发展政策是有利于行业能源效率的改进还是阻碍了行业能源效率的改进?这些则有赖于进一步的实证分析。

从已有的相关研究来看,用以测度行业集聚的常用指标大致可以分为两类:侧重特定行业在不同区域间的集聚比较的区位熵指数和行业集中度指数;侧重特定区域内不同行业间集聚程度比较的空间基尼系数和EG(Ellison-Glaeser)指数。下文我们将选用区位熵指数对不同省市造纸及纸制品行业的集聚情况进行针对性测算。

区位熵指数又称地区专业化指数,是测算产业地方专业化程度的重要指标,同时也可用来判断行业集聚存在的可能性(Glaeser et al.,1992;Otsuka et al.,2014)。计算公式为

$$区位熵_{i,j} = \frac{Y_{i,j} \Big/ \sum_i Y_{i,j}}{\sum_i Y_{i,j} \Big/ \sum_i \sum_j Y_{i,j,i}} = 1,2,\cdots,m \ j = 1,2,\cdots,k \quad (2-9)$$

其中,为第i个省市第j个行业的区位熵指数,$Y_{i,j}$为第i个省市第j个行业的工业总产值。

从区位熵的计算公式可以看出,区位熵指数其实是某一省市特定行业集中程度同该省市整体工业产业集中程度之间的比较。当区位熵大于1时,说明该省市特定行业产业集中程度要高于该省市整体工业产业的集中水平,该行业集聚现象比较明显。当区位熵小于1时,说明该省市特定行业的产业集中程度要低于该省市整体工业产业的集中水平,该行业集聚现象相对不明显。

表 2-14 给出了 1990 年到 2013 年间中国不同省市造纸及纸制品行业的区位熵计算结果。可以看到：样本期间内，中国造纸及纸制品行业的区位熵均值为 0.9612，不足 1，说明造纸及纸制品行业的产业集中程度要低于整体工业产业的集中程度。此外，从各个省市的表现来看，东部地区的海南省和福建省造纸及纸制品行业的区位熵指数平均值分别高达 2.7385 和 1.9245，说明这两个省份的产业集聚现象十分明显。而作为造纸及纸制品行业生产龙头的四大省份——山东、广东、浙江和江苏——的造纸及纸制品行业的区位熵指数均值则没有想象中的高，特别是江苏省造纸及纸制品行业的区位熵指数均值仅为 0.7579，远远低于 1。我们认为，导致这一现象出现的可能原因在于山东、广东、浙江和江苏四省工业的整体发展水平普遍较高，特别是广东、浙江和江苏三省，作为中国经济发展的领先省份，工业行业的整体优异表现弱化了各自造纸及纸制品行业在全国层面的突出表现。

表 2-14　1990—2013 年间中国各个省市造纸及纸制品行业区位熵均值情况

海南	东部	2.7385	云南	西部	0.7788
福建	东部	1.9245	江苏	东部	0.7579
宁夏	西部	1.5627	吉林	中部	0.7534
山东	东部	1.5454	重庆	西部	0.7164
湖南	中部	1.5042	黑龙江	中部	0.7045
广西	西部	1.4035	天津	东部	0.6321
广东	东部	1.2856	上海	东部	0.6315
浙江	东部	1.1854	辽宁	东部	0.5621
河南	中部	1.1361	内蒙古	西部	0.5344
河北	东部	1.0638	北京	东部	0.5134
四川	西部	1.0337	贵州	西部	0.4312
江西	中部	0.8571	新疆	西部	0.4183
陕西	西部	0.8564	山西	中部	0.3525
安徽	中部	0.8477	甘肃	西部	0.3267
湖北	中部	0.8158			
全国平均			0.9612		

考虑到中国政府区域发展战略调整可能对造纸及纸制品行业产业布局带来的影响，我们同样将 29 个省市分成了东部、中部和西部三大区域，并对应测算了各个区域造纸及纸制品行业的区位熵表现。需要说明的是：海南省的造纸及纸制品行业在 2004 年之后出现了爆发式的增长。以 2006 和 2007 年为例。2006 年海南省造纸及纸制品行业的可比价产值为 675.14 亿人民币，2007 年则暴增至 1036.03 亿人民币，年均增速高达 53.45%。在查阅复核了数据以及各种资料后，

并无证据显示海南省造纸及纸制品行业的异常表现为统计错误。但为了排除海南省的异常表现对整体结果的影响,计算区位熵均值时我们做了相应调整:东部地区的区位熵均值中不包括海南省。

表2-15是对不同区域造纸及纸制品行业区位熵指数的测算结果。可以看到:虽然2001年之后,东部地区造纸及纸制品行业区位熵不足1,但样本期间各年平均水平为1.0102,说明样本期内其造纸及纸制品行业的产业集中程度还是要普遍高于其整体工业产业的集中程度,即东部地区普遍存在较为明显的行业集聚现象。中部地区造纸及纸制品行业区位熵的各年平均水平为0.8714,而且1993年之后,区位熵水平都在1以下,且处于下降趋势,说明样本期内其造纸及纸制品行业的产业集中程度整体低于其整体工业产业的集中程度,行业集聚不明显。西部地区造纸及纸制品行业区位熵的各年平均为0.8062,且西部地区所有年份的区位熵值都小于1,同样说明造纸及纸制品行业的产业集中程度远远低于整体工业产业的集中程度。表2-15的结果显示:东部地区存在较为显著的造纸及纸制品行业集聚现象,中部和西部地区造纸及纸制品行业的集聚程度相对较低。而东部地区区位熵均值在2001年之前一直高于1,2001年之后降至1以下,且保持着小幅下降的趋势(直到2010年),这同我们之前的分析结果相一致,即中国政府区域发展战略的变动导致东部地区造纸及纸制品行业开始向其他地区转移。

表2-15 样本期间国不同区域造纸及纸制品行业区位熵均值情况

年份	东部	中部	西部	年份	东部	中部	西部
1990	1.1903	1.0698	0.8317	2002	0.9780	0.8140	0.8360
1991	1.0813	1.0717	0.8851	2003	0.9576	0.8037	0.8134
1992	1.0630	1.0501	0.9194	2004	0.9430	0.7751	0.7392
1993	1.0559	1.0185	0.9197	2005	0.9246	0.8156	0.7060
1994	1.0440	0.9742	0.9041	2006	0.9205	0.8026	0.6540
1995	1.1969	0.9212	0.9418	2007	0.9110	0.8182	0.6252
1996	1.1386	0.8810	0.9978	2008	0.9146	0.8176	0.6827
1997	1.1164	0.8430	0.9331	2009	0.9161	0.8348	0.7513
1998	1.0223	0.9502	0.8525	2010	0.9298	0.8230	0.7430
1999	1.0100	0.9189	0.8364	2011	0.9516	0.7843	0.6455
2000	1.0012	0.8210	0.9023	2012	0.9786	0.7402	0.6762
2001	1.0029	0.8458	0.8537	2013	0.9957	0.7194	0.6987

综合上述分析结果,可以确定:样本期间,中国东部地区的造纸及纸制品行业存在着较为显著的行业集聚现象。2000年之后,中国政府区域发展战略调整产生的影响开始显现,造纸及纸制品行业呈现出从东部向其他地区转移的态势。

2. 造纸及纸制品行业能源效率的实证研究

基于上述分析,在对中国造纸及纸制品行业的生产实际有了大致判断后,我们利用统计数据对各可能因素对中国造纸及纸制品行业能源效率的影响进行了实证分析(因为数据的限制,实证中并未包括环境规制变量)。考虑到行业集聚和能源效率之间存在的复杂关系,在选择计量模型时,我们参考已有的研究选择了面板门限模型。同时考虑到海南省异常情况,我们分别在包括海南省和剔除海南省的情形下,对面板门限模型进行了计量模拟。

我们的实证结果证明:首先,能源价格和造纸及纸制品行业的能源效率之间存在显著的正向关系,即能源价格的提高有助于行业能源效率的提高。具体来说,能源价格上升1%时,行业动态全要素能源效率将对应提高0.4629%。其次,造纸及纸制品行业的研发投入和能源效率之间存在着显著的正向关系,即加大研发投入的力度将显著改善行业的能源效率。科技研发投入提高1%时,行业动态全要素能源效率将对应提高0.1086%。第三,造纸及纸制品行业的产业集聚和全要素能源效率之间存在着非线性关系。当区位熵小于0.5447时,造纸及纸制品行业的行业集聚同全要素能源效率之间不存在显著的相关关系。当区位熵大于等于0.5447时,造纸及纸制品行业的行业集聚同全要素能源效率之间存在显著的正向相关关系。当中国造纸及纸制品行业达到一定的集聚程度后,行业集聚程度提高1%,将促使动态全要素能源效率同向提高大约0.2%。

基于实证结果和造纸及纸制品行业的实际情况,我们认为:区域发展战略的调整虽然没有对中国造纸及纸制品行业的能源效率造成负面影响,但在一定程度上放缓了全要素能源效率提高的速度。区域发展战略的调整弱化了东部地区造纸及纸制品行业的集聚现象,却没有显著提升中部地区和西部地区造纸及纸制品行业的集聚程度,使得能源效率改善的整体速度出现下滑。因此,中国区域发展战略调整虽然在一定程度上缩小了中国国内地区间的发展差异,但并未对中国造纸及纸制品行业的能源效率提升起到促进作用,反而在一定程度上放缓了能源效率提升的速度。

3. 造纸及纸制品行业节能政策建议

基于上述分析和探讨,我们认为行业企业和政府可以从以下几个方面帮助造纸及纸制品行业推进节能减排工作。

(1) 微观层面。

基于造纸及纸制品行业全要素能源效率的表现以及动态变化,造纸及纸制品行业企业可以从以下两个方面提高自身能源效率。首先,静态全要素能源效率计算结果显示,中国造纸及纸制品行业的能源使用效率至少还有44%的提升空间,而且这44%的空间是可以在各个区域各年技术水平保持不变的情况下通过管理水平的提升实现的。造纸及纸制品行业企业一方面可以引进专门的管理人才,另一方面也可以参照国内外先进经验,组织并建立一套属于自己的能源管理体系,通过精细分工、明确责任、优化生产过程等方式,在现有的技术和生产条件下实现能源利用效率的最大化。其次,技术进步能够显著促进能源效率提高。因此对于行业企业来说,提高科研投入是其改善能源效率的有效途径之一。我们的分析还表明不同地区之间造纸及纸制品行业存在着显著的能源生产技术差异,东部地区行业的能源生产技术水平要高于中西部地区。对此,我们的看法是:向东部地区企业取经,通过技术引进、设备更新等方式提高自身技术水平是中西部行业企业在改善行业能源效率时最经济且有效的手段。

(2) 宏观层面。

政府除了可以通过节能规制、除了给予微观企业以节能减排的约束和激励外,还可以通过以下三个手段帮助造纸及纸制品行业实现节能减排:首先,能源价格对能源效率的显著影响以及中国能源定价的实际说明中国政府需要进一步推动能源价格的市场化定价改革。从政府指导定价一步跨越到市场定价对于现阶段的中国而言不现实,但政府可以通过在能源定价过程中引入第三方监督的形式实现逐步过渡。其次,效率提升最重要且终极的工具是技术进步——政府应该意识到国内工业企业创新能力的缺失,通过政策激励或政府主导的方式有意识地引导经济转型,提高整体工业企业的生产技术水平。第三,行业集聚有助提高能源效率,但前提是行业集聚必须达到相当的水平——政府在调整造纸及纸制品行业生产分布格局时,应该根据各个区域造纸及纸制品行业的具体状况,有针对性地引导行业企业向具有比较优势的区域集中,以促进造纸及纸制品行业整体能源效率的提升。

第3章 服务业能源发展利用

3.1 服务业能源发展利用

3.1.1 服务业发展现状

近年来随着经济结构调整和产业结构转型,中国服务业(第三产业)加速发展,中国经济由工业主导向服务主导加快转变。国家十分重视服务业发展,陆续出台了结构调整以及支持第三产业发展的各项政策措施,有力地促进了服务业的加速发展。2007年国务院下发了《关于加快发展服务业的若干意见》,提出的目标为到2020年,基本实现经济结构向以服务经济为主的转变,服务业增加值占国内生产总值的比重超过50%。这一目标在2015年就已提前实现,2015年服务业增加值占比达50.2%,中国已进入以服务经济为主的时代。在经济增长放缓、经济发展进入"新常态"的背景下,服务业成为了中国经济增长的新动力。

服务业概念在理论界尚有争议。一般认为服务业[①]即指生产和销售服务产品的生产部门和企业的集合。并且鉴于服务业的口径、范围不统一给服务业的统计核算工作带来困难,国家统计局2013年修订了最新的《三次产业划分修订》,明确了第三产业即服务业,是指除第一产业、第二产业以外的其他行业,具体包括:批发和零售业,交通运输、仓储和邮政业,住宿和餐饮业,信息传输、软件和信息技术服务业,金融业,房地产,租赁和商务服务业,科学研究和技术服务业,水利、环境和公共设施管理业,居民服务、修理和其他服务业,教育,卫生和社会工作,文化、体育和娱乐业,公共管理、社会保障和社会组织,国际组织,以及农、林、牧、渔业中的农、林、牧、渔服务业,采矿业中的开采辅助活动,制造业中的金属制品、机械和设备修理业,共计3大类15门类。

随着服务业在GDP中的比重逐步提高,其对GDP增长的拉动也越来越强。图3-1显示,2013年服务业增加值占GDP比重首次超过第二产业,达到46.7%,成为国民经济第一大产业。2014—2015年,服务业对经济增长的贡献继续加大。2014年服务业增加值占比继续提高到47.8%,比工业占比43.1%高出4.7个百

[①] 根据国家统计局2013年发布的最新的《三次产业划分修订》,第一产业是指农、林、牧、渔业(不含农、林、牧、渔服务业)。第二产业是指采矿业(不含开采辅助活动),制造业(不含金属制品、机械和设备修理业),电力、热力、燃气及水生产和供应业,建筑业。

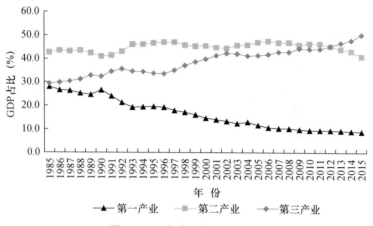

图 3-1 三次产业占 GDP 比重

数据来源:CEIC 数据库。

分点;2015年服务业增加值占比达50.2%,首次突破50%,而工业占比下降至40.9%,比服务业占比低9.3%,接近10个百分点。图3-2显示了2015年服务业分行业增加值的构成,批发和零售业,金融业,房地产业,交通运输、邮政和仓储业,住宿和餐饮业增加值占比较大,分别为19%、17%、12%、9%、4%,其他服务行业增加值占比总和为40%。随着工业占比较快下降、服务业占比较快上升,二者差距逐步拉大,中国已开始进入服务业主导型经济。"十二五"规划中提出,要提高服务业在国民经济中所占的比重,到2015年实现服务业增加值占GDP的比重要达到47%,成为三次产业中比重最高的产业,同时推动特大城市形成以服务经济为主的产业结构。规划还进一步提出,到2020年基本实现经济结构向以服务经济为主的转变,服务业增加值占国内生产总值的比重超过50%。2015年和2020年两个目标都已提前超额完成,但中国服务业的比重与美日等发达国家第三产业70%以上的比重还相差甚远。差距就是潜力,中国服务业具有广阔的发展空间,未来中国服务业仍将保持快速发展。

服务业是劳动密集型行业,改革开放以来中国服务业吸纳劳动就业的比重在不断上升,已经成为吸纳就业的主力军,并且基本消化了包括从农业和制造业中转移出来的劳动力存量在内的所有新增劳动力。从图3-3中可以看出,1985至2015年间,服务业(第三产业)就业人数比重逐年稳步上升,且增速快于第二产业,第一产业就业人数比重则逐年下降。1985年第一、二、三产业就业人数比重分别为62.4%、20.8%和16.8%,到2015年分别为28.3%、29.3%和42.4%。1994年服务业就业人数比重为23%,首次超过第二产业;2011年服务业就业人数比重为35.7%,超越第一产业成为就业人数比重最高的产业。从未来中国经济增长趋

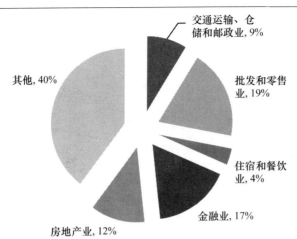

图 3-2　2015 年服务业分行业增加值构成

数据来源：CEIC 数据库。

势以及经济结构重心逐步向服务业倾斜的趋势来看，服务业的快速发展及其增加值比重的提高将带动服务业就业人数比重继续提高。

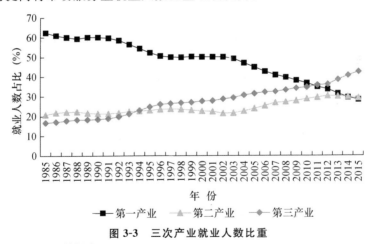

图 3-3　三次产业就业人数比重

数据来源：CEIC 数据库。

从三次产业增加值比重和就业人数比重来看，中国服务业的规模在近几年不断扩大，已经超越第二产业成为中国最主要的产业。尽管相比第二产业，服务业属于低耗能、低排放的产业，但其快速发展造成规模迅速增加，也导致其能源消费迅速增长。图 3-4 中显示，1985 年服务业能源消费约为 0.69 亿吨标准煤，到 2013 年迅速增长到 6.5 亿吨标准煤，同期全国能源消费总量约为 40.2 亿吨标准煤，服务业能源消费量占全国能源消费总量的比重由 9%（1985 年）上升到 15.6%（2013

年),年均增长8%,同期全国能源消费年增长率仅为5.9%。从图3-5中服务业的能源结构来看,石油制品是服务业能源结构中占比最大的能源品种,2013年服务业共消费石油制品3.33亿吨标煤,占服务业总能源消费的63%。图3-6中显示,服务业的石油制品消费大部分来源于交通运输、邮政和仓储业,其对油品的消费占服务业油品消费的83%。除石油制品以外,电力及煤炭消费也占较大比重,2013年其消费分别占14%和13%,天然气消费占6%。从近年来能源结构的变化来看,石油制品消费增长量最大,电力和天然气消费增长也较为明显,而煤炭消费则相对稳定,没有明显的增长趋势。

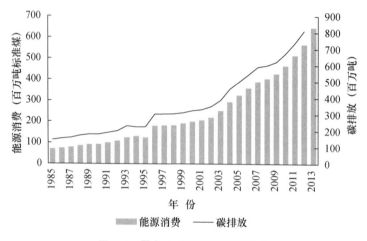

图3-4 服务业能源消费和碳排放

数据来源:中国能源统计年鉴及笔者计算所得。

注:本节服务业能源消费是交通运输、仓储和邮政业,批发、零售业和住宿、餐饮业和其他三个行业能源消费量的加总所得。

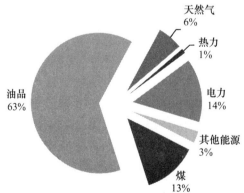

图3-5 2013年中国服务业能源消费结构

数据来源:中国能源统计年鉴及笔者计算所得。

图 3-6 2013 年中国服务业石油制品消费中各行业占比
数据来源：中国能源统计年鉴及笔者计算所得。

化石能源在服务业能源消费中占有很大的比重，因此服务业迅速增长的能源消费必然带来巨大的碳排放。1984—2012 年间中国服务业的碳排放由 145.05 百万吨增加到 811.33 百万吨，年均增长率为 6.58%，2012 年占全国碳排放总量的 9.5%。随着中国服务业的快速发展，未来服务业碳排量将继续快速增加。

目前针对中国节能减排问题的工作和研究，多数集中于工业或者重工业等传统的高耗能行业，但随着中国经济的发展与转型，特别是在近年来服务业已经成为拉动中国经济增长最主要动力的背景下，服务业在经济社会发展中的地位将愈加重要，服务业发展所带来的能源环境问题也将日益突出。而且，根据边际递减效应，在工业部门的节能减排潜力不断释放的过程中，其节能减排的难度会逐渐加大。同时随着中国应对气候变化的态度更加积极主动，环境治理的决心更加坚定，工农业领域节能减排的压力也将持续加大。因而必须开拓新的节能减排领域。这就需要我们在加快发展服务业、提高服务业比重的同时要兼顾服务业的节能减排，在推动节能减排的过程中不仅要重视工农业，也要重视服务业。

节能减排要在保证经济发展的基础上进行，也就是在减少能源消费和碳排放的同时不能影响经济的可持续发展，所以我们要着眼于提高能源利用效率，即用最少的能源，排放尽可能少的二氧化碳来发展经济。我们所要关注的是对于服务业这种劳动密集型低耗能的行业来说还有多大的节能空间？中国服务业的城市和乡村、沿海和内陆之间的非均衡差异非常明显，各个区域服务业发展之间的协调性也较差，那么各个地区服务业能源效率到底有多大差异？节能空间的差异有多大？并且服务业中也有一些领域有着较大的能耗和碳排放，最典型的就是交通运输业，其快速发展也使得近年来碳排放问题更为严重，到底是哪些因素导致的呢？接下来的部分将具体分析上述问题。

3.1.2 服务业能源效率问题①

尽管与工业相比,服务业的能源消耗和碳排放量都相对较低,但从世界范围内来看,中国服务业的能源消费量在绝对量上比很多国家全国的能源消费总量要大得多。以 2013 年为例,中国服务业的能源消费总量为 650 百万吨标煤,占中国全国终端能源消费总量的 15.6%,接近同年日本全国一次能源消费总量约 672 百万吨标准煤。并且服务业的快速发展也会随之带来其能源消费和碳排放的快速增长。中国服务业的能效问题和碳排放问题不仅关乎中国整体的能源环境问题,也影响着全球能源市场和温室气体排放。本节将对中国服务业能源效率表现、地区间的差异以及节能潜力进行测算和分析,希望能对未来行业发展和节能减排有所帮助。

对能源效率进行评价经常采用数据包络分析(Data Envelopment Analysis,以下简称 DEA),利用线性规划的方法来构造最优边界,从而通过测度决策单元与最优边界之间的距离来衡量决策单元的相对效率。Zhang 等(2015)在包含非合意产出的生产技术集中采用 SBM 方法(Slack Based Model),并考虑到中国各省之间存在的差异,使用考虑技术异质性的共同前沿方法(Meta-Frontier Approach,以下简称 MFA),计算了中国全要素生态能源效率(Ecological Total-Factor Energy Efficiency,以下简称 ETFEE)。该方法可以同时解决能源效率分析中地区群组异质性、存在非合意产出和投入松弛变量的问题。本节采用该方法评价中国服务业的能源效率。

我们建立了一个包含资本存量(K)、劳动力(L)和能源(E)为投入要素,服务业总产值(Y)为合意产出,服务业二氧化碳排放量(C)为非合意产出的生产技术集。利用中国 30 个省、直辖市、自治区(除台湾)的投入产出数据测算了各个省份服务业的 ETFEE 值。ETFEE 在 0~1.000 之间取值,该指标值越大,说明该地区生产的能源环境效率越高,该值等于 1 表明该地区处于环境技术前沿上。并且我们将 30 个省份分为东部、中部、西部三个组别,东部地区由 8 个沿海省份(辽宁、河北、山东、江苏、浙江、福建、广东、海南)和 3 个直辖市(北京、天津、上海)组成,中部地区由 8 个省份(黑龙江、吉林、山西、河南、安徽、江西、湖北、湖南)组成,西部地区由 6 个内陆省份(甘肃、青海、陕西、四川、贵州、云南)、4 个自治区(新疆、宁夏、内蒙古、广西)和 1 个直辖市(重庆)组成。每个组别之间由于资源、技术和一些特定的环境约束可能使得一些组不能达到其他组的技术水平。同时,我们也可以通过包络所有群组前沿技术计算得到共同前沿技术的情况。共同前沿技术的生产可能性集包含了所有群组前沿技术的生产可能性集。

采用上述办法,我们可以分别得到中国各个省份在群组前沿下的全要素生态

---

① 本小节在参考文献"林伯强,张广璐. 中国服务业能源效率——基于省际面板数据[J]. 厦门大学能源经济与能源政策协同创新中心工作论文,2016."基础上进行了修改和完善。

能源效率（Group-Frontier Ecological Total-Factor Energy Efficiency，以下简称GETFEE）和共同前沿下的全要素生态能源效率（Meta-Frontier Ecological Total-Factor Energy Efficiency，以下简称METFEE）。样本区间内服务业的GETFEE的平均表现如表3-1所示：

表3-1 群组前沿下各地区服务业能源效率的平均表现（1994—2013年）

东部		中部		西部	
省份	GETFEE	省份	GETFEE	省份	GETFEE
上海	1.000	黑龙江	1.000	广西	1.000
江苏	1.000	安徽	0.993	新疆	0.990
广东	1.000	湖南	0.929	内蒙古	0.986
福建	0.913	河南	0.917	四川	0.946
山东	0.888	山西	0.912	重庆	0.909
浙江	0.846	吉林	0.853	云南	0.851
天津	0.823	湖北	0.789	陕西	0.809
辽宁	0.776	江西	0.770	青海	0.742
北京	0.734			甘肃	0.741
河北	0.704			宁夏	0.646
海南	0.543			贵州	0.501

从结果来看，东部地区中的上海、江苏和广东能源效率水平最高，海南效率水平最低。这一结果同经济发展水平是一致的。上海、江苏和广东等省份是中国经济最发达的地区，其服务业的发展水平也位居全国前列，因此这几个地方有着最高的能源效率水平。从中部地区的结果来看，群组前沿下黑龙江、安徽的能源效率水平分为第一和第二，江西的能源效率水平最低。从东部地区和中部地区的比较来看，东部地区群组之间的差距比中部地区更大，这部分是由于东部地区的海南省能源效率水平较低，增大了东部地区之间的差异。整体上来看，西部地区之间各省份的能源效率水平差异最大。

由于GTFEEE是按区域分组，基于各组前沿面计算得到的效率值，不同区域之间不能直接比较。因此需要计算共同前沿下各省份的能源效率，以便进行全国范围内各省份之间效率水平的比较，如表3-2所示。同预期结果一样，共同前沿下的能源效率水平比群组前沿下的能源效率水平较低，这也可以从侧面说明群组前沿面和共同前沿面之间存在的技术差距。从平均值来看，各省份在节能减排方面的表现较差。以2010年为例，共同前沿下各省份的能源效率值为0.343~1.000之间，平均水平为0.621，这说明全国服务业的能源效率水平在2010年的基础上，还存在着37.9%的进步空间。

表 3-2　共同前沿下各地区服务业能源效率的平均表现(1994—2013 年)

东　部		中　部		西　部	
省份	METFEE	省份	METFEE	省份	METFEE
广东	0.917	黑龙江	0.694	广西	0.708
福建	0.862	湖南	0.639	重庆	0.613
江苏	0.861	安徽	0.629	四川	0.589
上海	0.836	山西	0.615	云南	0.550
山东	0.826	吉林	0.574	新疆	0.523
浙江	0.784	河南	0.564	内蒙古	0.515
辽宁	0.709	湖北	0.554	陕西	0.492
天津	0.673	江西	0.533	青海	0.470
北京	0.647			甘肃	0.415
河北	0.598			宁夏	0.400
海南	0.475			贵州	0.334
东部均值	**0.744**	**中部均值**	**0.600**	**西部均值**	**0.510**

对比东部、中部和西部三个地区服务业的平均能源效率水平我们可以看出，东部地区的效率水平最高，中部其次，西部地区的效率水平最低。在共同前沿下，广东、黑龙江和广西等三个省份的效率水平分别代表了东部、中部和西部地区的最高水平，而海南、江西和贵州的效率水平分别是东部、中部和西部地区的最低水平。就全国整体来看，广东、福建、江苏、上海、山东、浙江、辽宁的效率水平最高，这些省份均位于东部地区，它们的服务业能源效率都高于中部地区和西部地区能源效率的最高值。

图 3-7 是共同前沿下各地区能源效率的走势图。从图中可以看出，东部地区的 METFEE 一直都是最高水平，西部地区的 METFEE 则一直是三个区域中最低的，中部地区的 METFEE 则位于东部地区和西部地区之间。在研究区间内，东部地区的 METFEE 从 0.648 增长到 0.801，说明东部地区的能源效率水平一直在增长。这可能是因为东部地区面临的能源和环境约束更强，促使东部地区的省份采用更加强有力的手段提高能源效率。与此同时，由于东部地区的经济发展水平更高，因此东部地区在节能减排和促进技术升级换代的投入也就相对较高，这在某种程度上也提高了服务业的能源效率水平。中部地区的 METFEE 从 1995 年的 0.572 上升到 2007 年的 0.641，但从 2008 年开始逐渐下降，到 2013 年仅为 0.551 左右。西部地区的 METFEE 则维持在 0.5 左右水平。

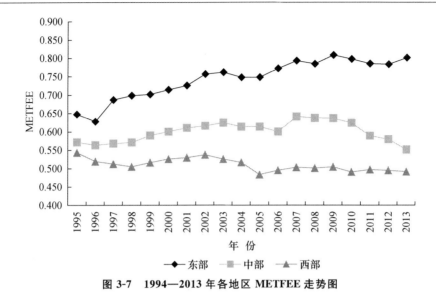

图 3-7　1994—2013 年各地区 METFEE 走势图

总的来看,各个地区的 METFEE 都在 0.5 以上。东部、中部和西部的 METFEE 分别是 0.74,0.60 和 0.51。同中国其他行业能源效率的研究结果相比(Zhang,2015),服务业的能源效率相对较高。这说明服务业的快速发展以及在产业结构中的占比增加,可以提高整体的能源效率水平。根据我们的计算,在其他条件不变的前提下,重工业的比重每下降 1%,服务业的比重增加 1%,中国一次能源消耗将会降低 0.5%。因此应该加快产业结构调整的步伐,提高服务业在 GDP 中的占比,这样不仅可以控制快速增长的能源消费和二氧化碳排放,还能够有效提高整体的能源效率水平。

另外,共同前沿和群组前沿下中国服务业的平均能源效率分别是 0.62 和 0.85,这意味着两种情形下的节能潜力分别是 38% 和 15%。因此尽管服务业相对于重工业等其他产业而言能源效率较高,但仍具有一定的节能空间。从当前的产业结构划分上来看,服务业分为现代服务业和传统服务业,现代服务业的能源效率显著高于传统服务业。因此从服务业内部发展的角度来讲,应该增加现代服务业的占比,做到优化整体产业结构的同时,对服务业内部的产业结构进行优化。且从全国各区域的对比来看,西部地区的能源效率值低于中部地区和东部地区,较好地吻合了库兹涅茨环境曲线。

本小节考虑了二氧化碳排放对环境的负面影响以及地区差异,测算了服务业的能源效率。我们不仅要关注服务业的能源消费、能源效率问题,而且在全球各个国家对低碳问题的关注度持续升高的背景下,我们也要关注服务业能源消费所引致的碳排放问题。下文具体分析了历年来中国服务业碳排放的变动,以期找到减少服务业碳排放的途径和方法。

3.1.3 服务业碳排放问题①

过去30年中,中国的二氧化碳排放一直在快速增长。英国石油公司(British Petroleum,BP)数据显示,2006年中国超过美国成为世界上最大的二氧化碳排放国,2011年中国的二氧化碳排放大约占世界排放总量的26.4%。早在2009年,中国政府就提出了到2020年单位GDP的二氧化碳排放量要在2005年的基础上下降40%～45%的目标。国家发改委副主任解振华在2014年中国低碳发展战略高级别研讨会上说,2013年中国单位国内生产总值二氧化碳排放比2005年下降了28.56%。因此,在未来几年里,中国仍面临着巨大的碳减排压力。服务业的碳排放量在逐年增加,其影响也不容小视。

本节将对中国服务业的碳排放变化情况进行阶段性分析,并对其变化进行因素分解以分析各驱动因素对服务业碳排放变化的影响。

为了分析中国服务业二氧化碳排放的阶段性变化情形,我们首先将样本区间依照中国政府的规划工作分成了1984—1990、1990—1995、1994—2000、2000—2005年及2004—2010年5个子区间,并以每个区间中的第一年为基年,计算了各个区间二氧化碳排放的变化情况及各个因素的贡献。运用对数平均迪氏指数法(Logarithmic Mean Divisia Index,简称LMDI)②,对1984—2010年5个子区间内中国服务业碳排放量变动的影响因素进行分解,分别求得碳强度、能源结构、能源强度、劳动生产率以及行业规模5个因素对服务业碳排放的贡献值。

图3-8中展示了服务业碳分解的结果。由图3-8可知,1984—1990期间,中国服务业二氧化碳排放增量为33.9百万吨,其中由碳强度因素、能源结构因素、能源强度因素、劳动生产率因素、行业规模因素导致的二氧化碳排放增量分别为-3.81百万吨、-9.78百万吨、-4.50百万吨、-6.09百万吨、58.08百万吨。从数值上看,规模效应是此区间内造成行业二氧化碳排放增加的主要因素,即行业规模的变动对二氧化碳排放变动的影响最为显著,而且呈正向影响。而其他四个因素即碳强度、能源结构、能源强度、劳动生产率对二氧化碳排放虽然存在一定的影响,但影响程度很小,几乎可以忽略。

通过对五个阶段的碳排放因素分解我们发现,劳动生产率因素的影响除了在

---

① 本小节在参考文献"林伯强,张广璐.中国服务业碳排放影响因素分析[J].厦门大学能源经济与能源政策协同创新中心工作论文,2016."基础上进行了修改和完善。

② 将排放分解为各因素的作用,定量分析因素变动对排放量变动的影响,通行的分解方法主要有两种,一种是指数分解方法IDA(Index Decomposition Analysis),一种是结构分解方法SDA(Structural Decomposition Analysis)。相对于SDA方法需要投入产出表数据作为支撑,IDA方法因只需使用部门加总数据,特别适合分解含有较少因素的、包含时间序列数据的模型,在环境经济研究中得到广泛使用。本文采用IDA类中的LMDI方法对服务业碳排放因素进行分解分析。

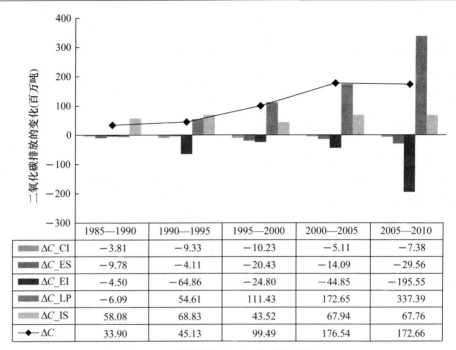

图 3-8 中国服务业二氧化碳分解情况

注：ΔC 表示各个子区间内服务业二氧化碳排放量的总变动。ΔC_CI，ΔC_ES，ΔC_EI，ΔC_LP，ΔC_IS 分别表示各个子区间由碳强度因素、能源结构因素、能源强度因素、劳动生产率因素、行业规模因素导致的二氧化碳排放变动量。

第一阶段为负向之外，在1990年之后的四个阶段都是正数，并且呈现显著扩大趋势。1995年之后劳动生产率成为服务业碳排放增长的最主要因素。从服务业行业的劳动生产率情况来看，在最初的几年中，行业的劳动效率并没有明显的变化，甚至个别年份出现了下降，这也就解释了为什么在第一阶段劳动生产率的变动会对服务业的碳排放产生负影响。而随着服务业的发展，服务业的劳动生产率也大幅度提高，2010年的劳动生产率是1986年的8倍之多。服务业虽然属于劳动密集型产业，但是随着社会进步、经济发展和社会分工专业化，以现代科学技术为支撑的、资本、技术含量高的现代服务业不断兴起和发展，在很大程度上对资本、技术含量较低的传统服务业有替代作用，这使得服务业整体上科技含量更高、产出附加值更高，劳动生产率也更高。并且随着劳动力成本的大幅度提高，服务业的劳动生产率提高基本是通过机器设备和科学技术对劳动的替代实现的，从而使劳动生产率的提高成为服务业碳排放增长的最主要因素。

其次，在5个区间内，能源强度因素是对碳排放负向影响最大的因素。也就是说在研究区间内，服务业能源强度的变化对抑制碳排放的快速增加起了最为关键的作用。1984—2010 期间,服务业能源强度变动对二氧化碳排放的贡献在 5 个区间都呈负向作用。从图 3-8 上可以看到这也是服务业本身能源强度变动直接影响的,服务业的能源强度由 1985 年的 26.69 下降到 2010 年的 10.97,能源强度的显著下降抑制了碳排放的增加。从数值上可以看出 2004—2010 年间能源强度因素的负向作用相较于其他区间最大,而且差异很大。这在一定程度上说明了 2005 年以来中国的节能减排工作取得了初步的成效。

第三,行业规模因素也是对二氧化碳排放有正向影响的一个重要因素。在 5 个区间里,行业规模因素对碳排放变化的作用均为正,并且从数值上看 5 个区间之间的差异并不明显。但是由图 3-9 可以看出,研究区间内中国服务业增加值和就业人数都保持着快速增长,因此服务业的行业规模在各个区间内都较大。这与行业规模因素对碳排放增加的贡献一直保持在一个相对较小而且较稳定的情况形成鲜明的对照。这说明尽管服务业行业规模在迅速扩大,但没有导致巨大的二氧化碳排放增加量,因此在研究区间内行业规模因素对服务业碳排放的影响较为有限并且稳定。

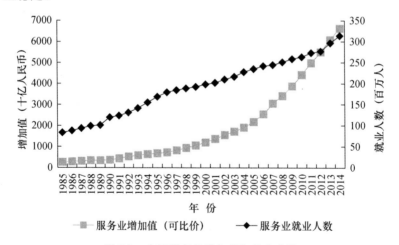

图 3-9 中国服务业增加值和就业人数

数据来源:CEIC 数据库。
注:服务业增加值是用 CPI(1985＝100)平减后的可比价。

第四,能源结构因素和碳强度因素对服务业碳排放的影响都为负而且数值很小,各个区间的差异也很小。能源结构因素即化石能源比例和碳强度在 1984—2010 年间变化很小,所以它们对服务业碳排放的影响也很小。虽然在数值上看影响很小,但是它们的符号都为负说明了区间服务业的能源结构和碳强度都对服务业的碳排放起到了一定的抑制作用。从整体来看,这两个因素对二氧化碳排放的影响基本上可以忽略不计。

总体来说,在1984—2010年间中国服务业二氧化碳排放增长的最大驱动力就是劳动生产率的提高还有行业规模的扩大,更准确地说应该是机器代替劳动力的增长方式。而抑制服务业碳排放增加的主要动因来自于能源强度的降低。

随着经济结构的调整和服务业的快速发展,中国服务业的能源消费总量和二氧化碳排放量也在不断上升。而且,随着中国经济结构调整、产业转型升级步伐的加快,服务业的产业地位将会日益突出,其能源消费碳排放量也势必会进一步增加。本部分的分析表明劳动生产率和能源强度是影响服务业二氧化碳排放变化的两大关键因素,前者是促使碳排放增加的主要驱动因素,而后者是抑制碳排放增加的主要因素。行业规模也是影响服务业碳排放的一个重要因素,行业规模扩大导致二氧化碳排放量增加,且此因素的影响较为稳定。此外在我们的研究区间内,碳强度与能源结构对二氧化碳排放都有负向影响,但作用相对较小。能源结构优化以及能源效率的提高会降低二氧化碳排放,这一结论也得到了证明。

因此要致力于降低服务业的能源强度,减少能源消费。能源消费总量控制政策能直接促进能源效率的提高,对降低服务业能源强度是最有力的。同时,节能和低碳技术能有效提高能源使用效率,政府要通过合理补贴等优惠政策来支持其更快发展。要重点加快发展低能耗、低排放、高附加值的现代服务业[①],发展金融、保险、房地产、商务服务等知识密集型服务业,从而降低服务业整体的能源强度,减少碳排放。

另外,本节结果发现劳动生产率的提高是服务业二氧化碳排放增长的重要因素,这主要是由于传统服务业在服务业中占绝大部分,如交通运输、仓储及邮电通信业。服务业的能源消耗和碳排放也绝大部分来自于传统服务业。而传统服务业劳动生产率的提高主要依赖规模的扩大以及机器对人工劳动的替代。但从长远看,可持续的发展应该是通过技术水平以及管理运营水平的提高来改进产业的劳动生产率,这样劳动生产率的提高对服务业二氧化碳排放的作用就会由正变负,在保证服务业发展的前提下降低服务业的二氧化碳排放。所以要推动服务业内部结构优化升级,加快发展现代服务业,规范提升传统服务业,提升服务业技术结构,改善组织结构,提高企业运行效率与管理水平。

---

① 根据2012年2月22日国家科技部发布的第70号文件,现代服务业是指以现代科学技术特别是信息网络技术为主要支撑,建立在新的商业模式、服务方式和管理方法基础上的服务产业。它既包括随着技术发展而产生的新兴服务业,也包括运用现代技术对传统服务业的改造和提升。它有别于商贸、住宿、餐饮、仓储、交通运输等传统服务业,以金融保险业、信息传输和计算机软件业、租赁和商务服务业、科研技术服务和地质勘查业、文化体育和娱乐业、房地产业及居民社区服务业等为代表。传统服务业是指为人们日常生活提供各种服务的行业,大都历史悠久,如饮食业、旅店业、商业等。

3.2 服务业——交通运输业的能源发展利用
3.2.1 交通运输业的发展现状

交通运输业是一个国家的重要的枢纽,各行各业都要依靠交通运输来进行交换和转移生产资料和生活资料,人们的日常出行和旅游也需要交通工具作为载体。作为服务业的重要组成部分,交通运输是高耗能高排放的。在中国环境污染日益严峻的今天,在全球节能减排的大背景下,在交通运输行业实施节能减排对中国交通运输的全面协调可持续发展目标具有重要的战略意义,对自然环境的改善和人们生活质量的提高有着深刻而长远的影响。根据《中国交通运输"十二五"发展规划》,中国的经济一直在持续平稳发展,这必将要求交通运输跟上经济持续发展的步伐和人们生活不断提高的节奏,同时还要考虑到自然环境的可持续发展,兼顾经济、能源、环境的协调平衡。以京津冀为代表的部分地区空气污染严重,雾霾困扰着人们的日常生活,威胁着人们的身体健康,已引起人类社会的广泛关注。要做到发展经济与治理环境并行不悖,不是一件容易的事,具有长期性和紧迫性。

作为国民经济的一个重要部门,交通运输能源消耗量不断攀升。在能源总量约束的条件下,高效、节约使用化石能源,是中国目前国民经济发展的当务之急,对于高耗能高排放的交通运输行业,尤其如此。所以,从交通运输工具的能源消耗特点和模式入手,不断提高能源综合利用效率,从总体上把握交通运输业现在以及未来的能源需求状况,降低客货周转量的能源强度,降低能源反弹效应,减少能源消费,对于和中国的节能减排目标的实现是有着重要意义的。

在不同的经济发展阶段,交通运输对经济增长的作用显而易见的,但随着时间的推移表现出较大的差异性。在经济发展的初期,国民经济的发展需要交通运输来为其发展做必要的支撑。作为先行资本,交通运输业的基础设施建设,是经济增长的前兆,也为后续的工业化和城市化奠定坚实的基础,有利于劳动分工的细化和商品的流通,促进了市场经济的发展,是经济增长可持续的前提。所以,在经济发展的初期,大部分国家都把交通运输放在举足轻重的位置上,大力投资交通基础设施建设,建立交通运输网络,连接各个大中小城市,而交通设施的建设本身也能带动经济的发展。在经济发展到一定规模之后,铁路公路网基本建成,区域经济已成气候,经济发展格局基本形成,交通运输的作用和功能已经得到充分体现。相对而言,在发展中国家,交通运输基础设施的作用不如发达国家崛起时那么大。在发达国家和地区,交通运输网络的形成与完善,对产业的集聚与资本的扩散,有积极的作用。而在落后的国家和地区,交通的便利和运输成本的低廉有可能使落后区域沦为发达国家的生产资料来源地,加大了各种生产要素的外流，损害本土的经济，污染破坏本土的自然环境，对经济落后的国家和地区产生负面影响。即使在一个国家内部，交通运输也可能加大区域经济的发展不平衡，是落后地区成为垃圾堆放地或处理场。由此可见，交通运输对经济发展的利弊以及对环境产生何种影响，也会因时因地而有所不同，这些都需要进一步的深入研究。

自从1978年改革开放至今，中国的经济迅猛发展，一路高歌猛进，工业化和城市化进程快速推进，公路、铁路、民航、水运和管道都得到全面发展，客运量和货运量的需求持续大幅增加，这同时带来了能源尤其是石油产品的高消耗，随着人口的增长和流动，以及经济的增长，交通运输业的能源消耗是非常大而且快的，由此带来的能源与环境问题也困扰着中国社会。根据国家统计局的统计数据，2013年，中国的公里路里程达435.62万千米，铁路里程达10.31万千米，内河航道里程达12.59万千米，民航机场有193个，输油管道里程达9.85万千米。

中国的交通运输基础设施还在不断完善当中，交通运输的质量和水平一直在不断提高，客运周转量和货运周转量的需求也在持续增长。预计到2020年，中国的公路客运量将达到400亿人，货运量达到300亿吨；铁路客运量达到30亿人，货运量将达到48亿吨；民航客运量达到4.5亿人，货运量达到900万吨；内河水运货运量达到38.5亿吨。中国的交通运输业的能源消耗量维持着周转量的持续提高，进而推动中国经济的快速发展，伴随着中国国工业化与城市化的逐步推进，能源需求量基本上呈现有增无减的趋势。一个国家的发展和人民生活水平的提高都离不开交通运输，因此，交通运输业作为一个国家的根本性行业，在为国家经济发展和人民生活提供便利的过程中，不可避免地消耗大量能源以及污染废弃物，尤其是对石油的消耗巨大，排放了大量二氧化碳，对环境造成负面影响。

交通运输业作为高耗能的行业之一，其能源消耗量随着其规模的持续扩张而不断加大。中国的交通运输业在中国社会的能源消费总量中占比也在增加，其比重从1981年的4.81%增长到2014年的8.53%，增长近乎1倍。在"十三五"规划时期，中国的交通运输业面临的节能减排的形势依然比较严峻。

交通部门是服务业的重要组成部分。根据国家统计局的分类标准，中国交通运输业和邮政、电信、软件业，分为两个大类，分别是：① 交通运输业；② 邮政、电信、软件业。其中，交通运输业包括铁路、公路、水运、民航和管道；邮政、电信、软件业包括邮政企业和快递企业，从事电信运营的中国电信、中国移动、中国联通三家基础电信企业以及软件和信息技术服务业等企业。

我们主要报告既载人又运货的铁路、公路、水运和航空这四类组成的交通运输业。因为这四类的换算周转量和能源消耗量在整个运输和邮政行业中占比都是很大的。根据中国统计年鉴提供的数据，2014年中国交通运输部门客运周转量大约为 30 097.38 亿人·千米,货运周转量大约为 185 837.42 亿吨·千米(包括管道)。交通运输、仓储和邮政业能源消费总量为 36 336.47 万吨标准煤。铁路运输业就业人员数为 1 902 500 人,公路运输业就业人员数为 3 881 462 人,水上运输业就业人员数为 491 124 人,航空运输业就业人员数为 507 789 人。

作为世界上最大的发展中国家,中国在近四十年保持着高速增长,为经济的快速发展提供基础的交通运输业是幕后的重要推手,从中央政府到地方各级政府,都对交通运输基础设施建设高度重视,投资力度有增无减。其中有两次大规模的交通运输基础设施投资:第一次为应对 1997 年东南亚金融危机对中国经济的冲击,中国政府在 1998 年实施积极的财政政策,扩大内需,大规模投资以铁路公路为代表的交通运输基础设施建设。成功应对了危机的不利影响,同时有对后续的经济发展提供便利和条件。第二次是在 2008 年美国的次贷危机波及包括中国在内的大多数国家,为防止经济下滑和大规模失业,中国政府进行了四万亿规模的投资,其中有 1.5 万亿的投资是在交通运输基础设施建设领域,带来了铁路的迅猛发展,从此进入高铁时代。在随后的"十二五"规划中,中央政府对综合运输体系进行了统筹规划,将交通运输业作为国家发展战略的重要目标之一。在几十年的大发展背景下,中国交通运输的基础设施日臻完善,达到前所未有的高度,例如:2014 年,中国铁路营业里程已达 11.18 万千米;国家铁路电气化里程 3.69 万千米;截至 2014 年,中国高铁运营里程达 1.6 万千米,约占世界高铁总里程的 60%;不仅如此,2014 年中国公路里程达到了 446.39 万千米;同时中国高速公路里程 11.19 万千米;内河航道里程 12.63 万千米;定期航班航线里程 463.7214 万千米,国际航线线路长度 176.7210 万千米。中国的交通基础设施已经由弱变强,为中国经济的发展作出不可磨灭的贡献,是中国经济发展的重要组成部分。由于中国人口众多,且增长较快,从 1980 年的 9.87 亿增加到 2014 年的 13.678 亿,地理面积广阔,大陆面积达 960 万平方千米。人口和疆域决定了中国必将是一个交通运输大国。

中国交通运输业的换算周转量总体上保持持续上升趋势,从 1980 年的 13 059 亿吨千米增加到 2013 年的 176 686 亿吨·千米,从 2004 年开始,换算周转量增速较快,如图 3-10 所示。

图 3-11 展示了中国交通运输业的资本存量,从 1980 年的 646 亿元增加到 2013 年的 32 389 亿元(1980 年为基期),进入 21 世纪后,由于铁路,公路等的投资加大,资本存量急剧上升。

图 3-12 表明了交通运输业的劳动人数总体上比较平稳,90 年代有一定的波动,1980 年为 405 万人,2013 年为 702 万人,相对于换算周转量的大幅上升,劳动人数的变化幅度相对较小,这说明劳动生产率一直在不断提高。

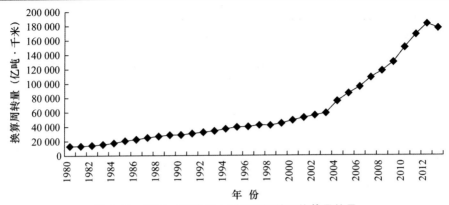

图 3-10　1980—2013 年中国交通运输业换算周转量
数据来源：中国统计年鉴。

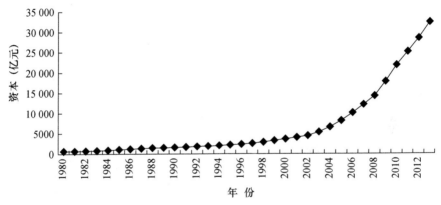

图 3-11　1980—2013 年中国交通运输业资本存量（以 1980 年为基期）
数据来源：中国统计年鉴。

中国交通运输业的能源消耗一直呈现出递增趋势，如图 3-13 所示，能源消耗量从 1980 年的 1380 万吨标准油增加到 2013 年的 21 168 万吨标准油，进入 21 世纪后，交通运输业对能源的消耗急剧增加。

中国的交通运输业的能源消耗结构如图 3-14 所示，从该图形可以看出，交通运输基本上以石油为主要燃料，在总能源中的占比高达 88.9%，其次是天然气、电力和煤炭。中国交通运输行业对能源需求有增无减，其消耗速度远高于全国平均水平。

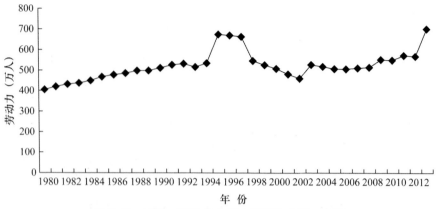

图 3-12 1980—2013 年中国交通运输业职工人数

数据来源：亚太经合组织（APEC）以及我们折算。

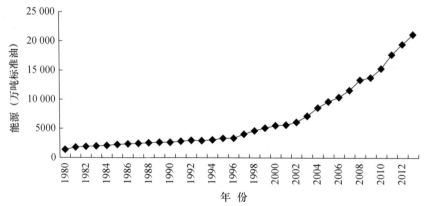

图 3-13 1980—2013 年中国交通运输业能源消耗量

数据来源：中国统计年鉴。

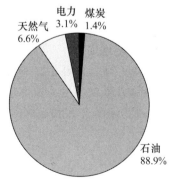

图 3-14 2013 年中国交通运输业能源消费结构

数据来源：亚太经合组织（APEC）。

3.2.2 交通运输业的能源反弹效应①

提高能源效率被普遍认为是应对能源挑战和环境污染问题成本最有效的方法(Ang et al.,2010)。通常认为,技术进步有助于提高能源使用效率,进而减少能源消耗。然而,这种观点已经受到了质疑和挑战,已经有一些学者通过研究表明,能源效率的提高和节能减排可能未必一致,通过提高能源使用效率来实现能源节约,其效果往往会低于预期。Greening et al.(2000)认为,能源效率提高所节约的能源或增加的收入,可能会带来收入效应、产出效应以及能源对其他投入要素的替代,进而使预期节约的能源被部分或全部抵消,这就是能源反弹效应。能源反弹效应意味着由于经济主体会对能源效率的提升做出反应而使得能源效率提升的预期节能作用不能被实现(Wang et al.,2012)。技术进步引起能源效率提高,能源效率提高引起反弹效应,反弹效应在某种程度上抵消预期的能源节约,因此,能源反弹效应使人们重新思考技术进步、能源效率与节能减排之间的关系,重新思考节能对策。它已经成为当今能源经济学研究的一个热点。

技术进步促进了中国交通运输业的巨大发展,对国家的 GDP 作出了很大贡献,极大方便了人们的生产生活。GDP 的高速增长又对交通运输提出了更高的要求,反过来又促进了交通运输的发展。人们的收入增加和生活水平的提高,以及私家车的普及,也促进了人们更多的旅行消费,加大了人们对交通运输的参与。所有这些都会加剧交通运输的繁荣与发展,这又反过来使交通部门的能源消费进一步攀升。我们根据现有的可获得的数据资料,以中国交通运输业 1980—2013 年的数据为样本,采用超越对数生产函数②,基于技术进步的反弹效应理论框架,估算了在此期间的能源反弹效应(表 3-3)。

表 3-3 中国交通运输部门能源反弹效应

年　份	能源反弹效应	年　份	能源反弹效应
1981	−0.018	1998	0.290
1982	4.835	1999	−0.956
1983	1.420	2000	4.800
1984	1.147	2001	0.802
1985	1.074	2002	−1.619
1986	1.243	2003	0.014

---

① 本小节在参考文献"林伯强,柳炜升. 中国交通运输业的能源反弹效应研究[J]. 厦门大学能源经济与能源政策协同创新中心工作论文,2016."基础上进行了修改和完善。

② Christensen、Jorgenson 和 Lau 于 1973 年提出超越对数生产函数,该函数模型包括了投入要素的二次项与交叉项,是一种易于估计和包容性很强的变弹性生产函数模型,它在结构上属于平方反映面模型,可有效研究生产函数中投入要素的交互影响、各种投入技术进步的差异。

（续表）

年　　份	能源反弹效应	年　　份	能源反弹效应
1987	1.170	2004	2.204
1988	1.402	2005	3.343
1989	1.970	2006	1.455
1990	−1.292	2007	3.357
1991	8.849	2008	−0.532
1992	−7.600	2009	0.382
1993	0.541	2010	1.819
1994	1.525	2011	−1.923
1995	−2.713	2012	−3.309
1996	−0.819	2013	0.690
1997	−0.204	2000—2013	0.514
1981—1990	1.295	1991—2013	0.452
1991—2000	0.371	1980—2013	0.707

总体上来看,中国交通运输部门的能源反弹效应约为70.7%,但各年差异较大,通过计算可以发现,在1981—1990年期间,能源反弹效应约为129.5%,1991—2000年期间的能源反弹效应约为37.1%,2001—2013年期间的能源反弹效应约为51.4%。

从总体上讲,20世纪80年代的反弹效应很大,基本上都超过了1,这主要是由于当时的经济发展比较落后,生活水平比较低,人们的出行普遍以步行为主,铁路、公路、水运和航空等的建设远远不够完善,当时中国主要还是以农业为主,工业还处于起步阶段,各种交通的货运量比较少,人口流动小,一旦技术进步带来交通的发展和人们生活水平的提高,就会导致人们对交通的利用,大大刺激交通部门能源的消耗,产生逆火效应。在这一时期的技术进步增长率约为5.1%,技术进步率对总周转量的增长率的贡献达到51.17%,以至于技术进步对交通运输业的能源反弹效应很大。

20世纪90年代中国开始改革开放,工业飞速发展,货物周转量大幅提升,人口流动数量大而且频繁,交通运输已基本满足人们生产生活的需求,技术进步增长率约为2.9%,技术进步率对总周转量的增长率的贡献达到186.26%,这主要因为交通运输业职工人数呈现出先上升后下降的趋势,由于劳动的产出弹性是正的,也就是说,增加劳动投入,产出会增加,那也就意味着,劳动投入减少会对产出增加有负向作用,然而实际上产出仍然是逐年上升的,这导致技术进步率对产出增长率的贡献率超过了1,反弹效应为37.1%。

21世纪以来,随着经济的快速发展,铁路网和高铁的修建,私家车走入寻常百姓家，同时其他交通方式如轮船、飞机的广泛使用，促进了交通设施和交通工具的大发展，使得中国交通运输部门的技术进步增长率约为4.2%，技术进步增长率对产出增长率的贡献达59.49%，使得能源反弹效应为51.4%。从整个样本空间来看，中国交通运输部门的总周转量增长率约为7.5%，能源消耗增长率约为7.8%，技术进步增长率约为4.15%，技术进步率对总周转量增长率的贡献约为95.38%，总的平均反弹效应约为70.7%。

3.2.3 交通运输业的节能途径

在1980—2013年期间，中国交通运输部门的总周转量增长率平均约为7.5%，符合经济学常识和中国现实情况。交通运输部门的能源消费增长率约为7.8%，平均能源强度约为0.011百万吨标准油/十亿吨千米，平均能源反弹效应约为70.7%。

1981—1990年能源反弹效应约为129.5%，1990—2000年能源反弹效应约为37.1%，2000—2013年能源反弹效应约为51.4%，1981—2013年期间的能源反弹效应为70.7%，1991—2013年期间的能源反弹效应为45.2%，由此可见，自90年代以来，由于铁路，公路，水运，航空的大力发展，国民经济和人们收入水平的提高，交通运输业的技术进步与80年代相比，已经得到较大提高。进入21世纪以后，交通运输业在已有的高水平上继续发展，同时中国的经济也在平稳增长，因此反弹效应比80年代要低一些。

技术进步带来了经济发展和交通运输业旅客周转量和货物周转量水平的提高，同时也提高了能源利用效率，产生了能源反弹效应，导致中国交通运输业消耗了更多的能源，排放了更多的二氧化碳，但并不能因此而否定技术进步的作用，恰恰相反，技术进步促进了经济发展和人们生活水平的提高。要减少或消除能源反弹效应的影响，应从其他方面考虑和着手，例如价格、税收、能源替代和人们的消费习惯等。

因此，对于能源反弹效应对中国交通运输业带来的负面影响，我们提出以下政策建议：

（1）通过价格手段进行调控。若要降低能源强度，提高交通运输业的能源利用效率，只有通过技术进步，但技术进步从微观上提高能源效率，但也会刺激能源消费的增加，从而产生反弹效应。然而，提高能源价格，降低能源需求，增加其他要素对能源的替代，才能真正实现节能的要求。与此同时，经济增长还要保持平稳可持续。所以这就要求能源价格与技术进步有机结合，协调起来，统筹规划。中国政府应该从宏观上把握交通运输市场的价格与供求信息，及时向社会传达，使交通运输服务的供给侧与需求侧在第一时间了解服务的供求关系，做好自己的规划，降低交易成本，使市场更加有效。此外，政府应当通过法律和适当的行政手段为交通运输市场的正常运行保驾护航,确保市场公开透明,使高新技术能够快速扩散,增加其溢出效应。同时,政府也应该制定促进交通部门能源节约的政策,促使交通运输企业加大研发投入,节能减排,降低能源消耗,在制定节能减排政策时,应该考虑和重视能源反弹效应。根据交通运输业能源回弹效应的作用机制,交通运输业不断增加的能源消耗主要是由于交通运输需求的增加以及相关企业的规模的扩张,同时也有能源服务成本下降的因素。因此,再从技术进步角度考虑的同时,也要从经济角度考虑,从市场经济的角度探索节能新机制,完善能源定价机制,发挥价格调整供需的作用。进行管理创新,加快合同能源管理与碳排放交易系统,鼓励交通运输部门积极参与节能减排。

(2)税收也是节能的一种重要途径。技术进步对提高能源效率有不可替代的作用,但仅仅依靠技术是不够的,必须结合价格、财政、税收、监管等政策,协同发力,才能促进能源与环境问题的解决。若不改变相对价格,仅仅依靠技术手段,促进经济增长的同时又减少能源消费是不太容易的事情。持续不断的技术进步一直在降低能源服务成本,因此,为了实现经济增长与能源需求的脱钩,征收能源税或碳税就势在必行(Birol and Keppler,2000)。任何企业再考虑一种生产要素的投入时,成本是一个重要的衡量因素,成本降低,必然增加投入,成本上升,就会减小投入,技术进步无疑会降低成本,因此为了抵消技术进步带来的能源反弹效应,提高能源投入的成本就成了不二选择。政府在制定能源政策和环境政策时,与能源有关的各种税收应该考虑到反弹效应的影响。如果其他税收下降导致收入相对增加,那么增加的能源税或碳税的作用就可能被抵消,达不到节能的效果。因此,应该全盘考虑,各种税收统筹兼顾,目标是减少能源的使用与减少二氧化碳排放。

(3)加快中国铁路、公路、水运、航空以及管道的结构调整。从统计数字来看,各种运输工具的耗能时有所不同的,近些年,公路和航空的产出占比增大,尤其是私家车的增多非常明显,而铁路的运输产出占比下降,不利于节能减排。一方面要提升能源利用效率,一方面要减少能源消耗,各种交通方式都要以此为目标,铁路和水运一次性运输量大,相对节能,能源强度相对较低,因此要继续加快铁路、水路的基础设施建设和运输工具的改进,促进服务水平提高和节能,吸引更多的客运和货运。对于公路运输,要优化不同车型结构的优化发展,淘汰高耗能高排放的老旧车辆,严格执行车辆尾气排放限值标准,通过财政补贴吸引更多的人使用天然气、电动车、混合动力车的购买和使用,鼓励自重轻,载重量大的大型货车进入运输市场,优化交通运输企业的结构调整,促进车辆企业的兼并重组和扩大车辆企业的发展规模,释放规模经济的活力,促进交通运输的专业化水平,加快清洁能源的投入使用,推广新能源运输设备的投入使用。

（4）鉴于中国这样一个幅员辽阔的人口大国，交通运输一直处于快速发展当中，提高能源效率是能源科学以及交通运输业发展的必然，不能因为能源反弹效应而拒绝技术进步和能源效率的提高。一方面要通过技术进步提高能源利用效率，另一方面也要减少能源反弹效应。面对这样一个两难选择，能源替代是一种选择，通过能源政策、环境政策以及税收政策来促进资本和劳动对能源使用的替代。

除此以外，还要通过政府、学者、交通运输服务的供给者和消费者的合力共同维护和促进交通运输的发展，完善各种交通运输体系和工具的节能减排指标，为交通运输业的节能发展提供依据和参考。中国交通运输业的能源消耗问题与中国当前所面临的能源环境问题之间的矛盾凸显。如何提高交通运输业的服务水平，减少其能源消耗，已经成为一个时髦的话题，实现交通运输业的绿色发展是中国政府和社会关注的焦点，也是当前中国交通运输业面临的重要问题。

3.3 服务业——交通运输业——公路运输业的能源发展利用

3.3.1 公路运输业的发展现状

交通运输业作为中国国民经济的基础产业，是为经济的繁荣发展而服务的。而在交通运输业各个子行业之中，无论从运输周转量或者发展速度等指标来看，公路运输业都榜上有名，在交通运输业中担当基础与重要作用。公路运输主要是指汽车等交通工具，通过公路来运送旅客或者货物的一种交通方式，包括旅客的换乘以及货物的周转等。

近些年来中国公路货物运输的基础设施建设发展较快，公路货物运输通道已基本建成，其中，高速公路主要提供快速货运服务、国省干线公路则主要提供便捷服务、城市道路和农村公路则为配送货物提供便利。不仅公路货运通道已经建成，而且公路的路网密度也在逐渐增大，这使得公路货物运输更加方便快捷，公路货物运输量、货物周转量也逐步提升。公路货运量在综合货物运输体系中的占比一直处于较高水平，除此之外，公路货物周转量在综合货运周转量中的比重也在不断提升，从此而言，公路货物运输对中国综合货物运输体系来说愈加重要。这一点可以从图 3-15 看出，2015 年，中国公路货物运输量为 354.5 亿吨，在综合运输体系中占比为 77.52%，公路货物周转量达到 64 704.5 亿吨·千米，占综合运输体系货物周转量的 35.14%。

图 3-16 显示，2015 年，中国公路旅客运输量为 189 亿人次，在综合运输体系中占 85.36%，公路旅客周转量为 12 210.7 亿人·千米，占综合运输体系旅客周转量的 38.73%，可知公路运输在旅客运输中仍然占据最主要的份额。

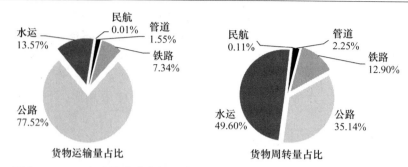

图 3-15　2015 年中国公路货物运输量和货物周转量在综合运输体系中的占比
数据来源：CEIC 中国经济数据库。

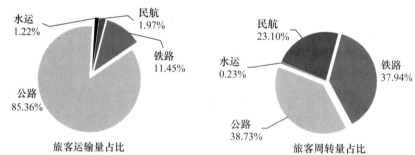

图 3-16　2015 年中国公路旅客运输量和旅客周转量在综合运输体系中的占比
数据来源：CEIC 中国经济数据库。

2014 年，中国营运客车车辆数为 84.6 万辆，客位数达 2189.5 万；营运货车达 1453.4 万辆，吨位总计达 10 292.5 万吨。

过去十年间路网结构持续优化，从图 3-17 可以看出，2004—2015 年，中国公路总里程平稳增加，其中等级公路占公路总里程的比重也呈现逐步增加态势并于 2015 年达到 88.4%，当年中国公路总里程为 457.7 万千米，等级公路里程达 404.6 万千米，而在等级公路中，高速公路里程达 12.4 万千米，占等级公路里程比重为 3.1%。

就公路运输行业的投入与产出而言，投入可分为能源投入及非能源投入，能源投入包括汽油和柴油[①]，非能源投入包括资本投入与劳动投入[②]。其中劳动投入选取公路运输业从业人数数据来表示，数据来源于 CEIC 中国经济数据库。资本投入采用永续盘存法计算的资本存量，以 2004 年为基年，基年各省份资本存量选

[①]　由于公路运输业能源消费没有直接的统计数据，且其主要消耗燃料为汽油和柴油，因此本节选取《中国能源统计年鉴》中"交通运输、仓储及邮电通讯业"条目下的汽油、柴油终端消费量数据并折算成标准煤来代表公路运输业的能源消费量。

[②]　考虑到数据的可获得性和一致性，本文选择资本存量和劳动力作为公路运输业的非能源投入。

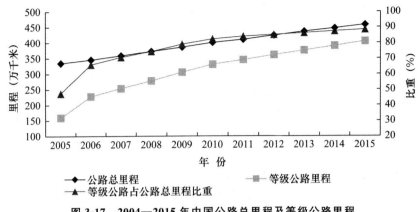

图 3-17　2004—2015 年中国公路总里程及等级公路里程
数据来源：CEIC 中国经济数据库。

取《中国经济普查年鉴 2004》中的普查数据，各省份固定资产投资数据来源于 CEIC 中国经济数据库，并根据各省固定资产投资价格指数折算到以 2004 年为基年的固定资产投资，固定资产投资价格指数数据来源于《中国统计年鉴》，折旧率选取 Wu(2015)中的各省服务业的折旧率。本节的产出包括期望产出与非期望产出。对于公路运输业而言，其效用主要是通过为满足旅客的需求而提供运输服务或者运输货物至另一地点而实现，属于服务行业，因此，公路运输业的期望产出指标，应该用公路运输为服务对象所带来的服务效用表示。目前多数文献中经常用公路运输周转量来表示公路运输业的期望产出，而公路运输周转量又包括公路运输旅客周转量和公路运输货物周转量。然而，由于公路运输旅客周转量和公路运输货物周转量的口径不一致，不能直接相加，需要将公路运输旅客周转量进行一定比例的换算后才能与公路运输货物周转量相加，相加后就得到公路运输换算周转量。而这个换算的比例对于不同的运输方式而言是不同的，根据我国的统计制度规定，对公路运输来说，这个比例为 0.1，因此，公路运输换算周转量＝公路运输旅客周转量×0.1＋公路运输货物周转量，这个方法也是目前国内学者们通常采用的做法。本节即将基于此得到的公路运输换算周转量作为公路运输业的期望产出。公路运输旅客周转量和货物周转量数据[①]来源于历年《中国统计年鉴》和《中国交通年鉴》，并计算整理得到 2004—2013 年各省公路运输业的换算周转量。考虑到数据的可获得性和计算的精确性，本节将公路运输产生的二氧化碳排放作为非期望产出。二氧化碳排放量是由公路运输消耗的汽油、柴油量乘以各自

---

① 公路运输量统计口径于 2008 年、2013 年进行了调整，为使数据具有可比性，本节的公路运输量数据已统一到 2013 年口径。

的二氧化碳排放系数并相加得到,其中的二氧化碳排放系数采用联合国政府间气候变化专门委员会(IPCC,2006)做出的估计,并假设在2004—2013年系数保持不变。

图3-18是2004—2013年间中国公路运输业①的投入和期望产出情况。可以看到:从2004年开始,公路运输的换算周转量一直在不断提高,从19 663亿吨·千米上升到2013年的67 351亿吨·千米,为2004年换算周转量的3倍有余。2004年,公路运输业的劳动力和能源消耗量分别为158.24万人和9312.38万吨标准煤。2013年劳动力和能源消耗量的数值分别提高到了378.56万人和20 230.29万吨标准煤,9年间的平均增速分别达到10.18%和9%。而相对于期望产出和其他两种投入而言,公路运输业的资本存量的增幅最低,年均增速为6.87%。

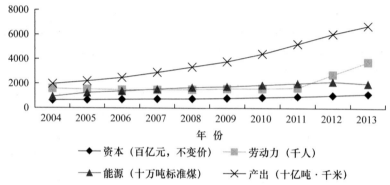

图3-18　2004—2013年中国公路运输业投入和期望产出变动
数据来源:中国能源统计年鉴、CEIC中国经济数据库。

然而,在公路运输业持续发展的同时,除了提供更多的运输服务以外还带来了一系列人们不想看到的非期望产出,例如噪音污染、二氧化碳过量排放等环境污染,本节中我们考虑的非期望产出即为二氧化碳排放。交通运输部门作为中国三大高能耗部门之一,也面临着高排放的环境污染问题,2013年中国交通部门碳排放量为6.4亿吨,占中国总排放量5.2%,而在交通运输各行业中,公路运输业碳排放所占比例最大,管道运输业碳排放量占比最小。

面对着日益严重且紧迫的高能耗、高排放问题,低碳绿色交通出行开始出现在人们的视野和理念中,中国"十一五"期间即提出要构建高能源利用率的交通运输体系,实现较大程度的节能减排,国务院常务会也于2009年提出要加快低碳绿

---

① 因为数据缺失的缘故,如无特别说明,本节中公路运输业的投入、产出等数据均为剔除宁夏自治区和西藏自治区后的29个省市总和。

色交通运输体系的建设。与此同时,全国各地政府相关部门和企业都开始出台一系列相关的有效的政策措施,以促进交通运输业的节能减排,旨在实现交通运输业的可持续绿色发展。考虑到此现实情况,本节即对公路运输业全要素综合效率进行测算、对二氧化碳排放绩效进行评价并计算出公路运输业的减排潜力,从而对公路运输业的能源利用情况及碳排放情况有一个全面的描述和评价,以希望在公路运输业节能减排工作的推行中,对政府部门进行决策提供一些可据参考的意见及建议。

中国公路运输业整体的综合效率表现如何?二氧化碳排放绩效如何?存在多少减排潜力?而由于中国疆域辽阔,东中西部地区公路运输的基础设施条件差距较大。东部地区经济发展较快,随之而来的是较高的运输量,然而东部地区公路多密集,拥堵情况已经屡见不鲜,那么整体看来,东部地区公路运输综合效率相对中西部而言究竟是高还是低?如果存在区域差异的话,中国政府应如何对不同区域采取不同政策?政府应该如何帮助公路运输业实现节能减排?这些问题都有赖于进一步的研究分析。下文,我们将从全要素综合效率①的视角入手,对中国公路运输业的综合效率水平以及二氧化碳排放绩效进行测算,并就公路运输业的节能减排进行探讨。

3.3.2 公路运输业效率问题②

本部分将对公路运输业的全要素综合效率进行测算、对二氧化碳排放绩效进行评价、对区域之间的差异以及减排潜力进行分析,希望能够对未来行业的发展和节能减排有所帮助。

1. 公路运输业全要素综合效率测算

全要素综合效率考虑了能源与资本、劳动等要素在产出中的作用,分析了其与能源要素间的替代关系,衡量的是所有投入要素的效率,用来估算所有投入要素的综合表现,这样可以对所考察的行业有一个比较全面的考量,适合分析资源配置不合理和管理不善等导致的整个系统无效性能源损失。

我们利用中国29个省市2004—2013年的投入产出数据,投入包含资本存量(K)、劳动力(L)和能源(E),期望产出为公路运输业换算周转量(Y),非期望产出为公路运输业二氧化碳排放量(C),以此来测算中国各省市公路运输业的全要素

---

① 全要素综合效率衡量的是所有投入要素的效率,用来估算所有投入要素的综合表现,这样可以对所考察的行业有一个比较全面的考量,而一般测算的全要素能源效率则衡量的是能源这一项投入要素的效率。

② 本小节在参考文献"林伯强,仵金燕.中国公路运输业区域二氧化碳排放绩效评价及减排潜力[J].厦门大学能源经济与能源政策协同创新中心工作论文,2016."以及"林伯强,仵金燕.中国公路运输业全要素综合效率测算及其动态变化[J].厦门大学能源经济与能源政策协同创新中心工作论文,2016."基础上进行了修改和完善。

综合效率表现。考虑到区域差距,我们引入了群组前沿和共同前沿的概念,Zhang et al. (2014)首次提出了综合效率指标的构建,用以估算所有生产要素的综合表现,结合 Zhang et al. (2013)的研究,本节在全要素框架下构建中国公路运输系统的非径向距离函数(Non-radial Directional Distance Function,以下简称 NDDF)并结合数据包络分析(Data Envelopment Analysis,以下简称 DEA),将静态综合效率指标动态化,得到共同前沿下的非径向 Malmquist 综合效率指数(Meta-frontier Non-radial Malmquist Unified Efficiency Index,以下简称 MMUEI)。此外,根据 Zhang et al. (2013),将 MMUEI 指数分解成技术效率变化(EFFCH)、技术进步变化(TECCH)与追赶效应(CATCHUP)三个指标,用以考察不同因素对全要素综合效率变动的影响。从图 3-19 看,对于分省情况来说,广东省的 MMUEI 指数平均值最大,均值为 1.1191,其次是江苏和湖北,MMUEI 指数平均值最小的为青海省。

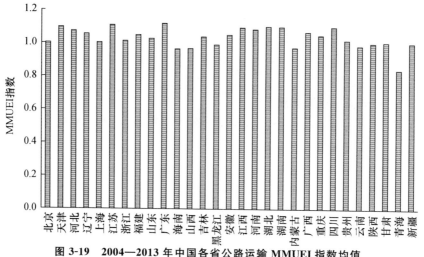

图 3-19　2004—2013 年中国各省公路运输 MMUEI 指数均值

图 3-20 列出了中国 2004—2013 年间每年的公路运输 MMUEI 指数均值及其分解。从其分解情况来说,在 2009—2011、2012—2013 阶段,EFFCH 指数对 MMUEI 指数的影响最大。而 2004—2009、2011—2012 阶段 MMUEI 指数的增长主要来源于 TECCH 指数的增长,表明该阶段技术进步明显,对于促进公路运输综合效率的进步作出较大贡献,然而有些年份 EFFCH 小于 1,说明尽管技术进步存在,但是技术使用效率并没有同步提高,公路运输过程中的管理水平有待提高。

中国能源发展报告 2016 | 117

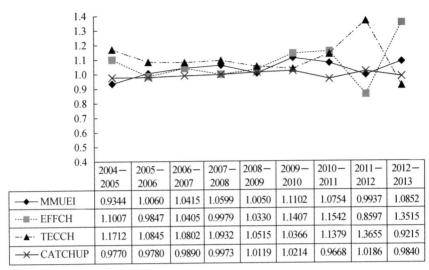

图 3-20　中国各时间段公路运输 MMUEI 指数及其分解

表 3-4～表 3-6 分别列出了 2004—2013 年间中国东、中、西部地区公路运输 MMUEI 指数及其分解结果。可以看出：对于东部地区，仅有 2004—2005、2007—2008、2011—2012 年间的 MMUEI 指数小于 1，其余时间段的公路运输全要素综合效率均呈现增长状态，且 2004—2007、2008—2009、2010—2011 年间 MMUEI 大于 1 最主要的推动力为 TECCH，2009—2010、2012—2013 年间 MMUEI 大于 1 最主要的推动力为 EFFCH。

表 3-4　2004—2013 年间中国东部地区公路运输 MMUEI 指数及其分解

东部	MMUEI	EFFCH	TECCH	CATCHUP
2004—2005	0.9734	1.5499	0.9204	1.0019
2004—2006	1.0215	0.8980	1.2548	0.9787
2005—2007	1.1135	0.9013	1.3898	0.9680
2007—2008	0.9993	1.0511	1.0236	0.9898
2008—2009	1.0404	0.8850	1.1949	1.0526
2009—2010	1.0916	1.4119	0.9549	0.9937
2010—2011	1.0729	1.0739	1.3705	0.9691
2011—2012	0.9490	0.7893	1.4185	1.0663
2012—2013	1.1592	1.1660	1.1011	1.0169

对于中部地区，仅有 2004—2005 年间的 MMUEI 指数小于 1，其余时间段的 MMUEI 指数均大于 1，表明公路运输全要素综合效率均呈现增长状态，且 2004—

2008、2009—2010、2011—2012 年间 MMUEI 大于 1 最主要的推动力为 TECCH，而 2008—2009、2010—2011、2012—2013 年间 MMUEI 大于 1 最主要的推动力为 EFFCH。

表 3-5 2004—2013 年间中国中部地区公路运输 MMUEI 指数及其分解

中　部	MMUEI	EFFCH	TECCH	CATCHUP
2004—2005	0.9976	0.7149	1.7082	1.0000
2004—2006	1.0184	0.9683	1.0515	1.0000
2005—2007	1.0323	0.9991	1.0373	1.0000
2007—2008	1.0961	0.9268	1.1821	1.0000
2008—2009	1.0088	1.2543	0.9294	1.0000
2009—2010	1.2018	1.0296	1.0827	1.0808
2010—2011	1.0311	1.3434	0.9432	0.9509
2011—2012	1.0324	0.8916	1.5311	1.0000
2012—2013	1.0589	1.5012	0.8293	1.0000

对于西部地区，仅有 2007—2008、2009—2011、2012—2013 年间的 MMUEI 指数大于 1，其余时间段的 MMUEI 指数均小于 1，且 2007—2008、2009—2011 年间 MMUEI 大于 1 最主要的推动力为 TECCH，而 2012—2013 年间 MMUEI 大于 1 则来源于 EFFCH 的推动。

表 3-6 2004—2013 年间中国西部地区公路运输 MMUEI 指数及其分解

西　部	MMUEI	EFFCH	TECCH	CATCHUP
2004—2005	0.8322	1.0372	0.8850	0.9290
2004—2006	0.9782	1.0876	0.9471	0.9554
2005—2007	0.9788	1.2211	0.8133	0.9991
2007—2008	1.0843	1.0158	1.0741	1.0021
2008—2009	0.9657	0.9597	1.0302	0.9829
2009—2010	1.0371	0.9806	1.0724	0.9897
2010—2011	1.1222	1.0453	1.0999	0.9804
2011—2012	0.9996	0.8982	1.1469	0.9896
2012—2013	1.0375	1.3873	0.8342	0.9351

下面考虑 2004—2013 年间中国东、中、西部地区公路运输 MMUEI 指数均值及分解情况，可以看出，三大地区的综合效率均得到改善，其中中部地区改善情况在三者中最好，其次是东部地区，最后是西部地区。改善均来自 EFFCH、

TECCH、CATCHUP 的三重效应,但是对于不同的地区它们的作用大小不尽相同,表现出不一致的特征。其中东部地区主要依靠 TECCH 的提高来改善公路运输综合效率水平,中部地区的 TECCH 的影响(14.39%)比 EFFCH 的影响(6.99%)要大,而西部地区综合效率的改善主要来自于 EFFCH 的提高,9 年间平均改善 7.03%。为了更直观地表现出各地区公路运输综合效率的改善特点,总结如图 3-21 所示。

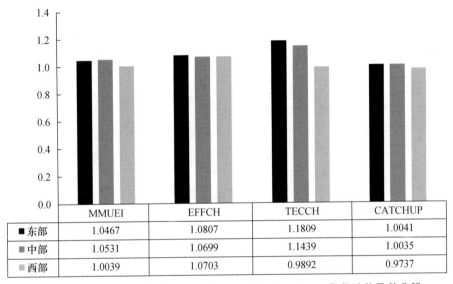

	MMUEI	EFFCH	TECCH	CATCHUP
■ 东部	1.0467	1.0807	1.1809	1.0041
□ 中部	1.0531	1.0699	1.1439	1.0035
▨ 西部	1.0039	1.0703	0.9892	0.9737

图 3-21　2004—2013 年间中国三大地区公路运输 MMUEI 指数均值及其分解

基于该部分的研究,我们可以得出以下结论:

首先,在中国三个区域公路运输系统的综合效率改进情况中,中部地区效率改进最高,9 年来均值为 5.31%,其次为东部地区,综合效率平均提高 4.67%,最后为西部地区,综合效率以均值 0.39%提升。中部地区公路运输综合效率的提高情况要优于东部地区,这可从两个地区的能源消费情况及换算周转量情况看出一些端倪,东部地区能源消费量的平均增速要高于中部地区的平均增速,然而东部地区的换算周转量的平均增速却低于中部地区平均增速,故使得东部地区效率改善情况弱于中部地区。

其次,从整体来看,2004—2013 年间,中国公路运输业综合效率一直在不断改善,以 3.46%的年均值提升,考虑了区域差异或不考虑区域差异时,三大区域公路运输的 MMUEI 均值都大于 1,说明样本期内全要素综合效率一直在不断提高,其中,主要推动力量为 TECCH,其次为 EFFCH。

最后,从各区域来看,在动态效率指数的分解上,东部和中部的公路运输综合效率改进主要得益于TECCH,而西部则主要依赖于EFFCH的提升。

2. 公路运输业区域二氧化碳排放绩效评价及减排潜力

测算完公路运输业全要素综合效率,我们来着重考察公路运输业的二氧化碳排放效率,参考 Zhou et al. (2010),O'Donnell et al. (2008),Chen 和 Yang (2011),我们将分析从以下三步着手,首先,我们利用谢泼德距离函数(Shephard Distance Function,以下简称 SDF)构建共同前沿下 Malmquist CO_2 排放绩效指数(Meta-frontier Malmquist 二氧化碳 Performance Index,以下简称 MMCPI)并得到技术差异率(Technology Gap Ratio,以下简称 TGR);然后,我们把 MMCPI 分解成技术效率变化(EFFCH)、技术进步变化(TECCH)以及追赶效应(CATCH-UP),从这三个角度解释 MMCPI 的变化;最后,在前两步的基础上,我们计算中国公路运输业的二氧化碳减排潜力。

我们可以从 TGR 指标的大小中看出当某个评价单元位于不同的区域前沿(群组边界)下的技术水平和当该单元位于共同前沿下的技术水平的偏离程度。较大的 TGR,说明对该评价单元而言,区域前沿与共同前沿的差距越小,即地区技术水平越接近共同潜在的技术水平,相反的,较小的 TGR,则说明对该评价单元而言,区域前沿与共同前沿的差距越大,即地区技术水平越偏离共同潜在的技术水平,技术水平较落后。图 3-22 为中国公路运输业在东、中、西部地区的技术差异率在 2004—2013 年间的走势。

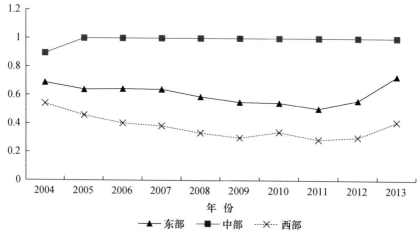

图 3-22　2004—2013 年间中国三大地区公路运输业的 TGR 走势图

从图 3-22 的 TGR 走势图中可以看出,中国公路运输业在东、中、西部地区的技术水平差距较大,中部地区 TGR 最高,东部地区次之,西部地区最低。东部地区技术差异率低于中部,这是因为东部经济发展较快,随之而来就是增长较多的公路运输周转量,然而进行规划设计时的公路运输通行量渐渐不能满足这快速增长的运输量,即出现愈来愈严重的交通堵塞现象,从而使东部的技术差异率反而低于中部地区。图 3-23 列出了 2012 年中国各省份国道、省道的平均交通拥挤度,从中可以看出,上海的交通拥挤度最高,达到 1.02,黑龙江最低,为 0.195。从三大区域来看,东部地区平均交通拥挤度最高,为 0.68,中部地区为 0.45,西部为 0.43,可见东部地区的交通拥挤度最高。此外,从图 3-22 中还可以看到,中部地区的 TGR 除了 2004 年以外,在其余所有年份均等于 1,这说明除了 2004 年以外,对中部地区而言,其区域前沿与共同前沿的差距为 0,即中部地区技术水平就是共同潜在的技术水平,因此中部地区就是中国公路运输业的最高水平。而东部、西部地区的技术差异率表现出相似的变化趋势,在 2004—2011 年逐渐下降,2012 年有所回转,2013 年继续上升,表示 2012 年之后东部、西部的公路运输业水平逐渐接近全国潜在的水平。

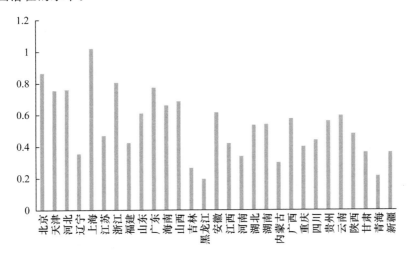

图 3-23　中国各省份 2012 年国道、省道平均交通拥挤度
数据来源:2013 年中国交通运输统计年鉴。

图 3-24 是中国公路运输业在东、中、西部地区全要素碳排放绩效的走势图,我们这里测算出的 MMCPI 指数属于一种动态分析。

观察图 3-24,我们可以发现中国公路运输业在东、中、西部地区 MMCPI 指数的变化情况,如果 MMCPI 大于 1,则说明中国公路运输业的二氧化碳排放绩效情况与去年相比得到了改善,生产技术水平得到提高。具体来看,东部地区自 2006 年之后,其余每年的 MMCPI 都大于 1,表示东部地区的二氧化碳排放绩效自 2006 年以后一直在不断改善,而中部、西部地区则是从 2007 年之后一直处于改善状态。

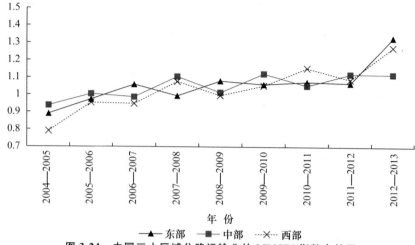

图 3-24 中国三大区域公路运输业的 MMCPI 指数走势图

为了进一步考察中国公路运输业在东、中、西部地区及中国整体的全要素碳排放绩效增长的动力,我们将 MMCPI 指数分解成三种效应,并将 MMCPI 指数及三种分解效应在 2004—2013 年间的平均值列出,如表 3-7 所示。

表 3-7 2004—2013 年间中国各区域公路运输业 MMCPI 均值及其分解项

区域	MMCPI	EFFCH	TECCH	CATCHUP
东部	1.059	1.007	1.079	0.989
中部	1.051	1.005	1.040	1.063
西部	1.038	1.036	1.054	1.014
全国	1.050	1.016	1.060	1.018

由表 3-7 可以发现,三大地区的公路运输业二氧化碳排放绩效在 2004—2013 年间都得到了不同程度的改善,具体来看,东部地区的整体改善情况最高,而西部地区的改善情况最小,低于全国平均改善状况。原因之一是由于东部地区地处沿海,可以及时引进国际上的碳减排先进技术,从而使得东部地区的碳排放绩效改善步伐相对于中西部而言是最快的。

从 MMCPI 指数的三个分解效应来看,各个区域的技术效率变化和技术进步变化都显著大于 1,而且三个地区的技术进步变化要明显大于各自的技术效率变化指数;在追赶效应方面,中部值最大,其次是西部,而只有东部地区小于 1。从中国整体来看,使得公路运输业二氧化碳排放绩效得到不断改善的最重要的推动力是技术进步变化效应。

从技术效率变化来看,东部地区为 1.007,中部地区为 1.005,西部地区为

1.036,这说明三个地区的技术效率都在不断提高,而且西部地区的技术效率变化最大。从技术进步变化来看,东部地区为1.079,中部地区为1.040,西部地区为1.054,可见三大区域的技术进步变化与技术效率变化相比,增长幅度较大。从追赶效应来看,中西部地区追赶效应大于1,而东部地区小于1,说明东部地区距潜在技术(共同前沿)的距离增大。

图 3-25 呈现了中国三大区域公路运输业在共同前沿下的二氧化碳减排潜力,可以看出:在共同前沿下,中部地区的减排潜力随着时间推进而增大,东部和西部地区的减排潜力在 2013 年出现了下降。其中,东部地区公路运输业的碳减排潜力一直处于最高位置,这意味着东部在基础设施配置、组织管理水平及其他方面仍需更多努力以减少二氧化碳排放。

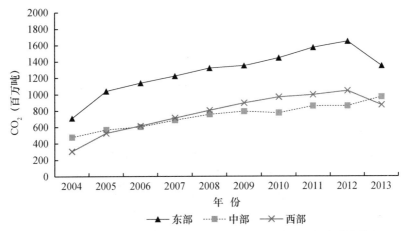

图 3-25　中国三大区域公路运输业在共同前沿下的二氧化碳减排潜力

表 3-8 列出了中国三大区域公路运输业在群组前沿下的二氧化碳减排潜力,可以看出,全国公路运输业的减排潜力为 21.14 亿吨,其中东部地区的减排潜力最大,为 9.46 亿吨,其次是中部地区,西部的减排潜力相对最小,为 4.40 亿吨。

表 3-8　中国三大区域公路运输业在群组前沿下的二氧化碳减排潜力

区域	减排潜力(百万吨)
东部	945.658
中部	728.382
西部	440.407
全国	2114.447

本小节通过用中国公路运输业的省级数据对其二氧化碳排放绩效进行评价分析,并得出以下主要结论:

第一，从静态来看，中部地区自 2005 年开始 TGR 均等于 1，说明中部地区在共同前沿和区域前沿下不存在技术差距，代表中国公路运输业的最高水平，东部地区 TGR 次高，最后是西部地区。西部地区距共同前沿技术水平存在一半以上的进步空间。同时从减排潜力的角度来看，在共同前沿下，东部地区的减排潜力一直处于最高。

第二，从动态来看，在 2004—2013 年间，中国公路运输业整体的二氧化碳排放绩效呈现改善趋势，而改善的动力来源于技术效率变化、技术进步变化及追赶效应，其中技术进步变化的贡献最大。从区域来看，三大区域的碳排放绩效均得到改善，但呈现出的改善速度存在差别，东部最快，其次为中部、西部最慢。

3.3.3　公路运输业节能减排政策建议

基于上述分析和探讨，我们提出以下几点相对应的政策建议帮助公路运输业推进节能减排工作。

第一，我们发现东部地区公路运输业的 TGR 低于中部地区，东部地区消耗较多能源却产生较少周转量，这是由于其公路运输网络稠密，营运汽车拥有量较高，容易发生交通拥堵现象，造成能源效率低。具体可通过以下两点来缓解交通拥挤状况：

- 从公路客运来看，积极引导私人交通转向公共交通，普及发展高效低耗、舒适快捷的公共交通，引进轨道交通和地铁等交通运输方式。
- 从公路货运来看，公路货运企业应对货运车辆的行车路线进行监控以及调度规划，为运输车辆选择最优的行驶路径，避免不必要的行驶路程，以此缩短运输时间并减少燃油的消耗。此外，不能只考虑公路运输业的单独发展，而应将公路运输和其他类型的运输方式联系起来，进行综合考虑，从而选定最佳的货运方式，提高综合运输效率，降低环境污染，比如可通过发展铁路、水运和民航来缓解交通供给紧张的情况，尤其东南地区可以加强水运的发展，货物可通过内河航道运输。

第二，西部地区技术差异率最低，且距共同前沿技术水平存在一半以上的进步空间，与此同时其碳排放绩效改善的速度最慢。这是由于西部交通运输整体发展缓慢，综合交通网络稀疏，缺乏大规模发展的交通运输条件，且相对中东部而言，西部各省经济发展水平较低，贸易周转量小。由此可见，西部大开发的步伐不能放缓，以使东部带动西部，从而增加西部地区的公路运输周转量。同时对西部地区公路网的等级结构进行优化：优化各级公路网络结构，使高速公路、一级公路、二级公路、三级公路、四级公路在各省市内合理匹配；加快高等级公路建设，加大国省干线公路扩容升级改造力度等，全面改善路面状况，提高路面平整度，平整度低会造成汽车行驶阻力增大，从而增加汽车油耗，损坏较严重的路面甚至会引起车辆刹车，降低行车效率。此外，对站场布局结构进行优化能够提高站场运行效率,尤其是对货物站而言,可以利用规模优势提升货运效率。

第三,虽然公共交通的普及可以起到缓解城市交通压力的效果,但是汽车产业作为中国的支柱产业同样不可或缺,且汽车产业属于高能耗、高排放行业,因此加强新能源的开发利用对推进节能减排工作具有重要意义且日益紧迫。根据当地资源禀赋的条件,可以合理推广清洁能源与新能源汽车的使用,例如在某些地区,如果天然气资源比较丰富,可以积极推广天然气汽车,使之逐步代替淘汰掉老旧的高耗能高排放车辆。此外,还可以对运输车辆的发动机性能、车身重量等方面进行改进,也能够有效并直接地降低能耗,例如很多货运企业采用全铝车身,可明显减轻车重,降低碳排放。因此技术研发者应合理优化车身结构、发掘轻型材料,在减轻车重的同时又能实现货物的运输需求。

3.4 服务业——商业能源发展利用
3.4.1 商业部门的发展现状

商业部门按照定义是一种有组织的提供顾客所需物品和服务的部门。狭义的商业部门单指批发和零售业,而广义的商业部门是指所有以营利为目的的行业。按照美国能源信息委员会(Energy Information Administration,EIA)的定义,居民、工业、交通和商业是能源终端消费的四大部门。商业部门的能耗是指商业部门在进行商业活动和提供商业服务过程中对能源的消耗。由于商业部门多在固定的商业场所中提供商品和服务,为了统计方便,美国商业部门的能源消费通过商业建筑进行统计。美国的商业建筑是指至少有50%以上的面积用于除住宅、工业和农业以外用途的建筑物,其主要用途包括:教育、食品销售和服务、医疗服务、住宿、商品销售、办公室、政府公共服务、宗教和后勤维修等。中国的统计工作都是按经济活动来划分的,中国商业部门能耗数据可以绕过商业建筑能耗,直接通过统计美国EIA定义的商业建筑的用途所对应的经济活动的能源消耗来进行。这些经济活动就是第三产业中除了交通运输业之外的其他活动。因而,我们这里定义的商业部门是指广义的商业部门,是服务业的重要组成部门,具体是指除了交通运输业之外的其他服务业。根据国家统计局的国民行业分类,商业部门包括批发和零售业、住宿和餐饮业、信息传输、软件加工和信息技术服务业、金融业、房地产业、租赁和商务服务业、科学研究和技术服务业、水利、环境和公共设施管理业、居民服务、修理和其他服务业、教育、卫生和社会工作、文化、体育和娱乐业、公共管理、社会保障和社会组织、国际组织等。

在商业部门的各个子行业中,批发和零售业在商业部门中占比一直最高,金融业和房地产业次之。1980年,批发和零售业实现产出193.8亿元,占商业部门总产值的23.93%;金融业实现产值85.7亿元,占商业部门总产值的10.58%;房地产业实现产值96.4亿元,占商业部门总产值的11.90%;住宿和餐饮业金融业实现产值47.4亿元,占商业部门总产值的5.85%;其他商业部门实现产值386.7亿元,占商业部门总产值的47.74%。而到2015年,批发和零售业实现产出66 203.8亿元,占商业部门总产值的21.10%;金融业实现产值57 500.1亿元,占商业部门总产值的18.33%;房地产业实现产值41 307.6亿元,占商业部门总产值的13.17%;住宿和餐饮业金融业实现产值12 159.1亿元,占商业部门总产值的3.88%;其他商业部门实现产值136 533.5亿元,占商业部门总产值的43.52%。可以看出批发和零售业在商业部门一直占据最高的比例;金融业发展相当迅速,从1980年10.58%上升到2015年18.33%;房地产业有所发展,但是发展速度低于金融业;住宿和餐饮业占比略有下降(图3-36)。

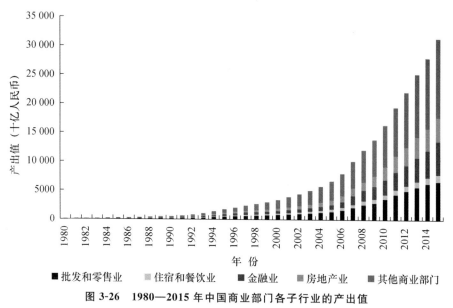

图3-26　1980—2015年中国商业部门各子行业的产出值

其他商业部门产值在商业部门总产值中超过四成,因而很有必要单独研究。但由于其他商业部门所包含的子行业在不同的时间有不一样的定义和分类标准,我们研究的子行业参照的是中国统计局2002年修订的《国民经济行业分类》(GN/T4754—2002)的标准。2004年,信息传输、软件和信息技术服务业实现产值4236.3亿元,占商业部门总产值7.39%;租赁和商务服务业实现产值2627.5亿元,占商业部门总产值4.58%;科学研究和技术服务业实现产值1759.5亿元,占商业部门总产值3.07%;水利、环境和公共设施管理业实现产值768.6亿元,占商业部门总产值1.34%;居民服务、修理和其他服务业实现产值2481.5亿元,占商业部门总产值4.33%;教育实现产值4892.6亿元,占商业部门总产值8.53%;

卫生和社会工作实现产值2620.7亿元,占商业部门总产值4.57%;文化、体育和娱乐业实现产值1043.2亿元,占商业部门总产值1.82%;公共管理、社会保障和社会组织实现产值6141.4亿元,占商业部门总产值10.71%。到2013年,信息传输、软件和信息技术服务业实现产值13549.4亿元,占商业部门总产值5.38%;租赁和商务服务业实现产值13306.6亿元,占商业部门总产值5.28%;科学研究和技术服务业实现产值9737.0亿元,占商业部门总产值3.86%;水利、环境和公共设施管理业实现产值3051.7亿元,占商业部门总产值1.21%;居民服务、修理和其他服务业实现产值8625.1亿元,占商业部门总产值3.42%;教育实现产值18428.8亿元,占商业部门总产值7.32%;卫生和社会工作实现产值10996.7亿元,占商业部门总产值4.36%;文化、体育和娱乐业实现产值3866.3亿元,占商业部门总产值1.53%;公共管理、社会保障和社会组织实现产值21693.0亿元,占商业部门总产值8.61%。以上分析可以看出,除了租赁和商务服务业以及科学研究和技术服务业在商业部门总产值中的占比是上升的,其余子行业占比均有所下降。

  商业部门代表着消费为主导的经济模式,是中国经济未来发展的核心部门。同时,商业部门也同人民的生活息息相关,商业部门越发达,代表着人民的生活水平越高。中国正在逐渐迈入中高等收入国家行列,中国人民的生活水平也将越来越高,人民对生活质量的追求也将更加迫切,这都决定了中国商业部门的发展潜力。改革开放以来,中国商业部门不断发展,社会消费品零售总额从1980年的2140亿元增加到了2015年的300931亿元,增长了140多倍。图3-27①是中国商业部门的历年产出和投入情况,其中产出和资本均是依据1990年的不变价格计算的。中国商业部门一直保持较快发展,1980年产值只有1601.42亿元,2015年则有110246.8亿元,增长了近70倍,年均增长率达到了13.05%;1980年商业部门从业人数只有47.3百万人,2015年从业人口增长到了295.7百万人,增长了17倍左右,年均增长率达到5.46%;中国商业部门资本存量从1990年的8997亿元,增长到2014年的385779亿元,增长了42.9倍,年均增长率达到17.17%;中国商业部门的能源消耗从1980年的17.23百万吨标煤增长到了2013年的303.61百万吨标煤,增长了17.6倍,年均增长率达到9.39%;最后,中国商业部门的二氧化碳排放量从1980年的62.09百万吨增长到了2013年的775.05百万吨,一共增长了12.49倍,年均增长率为8.16%。综合来看,中国商业部门的各项投入和产出均保持了快速增长,整体发展相当迅速。

  从能源消费构成来看,中国商业部门的能源消费从以煤炭为主,逐渐转变为

---

① 由于数据的可得性,商业部门的数据范围如下:产值和从业人口,1980—2015年;资本,1990—2014年;能源,1980—2014年;碳排放,1980—2013年。

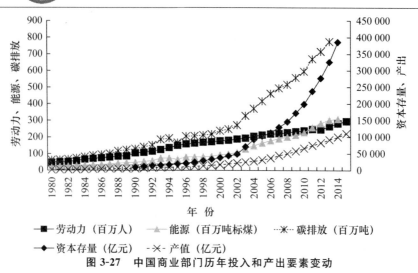

图 3-27 中国商业部门历年投入和产出要素变动

以电力为主。从全国来看,1980 年,中国商业部门煤炭消费为 1546 万吨,折合标煤 1098 万吨,占能源消费总量的 49.5%;油品消费(汽油、煤油和柴油)消费为 511 万吨,折合标煤 730 万吨,占能源消费总量的 32.9%;天然气消费 5000 万立方米,折合标煤 6.7 万吨,占能源消费总量的 0.3%;电力消费为 85.6 亿千瓦时,折合标煤 383 万吨,占能源消费总量的 17.3%;2013 年,中国商业部门煤炭消费为 8102 万吨,折合标煤 5752 万吨,占能源消费总量的 19.6%;油品消费(汽油、煤油和柴油)消费为 3915 万吨,折合标煤 5598 万吨,占能源消费总量的 19.1%;天然气消费 74.9 亿立方米,折合标煤 996 万吨,占能源消费总量的 3.4%;电力消费为 5274.5 亿千瓦时,折合标煤 16 931 万吨,占能源消费总量的 57.8%。这反映了随着技术的发展,电力逐渐成为中国商业部门主要的能源消费品种。

虽然中国商业部门比之前有了长足的发展,但是商业部门未来还有更大的发展潜力。EIA 数据表明,美国商业部门能耗占美国能耗总量的 18% 左右。而 2013 年,中国商业能耗占比还不到 7.5%(见图 3-28)。中美两国在能耗总量相差不大的情况下,美国的商业能耗是中国的 2.5 倍。这表明在中国经济转型和未来的发展战略中,商业部门能源消耗具有很大的增长潜力,研究商业部门的能耗特点以及使用效率具有重要的现实意义。根据我们的测算,2020 年,中国商业部门的节能潜力有 13 444.3 万吨标煤,达到 2012 年能耗的 28.61%。除此之外,商业部门在城市化过程中,对人口的集聚和经济发展有着巨大的促进作用。相比于农业和制造业,商业部门的能源消耗具有一些不同的特点。第一,商业部门能源强度较小。商业部门生产活动大部分是在通常环境条件下进行的,基本上没有高温、高压等严苛条件,导致了商业部门单位产值能源消耗较少。统计数据显示,

2013 年商业部门的能源强度只有 0.12 吨标煤/万元,只有中国平均能源强度的 17.3%。第二,能源消耗商业部门生产过程中的辅助条件。商业的行业生产过程,特别是中介、咨询、便民服务等行业,主要靠人力劳动,能源消耗只是生产或服务活动的辅助条件。第三,商业部门发展有利于改善中国的能源结构。商业部门的能源消耗主要以油、气、电为主。2013 年,商业部门的煤炭消费在总能耗中占比不到 20%,中国整体的煤炭消费占比却高达 68%。

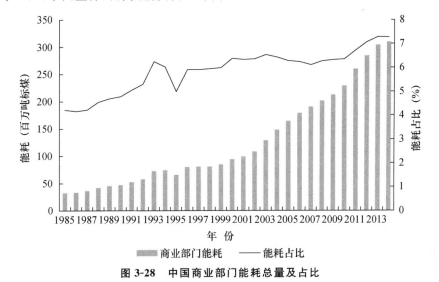

图 3-28 中国商业部门能耗总量及占比

为了更好地了解中国各地区的商业发展,我们将中国分为东部、中部和西部三个区域。由于经济发展的不均衡,中国商业部门的分布也多集中在东部地区。具体来看,2013 年,中国商业部门发展水平最高的六个省市分别为广东、江苏、山东、浙江、北京和上海,全部属于东部地区。其中广东省商业部门的产值为 2708 亿元,江苏省商业部门总产值为 2389 亿元,山东省商业部门的产值为 1977 亿元,浙江省商业部门的产值为 1601 亿元,北京市商业部门的产值为 1410 亿元,上海市商业部门的产值为 1251 亿元,这六个省商业产值达到 11 337 亿元,仅这六个省市商业产值就占全国的 48.03%。

在中国经济转型和未来的发展战略中,商业部门能源消耗具有很大的增长潜力,研究商业部门的能耗特点以及使用效率具有重要的现实意义。同时,中国商业部门各地区发展不均衡,生产技术和管理效率差距较大,能源投入也各不相同。研究中国各省市的能源投入效率对统筹规划商业部门的发展有着重要的意义。与此同时,清洁社会发展对商业部门也提出了新的要求。将二氧化碳作为商业生产的负产出,综合考量商业部门的能源环境效率将对中国商业部门发展提出新的思路。

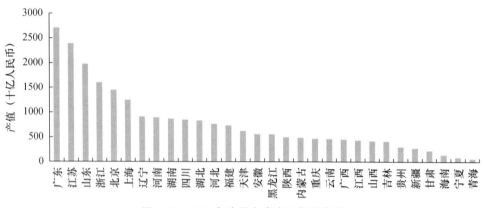

图 3-29 2013 年中国各省商业部门产值

我们从能源效率和能源环境效率两个维度,研究未来中国商业部门的发展路径。

3.4.2 中国商业部门的省际能源效率①

我们在 Zhou et. al(2010)、Lin 和 Du(2015)研究的基础上,利用数据包络分析(Data Envelopment Analysis,DEA),研究 1994—2013 年间中国省际商业部门的全要素能源效率。考虑到商业部门的区域差异,我们区分了区域前沿和共同前沿的概念,将中国商业部门按照东部、中部和西部进行划分,分别研究各区域商业部门的效率情况。同时,为了进一步研究全要素能源效率的动态变化,我们引入了 Malmquist 指数,得到共同前沿下的 Malmquist 能源绩效指数(简称 MEPI,见本书第 60 页)。MMEPI 指数进一步可以分解成技术效率变化(EFFCH)、技术进步变化(TECCH)与追赶效应(CATCHUP)三个指标,用以考察不同因素对全要素能源效率变动的影响。

1. 各地区全要素能源效率差异及节能潜力分析

表 3-9 从共同前沿来看,中国商业部门全要素能源效率整体偏低,只有 0.48。其中,东部全要素能源效率最高为 0.64,中部 0.42 次之,西部 0.33 最低。按照全要素能源效率水平排名,前三名省市为:上海(1.00)、广东(1.00)和江苏(0.99),后三个省市为:贵州(0.06)、青海(0.13)和陕西(0.21)。分区域来看,东部地区上海(1.00),中部地区江西(0.67),西部地区重庆(0.76)分别为各自区域静态全要素能源效率最高的省份。可以看到,全要素能源效率水平高的省市基本处于东部,经济发展水平较高,而全要素能源效率水平较低的省市均位于西部和中部,经济发展相对不发达。

---

① 本小节在参考文献"Lin, B. and A. Wang, Regional energy efficiency of China's commercial sector: an emerging energy consumer. Emerging Markets Finance and Trade, accepted,2016."基础上进行了修改和完善。

表 3-9 共同前沿和区域前沿下中国各地区商业部门全要素能源效率及节能潜力

地区	共同前沿				区域前沿				技术差异率
	最大值	最小值	平均值	节能潜力	最大值	最小值	平均值	节能潜力	
北京	1.00	0.44	0.78	3775.56	1.00	0.44	0.78	3775.56	1.00
天津	1.00	0.14	0.59	2898.52	1.00	0.14	0.59	2898.12	1.00
河北	0.43	0.12	0.29	10 804.06	0.45	0.16	0.33	10 214.12	0.85
辽宁	0.60	0.18	0.40	10 785.52	0.64	0.19	0.42	10 474.12	0.95
上海	1.00	1.00	1.00	0.00	1.00	1.00	1.00	0.00	1.00
江苏	1.00	0.90	0.99	43.12	1.00	0.90	0.99	43.12	1.00
浙江	1.00	0.47	0.78	2989.79	1.00	0.50	0.79	2827.65	0.98
福建	1.00	0.43	0.65	3166.20	1.00	0.48	0.68	2964.46	0.96
山东	0.53	0.26	0.43	17 311.90	0.55	0.26	0.46	16 653.55	0.95
广东	1.00	0.94	1.00	264.02	1.00	0.94	1.00	264.02	1.00
广西	1.00	0.44	0.53	2532.77	1.00	0.50	0.76	1791.06	0.73
海南	0.38	0.18	0.28	1752.34	0.47	0.22	0.31	1689.61	0.91
山西	0.37	0.10	0.26	6818.19	0.82	0.30	0.62	3300.76	0.41
内蒙古	0.45	0.09	0.23	10 405.49	1.00	0.22	0.80	917.21	0.30
吉林	0.39	0.08	0.28	6164.34	1.00	0.30	0.82	1121.30	0.34
黑龙江	0.48	0.31	0.37	6189.44	1.00	0.81	0.96	461.06	0.38
安徽	0.80	0.43	0.60	2048.48	1.00	0.65	0.87	811.82	0.69
江西	0.97	0.50	0.67	1173.19	1.00	0.71	0.93	260.42	0.72
河南	0.75	0.35	0.56	3361.62	1.00	0.59	0.88	958.59	0.64
湖北	0.61	0.30	0.43	7450.38	1.00	0.53	0.87	3155.61	0.49
湖南	0.60	0.07	0.42	7167.64	1.00	0.15	0.83	2005.15	0.49
重庆	1.00	0.43	0.76	1640.73	1.00	0.66	0.93	465.00	0.81
四川	0.47	0.23	0.39	6582.99	0.82	0.23	0.51	4798.42	0.82
贵州	0.14	0.02	0.06	14 443.72	0.18	0.02	0.07	14 304.52	0.90
云南	0.74	0.44	0.59	1788.78	1.00	0.87	0.99	54.31	0.59
陕西	0.42	0.05	0.21	8297.34	1.00	0.05	0.45	5235.53	0.71
甘肃	0.51	0.10	0.34	1769.15	0.83	0.10	0.41	1468.43	0.90
青海	0.20	0.08	0.13	2252.93	1.00	0.11	0.34	1767.05	0.52
宁夏	0.45	0.10	0.23	1469.06	1.00	0.13	0.47	1015.91	0.58
新疆	0.40	0.18	0.29	3813.06	1.00	0.81	0.98	73.95	0.29
东部	1.00	0.12	0.64	56 323.79	1.00	0.14	0.68	53 595.39	0.94
中部	0.97	0.07	0.42	50 778.77	1.00	0.15	0.84	12 991.92	0.50
西部	1.00	0.02	0.33	42 057.75	1.00	0.02	0.57	29 183.12	0.68
全国	1.00	0.02	0.48	149 160.32	1.00	0.02	0.69	95 770.43	0.73

注:共同前沿和区域前沿下的节能潜力单位为:万吨标煤。

除此之外,各自区域里面的其他省份离共同前沿的差距还相对较大。比如东部地区的河北为例,其商业部门能源效率均值只有0.29,表明如果以全国潜在最佳的生产技术为前沿面,河北在节能上还存在71%的改进空间。从节能方面来看,山东、贵州、河北、辽宁和内蒙古5个能源利用量大省的节能潜力均在1亿吨以上,而上海、江苏和广东等省却还不到300万吨。

而在区域前沿下,东中西三大区域和全国的商业部门全要素能源效率均值分别为0.68、0.84、0.57和0.69。中部地区的全要素能源效率显著高于东部和西部地区,表明在各区域前沿下,中部地区区域实际技术水平下的全要素能源效率差异比东部和西部要小。中部地区相对较小的区域利用效率差异,得益于中部各省市较为类似的资源禀赋条件和经营管理水平。一般而言,区域前沿下的无效率又称为管理因素上的无效率。从这个角度来看,各区域在保持投入产出不变的情况下,通过改善经营管理等,可以提升31%的全要素能源效率。

从表3-9可以看出,大部分区域前沿下的节能潜力都要低于共同前沿下的节能潜力,其中二者相差的幅度东部最小,中部最大。比如东部地区的上海,无论区域前沿还是共同前沿下的节能潜力都是0;中部地区的内蒙古,其区域前沿下的节能潜力为917.21万吨,而在共同前沿下其节能潜力为10 405.49万吨,两者之间的缺口近1亿吨。东部地区代表着全国最优的技术水平,同潜在最优的技术前沿最接近,所以其两种节能潜力相差很小。而中部地区的各省份商业部门的节能潜力和共同前沿下的差别最大,这与中部地区多资源型省份有关,资源禀赋导致中部地区的低价煤炭使用较多,这导致更多的能源利用。

2. 区域间技术差异分析

技术差异率(Technology Gap Ratio,TGR)表示处于不同区域前沿下的评价对象对其潜在技术的偏离程度。技术差异率越大,表示该区域的技术水平距离共同边界下的潜在技术前沿越近,意味着技术越先进。图3-30为全国东中西部地区的技术差异率在样本期间内的趋势。

图3-30中的技术差异率显示,中国东中西三大区域商业部门的能源利用技术水平存在显著差距,东部地区技术差异率最高,中西西部地区较低。这与中国地区经济水平的梯度发展模式相符。

表3-10表明,东部地区大部分年份技术差异率趋于1。这说明,东部地区的商业部门与其在全国范围内的潜在生产技术水平下的差异很小,故东部地区代表着全国商业部门技术的最高水平。东部地区由于地域和经济发展的综合优势,其商业部门可以更多吸引优秀的外部投资,并引进国内外先进的技术和管理经验,能源的利用技术水平引领全国。而中西部地区在样本期间平均的技术水平差异率较低,其生产技术只是共同技术前沿的50%和68%,与东部地区差距较大。西

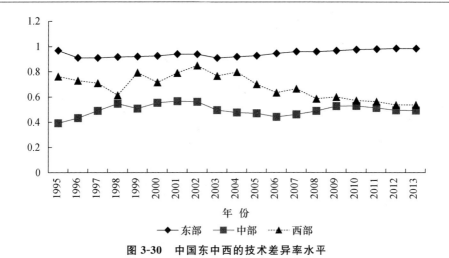

图 3-30 中国东中西的技术差异率水平

部地区技术差异率大于中部地区,这主要是由于中部地区的省份山西、内蒙古等均属于资源型省份,当地的能源价格较低,这导致能源对资本和劳动力要素的替代,导致全要素能源效率更加低下。

表 3-10 中国各区域商业部门技术差异率变化

	1995	1996	1997	1998	1999	2000	2001	2002	2003	2004
东部	0.97	0.91	0.91	0.92	0.92	0.93	0.94	0.94	0.91	0.92
中部	0.39	0.43	0.49	0.55	0.51	0.55	0.57	0.56	0.50	0.48
西部	0.76	0.73	0.71	0.61	0.79	0.72	0.79	0.85	0.77	0.80
全国	0.73	0.71	0.72	0.72	0.76	0.75	0.78	0.80	0.74	0.75
	2005	2006	2007	2008	2009	2010	2011	2012	2013	平均
东部	0.93	0.95	0.96	0.96	0.97	0.98	0.98	0.98	0.98	0.94
中部	0.47	0.44	0.46	0.49	0.53	0.53	0.51	0.49	0.49	0.50
西部	0.70	0.63	0.66	0.59	0.60	0.57	0.56	0.54	0.54	0.68
全国	0.72	0.70	0.72	0.71	0.72	0.72	0.72	0.70	0.70	0.73

3. 节能潜力分析

图 3-31、图 3-32 分别给出了全国和三大区域在共同前沿及区域前沿下 1994—2013 年期间的节能潜力的动态分析。

在共同前沿下,三大区域商业部门的节能潜力随着时间而增大,其中以中部地区节能潜力最大,东部地区次之,西部地区最低。从图 3-31 可以看出,中部地区的节能潜力增长非常快,并最终高于东西部地区的商业部门。这与中部地区自身拥有丰富的能源资源,商业生产中主要以能源要素为主有关。在共同前沿,中国

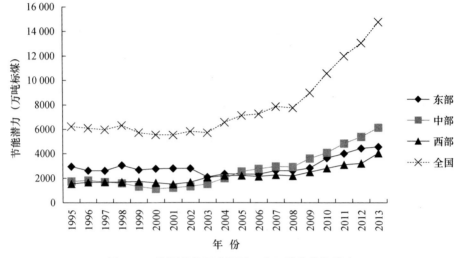

图 3-31 共同前沿下全国及三大区域的节能潜力

商业部门可节约的能源都保持先稳定后上升的态势。到 2013 年,中国商业部门节能潜力达到了 147.86 百万吨标煤,是 1995 年的 2.37 倍,高于 2013 年波兰 141 万吨标煤的消费量。

与之对应的是,在区域前沿下,节能潜力则呈现东部地区商业部门最大,其次西部地区,中部地区最低的发展情形。而在图 3-32 中东部地区的节能潜力明显高于中部和西部地区。其原因在于区域前沿下扣除了技术差距因素。同等技术条件下,东部地区既包括上海、广东这些走在改革最前沿的省市,也有河北、广西这些经济相对保守的省份,整体的管理水平相差较大,再加上东部地区的经济规模,导致了区域前沿下东部地区较高的节能潜力。

在区域前沿下,中国商业部门可节约的能源都保持先下降后上升的态势,伴随中国商业部门经济的不断发展,生产技术水平不断提高,各地的商业能源效率得到有效提升,这使得可节约的能源并没有随着商业规模的扩大而上升。但是近年来,中国开始强调经济结构改革,商业部门的发展速度较之从前有了飞速的提高,这同样也导致了中国商业部门的可节约能源量的快速上升。到 2013 年,中国商业部门节能潜力达到了 82.43 百万吨标煤,是 1995 年的 1.52 倍,高于 2013 年瑞典 73 万吨标煤的消费量。

本书定义技术差异下的节能潜力为共同前沿下和区域前沿下节能潜力的差。因为,共同前沿下的节能潜力包括两方面:一是由于经营管理不善带来的;二是技术差距带来的。根据前文数据,图 3-33 给出了技术差距下的节能潜力,即缩小地方技术差距可以减少能源的消费量。

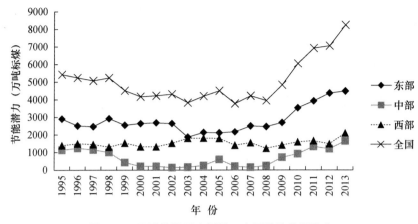

图 3-32 区域前沿下全国及三大区域的节能潜力

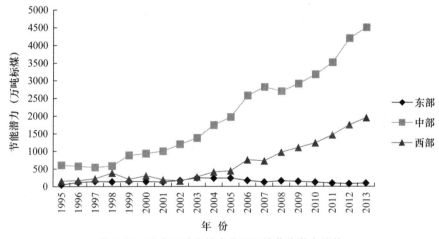

图 3-33 三大区域在技术差距下的节能潜力趋势

图 3-33 中技术差距下的节能潜力走势显示:东部地区一直很小,中部地区潜力最大,西部地区保持中间,中西部地区的商业部门技术差异节能潜力一直保持上升。具体来看,东部地区商业部门代表了全国最优的能源利用技术水平。中部地区拥有丰富的能源资源,因而能源量较多,但这导致中部地区的能源利用,远不如东部沿海地区,技术差距较大,通过缩小地区技术差距更容易减少碳的排放。西部地区人烟稀少,经济发展比较缓慢,商业发展还不发达,生产的能源量较小,因而其技术差距下的节能潜力低于中部地区,高于东部地区。

图 3-34 进一步给出了样本期间内全国及三大地区因技术差距下的节能潜力占总节能潜力的比重大小。从中我们可以看到:技术差异导致的节能潜力在全国

商业部门占据较大份额,一共有35.79%的节能潜力由技术差距所致。中部地区商业部门则有74.41%的节能潜力由技术差异导致。因而,削减技术差异是实现商业部门节能潜力的重要手段,特别是中部地区。另外,这进一步说明了由于技术差距的存在,各地区在制定节能减排政策时,要充分考虑地区的差异性,管理和技术两手抓,有所侧重。

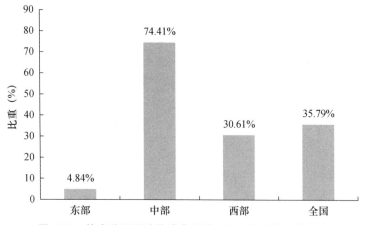

图 3-34 技术差距导致的碳节能潜力占总节能潜力的比重

4. 全要素能源效率动态变化

由于上文测算的能源效率属于静态分析,我们引入 Malmquist 能源绩效指数(Malmquist Energy Performance Index, MEPI)作为动态指标研究中国商业部门能源排放效率的动态表现。

$$MEPI = CATCHUP \times EFFCH \times TECCH,$$

其中 CATCHUP 为技术前沿的追赶效应,EFFCH 为技术效率变化效应,TECCH 为技术进步变化效应。

表 3-11 给出了中国商业部门历年平均 Malmquist 能源绩效指数及其分解值。图 3-35 则是累计的 MEPI 以及分解值 EFFCH,TECCH 和 CATCHUP 的变动趋势。可以看出 1994—2013 年间中国商业全要素能源效率绩效整体上呈现上升的趋势,分解的指数 EFFCH 和 TECCH 具有正向影响,CATCHUP 负向作用。总体商业能源效率绩效维持在 11% 的平均增长,累计增长 498%。其中技术效率 EFFCH 在样本期间内平均上升幅度为 7%,累计增长 209%;技术进步 TECCH 的平均增长率为 13%,增幅较为明显且基本保持增长的趋势,累计增长 802%,技术追赶变化率 CATCHUP 在样本期间内平均下降幅度为 4%,累计下降了 53%。

表 3-11 中国商业历年能源绩效变化

时间区间	MEPI	EFFCH	TECCH	CATCHUP
1994—1996	1.11	1.05	1.09	0.99
1995—1997	1.18	1.08	1.14	0.97
1997—1998	1.22	1.27	1.15	0.94
1998—1999	1.17	1.07	1.37	0.97
1999—2000	1.17	1.28	1.15	0.91
2000—2001	1.14	1.04	1.28	0.95
2001—2002	1.12	1.01	1.20	0.95
2002—2003	1.11	1.02	1.14	0.96
2003—2004	0.98	0.98	1.06	0.95
2004—2005	1.14	1.11	1.11	0.94
2004—2006	1.17	1.13	1.18	0.91
2005—2007	1.13	1.04	1.12	0.98
2007—2008	1.10	1.13	1.05	0.97
2008—2009	1.05	0.97	1.14	0.96
2009—2010	1.04	0.98	1.07	1.00
2010—2011	1.05	1.02	1.08	0.95
2011—2012	1.03	1.05	1.03	0.96
2012—2013	1.00	0.99	1.03	0.99
平均	1.11	1.07	1.13	0.96
累计	5.98	3.09	9.02	0.47

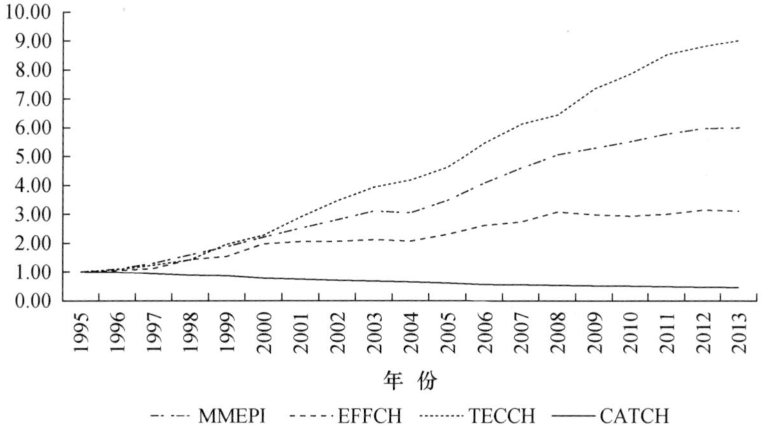

图 3-35 中国商业部门能源绩效累计图

这说明技术进步是中国商业部门能源效率绩效上升的主要原因。这是因为2000年之后，随着信息网网络化的发展，中国加入世界贸易组织，中国跟国外的商业技术差距越来越小，国外高新技术的运用促进了商业部门技术进步成为全要素能源效率提高的主要原因。除此之外，商业部门能源消费结构从煤炭为主到以电力为主，这也是技术进步的另一表征形式。

我们继续对各地区商业部门的全要素能源利用绩效指标进行了分解。表3-12给出了全国各省市地区年的及各分解项的平均值。

表3-12　1994—2013年各省市商业部门全要素能源效率动态变化

省　份	MEPI	EFFCH	TECCH	CATCHUP
北京	1.20	1.06	1.15	1.00
天津	1.30	1.18	1.10	1.00
河北	1.12	1.04	1.03	1.05
辽宁	1.14	1.06	1.05	1.02
上海	1.07	1.00	1.07	1.00
江苏	1.13	1.00	1.12	1.01
浙江	1.05	0.99	1.04	1.02
福建	1.08	1.00	1.06	1.02
山东	1.12	1.04	1.05	1.02
广东	1.06	1.00	1.05	1.01
广西	1.01	0.97	1.02	1.01
海南	1.10	1.05	1.03	1.02
山西	1.15	1.07	1.19	0.91
内蒙古	1.14	1.08	1.24	0.86
吉林	1.17	1.09	1.15	0.95
黑龙江	1.08	1.00	1.14	0.95
安徽	1.02	0.98	1.09	0.96
江西	1.04	1.00	1.10	0.95
河南	1.06	1.01	1.17	0.90
湖北	1.05	0.97	1.16	0.93
湖南	1.20	1.17	1.14	0.93
重庆	1.03	1.01	1.18	0.89
四川	1.06	1.11	1.04	0.99
贵州	1.11	1.15	0.97	1.04
云南	1.05	1.00	1.28	0.84

(续表)

省　份	MEPI	EFFCH	TECCH	CATCHUP
陕西	1.18	1.22	1.11	0.91
甘肃	1.13	1.15	1.03	0.97
青海	1.12	1.49	1.76	0.83
宁夏	1.14	1.13	1.26	0.85
新疆	1.09	1.00	1.21	0.91
东部	1.12	1.03	1.06	1.02
中部	1.10	1.04	1.15	0.93
西部	1.10	1.14	1.20	0.91
全国	1.11	1.07	1.13	0.96

由表3-12可以发现，所有省的年平均MEPI都大于1，这意味着中国大部分省份的能源利用绩效在不断提高。天津的MEPI指数最高，为1.30，广西最低，为1.01。从区域来看，三大地区的能源利用绩效均有改善，东部地区的MEPI为1.12，中西部均为1.10，相差不大。东部底蕴拥有地域和综合经济发展的优势，能够及时引进国内外最先进的技术，使能源利用绩效得以不断改善；中西部地区虽然发展缓慢，但是相对东部地区具有后发优势，所以改善幅度也很大。

考察MEPI的分解成分：三大区域的生产效率和技术进步都显著大于1，而且三个地区的技术进步指数要明显大于各自的生产管理效率进步指数，东部地区技术进步年均增长6%大于技术效率年均3%的增长；中部地区技术进步年均增长15%大于技术效率年均4%的增长；西部地区技术进步年均增长20%大于技术效率年均14%的增长。在技术追赶方面，东部地区为1.02，而中西部均小于1。这说明东部地区虽然本身就是中国全要素能源效率最高的地区，但仍然有一定的技术追赶效应，而中西部显著小于1，这说明了中国中西部地区距离的并没有产生技术追赶效应，各自距离全国生产前沿的距离越来越大。从以上分析可以看出，技术进步是推动中国地区能源利用绩效改善的主要动力。

从技术效率变化来看，东部地区为1.03，中部地区为1.04，西部地区为1.14。这说明三个地区的技术效率都在不断提高，但是由于东部的管理水平一直相对较高，所以技术效率的指数值要小于中西部。西部地区管理水平刚开始最原始落后，但是进步最快。在未来的节能管理中，中西部依旧要借鉴东部的管理优势，继续学习，缩小跟东部生产管理上的差距，进一步提高效率。

从技术进步来看，三大区域的技术进步明显，并且指标都比其他两者要大，尤以青海省表现最为突出。这说明，商业部门的生产技术进步相对于管理经营，对能源利用的绩效水平贡献更大。技术进步是中国商业部门能源效率绩效上升的主要原因。

从技术追赶来看,东部地区的等于1,中、西部地区小于1。东部的能源技术水平本来就处于较高的水平,技术进步将导致生产前沿面扩大较快,而中西部地区虽然技术发展较快,但是由于起点较低,其距离共同前沿面的相对距离并没有缩小。但是,较高的技术进步导致中西部具有很强的后发优势,技术边界的追赶的潜力巨大。

总体来说,东部地区通过技术效率、技术进步和技术追赶效应三个方面协同发展实现了商业能源效率提高,其中技术进步起到主要的作用;而中西部地区则是通过技术进步和技术效率两个方面促进了商业能源效率绩效提升,技术追赶效应并没有发生,技术差距越来越大。

5. 小结

我们采用区域前沿和共同前沿的方法,研究1994—2013年间中国商业部门的能源使用效率及其动态变化以及地区间的差异,发现中国商业生产存在显著的效率损失,主要来自技术效率损失。

中国商业能源效率存在着东部高,中西部相对落后的局面,整体利用效率偏低,存在较大的改进空间。从变化趋势看,中国整体商业能源效率绩效维持在7.97%的平均增长,累计增长146.59%;其中,东部的全要素能源效率提高的速度最快,平均达到了11.42%,累计提高了249.64%,其次是西部平均达到了8.13%,累计达到了147.16%;再次是东北部,平均为7.18%,累计达到了114.15%;最后是中部地区,平均只有2.33%,累计为29.33%。中国能源效率绩效在改善的同时,技术追赶效应方面还存在一些问题。只有东部和东北部地区区域前沿在向共同前沿靠近,而中西部的区域前沿则背离了共同前沿,没有发生追赶效应,甚至出现了技术倒退。

技术进步效应在中国商业能源效率绩效提高方面发挥了最大的作用。我们还应该加大对技术进步的投入,促进商业部门引进更新的技术和设备。积极扶持新兴商业组织形式发展,促进传统商业模式转型。中西部并没有对中国前沿的商业技术水平产生追赶效应。国家对中西部加大投入促进发展的过程中,不仅要引进新技术也要引进新的管理模式,软硬结合。

3.4.3 中国商业部门的省际能源环境综合效率

在 Zhang and Choi(2013)和 Lin and Du(2015)基础上采,我们利用中国30个省市1994—2013年商业部门的投入产出数据,以此来测算中国各省市商业部门的能源环境综合效率表现。考虑到区域差距,我们引入了群组前沿和共同前沿的概念,Zhang et al.(2014)首次提出了能源环境综合效率指标的构建,用以估算商业部门生产函数中能源,二氧化碳排放和产出之间的关系。

结合 Zhang et al.(2013)的研究,本节在全要素框架下构建中国商业部门的非径向距离函数(NDDF)并结合数据包络分析(DEA),将静态综合效率指标动态化,得到共同前沿下的非径向 Malmquist 综合效率指数(MMEEI)。此外,根据 Zhang et al. (2013),将 MMEEI 指数分解成技术效率变化(EFFCH)、技术进步变化(TECCH)与追赶效应(CATCHUP)三个指标,用以考察不同因素对全要素综合效率变动的影响。

1. 中国省际能源环境综合效率

表 3-13 显示了 1994—2013 年间基于全球环境生产技术计算的中国各省商业部门平均能源环境综合效率值。结果显示中国商业部门各区域能源环境综合效率还相当低下,平均来看只有 0.4。东部地区的商业部门效率值最高,有 0.476;中部地区次之,有 0.374;西部地区最差,只有 0.324。东部地区的广东拥有全国最高的能源环境综合效率,效率值达到 0.785;而西部地区的贵州则有全国最低的商业部门能源环境综合效率,只有 0.132。东部地区的天津、上海、江苏和广州四个省市达到过能源环境综合效率技术生产前沿,中部地区没有,西部地区只有重庆达到过能源环境综合效率技术生产前沿。

表 3-13 中国商业部门各区域能源环境综合效率效率

省　份	最低	最高	平均	省　份	最低	最高	平均
北京	0.179	0.907	0.469	江西	0.486	0.818	0.632
天津	0.136	1	0.432	河南	0.36	0.688	0.513
河北	0.174	0.428	0.286	湖北	0.297	0.402	0.353
辽宁	0.142	0.481	0.331	湖南	0.069	0.499	0.343
上海	0.267	1	0.566	重庆	0.428	1	0.653
江苏	0.467	1	0.722	四川	0.239	0.456	0.374
浙江	0.278	0.877	0.586	贵州	0.053	0.271	0.132
福建	0.295	0.739	0.449	云南	0.29	0.609	0.445
山东	0.12	0.458	0.328	陕西	0.113	0.431	0.243
广东	0.365	1	0.785	甘肃	0.175	0.498	0.339
广西	0.358	0.787	0.475	青海	0.127	0.243	0.189
海南	0.191	0.4	0.282	宁夏	0.157	0.467	0.256
山西	0.136	0.375	0.235	新疆	0.194	0.414	0.28
内蒙古	0.158	0.328	0.215	东部	0.248	0.756	0.476
吉林	0.099	0.382	0.243	中部	0.247	0.51	0.374
黑龙江	0.197	0.478	0.288	西部	0.197	0.488	0.324
安徽	0.422	0.62	0.547	全国	0.232	0.602	0.4

图 3-36 显示了中国各地区商业部门能源环境综合效率变化趋势。东部地区的能源环境综合效率呈现逐渐上升的趋势。这表明东部地区的能源环境综合效

率在1995到2013年间不断上升,取得了较大的进步。中部地区商业部门的能源环境综合效率在1995到2003年间处于上升状态,在2004到2013年间稳定保持在0.4左右。这说明中部地区商业部门的能源环境综合效率刚开始进步较大,但是后期增长乏力保持相对稳定。西部地区商业部门的能源环境综合效率在1995到2004年间稳定保持在0.3左右处于上升状态,在2005到2013年间则保持不断上升到0.4左右。这表明西部地区的商业部门能源环境综合效率变化基本同中部地区相反,早先由于西部地区发展落后保持稳定,2005年之后由于国家的西部发展战略,能源环境综合效率取得了很大的进步。

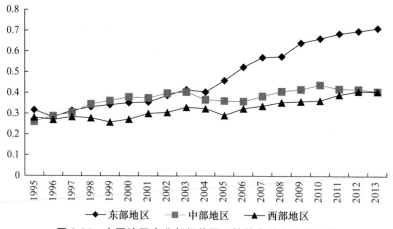

图3-36 中国地区商业部门能源环境综合效率变化趋势

2. 中国商业部门省际能源环境综合效率动态变化

表3-14表明,1994—2013年间,中国商业部门平均MMEEI及其指数分解情况。结果表明中国商业部门的能源环境综合效率呈现逐年上升的趋势。平均来看,全国商业部门的能源环境综合效率以年均4.2%的速度在提高。整个样本区间,累计提高的量超过100%。东部地区商业部门的能源环境综合效率以年均5.1%的速度在提高,中西部地区的年均增长速度分别为3.5%和3.2%。

表3-14 中国商业部门平均MMEEI及其指数分解

地 区	MMEEI	EFFCH	TECCH	CATCHUP
东部	1.051	0.992	1.049	1.010
中部	1.035	0.998	1.051	0.987
西部	1.037	1.001	1.086	0.955
全国	1.042	0.997	1.061	0.987

然而,东部地区的广西,中部地区的安徽和西部地区的重庆在整个样本期间

能源环境综合效率并没有得到提高,平均 MMEEI 指数均小于 1。东部地区的天津平均 MMEEI 指数为全国最高,为 1.117,这表明天津商业部门的能源环境综合效率年均提高 11.7%。西部地区的重庆平均 MMEEI 指数为全国最低,为 0.964,这表明重庆商业部门的能源环境综合效率年均下降 3.6%。

中国商业部门能源环境综合效率分解的指数 EFFCH 均值为 0.997。这表明样本期间内技术效率追赶效应年均下降 0.3%。这意味着全国而言各地区内省份并没有向同期生产技术边界移动,地区内的差异扩大了。东部地区和中部地区的 EFFCH 指数为 0.992 和 0.998,这说明东部和中部地区技术效率追赶效应分别年均下降 0.8% 和 0.2%。西部地区的 EFFCH 指数为 1.001,这说明西部地区技术效率追赶效应年均上升 0.1%。只有西部地区的各省商业部门能源环境综合效率差异在缩小,其余地区差异在扩大。北京 EFFCH 指数为 1.027,全国最高,广东的 EFFCH 指数为 0.955,全国最低。

中国商业部门能源环境综合效率分解的指数 TECCH 均值为 1.061。这表明样本期间内技术变化效应年均上升 6.1%。这意味着全国而言各地区的同期生产技术边界在向跨期生产技术边界移动,技术在不断进步。西部地区 TECCH 指数最高为 1.086,中部地区次之为 1.051,东部地区最低为 1.0。只有中部地区的安徽和湖北,西部地区的重庆和云南 TECCH 指数小于 1,表现为技术发生了退步。陕西 TECCH 指数为 1.172,全国最高,安徽的 TECCH 指数为 0.975,全国最低。

中国商业部门能源环境综合效率分解的指数 CATCHUP 均值为 0.987。这表明样本期间内技术追赶效应年均下降 1.3%。这意味着全国而言各地区的跨期生产技术边界在远离全球生产技术边界,技术差异在扩大,技术追赶效应为负。东部地区的 CATCHUP 指数为 1.010,这说明东部地区技术追赶效应年均上升 1%。中部和西部地区的 CATCHUP 指数为 0.987 和 0.955,这说明中部和西部地区技术追赶效应分别年均下降 1.3% 和 4.5%。这表明,东部地区的省份向全球生产技术边界靠近,而中西部地区则远离了全球生产边界。云南的 CATCHUP 指数为 1.172,全国最高,新疆的 CATCHUP 指数为 0.975,全国最低。

我们接下来将研究中国各地区商业部门 MMEEI 及其分解指数的历年变化趋势。为了同中央的政策变化相联系,我们将其变化趋势按照每五年进行划分,计算出"九五"到"十二五"期间的每个五年计划的均值,并对趋势进行分析。图 3-37 是中国各地区商业部门 MMEEI 指数变化趋势。对于东部和西部地区,MMEEI 指数从"九五"期间一直上升到"十一五"期间,然后在"十二五"期间又发生了下降。其中西部地区的 MMEEI 指数一直小于东部地区,直到"十二五"期间才反超。同时,两地的 MMEEI 指数也都大于 1。这说明东西部地区商业部门的能源环境综合效率一直处于上升趋势,"十二五"期间上升的速度开始慢慢放缓。

西部地区虽然在"九五"期间 MMEEI 指数最高,能源环境综合效率提升速度最快,但是 MMEEI 指数随后发生了下降,到"十二五"期间 MMEEI 指数开始小于 1 了。这说明"十二五"期间,中部地区的能源环境综合效率已经开始下降了。

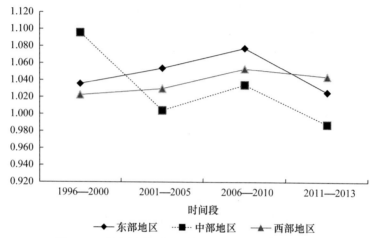

图 3-37　中国各地区商业部门 MMEEI 指数变化趋势

图 3-38 显示了中国各地区商业部门 EFFCH 指数变化趋势。东部地区的 EFFCH 指数在"九五"和"十二五"期间均大于 1,而在"十五"和"十一五"期间则小于 1。这说明东部地区的追赶效应只发生在"九五"和"十二五"期间。中部地区的 EFFCH 指数逐渐从"九五"期间的 1.009 下降到"十二五"期间的 0.977。这说明中部地区的追赶效应越来越弱,最后追赶效应为负。西部地区的 EFFCH 指数一直处于 1 附近。这说明中国西部地区商业部门效率变化效应一直都近乎没有发生变化。

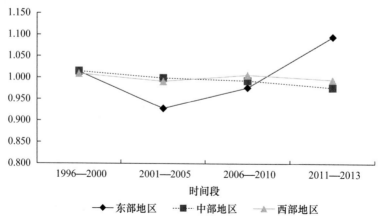

图 3-38　中国各地区商业部门 EFFCH 指数变化趋势

图 3-39 显示了中国各地区商业部门 TECCH 指数变化趋势。"九五"期间,中部地区的 TECCH 指数最高,这表明中部地区的技术进步效果更好。"十五"期间,东部地区 TECCH 指数最高,而中部地区 TECCH 指数则接近 1。这表明中部地区"十五"期间同期的生产技术边界并没有靠近跨期的生产边界,技术进步效果为零。"十一五"期间,西部地区 TECCH 指数最高,东中部 TECCH 指数相同。"十二五"期间,西部地区 TECCH 指数最高,东部 TECCH 指数小于 1。这说明东部地区"十二五"期间同期的生产技术边界远离了跨期的生产边界,技术进步效果为负。

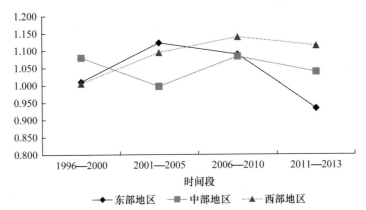

图 3-39　中国各地区商业部门 TECCH 指数变化趋势

图 3-40 显示了中国各地区商业部门 CATCHUP 指数变化趋势,东部地区 CATCHUP 指数一直大于 1。这表明东部地区在一直追赶全球技术边界,处于技术领先地位。中部地区 CATCHUP 指数在"十一五"和"十二五"期间小于 1。西部地区 CATCHUP 指数在"十五""十一五"和"十二五"期间均小于 1。这说明中

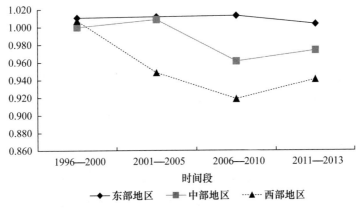

图 3-40　中国各地区商业部门 CATCHUP 指数变化趋势

部地区和西部地区在大部分时期的技术领先表现一直在下降,并没有发生技术追赶,同全球生产技术水平差距在扩大。

3. 小结

我们采用非径向距离函数,区分同期、跨期和全球生产技术,对中国各地区商业部门年能源环境综合效率进行测算,并对其能源环境综合效率绩效指标的分解进行拓展,进一步测度了中国地区全要素能源环境综合效率绩效动态变化的影响因素。得到的主要结论如下:

中国商业部门能源环境综合效率仍处于较低水平,东部地区的商业部门效率值最高有0.476,中部地区次之有0.374,西部地区最差只有0.324。东部地区的能源环境综合效率呈现逐渐上升的趋势。中部地区商业部门的能源环境综合效率刚开始进步较大,但是后期增长乏力保持相对稳定。西部地区的商业部门能源环境综合效率先保持稳定,2005年之后进步较大。

中国商业部门的能源环境综效率呈现逐年上升的趋势。平均来看,全国商业部门的能源环境综合效率以年均4.2%的速度在提高。东部地区商业部门的能源环境综合效率以年均5.1%的速度在提高,中西部地区的年均增长速度分别为3.5%和3.2%。东西部地区商业部门的能源环境综合效率一直处于上升趋势,"十二五"期间上升的速度开始慢慢放缓。西部地区"九五"期间能源环境综合效率提升速度最快,但是到"十二五"期间能源环境综合效率已经开始下降了。

中国商业部门能源环境综合效率分解指数EFFCH、TECCH和CATCHUP均值分别为0.997、1.061和0.987。这表明样本期间内技术效率变化效应年均下降0.3%、技术进步效应年均上升6.1%和技术追赶效应年均下降1.3%。其中只有TECCH>1,这表明技术进步效应是中国商业部门能源环境综合效率提升的主要因素。中国商业部门技术进步导致同期生产技术边界靠近跨期生产边界,两者技术差异在不断缩小,导致能源环境综合效率不断提高。

东部地区商业部门能源环境综合效率分解的指数EFFCH、TECCH和CATCHUP均值分别为0.992、1.049和1.010。这表明样本期间内东部地区技术效率变化效应为负,同组间技术差异在扩大,技术进步效应是东部地区能源环境综合效率提升的主要因素,技术追赶效应也进一步促进东部地区能源环境综合效率提升。中部地区商业部门能源环境综合效率分解的指数EFFCH、TECCH和CATCHUP均值分别为0.998、1.051和0.987。这表明技术创新导致的技术进步效应是中部地区商业部门能源环境综合效率提升的主要因素。西部地区商业部门能源环境综合效率分解的指数EFFCH、TECCH和CATCHUP均值分别为1.001、1.086和0.955。这表明技术进步效应是西部地区商业部门能源环境综合效率提升的主要因素。技术效率变化效应很小,影响不大。

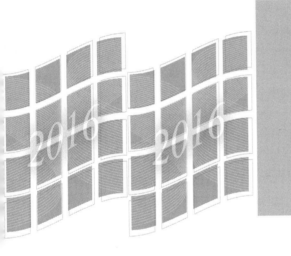

第二部分
2016年能源热点
问题

第4章 能源热点问题之
——可再生能源与储能发展

4.1 可再生能源与储能发展

近年来,随着技术的进步和政府支持力度的加大,可再生能源已经渐渐从科学构想变为了现实,并且越来越深刻地影响着人类世界的能源结构甚至是行为模式。作为世界主要经济体之一的中国,近些年在可再生能源发展方面取得了举世瞩目的进展。作为《联合国气候变化框架公约》缔约方,中国在2014年出台的《国家应对气候变化规则(2014—2020)》中重申,到2020年要实现碳排放强度比2005年下降40%~45%。而清洁发展目标的实现,离不开可再生能源的发展。中国在可再生能源领域取得的进展为世界清洁发展作出了巨大的贡献。2015年,中国各类可再生能源装机总量为503.8吉瓦(GW,10^9 W),占世界比例25.6%。其中新增装机67.7吉瓦,占全球新增装机43.3%。

可再生能源快速发展的过程中也暴露出了一系列问题。比如可再生能源中的风电和光伏具有间歇性和波动性的特点,会对电网造成冲击。随着可再生能源占比的不断提升,其已经从对化石能源的补充发展到了开始替代的阶段。而目前电网对于可再生能源的消纳能力已经成为制约可再生能源渗透率提升的主要制约因素。此外由于电源布局缺乏长远规划,电网建设滞后等因素的制约,电网的消纳能力与输送能力无法满足可再生能源增长的需求,各地弃风弃光现象频发。比如甘肃酒泉在2015年就有接近40%的风电设备被限制使用。为此,2016年4月,国家能源局叫停了多个省份新增新能源项目建设。

要解决可再生能源发展过程中的问题,需要考虑:第一,目前可再生能源的政策是否能够有效地引导资源配置。这就需要在制定能源政策时,除了考虑能源效率外,还需要考虑电网成本等外部成本。第二,什么样的技术手段可以解决电网的消纳问题。综合当前的技术水平和进步速率来看,储能技术可能是解决可再生能源大规模部署的关键一环。

近年来,随着成本的下降,储能市场也迎来了一个快速的发展期。除了传统的抽水蓄能外,电化学储能的进展也十分引人注目。截至2015年底,全球投入运行的储能装机达到了144吉瓦,约占全球电力装机的3%。其中超过98%的储能装机都是抽水蓄能。电化学储能手段近年来增长迅速,从2010年到2015年的年均增速达到了25%以上,截至2015年底装机已经超过0.7吉瓦。

4.1.1 可再生能源发展现状

根据《国家能源发展战略行动计划》(2014—2020年)的要求,到2020年,中国非化石能源在一次能源中的占比将达到15%。而可再生能源的发展在提升非化石能源比例过程中发挥着最为关键的作用。近年来,中国可再生能源发展迅速,新增装机数量一直保持在世界第一位。图4-1给出了近年来中国可再生能源装机情况与增长率。在中国可再生能源装机结构中,水电的占比达到了65%。但是,水电受到了资源禀赋的制约;根据2003年全国水力资源的勘察结果,中国水电经济可开发的装机容量为4.02亿千瓦。而中国主要水电资源已经基本勘探完毕,近年来除了对雅鲁藏布江下游进行了考察和规划,鲜有大规模的资源勘探项目。目前中国水电装机已经达到3.2亿千瓦,加上水电建设还面临着建设周期长,移民成本上升,下游生态环境恶化等诸多问题,未来发展的空间十分有限。

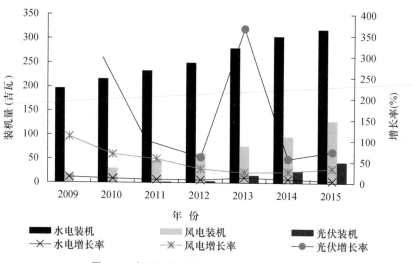

图4-1 中国可再生能源装机情况与增长率

资料来源:中国电力企业联合会。

近年来可再生能源装机增量中,风电和光伏贡献的比例达到了55.7%。与水电相比,风电和光伏的布局更为灵活,发展的空间也更大。根据中国气象局2014年的统计,全国陆地70米高度风电资源的技术开发量为50亿千瓦,80米高度的技术开发量为75亿千瓦。而太阳能资源更是丰富,全国每年接受太阳照射的能量约为17 000亿吨标准煤。仅建筑物可利用面积一项,就具备安装20亿千瓦装机的能力。

全球可再生能源近年来也保持较高速度的增长。图 4-2 列出了 2006 年以来世界可再生能源装机情况及中国所占比例。十年间，全球可再生能源的装机从 10.3 亿千瓦增长到 19.6 亿千瓦，其中中国所作出的贡献最为显著。中国在全球可再生能源装机中的比例已经达到 25.6%，且仍旧保持上升的趋势。风电与光伏装机的增速要远快于全球平均增长速度。

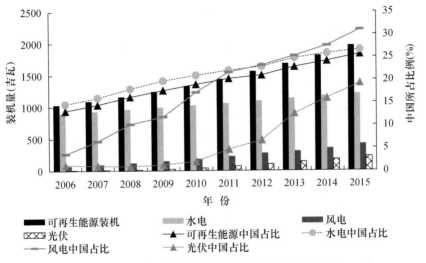

图 4-2　世界可再生能源装机情况及中国所占比例
资料来源：国际可再生能源署（IRENA）。

随着风电和光伏成本的下降和装机量的增加，原有通过提高上网电价进行交叉补贴的模式也渐渐受到冲击。国家发改委于 2015 年 12 月 24 日发布了《关于完善陆上风电光伏发电上网标杆电价政策的通知》，从 2016 年开始下调了陆上风电和光伏的上网电价。其中风电上网电价将分别于 2016 年和 2018 年分两个阶段下调。表 4-1 给出了调整前后的价格对比，下调后的价格与火电上网电价的差距进一步缩小，部分地区风电与火电上网电价的价差将仅为 0.1 元/千瓦时。

表 4-1　2016 年风电与光伏发电调整前后价格

资源区	陆上风电			光伏	
	调整前	2016 年电价	2018 年电价	调整前	2016 年电价
Ⅰ类	0.49	0.47	0.44	0.9	0.8
Ⅱ类	0.52	0.5	0.47	0.95	0.88
Ⅲ类	0.56	0.54	0.51	1	0.98
Ⅳ类	0.61	0.6	0.58		

税收政策方面,光伏原先增值税即征即退50%的政策已于2015年12月31日到期,是否延长还有待财政部进一步确定。风电方面,根据国家税务总局的通知,风电产品自2015年7月1日起实行增值税即征即退50%的政策。

4.1.2 储能技术现状与政策

1. 储能技术发展现状

能源领域正处于快速的技术创新时期,新的技术进步不断涌现。特别是近年来以可再生能源和电动汽车为代表的新能源技术的发展,可能改变未来世界能源的格局。但是,在人类全面迈向新能源的使用方式的道路上,也存在着一些阻碍需要克服。其中储能技术就是极为关键的一环:可再生能源具有间歇性和波动性的特点,在没有储能的情况下现有电网无法大规模对其进行消纳。而电动汽车的推广则取决于电池的续航能力和充电的便捷性。

储能装机在2015年仍然保持快速增长,这其中电池储能的发展尤为引人注目。根据对美国能源局(Department of Energy, DOE)的全球储能数据库中的数据进行统计,2015年全球电池储能累计装机0.74吉瓦,较2014年增长了25%以上。此外,还有0.9吉瓦的在建或已签订合同的项目。分国别来看,全球已装机和计划装机的储能装置有一半以上都位于美国。美国无论从储能的装机规模上,还是增长速度上都处于全球领先地位。

政策方面,2016年年初美国对联邦能源管理委员会(Federal Energy Regulatory Commission, FERC)745号法案进行修订,允许消费侧的电力产品与服务进入零售市场,并且在补偿上与传统发电装置一视同仁。该政策有利于提高储能投资的收益,促进消费侧储能的发展。此外,有媒体报道德国政府也在考虑延长光伏储能补贴政策的年限。

技术方面,随着成本的下降,电池储能正处于全面商业化的过程中。但是电极材料方面近期未有具备产业化应用价值的突破。过去一年中比较值得关注的技术包括中科院石墨烯超级电容以及轨道储能等新技术。虽然超级电容的能量密度远低于电池储能,但其最大的特点在于充放电速度极快,只需要几秒钟便可完成充电。而且由于不需要经过电化学反应,其使用寿命很长,循环次数能达到10万次以上。虽然无法直接应用于电动汽车或调峰储能,但是有潜力广泛应用于电网调频以及轨道交通和公交汽车等公共交通中。需要注意的是,石墨烯电容与目前市场上热炒的石墨烯电池是两个概念。石墨烯目前还无法商业化应用于电池电极中。此外,美国内华达州最近批准了轨道储能项目也值得关注。该项目原理十分简单,只是利用轨道将重物运输至高处进行储能。储能的过程与抽水蓄能类似,都是将电力转换为重力势能。但区别在于轨道储能的介质可以是固体,理论上只要存在一定海拔落差的地区即可进行储能。

最近一段时间，储能技术已经开始引起决策层的关注。2016年4月7日，国家发改委和国家能源局下发了《能源技术革命创新行动计划(2015—2030年)》，并同时发布了《能源技术革命重点创新行动路线图》。其中，行动计划明确将先进储能技术创新作为未来的重点任务之一，并提出要掌握储能技术各环节的关键核心技术，完成示范验证，使得整体技术达到国际领先水平，引领国际储能技术与产业发展。国家能源局在2016年3月31日发布的《关于在能源领域积极推广政府和社会资本合作模式的通知》，还提出要鼓励和引导社会资本投资能源领域。其中储能技术也被纳入了能源领域推广PPP的范围。

2. 国内国际差距与建议

储能系统的核心包括电池管理系统与电池包。由于国外厂商对于储能产品的投入起步较早，目前积累了较为明显的技术和产业规模的优势。特别是单体电池的性能方面，中国企业与国外先进水平还是存在一定的差距。一方面，储能投资经济性受到单位容量的成本、储能系统的寿命(循环次数)、衰减率、能量转换效率等因素的影响。这就对单体的电池品质以及整体控制系统都提出了较高的要求。客观来说，目前国内厂商单体电池的稳定性和均一性与美国和日本的企业还存在较大的综合差距。另一方面，中国虽然是电池生产大国，但是生产较为分散，单个厂商的成本较高。而国外的电池产业则相对集中，规模经济效应明显。比如，特斯拉将于2017年投产的超级电池工厂Gigafactory，其单个工厂的产量就相当于2013年全球锂电池产量，而且投产后将使电池成本下降30%。

从政策方面来看，国内对于储能关注得较晚，除了电动汽车领域有相应的补贴政策外，关于电网与分布式电源的储能应用方面的政策一直处于空白。虽然近期的一些政策文件开始提到要重视储能技术的发展，但是配套细则还未出台。与之对应的，欧美日等发达国家在几年前就开始陆续出台针对储能的扶持政策。比如美国2011年通过储能法案对储能投资给予了20%的联邦税收抵免，德国对于中小规模的光伏发电系统配套的储能系统进行补贴，日本也对符合标准的接入电网的电池储能项目给予相当于投资额1/3的补贴。此外各国还对于电池的研发予以资助，比如奥巴马政府在2009年上任之初就宣布拨款24亿美元，用于支持环保电动汽车与储能电池的研发与制造。日本政府则对钠硫电池等技术从开发研发到应用等各环节都给予高额的补贴。

市场机制方面，中国电力市场的垄断与相对封闭对储能的发展也造成不利的影响。目前储能具备可操作性的应用主要还是基于峰谷电价的电力套利。而对于储能系统是否可以作为电源参与供电服务，储能的调峰调频服务如何进行补偿以及如何进行储能电价的设定等问题仍然没有明确。而国外早已设计了较为完善的市场机制。比如：美国的FERC890号法案允许储能系统参与调频服务；755号

法案和784号法案则要求根据调频效果支付费用,以保障储能系统收益,并为储能在全美推广提供法律保障;792号法案则将储能定义为小型发电设备,允许其并网运行。而欧洲则是建立了电网调频拍卖市场,电池储能提供者可以参与调频服务的竞拍。

基于储能对于实现清洁发展的重要性,在未来的政策制定上,应该积极借鉴国外现有的经验,同时结合具体国情,设计合理的政策对储能技术从研发到应用进行扶持。

首先,鉴于储能技术能带来的社会收益以及产业发展初期的脆弱性,应该对其研发与应用进行补贴与扶持。可以根据储能应用的社会效益,设计合理的补贴政策。补贴的方式可以是投资直补,也可以是贷款利率优惠或拉大峰谷电价差等方式。但是,在制定产业政策时,应特别注意激励机制的合理性,以避免补贴资源的浪费。此外,应该鼓励产业集中化发展,以形成规模效应的优势。

其次,要优化市场机制,以促进储能发展。应降低储能系统的入网障碍,允许储能作为电源参与到供电服务中,并对储能提供的调峰调频服务等进行补偿。同时可以制定更加灵活的电价政策,鼓励通过价格套利等方式充分发挥储能调峰的功能。

再次,应该鼓励储能在电网与分布式电源中的应用。目前中国弃风弃光现象严重,很重要的一个原因就在于负荷中心远离电源中心,电网成本过高。而利用储能进行供给或需求侧的调峰,则可以在不增加电网投入的情况下提升电源使用效率。此外,储能与分布式电源的结合也是解决可再生能源长距离输电问题的重要方案。

3. 如何制定储能补贴政策

鉴于储能技术对改变人类能源系统和清洁发展的意义,中国在储能发展方面应给予足够的重视,应该尽快通过政策支持来缩小国际技术差距。一般来说,补贴与扶持的基本原则应该是:补贴政策应考虑补贴的有效性,以合理的方式和力度进行补贴,避免社会资源的浪费和行业无序发展。

因此,首先需要明确在什么情况下需要补贴。对于储能来说,目前需要补贴的主要理由有三点:一是储能具有市场价格无法完全反映的正外部性,比如可以支持可再生能源分布式发展,能够帮助降低高峰负荷,电网调频,帮助消纳可再生能源。对于外部性的补贴,补贴金额一般不高于外部性收益;二是对于国家战略性新兴产业,发展初期需要大量研发投入;三是通过补贴政策扩大市场规模使企业实现规模经济和降低成本,使产业最终能够完全面对市场竞争。换句话说,支持储能产业的基础和补贴风电与太阳能发展的道理大同小异。

当前对储能的科研投入和补贴争议不大,但是,补贴政策不仅需要维护储能设备厂商和储能电站的利益,考虑扩大储能的市场需求,促进储能电站的发展,还需要考虑储能的社会效益以及促进技术创新和行业整合的有效性。不合理的补贴政策,不仅会扭曲资源配置,同时还容易使行业无序发展,企业患上"补贴依赖症"。

推出相关扶持政策需要有如下几个方面的考虑：

(1) 提出储能补贴力度应能够体现其外部性。因此,需要针对各地的实际情况制定补贴政策,避免"一刀切"。各地的能源资源禀赋不同,电力需求的负荷特性也不同,对储能要求不一样,采用"一刀切"的补贴方式容易造成资源配置的扭曲。应根据各省电力市场的情况分别核算,计算出储能能够给各地电网带来的调峰和辅助服务的外部性大小,再制定差异性的补贴金额。

(2) 关于补贴资金的来源,电网应该承担一定的成本。在初期,电网是储能投入的最大受益者。但各地可再生能源发展程度不同,电网的负荷特性不同,储能给各地电网带来的收益也不相同,关于需求侧效应和辅助服务补贴应根据各地电网的实际情况测算。此外,立足长远,应利用市场机制来发现储能辅助服务的价值,可以考虑建立竞争性的电力辅助服务拍卖市场,使储能企业能够公平地参与辅助服务的供给。

(3) 应给出清晰的补贴退出机制,这个问题特别重要。逐步退出补贴的主要原因有两点：一是随着储能装机量的增加,其外部性的边际收益是递减的；二是随着储能技术不断进步,其投资成本会逐年下降,通过制定合理的补贴退出机制,可以减少财政补贴压力,更容易获得公众支持,同时倒逼储能企业进行技术创新。比如说,对于储能初装补贴和电价补贴,可以考虑以 2 年为一个阶段,逐步减少补贴金额,随着国内外储能技术趋同,取消补贴。

(4) 储能补贴应能够有益于企业技术进步。对于享受补贴的储能设施需要满足一定的持续放电、工作频率、循环寿命、转换效率、反馈电网电量(结合分布式光伏)等指标。政府需要尽快制定出具体的技术标准,初期的标准应符合中国储能企业的技术现状,但需要有明确的储能技术进步的路线图,享受补贴的技术标准门槛应逐步提高,通过储能的补贴退出机制以及技术门槛,可以倒逼储能企业技术创新。

值得一提的是,应明确所有储能补贴政策不仅针对储能企业,对于电力用户自储自用的分布式储能系统也应该同样适用。对分布式储能系统,一般是"自储自用,余电上网"模式。除了度电补贴外,对于峰时的余电上网量,可以按峰时电价进行收购。对于居民用户,由于交叉补贴的存在,目前的生活用电价格无法反映出供电的真实成本。以当前电价,居民用户没有动力进行储能投资,所以应鼓励各地根据居民用电的实际边际成本,对居民用户的小规模储能制定更高的度电补贴标准,这对分布式可再生能源发展意义重大。

此外,政策支持需要有利于储能行业的整合,这就涉及储能相关的金融创新。

政府需要考虑支持储能产业发展的融资方式和金融服务政策。通过国内储能企业之间的并购重组,鼓励占据优势地位的上市公司通过定增等方式筹集资金用于行业的整合,以形成储能研发和生产的规模经济。需要强调的是,国内的行业整合并不是不要竞争,而是为了集中力量参与全球市场竞争。国内储能企业的最终竞争者应该是特斯拉、夏普、松下等具有雄厚技术积累的跨国公司,中国企业应抓住这些产业巨头尚未深入中国市场的重要窗口期,加快技术积累和产业整合,以形成整体竞争力。

目前,储能的核心问题是技术突破。建议政府考虑设置储能产业基金,关注"产学研"结合,鼓励创新型储能技术进入到市场中,特别是鼓励高校科研机构加快科技成果转化,这是中国储能创业创新的重要方面。而对于初创型的储能企业,则可以考虑由储能产业基金进行股权投资,以配合引导风险投资等社会资本进入储能研发领域。

4.1.3 储能经济性与应用前景[①]

随着可再生能源渗透的增加及分布式电网的持续发展,储能在电力行业发挥着越来越重要的作用。但是传统上,储能的发展一直受到高成本的制约。近年来,储能技术的成本有了较大幅度的降低,但储能投资在经济上是否具有吸引力还是一个有争议的问题,由此也关系到是否需要对储能投资进行补贴及如何补贴的问题。在促进储能投资的手段中,电力套利是一种有效的市场化手段。而目前中国主要的电力输入地区都采用了峰谷电价的政策,即一天内的不同时段电价是不同的,这就给电力套利带来了空间。

林伯强和吴微(2016)研究分析了目前储能应用的经济性。研究工作建立了峰谷电价下的电力套利模型。该模型能够针对给定的电价,计算最优的储能投资规模及运行模式。利用套利模型,对不同地区的储能投资进行经济性评价,结果表明在中国的许多地区储能投资已经能够实现正的净现值收益。利用模型进行外部性分析,认为如果储能投资大规模发展,电网将承担巨大的成本,当前的定价模式不可持续。此外,本节还比较了不同品牌电池的投资收益及外部成本。

1. 研究背景

随着中国经济的快速发展,能源资源对于经济增长的压力也日趋显现。林伯强等(2012)曾经对中国的能源需求进行过预测,根据不同的经济增长速度测算,到 2020 年中国的能源需求将上升到 44～52 亿吨标准煤之间。而根据 Brockway et al.(2015)的预测,到 2030 年中国的能源需求可能达到 60～63 亿吨标准油(合

[①] 本小节在参考文献"林伯强,吴微.电池储能的经济可行性与电网应对策略:中国电力市场的特别案例[J].厦门大学能源经济与能源政策协同创新中心工作论文,2015."基础上进行了修改和完善。

85~90亿吨标准煤)。很显然,当前的能源供应方式不具有可持续性。为了应对这个问题,主要的解决方法是大规模发展可再生能源。但是,可再生能源具有间断性的特点,目前的电网无法消纳可再生能源的大规模渗透。而储能技术是解决这个问题的关键。

一般来说,储能技术带来的好处包括:① 帮助增加可再生能源的渗透率,促进分布式电源的发展;② 提升电网的稳定性;③ 实现充分的调峰,减少高峰负荷及对应的电网投资和电源投资;④ 通过电价套利,促进电力市场自由化。

储能技术可以分为机械储能,电化学储能和电磁储能等几种类型。其中较为成熟地商业化应用的包括抽水储能和压缩空气储能,这两种储能技术又称为大规模储能技术(Bulk Energy Storage)。而电池储能虽然成本仍然较高,但也处于即将商业化的阶段。Bradbury et al.(2014)对利用储能技术在美国电力市场的套利的经济性进行过分析,发现电池储能的几种技术中只有钠-氯化镍(ZEBRA)电池的投资的内部收益率是正的。Anuta et al.(2014)对电网级的储能技术进行过分析,认为储能在满足高峰负荷方面应用的成本要远高于传统的化石能源电站。只有在部分电价的地区,结合光伏发电储能技术才具有经济上的可行性。相关的例子有 Hoppmann et al.(2014)对德国的光伏+储能系统进行过经济性评估,在德国 0.28 欧元/千瓦时的电价下,按 4% 的贴现率计算,储能+光伏发电才实具备经济性。但是,随着技术的进步,电池储能的成本不断地下降。因此现有文献中对于电池储能的成本估算与实际价格之间存在着较大的偏差。如 Zakeri et al.(2015)整理了近年来关于储能成本的数据,并对储能的生命周期成本进行了计算,其中锂电池的成本均值在 546 美元/千瓦时、锌电池的成本均值为 220 美元/千瓦时。而特斯拉于 2015 年 4 月推出的商业化锂电池系统 Powerwall 的价格只有 350 美元/千瓦时,而 Eos 的商业化锌电池的价格只有 160 美元/千瓦时。鉴于近年来储能技术较高的技术进步率,对其进行技术经济计算时有必要采用最新的成本数据。

现阶段,利用电力的价格差进行套利是储能系统获得收益的主要形式。该模式下,用户可以在电价低时储电而在电价高时由储能系统供电。目前有许多文献对美国和欧洲的储能套利进行分析,结果显示现有的储能技术在电力套利上已经具有经济上的吸引力。Carson et al.(2013)建立了一个储能的两期套利模型,以德克萨斯州的电力市场为例分析了储能投资的经济性,并分析了储能对于碳排放、氮氧化物排放和二氧化硫排放的影响。Bradbury et al.(2014)针对美国的 7 个电力市场进行了储能套利的经济性分析,也说明了储能投资已经具备经济上的吸引力。相似的例子还有很多,比如 Das et al.(2015)分析了压缩空气储能的经济性,Kloess(2014)对奥地利和德国的电力市场的储能进行了经济性评价等。此外,储能在与可再生能源结合方面也颇具潜力。

电力套利是促进储能发展的一种市场化的手段。从电网的角度来看，电力套利的存在使得电网可以利用价格工具来实现调峰，因此是有好处的。在中国的许多电力输入地区，为了平衡电网负荷，实行了峰谷电价的定价政策，这就给针对电力套利的储能投资提供了机会。但之前很少有文献对中国的电力套利进行过经济性的分析。

本节参考了已有的电力套利模型，并结合中国的电力市场特点，建立了针对中国的电力套利模型。该模型可以根据给定的电价和用电负荷，计算得到最优的储能规模和操作模式。在套利模型的基础上，就可以对不同地区的储能投资进行经济性评价。模型以特斯拉 Powerwall 锂离子电池的成本作为基准，分析了不同地区储能投资的收益情况。结果显示储能投资在部分地区已经能够在不依靠政策补贴的情况下，仅仅通过实现电力套利而实现正收益。为了评价不同类型电池的投资收益，本节还将其他类型的商业化电池的相关数据代入模型进行对比。结果显示虽然特斯拉锂电池的投资收益不是最高，但得益于较高的充放电效率，其外部成本比其他类型的电池会小得多。

储能投资对电网电价及排放的影响也是一个很重要的问题。比如 Kloess (2014)对奥地利和德国电力市场的分析就发现，随着电价差的减小，储能的收益是逐年减少的。Lamont(2013)也分析了储能对于价格的影响，认为储能将增加峰期的电价。Carson et al.(2013)和 Hittinger et al.(2015)分别对美国市场电力套利的外部影响进行分析，认为储能的存在将增加碳排放和其他污染物的排放。但 Kanakasabapathy(2013)认为从总体上看，储能是能增加社会福利的。针对储能可能带来的外部影响，本研究工作又进一步计算了储能大规模发展后对电网的影响。结果发现在现有的价格模式下，如果储能大规模发展，电网将承担着巨大的成本。这也说明了目前中国的电力定价模式不可持续。

2. 储能投资经济性

中国是一个电力消费大国。2011 年中国净发电量总额达到 4.47 万亿千瓦时，超过美国的年净发电量 4.1 万亿千瓦时，跃居世界第一位。但同时，中国的电力资源分布很不均衡。用电负荷中心远离电源端的问题突出。根据中国电力企业联合会发布的《2015 年度全国电力供需形势分析预测报告》，2014 年中国全年跨区送电量 2741 亿千瓦时，跨省输出电量 8420 亿千瓦时。跨省输电量占全年用电量的比例达到 15.3%。为此，国家每年需要花费巨资进行输电线路的投资。

中国的输配电目前主要由国家电网公司和南方电网公司垄断，而电价则是由发改委根据电网公司成本报表结合地区发展情况制定的。由于资源禀赋，地理条件和经济发展水平的不同，中国各省的电价制定有着较大的差异。许多电力输入省份或地区都已经实行峰谷电价的政策。表 4-2 列出了几个执行峰谷电价地区的定价方式。由于部分地区夏季制与非夏季制的电价政策也不同,但夏季制实行的时间较短,且其与非夏季制的电价差异不大,所以统一采用非夏季制的电价。

表 4-2　不同地区电价

省份	峰时段 时间段	峰时段 电价（元/千瓦时）	平时段 时间段	平时段 电价（元/千瓦时）	谷时段 时间段	谷时段 电价（元/千瓦时）
北京一般工业	8:00—11:00 18:00—21:00	1.4182	7:00—8:00 15:00—18:00 21:00—23:00	0.8925	23:00—7:00	0.3928
北京商业	8:00—11:00 18:00—21:00	1.4402	7:00—10:00 15:00—18:00 21:00—23:00	0.9145	23:00—7:00	0.4148
上海	8:00—11:00 18:00—21:00	1.226	6:00—8:00 11:00—18:00 21:00—22:00	0.764	22:00—6:00	0.363
天津	8:00—11:00 18:00—23:00	1.3689	11:00—18:00	0.9149	23:00—7:00	0.4829
广东（广州等5市）	14:00—17:00 19:00—22:00	1.0766	8:00—14:00 17:00—19:00 22:00—24:00	0.6525	0:00—8:00	0.3263
深圳	14:00—17:00 19:00—22:00	0.9778	8:00—14:00 17:00—19:00 22:00—24:00	0.6930	0:00—8:00	0.3090
浙江	8:00—11:00 13:00—19:00 21:00—22:00	1.1426	—	—	11:00—13:00 22:00—8:00	0.6196
江苏	8:00—12:00 17:00—21:00	1.4585	12:00—17:00 21:00—24:00	0.8751	0:00—8:00	0.3917
河北	8:00—11:00 18:00—23:00	0.9562	7:00—8:00 11:00—18:00	0.4310	23:00—7:00	0.3653

* 说明:数据来源为国家电网与南方电网官网,数据获取时间为 2015 年 7 月 21 日。

从表 4-2 中的数据可以看出,大部分地区采用的是峰谷平三级定价的方式。且峰谷电价之间的差值较大。这就为电力的跨时套利提供了条件。

为了比较不同负荷模式下的最优储能规模与投资收益,假设了六种负荷模式。图 4-3 给出了这六种模式的 24 小时动态负荷曲线。其中负荷都进行了标准化的处理。

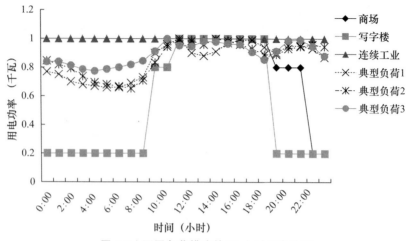

图 4-3 不同负荷模式的 24 小时用电功率

表 4-3 给出了模型计算中电池和电源系统的参数设置。其中储能系统的参数主要是参考特斯拉 Powerwall 的技术参数。另外参考锂离子电池的使用过程中存在衰减,所以有效的储能容量按 80% 计算,相应的增加到储能投资的成本中。此外,逆变器的成本和效率也考虑在其中。逆变器充放电的效率均按照 97% 来计算。

表 4-3 参数设置

贴现率	—	0.06
储能设备成本	元/千瓦时	350×6.25/0.8
逆变器成本	元/千瓦	800
最大输出功率/储能量	1/小时	0.25
充放电效率	—	0.92
逆变器转换效率	—	0.97
使用寿命(年)	—	10

电池储能在微电网中具有重要的地位。但传统上认为,电池储能仍然受制于较高的成本或其他技术因素,暂时还无法大规模进行商业应用。目前一些关于电池储能的成本数据还停留在数年前的水平,且不同文献来源的成本估算数据差别很大。这就给储能技术的经济性评价带来了一定的困难。事实上,储能技术的进步非常快,成本也得到了大幅的下降。要对储能进行经济性评价,必须采用最新的商业化产品的数据。表 4-4 给出了几个比较典型的商业化电池储能产品的技术参数。

表 4-4　几种商业化电池的参数

电池型号	特斯拉 Powerwall	特斯拉 Utility（估计）	Eos Aurora 1000 | 4000	Imergy（当前值）	Imergy（计划值）
电池类型	锂离子	锂离子	锌电池	钒流电池	钒流电池
能源转换效率(%)	92	92	75	70—75	70—75
使用寿命(年)	10	10	15	30	30
循环次数(次)	5000	5000	5000	10 000	10 000
成本(美元/千瓦时)	350	250	160	500	300

3. 结果与讨论

图 4-4 给出了在最优的储能投资规模下,各地的不同负荷模式下单位投资的净现值。对于每一个地区的每一种负荷模式,模型都会给出一套最优的方案。最优的方案包含了最优的投资规模和操作模式。

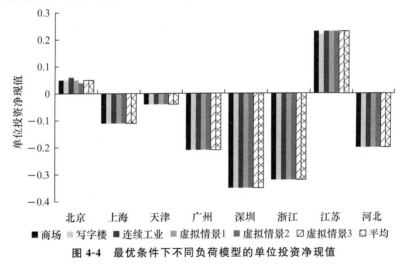

图 4-4　最优条件下不同负荷模型的单位投资净现值

储能系统在运行的过程中,在低电价时充电,在高电价时放电。由于私人投资只考虑私人收益的最大化,而不会考虑到外部成本。因此,要对储能的社会收益进行综合的评价,就有必要对储能投资的外部影响进行分析。表 4-5 给出了储能系统的外部影响。从表中的数据可以看出,在电力套利下,总用电量有所增加,这主要是由于电能经过逆变器及充放电时会有一定的损失。此外,电网的收入有较大幅度的降低,最高的江苏省电网收入下降了 31.1%。而由于私人投资的决策只考虑利润最大化,在白天电价平值时也会进行储能,这使得在该时段的负荷有较大幅度的上升,购电高峰实际上是转移到这一时段,最终导致了新的负荷高峰高于原先的水平。

表 4-5　储能系统的外部影响

地　　区	电耗增加（%）	电网收入减少（%）	高峰负荷变化（%）	储能量与每日耗电量比（%）	单位投资净现值（元/元）
北京 1	2.9	−16.4	63.8	12.3	0.053
北京 2	2.9	−16.0	62.3	12.1	0.052
上海	2.8	−15.4	57.1	11.7	−0.105
天津	3.3	−13.2	59.7	11.6	−0.044
广州等	3.8	−20.1	87.6	15.6	−0.212
深圳	3.8	−16.9	87.5	15.6	−0.351
浙江	4.6	−14.4	93.0	16.0	−0.317
江苏	6.7	−31.1	127.7	22.7	0.226
河北	3.3	−17.9	54.8	11.7	−0.197

目前不同类型的储能电池具有不同的特点。为了进行对比，我们选取了几组有代表性的电池品牌的相关数据代入模型中。其中，特斯拉电池的投资收益并非最高的，采用 Eos Aurora 或 Imergy 能得到更高的净现值收益。这主要是由于 Eos Aurora 的成本更低，而且使用年限达到了 15 年，而 Imergy 甚至有着高达 30 年的使用寿命，这就使其最终的投资回报较高。

但需要注意的是，储能系统在充放电的过程中会有一定的电量损失。由于特斯拉电池的充放电效率较高，与其他类型的电池相比，其使用过程中的电能损失较小。在实际使用过程中，使用特斯拉电池导致的用电量增加要远低于其他品牌的电池。与之对应的外部成本也会低得多。

按照 Powerwall 的成本分析，在部分地区，储能投资已经能够实现正收益。通过对各地区的结果比对可以发现，峰谷电价的价差越大，储能系统的收益越高。在现有的峰谷电价下，部分峰谷价格差较大的地区（如北京、天津、江苏等）进行储能投资已经具有经济上的吸引力。但是需要给予投资者稳定的预期（如可签订长期的峰谷电价执行合同）。对于广州、深圳、浙江、河北等地，还需要采取一定的措施，才能鼓励储能技术的发展。这些地区可以采取设备投资直接补贴，贷款利率优惠，提高峰值电价与降低谷值电价等方式。

对浙江与河北两地的收益结果进行对比可以发现，虽然河北的峰谷电价差较小，但是由于其有三个时间段为峰期，系统利用率较高，所以净现值收益要好于浙江。所以采用更为复杂的峰谷划分方式，优化峰谷期的设置，能提升经济效益。

在一定的定价政策下，各种类型的负荷模式的净收益相差不大。这主要的原因是储能系统只有在峰期才向外供电，而在非峰期蓄电。所以其收益实际上只与峰谷价差及峰期的时间段划分有关。其中峰谷价差影响的是每单位储能量的收益,而峰期时间段划分则决定了储能系统的利用效率。

根据对储能系统的外部性分析结果,使用储能系统后将增加电力消耗,增加量根据地区不同在 2.9%~6.7%之间。总体来说耗电量的增加量不大。但是,电网收入将会有较大的下降(降低 14.4%~31.1%),而且由于储能操作主要与价格差和时间段有关,在电价平值的时候也会进行储能。这就导致了高峰负荷比原先更高(增加 54.7%~127.7%)。因此,按照目前的定价模式,电网将承担巨大的成本。当前电网的定价模式不具有可持续性,必须适应储能的发展而作较大的调整。

通过对不同电池的收益比较,可以发现虽然特斯拉的锂电池的投资收益并非最高的,但是得益于较高的充放电效率,其在使用过程中增加的耗电量是最小的,对应的外部成本相对较低。

4. 储能的应用前景:"清洁能源发电＋微电网＋储能＋电动汽车"模式

近年来电池储能技术的快速发展可能是解决清洁能源发电不稳定性的最有效方案,使"清洁能源为主,化石能源为辅"这一根本变革成为可能。目前,电动汽车等大规模电池应用已经较为普遍,而直接与电力系统结合的电池储能的尝试也已经开始,比如特斯拉的家用电池系统(Powerwall)和商用电池系统(Powerpack)。一旦电池储能技术能够得到大规模商业化应用,其与分布式和微电网的结合,将破除清洁能源利用过程中无法大规模并网消纳这个最大的瓶颈,这可能彻底改变人类能源利用方式。

根据对储能投资进行的的经济性进行评价,可以得出结论:目前仅利用中国目前的峰谷电价差,在不需要补贴的情况下,部分地区投资储能可以获利。这至少说明,可实现商业化运作的电池储能技术离我们可能并不远。从发电成本来看,水电和核电已经具有很强的成本竞争优势;对于风电和太阳能,度电成本在过去几年已经下降非常明显:即使按照目前技术水平条件,在部分地区风电上网电价(0.49 元/千瓦时)已经与火电没有明显差距;过去十年,太阳能发电成本下降了80%,从原来的每千瓦时 4~5 元下降到了现在的 0.9 元。随着技术进步和装机容量进一步增加,未来十年降到 0.4~0.5 元是完全有可能实现的,这就基本上具备和煤炭发电竞争的能力了。而且,目前弃风弃光比较严重,与储能技术的结合可以提高利用小时数,这将进一步改善投资经济性。从储能投资收益的角度来看,影响储能收入的主要有两个因素:一个是储能系统的每个充放电循环能够带来多少的经济价值,另一个是储能系统的充放次数。其中,充放次数受到使用模式和电池性能的制约,可以视为固定。因此影响储能投资收益的关键,就在于每次循环过程中充电的成本与放电的收益之间的差值。根据计算,在现有的技术条件下,考虑到投资的财务成本和充放电的电量损失及电池容量的衰减,只有当充放电的价差在 1 元/千瓦时以上,储能投资才能实现盈亏平衡。

值得注意的是,近年来储能技术的进步速度很快,电池成本平均每年的下降幅度在 10% 以上。按这个进步率估算,2020 年,电池成本将下降到 200 美元/千瓦时;2025 年更是会下降到 120 美元/千瓦时。这将给传统的能源行业带来剧烈的冲击。

基于目前的电池成本和对未来技术进步的预测,储能系统具有应用潜力的领域包括:

第一,电力套利。即在电价低时储电,在电价高时由储能系统供电。目前部分东部省份的峰谷电价差已经达到 1 元以上,已经达到了储能系统投资的盈亏平衡水平。未来随着电池成本的进一步下降,储能投资的可行区域将进一步扩大。

第二,分布式光伏发电+储能系统。目前对于分布式光伏发电采用的是"自发自用,余电上网"的原则,余电的上网电价采用的是当地脱硫火电的标杆上网电价。在这种情况下,只要峰期电价与上网电价的差值高于储能成本,进行储能投资就是有利可图的。而在许多东部地区,峰期电价与上网电价的差值已经达到了 1 元/千瓦时左右,已经进入了可行区。

第三,储能系统在可再生能源发电企业中的应用。由于电网的接纳能力有限,在很多地区出现了大面积弃风弃光的现象。如果将弃风弃光损失的这部分电力进行储能,充电成本可视为接近于零。只要上网电价高于储能成本,可再生能源发电企业进行储能投资就是可行的。目前风电的上网电价约为 0.49~0.61 元/千瓦时,光伏电站的上网电价为 0.9~1 元/千瓦时。对应的盈亏平衡时的电池成本分别是 200 美元/千瓦时和 300 美元/千瓦时。按目前储能技术的进步率来估算,在 5 年内储能技术即可实现在可再生能源发电企业中的广泛应用。

第四,"储能+可再生能源"独立微电网模式。2014 年全国平均的销售电价为 0.647 元/千瓦时,只要微电网的成本能低于这个数,那么其在经济上就是可行的,即能够对传统的电力系统进行替代。以分布式光伏发电为例,根据不同情景下光伏发电技术与储能技术的进步率来估算,最迟到 2025 年,"光伏+储能"独立微电网的供电成本将低于传统的电力供给模式。

第五,电动汽车。如果仅考虑汽车的能源成本和储能成本,当每单位的电力存储成本低于 1.697 元/千瓦时的情况下,电动汽车在使用成本上已经能替代汽油车。而如果单位电力存储成本低于 0.814 元/千瓦时,电动汽车可以开始替代柴油车。可以说,制约电动汽车发展的不再是成本,而是汽车的续航能力。只要充电基础设施得到完善,续航能力的约束将大大减弱。目前中国正加快对充电基础设施的投入,到 2020 年将基本建成能满足超过 500 万辆电动汽车的充电需求的充电基础设施体系。在可预见的未来,电动汽车将呈现井喷式的发展。

未来随着储能技术的进一步发展，能源结构很有可能转向"清洁能源发电＋微电网＋储能＋电动汽车"的模式。这对国民经济的影响可以分为两个方面：第一，能源行业将被颠覆，因为一旦"清洁能源发电＋微电网＋储能＋电动汽车"的模式成功，大规模的"煤改电"会替代煤炭消费，电动汽车的广泛使用将替代石油消费。如果转型不及时或者不到位，传统化石能源企业将遭遇寒冬。第二，对非能源行业的影响很大程度上取决于终端能源成本的变化。如果技术进步能使得"清洁能源发电＋微电网＋储能＋电动汽车"的成本低于化石能源成本，那对国民经济无疑是利好。更大的影响在于环境改善。试想一下，通过清洁能源替代化石能源，煤炭燃烧的污染排放、汽车尾气排放等都将得到最大限度的压缩，中国将重现"碧水蓝天"。

综合上述，"清洁能源发电＋微电网＋储能＋电动汽车"或将成为实现"清洁能源为主，化石能源为辅"这一根本转变的驱动模式。传统的能源行业企业应积极参与投资清洁能源和储能技术，为实现整体电力业务的转型奠定基础。

4.1.4 储能大规模应用的制约因素

1. 市场障碍

尽管政府在大力推进电力市场的改革，但目前电力市场中的输、配、送电环节主要还是由两大电网公司所垄断。而电价则是由各地政府部门根据电力成本、当地经济发展水平等因素制定。在现有的电力市场结构和定价机制下，未来储能如果大规模应用，将直接对电网造成冲击。而目前电力市场的管制实际上也不利于储能的发展。

通过前一节的表 4-5 可以知道，储能投资会带来电网收入的直接减少。电网作为寡头垄断，具有很强的市场势力。当其自身利益受损时，很有可能会对储能进行限制。因此，未来一方面要加强对电网的监管，防止电网滥用市场势力。另一方面，也要敦促电网自身进行改革。比如可以放开定价机制，通过更灵活的价格机制，使得由于储能带给电网的损失最小化。甚至电网还能从更加平衡的整体负荷需求中受益。

2. 锂矿的稀缺性

在目前可商业化应用的各项储能技术中，锂电池具有较大的潜力。同时，在电动汽车领域，锂电池也是现有技术中最为成熟的选择。目前制约锂电池大规模应用的原因，很大一部分在于单位价格过高。特斯拉在 2015 年发布的电网级储能电池产品的价格已经降到了 350 美元/千瓦时，但由于目前锡矿的产能较小，且开采工艺落后，锂电池成本的进一步下降也面临一些挑战。从锂电池的成本构成上看，含锂的正极和电解液两部分的成本要占到电池成本的 55% 以上。锂矿的价格是影响电池价格的重要因素，特别是随着电动汽车的发展和储能电池需求的上升,锂矿的稀缺性可能会成为制约储能发展的重要障碍。这点从市场价格上反映得就十分明显。以碳酸锂为例,其价格从 2015 年 7 月的 5 万元/吨上升到 2016 年 4 月最高的 17 万元/吨,在半年多的时间价格涨了近三倍。

根据美国地质调查局 2016 年的数据,目前全球锂矿的经济储量仅为 1400 万吨,2015 年全球锂矿的产量为 3.25 万吨,其中很大一部分比重是用于生产锂电池。可以说,现有的锂资源储备要满足电动汽车发展就已经很困难了,更不要说用来支持大规模分布式储能。

其实在自然界中,锂本身并不是稀缺元素。锂在地壳中的丰度排在第 27 位,仅略小于铜。但是问题在于大多数的锂矿的品位较低,传统手段难以利用。当然,随着市场需求的扩大和技术的进步,未来锂矿的来源可能会更加丰富。例如从云母中提取低品位的氧化锂,其冶炼成本要比原先优质矿的冶炼成本还要更低。这一新的冶炼方法大大拓展了全球可开发的锂资源的范围,仅在捷克的 Cinovec 矿区,就有望获得千万吨级的锂原料。可以说,如果低品味锂矿开采技术有大的进展,其意义可能会远高于页岩油开采的水力压裂技术。

中国有着丰富的锂矿储量。表 4-6 给出了全球锂资源储量和利用情况。中国的锂资源量排在世界第二位,这也给中国储能行业的发展提供了保障。但是,中国企业的锂矿生产还较为分散,未来还需要在提升产业聚集度,掌握定价权等方面多下工夫。

表 4-6　全球锂资源储量与利用情况

国　　家	2013 年开采量 (吨)	2014 年开采量 (吨)	资源量 (吨)
美国	—	—	38 000
阿根廷	3200	3800	2 000 000
澳大利亚	13 300	13 400	1 500 000
巴西	160	160	48 000
智利	11 500	11 700	7 500 000
中国	2300	2200	3 200 000
葡萄牙	300	300	60 000
津巴布韦	900	900	23 000
全球合计	31 700	32 500	14 000 000

资料来源:美国地质调查局(USGS),Mineral Commodity Summaries Lithum 2016。

4.2 中国光伏行业发展

4.2.1 中国光伏发展现状

在能源领域内,可再生能源不但被视为解决环境问题,特别是解决碳排放问题的最有效途径;而且长期来看,可能是人类能源需求的最重要的解决方案之一。近年来,可再生能源发展迅速,重要性逐步提高。2015年,世界范围内,可再生能源发力占电力生产总值比例占比为22.8%,其中风能与太阳能之和占到4%[①]。

长期以来,中国大规模的能源消耗尤其是以煤为主的一次能源结构带来了严重的环境污染,尤其是雾霾等现象的凸显,环境压力非常严峻。发展可再生能源,满足能源需求增长、展开对传统化石能源的替代迫在眉睫。2014年11月,在中美双方发布的联合声明中,中国首次提出计划2030年左右二氧化碳排放达到峰值且将努力早日达峰值,并计划到2030年非化石能源占一次能源消费比重提高到20%左右。由此,中国"十三五"能源规划提出,到2020年,非化石能源占一次能源消费比重达到15%,煤炭消费比重控制在62%以内。

从"十三五"规划分析中国光伏装机的发展空间:根据国家能源局2016年发布的光伏统计数据,2015年,中国光伏发电累计装机容量4318万千瓦,成为全球光伏发电装机容量最大的国家。其中,光伏电站3712万千瓦,分布式606万千瓦,年发电量392亿千瓦时。2015年新增装机容量为1513万千瓦。2015年10月,国家能源局新能源司董秀芬处长在"2015中国光伏大会暨展览会"上提出,中国光伏"十三五"规划初定1.5亿千瓦。以此推算,"十三五"期间,中国光伏年装机应达到2000万千瓦左右,这对中国光伏行业既是机遇,也是一个不小的挑战。

另外,可以从发电量的角度估算光伏发电比例。表4-7为依据"十三五"能源规划及具体行业规划的估算未来中国电力消费与电源比例,估算根据几点假设:

(1) 发电量年增长率设为2%(情景1)与4%(情景2)。2010年至2015年中国发电量年平均增长率为5.7%。情景1与情景2分别代表中国经济发展减速与恢复并保持原速的情况。

(2) 火电比例降低。2010至2015年,火电比例从79.2%下降至75.9%,大约每年下降1%。按照这个趋势,设2020年火电比例为70%,2025年为65%。

(3) 水电与核电2020年发电量依照《能源发展战略行动计划(2014—2020年)》所制定的装机容量折算。核电2025年发电量按平均增速折算,水电2025年发电量按中电联发布的《中国电力工业现状与展望》折算。

[①] 数据来源:Renewable Energy Policy Network for the 21st Century,REN21。

表 4-7　不同情景下中国发电量与发电比例估算(单位:百亿千瓦时)

	2010	2015	情景1:2%		情景2:4%	
			2020	2025	2020	2025
总发电量	421	555	613	677	746	822
火电	333	421	429	440	522	534
火电比例	79.2%	75.9%	70%	65%	70%	65%
水-核	80	117	150	185	150	185
水-核比例	18.9%	21.0%	24.5%	27.4%	20.2%	22.6%
风-光	4.46	22.6	33.6	51.5	73.4	102.2
风-光比例	1.1%	4.1%	5.5%	7.6%	9.8%	12.4%
风-光年增长率			8%	8%	26%	16%

资料来源:中电联。

在中国需要降低火电比例的大前提下,长期来看,水电与核电受禀赋限制,风电、光电不但需要替代减少的火电份额,还需要能够弥补新增的能源需求。从表4-7可以看出,即使中国经济发展速度减缓,到2025年,风光发电量也需要保持8%的年增长,4倍于此情景下的电力需求增长。如果中国经济复苏,风-光发电量需要保持约20%的年增长,同时,2020年风光比例接近10%,2025年达到12.4%,达到美国2015年的水平。总的来说,光伏行业"十三五"的大致年平均目标为:装机增加20吉瓦,发电量增长20%。

1. 光伏成本

近十年来,随着光伏发电走上大规模应用之路,世界光伏产业尤其是中国光伏产业爆发式增长,光伏技术进步明显,成本急剧下降。图4-5为以年为时间轴的组件每单位成本与光伏系统(取10千瓦小型系统)成本变化示意图。

光伏组件价格下降有两个主要的阶段:2009—2010年,其主要内容是欧洲特别是德国大力发展光伏装机,世界及中国光伏制造业景气,系统成本下降到20元/瓦左右;2012年以后,随着中国国内光伏市场的放开以及中国光伏产业的整合与竞争,光伏系统成本进一步下降至10元/瓦左右,光伏发电在中国开始作为一个独立的力量走上一次能源舞台。

图4-6为自2012年起分季度国际市场光伏组件现货价格。可以看出,虽然在2013年,由于"双反"引起的行业波动造成了价格的小幅度上扬,总体上看,光伏价格还是呈明显下降趋势,2015年第四季度平均价格比2012年第一季度下降了41%。每季度平均降低3.7%。

光伏组件特别是晶硅组件成本大幅下降带来两个最主要的变化:第一是确定了晶体硅为光伏的主要产品形式;第二是使得光伏发电成本迅速降低。

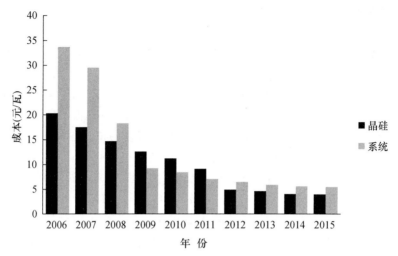

图 4-5　2005—2015 年光伏系统成本与晶硅组件成本变化
数据来源：《2013 中国光伏产业发展报告》，PVinsights。

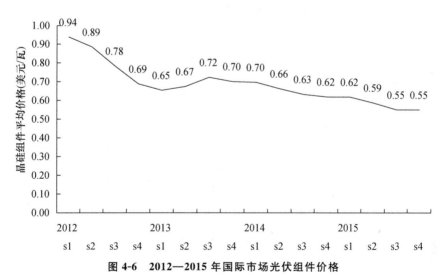

图 4-6　2012—2015 年国际市场光伏组件价格
数据来源：PV insights，取每季度第一周价格。

根据所选用的半导体材料，太阳能电池应用技术分为晶体硅与薄膜两大类。薄膜太阳能电池有原材料消耗少、弱光性能优良、轻便可弯折这三大优点；另外，在 2009 年前后，晶体硅价格较高时，薄膜电池对晶体硅电池有一定的价格优势。薄膜电池的主要形式有 CIGS、CdTe、多晶硅、非晶硅等传统形式及近年来发展较快的染料敏化及有机薄膜太阳能电池。其缺点在于转换效率不够高，寿命与耐久度较低,实际应用受到一定的限制。

晶体硅电池生产成本与售价的大幅下滑造成薄膜电池丧失了对晶体硅电池的竞争优势。2012年,薄膜电池产量较2011年出现下滑。2012年,全球薄膜电池产量约3530兆瓦,同比下降13.9%。其中硅基薄膜电池950兆瓦,CIGS约680兆瓦,CdTe约1900兆瓦,中国大陆薄膜电池产量约400兆瓦,几乎均为硅基薄膜电池。虽然2013年起,薄膜电池产量有所恢复提高,但增长率远低于晶体硅电池。

在薄膜电池产量下降的同时,其占全球光伏市场的市场份额也在逐步下滑,如图4-7所示。由于2010年以前,晶体硅原材料价格高企,晶硅电池生产成本一直居高不下,薄膜电池相较有明显的成本优势,因此虽然光电转换效率较低,但市场份额依然不断上升,并在2009年达到最高16.5%的市场份额。这一尖峰市场占有率对应的是2009年前后的硅原料大面积涨价。而由于随后晶体硅电池市场上游产能急剧扩大,组件生产成本大幅下滑,产业化转换效率不断得到提高,而薄膜电池技术却未取得重大突破,薄膜电池相较晶体硅电池的优势逐渐丧失,市场份额也逐渐下滑,2014年,薄膜电池仅所占市场份额8.9%。在相当长的一段时期内,晶硅电池仍将是太阳能电池最主要的形式,特别是在大规模发电应用上,非晶硅很难取代晶体硅的地位。

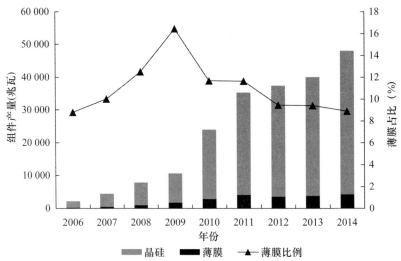

图 4-7 2005—2014 年晶硅与薄膜太阳能电池产量与比例

资料来源:国际能源署(IEA)。

经济学上,用学习曲线解释与预测光伏成本下降是较为普遍的方法。一般意义上的学习曲线定义为 $\log N_t = \alpha + \beta \log X_t$,$N$ 为 t 时间的成本,X 为累计到 t 时间的总产量。定义学习率(Learning Rate)$LR = 1 - 2^{\beta}$。LR 表示当产量扩大一倍后成本的下降,如 LR=20%意味着每次产量加倍,成本下降20%。

利用学习曲线预测新能源行业成本的研究较为成熟,诸多国外学者以及国际能源署(IEA)都利用学习曲线研究与验证了光伏长期成本下降的趋势。这些研究,其对象无论是世界光伏成本或是欧洲、美国光伏成本,结果均在20%左右,相差很小(以光伏组件计)。以中国 2005—2014 年产量与成本作为回归参数,利用同样的模型也可以计算得出相似的结论:以组件计,中国光伏成本学习率为(20±0.2)%,与世界及各国学习率处于同一水准。

通过光伏系统成本可以折算出光伏发电成本。光伏发电不消耗燃料,一旦施工完成,后续仅需要考虑较低的运行维护费用,因此其实际发电成本可以通过初始安装总成本折算。较为普遍的方法是按照全寿命期平准发电成本法进行计算(levelized cost of electricity,LCOE),其意义为项目整个经济寿命期的发电总成本的现值除以发电量的现值,广泛运用于电力行业成本测算。图 4-8 为根据光伏系统成本测算的光伏发电成本,其中,方形连线取日照小时数 2000 小时/年,相当于西部日照丰富地区;三角形连线取日照小时数 1400 小时/年,相当于东部地区平均值;其他参数依据行业常用数据。

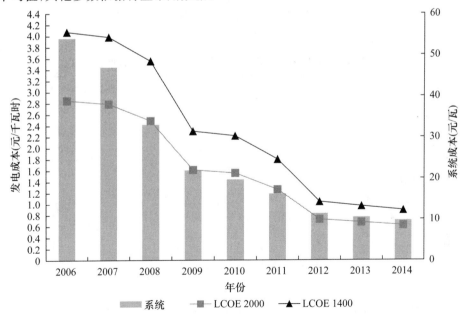

图 4-8 中国市场光伏系统成本变化与发电成本变化示意图

参照 2013 年光伏上网电价 1.15、1.00 元/千瓦时以及次年下调后的 1.00、0.95、0.90 元/千瓦时,2015 年中国西部地区光伏发电成本已低于 0.70 元/千瓦时,显著低于上网电价,离平价上网(以火电标杆电价计)也仅有约 50%的距离。

东部地区的光伏成本虽然稍高,但东部地区多为分布式发电,其上网电价可以选择标杆电价＋使用电价的模式结算,安装主体仍然能够充分得利。国家发改委于2016年下调光伏上网电价,光伏上网电价的逐步下降体现了成本下降趋势。

光伏发电在何时能够实现平价上网？依照20%的学习率进行预测,按2020年1亿千瓦光伏装机的目标进行估算(中国光伏必然使用本国生产的光伏组件与系统),则光伏组件成本应再下降四成左右,即约2.5元/瓦。光伏其他部件,如逆变器、电缆、接入系统与支架的成本下降可能较小,假设5年能达到20%的下降幅度,那么光伏系统成本可达到7元/瓦的程度。在此情况下,按照前述西部地区发电成本约为0.45元/千瓦时,东部地区约为0.65元/千瓦时,西部地区的光伏发电成本已接近平价上网的程度。而如果按新目标2020年1.5亿千瓦光伏装机进行估算,组件成本可下降至约2.3元/瓦,西部与东部地区发电成本可进一步下降至0.42元/千瓦时与0.60元/千瓦时,西部地区成本与现阶段火电标杆电价正好相当(可以预计随着环境成本的逐步提升,火电标杆电价不会有大的变化)。如果中国国内光伏市场可以达到2020年国家制定的目标,则西部地区光伏发电完全可以实现平价上网。表4-8列出了以上估计结果。2020年将是一个重要的时间节点,中国光伏将开始可以做到对火电的经济性替代;而2020年起的再下一个五年计划可能将从经济性上引发中国能源结构的根本转变。

表4-8　2020年光伏发电成本预测(单位:元/千瓦时)

	西部光伏发电成本	东部光伏发电成本
现阶段	0.63	0.89
2020年1亿装机(估)	0.45	0.65
2020年1.5亿装机(估)	0.42	0.60

2. 光伏产能

中国长期以来是世界光伏组件最大的生产国,近年来产量约占全球产量的一半。2015年,中国光伏组件出货量达到43吉瓦。近年来,中国生产的光伏大约3～4成国内应用,其余部分出口。图4-9为近年来中国光伏产量示意图。中国光伏产业集中度较高,2015年全球前十大光伏企业中,中国占有9席,国外企业仅剩排名第六的First Solar。

中国的光伏行业经过较快速度的发展,随着国内市场的逐步放开与美国、日本等国家光伏市场的繁荣,已经重新步入了良好的轨道。过剩产能消化,产业集中度提高,产品成本迅速下降。表4-9列出了2010年、2012年与2014年中国排名前五的光伏制造企业(按全年组件出货量计)的情况。可以看出:① 中国的光伏领头企业经过2012年左右的调整与重组,企业规模与营收状况有了很好的发展。

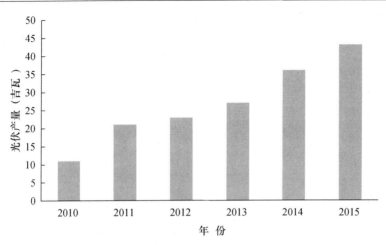

图 4-9 2010—2015 年中国光伏产量（以组件计）
资料来源：中国光伏行业协会。

产业规模稳步增长,应用水平不断提高,内销比例不断扩大。② 国内企业的产能能够满足国内市场的需求,供需不再畸形。③ 也可以看出国内企业快速发展引致的光伏成本大规模下降。简单以排名前五企业总营收与总出货量之比衡量组件单位出货成本可以看出,2010 年,所列前五企业总营收与出货量之比为 1.67,而 2014 年下降到 0.69,下降了 59%。考虑 2020 年 1.5 亿千瓦的装机目标,五年内,中国光伏行业需要翻倍的规模,必将再次经历一次飞速增长。

表 4-9 2010 年、2012 年与 2014 年中国光伏企业概况

2010	出货量（吉瓦）	营业收入（亿美元）	2012	出货量（吉瓦）	营业收入（亿美元）	2014	出货量（吉瓦）	营业收入（亿美元）
尚德*	1.57	29.0	英利	2.30	18.3	天合	3.66	22.9
晶澳	1.46	17.8	尚德*	1.80	16.3	英利	3.36	20.8
天合	1.06	18.6	天合	1.59	13.0	阿特斯	3.10	29.6
英利	1.06	18.9	阿特斯	1.54	12.9	晶科	2.94	16.1
阿特斯	0.80	15.0	昱辉	0.71	9.7	晶澳	2.40	18.0

* 无锡尚德于 2013 年申请破产。
数据来源：各公司年度财务报表。

3. 光伏装机

2012 年,全球光伏累计装机突破 100 吉瓦,2013 年达到 137 吉瓦,2015 年达到 227 吉瓦。从 2011 年中国光伏上网电价政策出台开始,中国的国内装机量也开始飞速提升。2012 年,中国年装机量为 4.5 吉瓦,仅次于德国的 7.6 吉瓦居世界第二位;而2013年、2014年与2015年,中国新增装机11吉瓦、10.6吉瓦与15.1吉瓦,连续位居世界第一。图4-10为近年来中国光伏年新增装机与累计装机。

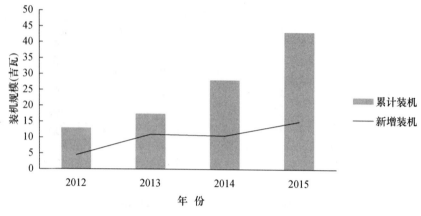

图4-10 2012—2015年中国光伏装机

资料来源:中国光伏行业协会。

表4-10为截至2014年6月中国光伏项目建设情况。表4-11为2015年中国光伏装机信息,篇幅所限仅列出排名靠前的省份。可以看出,不管是已建成的或是审批通过的项目中,中国的光伏仍以较大规模的集中式电站为主,小规模项目数量与总装机数仍相对较低,只有在浙江等很少的省份分布式装机超过集中式装机。

表4-10 中国光伏已建成、在建与审批通过项目

	≤6兆瓦	6兆瓦<X≤20兆瓦	20兆瓦<X≤100兆瓦	>100兆瓦	总计
已建成项目					
项目数量(个)	425	558	219	5	1207
平均装机(兆瓦)	2.4	14.6	42.0	244	16.2
总装机(吉瓦)	1	8.2	9.2	1.2	19.6
占比(%)	5	42	47	6	100
在建项目					
项目数量(个)	54	136	108	7	305
平均装机(兆瓦)	3.5	14.9	4.8	176.5	28.6
总装机(吉瓦)	0.2	2.0	5.3	1.2	8.7
占比(%)	2	23	60	14	100

(续表)

	≤6兆瓦	6兆瓦<X≤20兆瓦	20兆瓦<X≤100兆瓦	>100兆瓦	总计
审批通过项目					
项目数量(个)	63	89	54	3	209
平均装机(兆瓦)	2.7	14.6	44.3	293.3	22.7
总装机(吉瓦)	0.2	1.3	2.4	0.9	4.7
占比(%)	4	27	50	19	100

数据来源:BNEF Project Database,2014年6月。

表4-11 2015年中国光伏装机信息(单位:吉瓦)

省(自治区、市)	累计装机	累计集中式	新增装机	新增集中式
全国	43.2	37.1	15.1	13.7
河北	2.39	2.12	0.89	0.89
内蒙古	4.89	4.71	1.87	1.87
江苏	4.22	3.04	1.65	1.32
浙江	1.64	0.42	0.90	0.39
山东	1.33	0.89	0.73	0.67
甘肃	6.10	6.06	0.93	0.89
青海	5.64	5.64	1.51	1.51
宁夏	3.09	3.06	0.92	0.90
新疆+兵团	1.60	1.60	0.79	0.79

数据来源:国家能源局。

4. 光伏发电

2015年,中国光伏年发电量约392亿千瓦时,同比增长超过50%。虽然增长率有了很大的提高,但是也要看到,光伏发电的比例仍然很小。2015年,全国全口径发电量56184亿千瓦时,火电发电量42102亿千瓦时,占全国发电量的74.9%。太阳能发电量仅占总发电量的约0.7%,也远远落后于同为可再生能源的风力发电的3.3%。

从国内纵向来看,中国光伏投资/发电比并不高。表4-12为同为可再生能源的风电与太阳能的发电/投资比示意(估算)。可以看出,现阶段,光伏发电的效益仍较风电为低,而国家需要支付总补贴显著高于风电。

表 4-12　风电与光伏发电投资、发电、补贴比较

	2014年新增并网装机(兆瓦)	2014年投资(亿元)	2014年新增并网发电(亿度)	发电投资比	补贴(亿元)
风电	2072	993	170	17.1	90
光伏	817	940~1155	146	12.5~15.5	140

数据来源:2014年电力工业运行简况,中国电力企业联合会。

从世界范围内横向来看,中国的光伏发电有效发电水平较低。表4-13为与德国的对比结果。考虑到德国的日照小时数明显低于中国(特别是中国西部的集中式发电光照资源高于德国约50%),可以看出,中国光伏发电的内在效率仍需提高。

表 4-13　中德光伏装机发电比较(2014年)

	2014年累计装机(吉瓦)	2014年光伏发电(亿度)	发电/装机比	光伏发电占总发电比
中国	28.05	250	8.9	0.4%
德国	38.20	328	8.6	6.3%

数据来源:Fraunhofer ISE,2015。

4.2.2　中国光伏行业存在的问题

1. 中国的分布式光伏问题

2014年,中国政府定下了14吉瓦的年度光伏装机目标,其中规划集中式光伏装机6吉瓦,分布式光伏装机8吉瓦。至2014年年底,中国光伏发电累计并网装机容量28.05吉瓦,其中光伏电站23.38吉瓦,分布式4.67吉瓦。而2014年中国新增装机中,光伏电站为8.55吉瓦,分布式为2.05吉瓦。可以看出,2014年,新增集中式光伏装机超额完成42.5%的目标,而新增分布式光伏装机只完成了规划的25.6%,并不尽如人意。

2015年3月,国家能源局公告2015年《光伏发电建设实施方案》,规划2015年新增太阳能装机目标15吉瓦。其中,规划集中式光伏装机8吉瓦,分布式7吉瓦。2015年,中国实际新增光伏装机15.1吉瓦,达到目标,但其中集中式达到13.7吉瓦,而分布式仅为1.4吉瓦,远远低于规划。2015年光伏目标中,限定了各地区当年光伏装机规模,表4-14为规划与实际的比值,篇幅所限仅列出主要省份。可以看出,各省离完成规划分布式目标也有较远的距离,许多省份甚至根本没有分布式光伏新增。2014与2015两年的情况说明中国分布式光伏发展存在很大困难。

表 4-14　2015 年各地区规划与新增光伏发电建设规模表（单位：吉瓦）

省（自治区、市）	规划集中式	规划分布式	实际集中式	实际分布式
全国	8	7	13.7	1.4
河北	0.40	0.60	0.89	0
内蒙古	0.60	0.20	1.87	0
江苏	0.30	0.70	1.65	0.33
浙江	0.30	0.70	0.90	0.51
山东	0.20	0.60	0.73	0.06
甘肃	0.40	0.10	0.93	0.04
青海	0.80	0.20	1.51	0
宁夏	0.60	0.20	0.92	0.02
新疆+兵团	1.30	0.40	0.79	0

数据来源：中电联。

而反观世界其他国家，分布式光伏却是主流安装形式。表 4-15 列出了 2010 年世界主要光伏安装国家的分布式比例。

表 4-15　世界主要光伏安装国家的分布式与集中式光伏装机（2010）（单位：兆瓦）

国　　家	德国	日本	美国	意大利	法国	澳大利亚	韩国	加拿大
分布式	14 900	3496	1727	1532	830	479.3	131.3	37.7
集中式	2420	23.3	367	1957	194.2	3.8	518.3	193.3
分布式比例（%）	86	99	82	44	81	99	20	16

资料来源：Trends in Photovoltaic Applications：Survey report of selected IEA countries between 1992 and 2010, www.iea-pvps.org）。

可以看出，除了韩国与加拿大分布式比例较小，其他国家分布式光伏均为主要的甚至占绝对优势的安装形式。

尽管中国分布式光伏的发展与政府规划有较大差距，中国政府仍然将发展分布式光伏作为光伏发展的重点。一般来说，分布式光伏有以下三点优势：第一，分布式光伏一般安装在建筑物顶部，对大片空置土地的要求较小；第二，分布式光伏一般直接与配电网相连接，不需要额外接入设施，节省建设成本与建设时间；第三，在需求端设计与安装分布式光伏，能够直接针对用电，需求有效减少传输损失。

另外，中国电网的消纳问题决定了中国分布式光伏不低于集中式光伏的重要性。中国能源消费最大的特征是能源资源与生产力逆向分布，80%以上的煤炭、水能、风能和太阳能资源分布在西部和北部地区，70%以上的电力消费集中在东中部地区,能源基地距离负荷中心1000~4000千米。这样的逆向分布决定了中国必须在用电集中地区建设光伏发电,而分布式是东部地区较集中式更为适宜的方式。

截至2014年,中国已建成"三交四直"特高压工程,"两交一直"工程正在建设,"一交"工程获得核准,变电(换流)容量超过1.5亿千瓦。虽然直观上看,2014年西部集中式光伏完成情况超出预期,在发电小时数与规模上也明显占有优势,然而,现阶段"集中式光伏发电+特高压输送"模式并不能取代分布式光伏的重要性。第一,特高压输电必须保持稳定的输送功率。中国西部的集中式光伏虽然发电量、发电密度与效率高于分布式光伏,然而其稳定性仍然难以满足特高压输电的需求。第二,基于光伏发电的不稳定性,考虑到消纳技术,建设在中东部地区的分布式光伏由于分散且靠近用电端,对电网设施的冲击较小;另外,东部地区更适合在未来智能电网的发展中采用多种形式调峰。而对于西部集中式光伏来说,如果要进行特高压输送,现阶段仅有采用火电与光伏"打捆"输电的模式,其成熟度还有待实验。第三,中国现在并没有专为集中式光伏设计的特高压线路,而西部集中式光伏电站也并没有完全考虑由特高压输送来规划布局。可再生能源相关的特高压现阶段只有唯一一条设计为"风-火打捆"的酒泉—湖南±800千伏特高压直流输电工程,而该项目仍处于核准阶段。甘肃酒泉是中国最大的10^7(千万)千瓦级风电基地,远景规划风电装机容量为3565万千瓦。2014年,酒泉风力装机达到8吉瓦,年发电量超过100亿千瓦时,远较西部光伏发电集中。与之对比可以看出,如果需要将西部集中式光伏发电通过特高压输送到东部,无论从技术上还是发展规模上还需要有较长的一个过程。

中国为什么会出现分布式装机发展缓慢,远远落后于集中式的现象呢?究其原因,除了全面系统科学的政策体系尚未建成、国家规划管理仍需进步、严格统一的并网技术标准尚未完善、社会承受能力需要平衡等因素外,最重要原因有两点:

第一,中国居民缺少分布式光伏安装所需要的独立且采光良好的屋顶资源。一般来说,分布式光伏发电是指位于用户附近,装机规模较小、所发电能能够就地利用并能以低电压等级并入电网的光伏系统。从安装地点上说,分布式光伏一般采用与屋顶结合等方式,在居民、工业、商业以及公共建筑上安装。以欧洲为例,绝大部分分布式光伏系统为居民住宅系统,且在光伏总装机中占到很大比例;而在中国情况并不一样。中国的分布式光伏主要规划在城市,而中国城市居民只有很小比例拥有独立住宅以及其屋顶所有权;商业的情况也类似。另外,居民与商业住宅并不一定具备适合安装分布式光伏所需的日照与屋顶等条件。公共建筑上的示范性项目曾是分布式光伏安装的主体,但其数量与用电量毕竟有限。政府虽然推广了工业厂房建筑分布式以及"渔光互补""农光互补"等工程,但其总量显然不能满足以吉瓦计的中国分布式光伏规划。

第二，中国电价仍处于较低的水平。如果说集中式光伏的收益单单取决于上网电价与发电成本的差额，那么，分布式光伏的收益不但取决于上述差额，还取决于分布式光伏发电替代的本来需要缴纳的那一部分电费。如果居民电价处于较低的水平，民众对于电价不敏感，那么会显著影响分布式的收益率与投资热情。2014年，为了鼓励本地区分布式光伏发展，中国诸多省市地区出台了额外的分布式光伏优惠补贴政策，其中浙江省及其下属市县对分布式光伏的补贴最为引人关注。表4-16为2014年中国主要地区的分布式光伏额外补贴政策，主要列出在上网电价补贴或是初装费补贴等方面有成文政策的经济投入的地区。

表4-16 2014年中国各地区光伏额外政策

地区	政策		
	直接提高FIT（元/千瓦时）	额外地区性FIT补贴（元/千瓦时）	装机补贴（元/瓦）
上海市		工商业用户0.25，个人用户0.4，为期5年	
湖北黄石		0.1，补贴10年	
江西省		0.2，补贴20年	
山东省	1.2(2013—2015)	0.05	
江苏省	1.2(2014)，1.15(2015)		
安徽合肥		0.25	一次性3元/瓦
河南洛阳			0.1元/瓦，奖励三年
河北省	1.3(2014)，1.2(2015)		
浙江省		全省补贴0.1，以下为地区额外补贴	
浙江嘉兴	光伏园区内2.8，补贴3年，逐年下降5分		
浙江温州		0.15(2014)，0.1(2015)，居民家庭0.3，补贴5年	
浙江海宁		0.35元，补贴5年	对屋顶资源提供方，一次性补贴0.3元/瓦
浙江桐乡		0.3(1~2年)，0.2(3~5年)	1.5元/瓦装机补贴 对屋顶资源出租方一次性补贴30元/平方米

采用内部收益率(Internal Rate of Return,IRR)计算比较分布式光伏投资收益。IRR就是资金流入现值总额与资金流出现值总额相等、净现值等于零时的折现率,是一项投资渴望达到的报酬率,是能使投资项目净现值等于零时的折现率。内部收益率是一个宏观概念指标,一般情况下,内部收益率大于等于基准收益率时,该项目是可行的。内部收益率最通俗的理解为项目投资收益能承受的货币贬值,通货膨胀的能力;同时内部收益率也表示项目操作过程中抗风险能力;另外如果项目操作中需要贷款,则内部收益率可表示最大能承受的利率。

计算上海市2014年分布式光伏项目投资的20年以及25年IRR,并与西部集中式光伏IRR以及德国分布式光伏IRR、中国甘肃酒泉集中式光伏IRR进行比较,结果如图4-11所示。图4-12显示了主要出台地方补贴的地区的IRR。

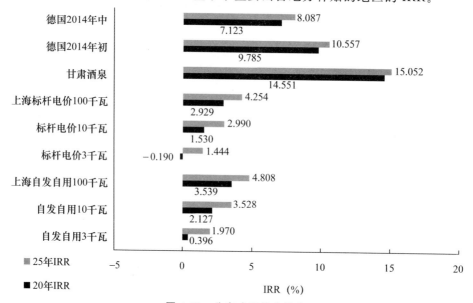

图 4-11 分布式光伏收益率

注:德国光伏取10千瓦装机补贴,2014年年初为13.68欧分/千瓦时,年中为12.88欧分/千瓦时,根据即时汇率进行计算;甘肃酒泉光伏取100千瓦数据。

可以看出,即使考虑地方补贴,中国大多数地区分布式光伏内部收益率较低。取上海25年IRR与10千瓦系统进行比较,上海市自发自用IRR比德国2014年年中IRR低4.56个百分点,比甘肃酒泉集中式发电低11.52个百分点。而分布式系统对于安装成本比较敏感,小规模的分布式发电的IRR明显下降,上海采用标杆电价进行计价的3千瓦小型系统甚至无法取得正的IRR。考虑到中国2014年3.3%的通货膨胀率,可以看出,在仅仅只有国家分布式光伏补贴政策下,投资分布式光伏缺乏动力是很自然的现象。

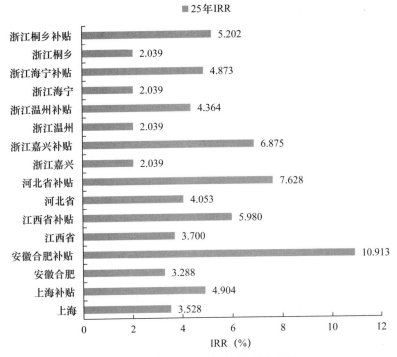

图 4-12 主要地方补贴地区 IRR 分析

值得注意的是，以上两点影响中国分布式光伏发展的因素都是长期的，在相当长的时间内不会产生本质性的改变。因此，中国政府或许需要转变思路，首先集中力量推动集中式光伏的持续发展，利用特高压进行电力调配；其次继续寻找更为合理的适合中国实际情况的分布式光伏发展途径。

2. 消纳问题

可再生发电具有波动与不可预测的本质属性。当可再生比例扩大，特别是达到 10% 时，会对电网稳定性产生很大影响。以光伏为例，一半以上出力集中在日照丰富的 3~4 个小时，所以，如果光伏发电比例占到总发电的 10%，峰值小时出力很可能超过需求的 50%。现在，可再生能源并网问题已经取代可再生能源成本问题成为其发展中最大的制约因素。

中国的弃风弃光问题非常严重。2015 年 1—9 月全国累计光伏发电量 306 亿千瓦时，弃光电量约 30 亿千瓦时，弃光率为 10%；弃光主要发生在甘肃和新疆地区，2015 年，甘肃省弃光率 28%，新疆（含兵团）弃光率 20%。表 4-17 为 2011—2015 年中国弃风弃光情况。

表 4-17　2011—2015 年中国弃风弃光情况

	风电（亿千瓦时）			光伏（亿千瓦时）		
	弃风电量	弃风率（%）	发电小时数	弃光电量	弃光率（%）	发电小时数
2011	12.3	16.2%	1875	—	—	—
2012	20.8	17.1%	1929	—	—	1423
2013	16.2	10.7%	2025	—	—	1342
2014	12.6	8.0%	1900	3.8	14.0%	1235
2015	33.9	15.0%	1728	4.4	10.0%	1133

数据来源：CEIC。

原则上，中国政府要求电网全额收购可再生能源发电。2010年4月1日修订实施的《可再生能源法》明确提出，国家实行可再生能源发电全额保障性收购制度。2016年3月，国家发改委印发《可再生能源发电全额保障性收购管理办法》再次强调这个政策。然而实践与政府政策存在较大偏差。近年来中国的弃风弃光有两个主要原因。首先是因为整体上中国需求放缓，各发电品种发电小时数都同时下降。图4-13是中国近年来各发电品种发电小时数，数据进行归一化处理。可见，随着2012年以后中国经济增长趋缓，发电量增长率下降，各发电品种小时数下降明显，火电风光都下降到了最高时刻的80%左右。第二是因为可再生能源比例持续增大，特别是中国可再生发电集中在西部地区，这些地区的负荷相对较小，电网容量有限，消纳能力弱。

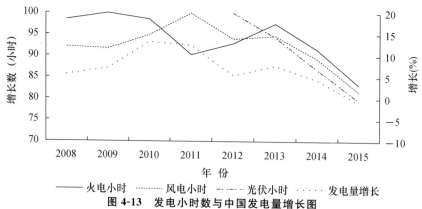

图 4-13　发电小时数与中国发电量增长图

同为可再生能源大国，德国在风-光并网方面的举措值得中国借鉴。2015年，德国风光装机占比超过40%，而弃风弃光率仅为1%左右。与中国相比，德国在可再生并网问题上有四个方面的优势：第一，德国可再生发电中分布式比例较大，有利于直接消纳；第二，德国国家面积小，可再生发电输出较易预测，且德国电网背靠欧洲大电网,发电与负荷的波动更容易调节;第三,德国有成熟的可再生能源配额制,保证电网企业收购足额可再生能源发电;第四,德国有市场化的多品种发电竞争上网价格机制,由于可再生能源边际成本趋向于0,在可再生能源发电密集时,常常显示出低电价甚至负电价,能够有效促进其电能优先利用。然而,德国的高可再生能源并网率并不是没有代价的,2015年,德国电价约为26欧分/千瓦时,其中可再生能源附加费为6.35欧分/千瓦时(其中2.63欧分分配给太阳能光伏),比2012年提高了75%,这导致德国成为欧盟能源费用第二高的国家,仅仅是德国的电力附加费就超过了中国许多地区的电力价格。总体来说,当可再生能源渡过了初期阶段,成为成熟的发电品种进入竞争市场,其并网成本需要更明确的计算与考量。

可再生发电并网成本可以分为三大类。第一类是容量成本——由于可再生发电具有波动与预测困难性,需要有足够多的其他品种发电与之配合进行稳定供电。第二类是预测成本——表示由于对可再生发电的预测偏差造成的额外并网成本。第三类是技术成本——指由于可再生发电在稳定性以及具体技术指标如无功功率上达不到直接并网要求,需要额外接入的设备成本。其中,前两类成本是由可再生本质属性决定的,最为重要。

从总体经济性上考虑,是否进行弃风弃光行为应定义为:可再生并网成本大于或远大于弃风弃光成本损失。依次具体分析,弃风弃光可以归纳两种情况:第一,可再生能源即时发电量高于负荷,这些电量只能放弃;第二,可再生能源发电不高于负荷,但是并网可再生发电需要造成其他发电品种的剧烈波动与电网稳定性的大范围下降,弃风弃光从经济上更优。如果仅仅依靠现有的电网体制,弃风弃光现象无法避免。

由于不可能得到全国性的禀赋以及电力负荷小时数据,我们以厦门市2015年数据模拟分析电力负荷与光伏发电情况。当光伏发电比例达到10%时,全年8760小时中,有49个小时光伏输出超过净需求,超过部分占总光伏发电量的1.13%,光伏输出超过净需求一半的小时数为347。而当光伏占比12.4%时,光伏超过净需求小时数为111,超过部分占比2.32%,超过一半小时数为563。与发电小时数相比,大约有1/4~1/3的时间输出超过净需求的一半。图4-14为模拟的光伏输出与负荷示意图。

中国弃风弃光问题需要引起高度重视。现阶段,弃风弃光率上升,发电小时数下降;按照现在的规模,可再生发电可能有30%无法上网,将造成每年500~1000亿的直接损失。此外,一方面可再生能源投资会造成巨大浪费,影响投资积极性,另一方面,大规模的火电进行调峰备用不但会造成巨大的低效投资,而且不能高效工作的火电也会增加排放,增加成本,不利于中国以降低火电比例为主线

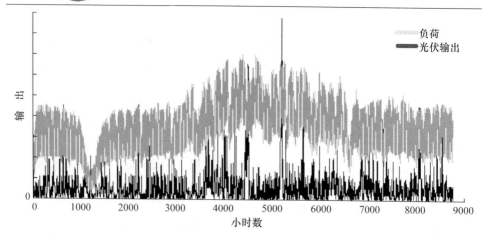

图 4-14　光伏输出与负荷示意图(光伏发电量占比 10%)

的节能减排政策。

其他国家促进光伏消纳最重要的政策是配额制。配额制与上网电价政策作为支持可再生能源发展的两大机制,总体来说,上网电价制比配额制应用更为广泛,上网电价政策更适用于可再生能源发展的初步市场化阶段。通常情况下,上网电价政策与配额制政策不会同时适用:上网电价通过直接的价格模式给予投资者可以预期的长期稳定收益;配额制更多的是基于政府主导强制发电企业进行可再生能源电源建设或搜寻更低的成本的可再生能源,其补偿具有不确定性。

国外配额制主要有如下几点特点:

(1) 从可再生能源配额制承担主体来看,供电企业主要承担配额任务。国外实践表明,如果供电企业作为配额承担的主体,能够基于售电侧市场,采取开放灵活的方式将配额成本通过终端销售电价进行疏导;如果是发电企业作为配额承担主体,一般采取可再生能源发电证书模式,将配额制成本在行业之前交易传递。

(2) 国外可再生能源配额指标分配到各个地区时,更多地考虑到了资源条件、地区经济发展水平与该地区电网情况。

(3) 国外配额制的运作机制较为灵活,主要基于电力市场化运行机制进行调节。表 4-18 列出了主要国家配额制内容。可以看出,首先,这些国家与地区配额制是基于电力市场市场化基础上,由政府制定配,供电企业或发电企业作为承担主体,而不是仅仅对各级政府进行责任分配;其次,市场化的运作机制保证了可再生能源配额可被交易,更有利于资源配置,增强了配额制的灵活性与可操作性。

表 4-18 主要国家可再生能源配额制比较

国家(地区)	配额内容与承担主体	运作机制	成本承担
美国加州	供电企业,购买一定比例可再生能源电量	基于可再生能源交易市场,并有罚金	售电市场开放,通过终端销售电价疏导
日本	供电企业,根据电网网架坚强情况为九大电力公司分配收购电量	基于可再生能源证书交易市场进行考核	通过终端销售电价疏导
英国	供电企业,不同地区制定不同配额,地区内各企业承担配额比例相同	基于可再生能源交易市场进行考核	售电市场开放,通过终端销售电价疏导
意大利	发电企业,各发电企业承担同样配额	基于可再生能源交易市场进行考核	发电侧市场开发,政府回购证书

虽然中国可再生能源法规定了电网企业需要全额收购可再生能源发电,然而,电网作为垄断性主体,在实际操作中必然倾向于成本最小化运作,很可能会出现弃光的情况。因此,解决消纳问题,中国可能需要在三个方向进行改进:第一,在中国电改的大环境下,如果将售电主体独立,那么需要对这些售电主体进行可再生能源配额规制。第二,由于光伏与风电等可再生能源发电边际成本接近于零,如果能够引入市场化定价机制,那么通过边际成本效应,不但可以促进部分发电的消纳,也有助于降低总体发电价格。第三,加快发展特高压等电力外送通道是最直接的解决办法。

4.2.3 热点问题分析

1. 光伏发电与储能的结合

长远来看,电池储能可能是解决可再生能源发电不稳定性的唯一方法。电池的好处在于,可大可小,容易与各种规模的可再生能源发电相结合;充放电快速,直接电与电转化,转换效率高,特别是与新能源可以直流到直流直接充放电;相比于其他消纳方式,理论上其充放电不存在运行成本,也不存在高昂的边际运行成本。而其应用限制的最大因素在于电池成本以及与成本相关联的充放电效率、安全性、寿命。

当前中国储能系统主要形式为抽水蓄能电站。然而无论是中国已投产的抽水蓄能电站规模(2014年底总容量2214.3万千瓦),或是在建与规划容量,都很难跟上中国可再生能源装机的快速发展。另外,抽水蓄能电站单体容量较大,施工地点有限制,不易与可再生能源发电有效结合,因此必须发展新的储能手段。可以预见的大规模储能手段大致分为四类:物理储能(飞轮),热储能,电池储能与电容储能。其中,电池储能技术有明显的优势。电池储能的安装地点与容量容易控制,充放电快速,转换效率高。而电池储能中锂电池的能量密度与功率密度较大,

在与新能源结合的系统中应用发展较快。2015年5月，Tesla发布一款名为Power wall的家用电池系统和商用的电池系统Powerpack。其单体峰值电量为3千瓦，可储存10千瓦时电量，提供10年质保，可以通过简单拼接进一步扩大至1000倍。

随着可再生能源和能源互联网的快速发展发展，储能技术受到前所未有的高度关注。中国国家能源局已经委托中国化学与物理电源行业协会，启动国家储能产业"十三五"规划大纲的编写，以加快推动中国储能产业的发展。大纲意见指出，应用储能技术能为电网系统调峰填谷，解决供用电矛盾；提高电网系统可靠性和安全性，减少备用需求及停电损失；作为用户侧辅助电源，提高电能质量和供电稳定性，保障电网安全、稳定运行；作为分布式发电及微电网的关键技术，稳定系统输出、备用电源、提高调度灵活性、降低运行成本、减少用户电费。

2015年，中国锂离子电池市场规模为920亿元，其中IT用锂电池为640亿元，动力电池250亿元，储能电池30亿元。以动力锂电池作参考，2015年年底，锂电池的成本在1200元/千瓦时左右。根据2016年4月工信部发布的最新《汽车动力蓄电池行业规范条件》，GB/T 31484、GB/T 31485、GB/T 31486，对寿命的要求：循环次数达到500次时放电容量应不低于初始容量的90%，或循环次数达到1000次时放电容量应不低于初始容量的80%。而许多厂商标称的循环次数可以达到2000次。以此计算，电能通过储能电池一次充放电过程成本约为0.6元/千瓦时。如果储能系统与可再生发电相结合，可再生电量通过储能电池进行峰值调配并有效并网，这一成本可以理解为通过储能电池的可再生能源并网成本。如果这一成本降低，并且低于可再生能源并网成本，那么采用储能系统是经济的。

储能系统的引入能够显著提高电力系统稳定性，降低电网成本。在储能系统存在的情况下，光伏发电比例提高，所需要与之匹配的基荷以及调峰机组容量可以保持稳定，调峰机组发电在火电总发电中的占比不需要急剧扩大，储能可以取代部分调峰机组的作用。以厦门市数据进行测算，现阶段，光伏发电占比10%时，相比无储能情况，储能系统的引入可以带来系统发电成本约7%的下降，同时，储能对光伏与火电的匹配出力有显著的平滑作用。

需要指出的是，不同目标下储能设施运行状况不同。当储能目标为最小化电网成本时，其运行方式应基于电力需求曲线，即在电力需求低谷时储存电力，在电力需求高峰时释放电力，将新能源发电量在电力需求峰谷之间调配。而当储能目标为最大化用户收益时，其运行方式需要基于电价曲线，即在电价低谷时储能电力，在电价高峰时释放电力，将新能源发电量在电力价格峰谷之间调配。

现阶段，中国新能源发电比例很小，中国峰谷电价等分时电价的制定无须考虑新能源发电的影响。现阶段，峰谷电价与电力需求具有正相关性，储能可以同时优化上述两大目标。然而，当新能源发电占到一定比例后，电力需求的峰谷结构可能发生根本性改变（新能源发电不存在燃料成本，其运行成本可以忽略不计，电网运行成本由扣除新能源发电的其他发电部分决定，因此此处的电力需求对应其他发电部分的出力）。举个例子，光伏发电占比为10%时，中午的峰值发电功率可能接近总用电功率的50%，这时，原有中午用电"峰"反而变成了"谷"，而晚上的用电"谷"反而变成了"峰"。电力需求"峰谷"与峰谷电价相关度转为负。当电力需求的"峰"对应电价的"谷"，而电力需求的"谷"对应电价的"峰"时，电网侧的储能设备基于电网成本最小化原则，在"谷"时段储电，在"峰"时段放电，仍然调峰填谷；而用户侧的储能设备基于最大化利润的原则，会选择在低电价的"峰"时段储电，而在高电价的"谷"时段放电，反而调谷填峰，恶化了电网峰谷结构，加剧了电网波动性，提高了电网成本。

综上，储能技术作为"十三五"中国能源发展中重要的一环，在制定发展目标时，要把经济性研究与技术性研究放在同等重要的位置，优先考量。可再生能源发电并网是世界性的一大难题，需要分时电价这一经济性杠杆与储能技术这一物理性杠杆同时发挥作用；从某种程度上说，理顺经济性更为重要。另外，上述问题只是储能经济性中的一环，如何通过价格因素引导储能行业发展，如何制定储能设备补贴等经济性问题，同样需要及时展开研究。经济研究与技术研究两条腿走路，促使储能行业在"十三五"健康发展，更有效地同时实现改善电网稳定性与实现盈利两大目标。

2. 光伏生产过程耗能分析

社会上有一种说法："光伏生产耗能大，污染大，发出来的电还比不上耗电。"那么，光伏生产过程的耗能到底和发电孰大孰小？耗能是否影响到光伏系统整体的经济性是核心的问题。实际上，光伏生产过程耗能是相当有限的。

光伏制造业主要包括晶硅提纯、硅锭硅片、光伏电池和光伏组件四个环节。晶体硅提纯从工业硅粉中提取太阳能级晶体硅，然后将硅晶体切割加工、刻蚀清洗、印刷电极制成光伏电池片，再由电池片封装制成最终的光伏组件。上述流程见图4-15。其中，晶体硅提纯需要在高温条件下完成，消耗大量的电能，耗能占总耗能的56%~72%；同时也是产业链中最主要的化工生产过程。所谓的"高耗能高污染"主要针对这一环节。晶体硅提纯主要包括改良西门子法、物理冶金法和硅烷法等，其中改良西门子法技术相对成熟，是目前晶体硅生产的主流技术，占全球晶体硅产能的80%，在中国产能中份额超过90%。因此，以改良西门子法为主展开讨论（改良西门子法单位能耗高于物理法与硅烷法）。

图 4-15 光伏制造业流程示意图

（1）耗能问题。

晶硅提纯确实是大规模、高耗能产业，然而，这不等于光伏产品有着高能耗成本。可以将单位光伏组件生产中所耗的总能量折算成耗电量，并与组件全寿命发电量进行比较。随着产业的快速扩张与技术进步，中国光伏能耗下降非常迅速，同时，政府非常强调光伏生产节能发展。2006 年，以晶硅计，中国光伏产业链平均综合电耗约为 300 千瓦时/千克，2012 年下降到约 160 千瓦时/千克。近年来的数据可以参照 2015 年工信部发布的《光伏制造行业规范条件》，规范规定现有项目综合电耗须小于 120 千瓦时/千克；新建和改扩建项目须小于 100 千瓦时/千克。这一能耗水平已接近世界最先进水平。

以此折算，2012 年，中国光伏全产业链电耗约为 1.0～1.6 千瓦时/瓦，2015 年符合国家规定的光伏电耗低于 0.6～1.2 千瓦时/瓦，即，将生产能耗折算成耗电量，生产 1 瓦光伏组件需要 0.5～1.2 度电。而即使按中国中东部发电小时数 1200～1400 计，1 瓦光伏组件年发电 1.2～1.4 度电，半年至一年内即可收回生产所耗电量；西部光照资源丰富地区回收期更短。按光伏组件 25 年寿命计，光伏的发电远大于生产耗电。

可见，一方面，光伏生产过程耗电量大约仅占光伏可发电量的 5% 以下；另一方面，任何发电设施在计算其发电能力时，并没有将其生产过程全耗电纳入计算，以上论述对光伏本身是不公平的。火电站、水电站与核电站数年制造、施工中的全部能耗并没有常常被提出来与其发电能力做比较，仅仅针对光伏有失公允。最后，任何发电运行过程中都有损耗，以火电为例，2015 年，中国火电厂用电率为 6.1%。单单这一数据甚至高于光伏生产耗电与发电比。

(2) 污染问题。

改良西门子法过程中形成副产物四氯化硅（高污染剧毒废液）以及氢气、氯气等尾气。四氯化硅如果直接排放，遇潮湿空气即分解产生氯化氢，这也是所谓"光伏高污染"的依据。然而，中国对于光伏制造业清洁生产早有规范。早在2010年12月，工信部、发改委、环境保护部发布了《多晶硅行业准入条件》，规定还原尾气中四氯化硅、氯化氢、氢气回收利用率不低于98.5%、99%、99%；同时，对晶体硅生产的选址、能耗、环保、规模做出了明确规定和限制。中国晶硅生产企业早已实现改良西门子法的闭路循环生产，做到"可控可还"，从合成到蒸馏，从还原到尾气分离，实现循环利用。高污染之说没有事实根据。

2015年《光伏制造行业规范条件》进一步提高了光伏各个生产环节的清洁生产标准。规范规定光伏制造企业应采用工艺先进、节能环保、产品质量好、生产成本低的生产技术和设备。应严格执行环境影响评价制度，未通过环境影响评价审批的项目不得开工建设。企业需要获得排污许可证，并按照排污许可证的要求排放污染物。规定同时强调基本农田保护区、饮用水水源保护区、自然保护区、风景名胜区、重要生态功能保护区和生态环境敏感区、脆弱区等区域不得建设光伏制造项目，上述区域内的现有企业应逐步迁出。另外，规范对废气、废水、恶臭污染物、工业固体废物及噪声的排放、处置或综合利用都有相应规定，特别强调四氯化硅等危险废物应委托具备相应处理能力的有资质单位进行妥善利用或处置。

可以看到，遵守国家规定进行生产的中国光伏企业不存在高污染问题。进一步说，国家标准对于诸多中国光伏企业来说其实是最低标准。中国光伏企业从出口西方国家开始发展，普遍通过了产品出口认证，如美国UL或者德国TUV标准认证。这些认证中包含清洁生产内容，可以说中国主要光伏公司在节能环保上称得上高标准严要求。

综上，中国光伏制造业发展之初或许存在过，规模发展后绝对不存在生产过程的高能耗和污染问题。所谓的"光伏高耗能高污染"传言应该通过正面宣传加以破解。

3. 德国能源转型对中国的启示

德国是全球能源转型的先行者与可再生能源发展的领头羊。2010年，德国《能源方案》中提出了能源转型的战略目标，其中可再生能源发展目标是：到2050年60%的能源消耗和80%的电力来自于可再生能源。以此为基础，德国大力发展风电光伏等可再生能源，减少火电份额，并宣布将与2022年前关闭所有核电站。对人类社会而言，这是一个宏大而史无前例的目标，如果能够实现，意味着追溯至18世纪第一次能源革命，300年后人类能源结构实现回归，人类可以依靠可再生能源可持续发展。德国正朝着这一目标稳步迈进,当前可再生发电在总用电中的比例已占到1/3。

2014年,可再生能源发电占德国总用电量的27.4%,在发电中第一次超过了一直以来占比最大的褐煤。2015年,德国可再生能源发电比例进一步扩大到32.5%,其中风电占44%,光伏占20%,生物质能占26%,传统的水电仅占10%。另外值得肯定的是,2015年,德国风-光装机占比超过40%,而弃风弃光率仅为1%左右。可以说,德国能源转型已取得阶段性的成果。

(1) 德国能源转型有两大根本性的启示。

第一点启示,是大比例可再生能源发电是可行的。风光等可再生能源发电具有波动性与不确定性,随着其规模的扩大,利用难度成倍增大。一般而言,当可再生比例超过10%时,会对电网的安全与稳定产生显著的影响。人类是否可以通过努力化解这一影响?德国告诉我们是可行的。2015年有两大标志性事件。一者,2015年8月23日,在德国的电力需求达到峰值时,整体的83.2%是以可再生能源电力满足的。二者,2015年3月20日德国出现日偏食,德国电力系统通过合力应对,在光伏输出突然跌落的时刻没有出现显著影响。因此,德国告诉我们即使可再生比例很大,以全电力系统科学合理应对其的输出变动,维持电力系统供需平衡在现阶段是可以做到的。

第二点启示,是国家持续大力推动可再生能源这条路是可行的。从2000年"能源转型"提出开始,德国政府通过一系列可再生能源法案,对风电、太阳能发电给予科学合理的补贴以及优先上网等优先权利。15年后看,这一系列举措是成功的,也被全球可再生能源市场所学习与采纳。中国市场化的可再生能源补贴从2013年正式启动,政府需要持续推动这一政策,保障政策的连贯性与执行能力。

(2) 站在中国的角度,辨证地看待德国能源转型中的一些问题。

首先,能源转型很大程度上是以支付能力为基础的。德国的高可再生能源比例的代价是电价的大幅度提高。2015年,德国电价约为26欧分/千瓦时,是欧盟能源费用第二高的国家,高于平均水平40%。电价中的可再生能源附加费更是节节攀升,2015年为6.35欧分/千瓦时,比2012年提高了75%,仅仅德国的电力附加费就超过了中国许多地区的电力价格。

中国是仍处在快速工业化阶段的发展中国家,保持较为低廉而稳定的电力价格对国家经济成本与民生极为重要。可再生的发展必然伴随着电价上升,中国需要对此有所准备,可能可以在支付能力较强的地区更大力度的推动可再生发展或使用。

其次,一整套的电力市场化体制对可再生发展是有好处的。德国有市场化的补贴机制,保证可再生投资者取得可预期收益;有成熟的可再生能源配额制,保证电网企业收购足额可再生能源发电;有市场化的多品种发电竞争上网价格机制,可再生发电通过"merit-order"效应成本不断降低。(可再生发电边际成本趋向于0,因此常常显示出低电价甚至负电价,又反过来拉低了总体可再生发电价格)。中国正在推动电力市场化改革,需要利用这一契机科学制定政策,以更为市场化的机制促进可再生能源快速发展。

再次,德国毕竟是小国,且背靠欧盟大电网,其电力输入输出易于调配;中国毕竟是大国,且无论是传统能源还是可再生能源都存在着电源与电力负荷逆向分布的态势。中国更需要花大气力发展电网,一方面发展远距离输电等调配技术,一方面发展分布式、微网、储能等消纳技术,促进可再生的高效率应用。

中国同样有着雄心勃勃的能源转型目标。2020年,中国计划非化石能源占一次能源消费比重达到15%,煤炭消费比重控制在62%以内;到2030年非化石能源占一次能源消费比重提高到20%左右。以此推算,2020—2030年水-核-风-光比例需要提高到3成,风-光比例需要达到10%。中国将会面临德国现在面临的情况,也会遇到比德国更深更复杂的情况,中国政府需要认真学习德国经验,并制定出一条最适合中国发展的能源转型之路。

4.3 生物质能发展

4.3.1 生物质能发展现状

生物质能一般是指以生物质为载体储存的化学态能。生物质能原料来源广泛,主要包括各种农林废弃物,生活垃圾,禽畜粪便以及废水废渣等。生物质能作为一种重要可再生能源,资源分布广泛,其利用方式也是多种多样,既可以用来发电,也可以加工成固体成型燃料,还可以转化为多种气体或者液体燃料,储存和运输都比较方便。因此,生物质能可以满足各种形式的能源需求,这也是生物质能的一个优势。中国生物质能总量比较丰富,目前主要以农林废弃物为主,还包括城市生活垃圾,动物排泄物、能源作物等。根据中国可再生能源发展报告的数据,2014年,农作物秸秆可利用总量折合标准煤大约为4.4亿吨,林业废弃物大约为2亿吨标煤,禽畜粪便0.28亿吨标煤,生活垃圾0.12吨标煤,废水废渣0.2亿吨标煤。中国目前生物质能的主要利用方式有生物质发电,加工转化为固体、气体、液体燃料等。2006年,中国《可再生能源法》正式实行之后,对可再生能源支持力度增加,可再生能源产业得到了较快发展。以生物质发电为例,并网装机容量从2005年200万千瓦增加到2014年的948万千瓦,累积核准装机容量已达到1423万千瓦。

1. 生物质发电

生物质发电主要有农林生物质发电和城市生活垃圾发电两种。2014年,中国农林生物质发电占比为59%,并网容量约为500万千瓦,原料是各种农作物秸秆和林业废弃物,主要集中在华中和华东等原料比较丰富的地区。垃圾发电并网约为423万千瓦,原料以城市生活垃圾为主,主要分布在大中城市周边地区。沼气发电和气化发电在最近几年也得到一定程度的发展,但总量相对较小。从图4-16可以看出,各种发电方式所占的比例。

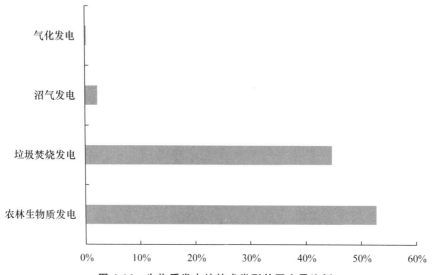

图 4-16 生物质发电按技术类型并网容量比例

数据来源:中国生物质发电建设统计报告。

从图4-17投资者类型上来看,生物质发电的投资中民营企业所占的比例最大,在累计并网容量上,2014年底已超过50%;其次是国有企业,外资企业和合资企业所占比重相对较小。可以看出,与传统电力行业不同,在生物质发电行业,民营企业已经开始发挥更大的作用。在农林生物质发电行业,民营企业与国有企业在投资成本与经营成本上差距不大。虽然国有企业在发电行业有技术和资金的优势,然而规模相对较小的民营企业在风险相对较大的新能源行业却表现良好。这也说明了民营企业比较灵活,能比较灵活适应生物质发电行业中的不确定性。

从图4-18中可以看出,农林生物质发电装机容量最多的省份是山东省,2014年累积并网装机容量已经超过1000兆瓦。东北地区的黑龙江省、吉林省以及华中地区湖北省、湖南省和河南省。这些省份都是农业大省,作物秸秆资源比较丰富。可以看出,农林生物质发电行业的分布主要还是由资源分布情况决定的。

中国能源发展报告 2016 | 193

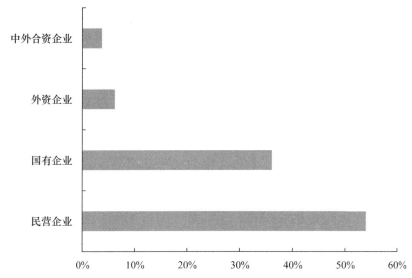

图 4-17　生物质发电各类型投资企业并网容量比例
数据来源：中国生物质发电建设统计报告。

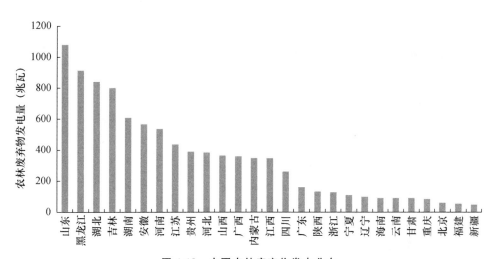

图 4-18　中国农林废弃物发电分布
数据来源：国家可再生能源数据中心。

与农林生物质发电一样，垃圾焚烧发电最多的省份也是山东省（图 4-19）。然而垃圾焚烧的整体分布情况与农林生物质不同，垃圾发电比较多的几个省份中沿海地区占据多数，如广东、浙江、江苏等。可能的原因是，这些地区城市周边的土地资源比较稀缺，采用垃圾焚烧发电的需求也比较大。与一般的垃圾填埋处理方

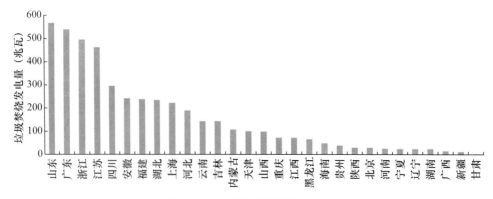

图 4-19　中国垃圾焚烧发电分布

数据来源：国家可再生能源数据中心。

式相比，垃圾焚烧处理占用的土地资源较少。另外垃圾焚烧发电成本比较高，需要较多的资金投入。一般来说，经济比较发达的城市和地区更容易承受。

中国垃圾填埋总量巨大，填埋是最主要的垃圾处理方式。但是中国垃圾填埋发电发展缓慢，总量相对较小。大部分垃圾填埋都没有装备能源回收利用装置，造成了资源的浪费。从图 4-20 中可以看出 2014 年中国垃圾填埋发电的分布情况，垃圾填埋发电装机最多是河南省，其次是江苏省和湖北省。大部分省份的装机容量都在 20 兆瓦以下。考虑到中国巨大的垃圾填埋总量，未来垃圾填埋发电将会有较大的发展空间。

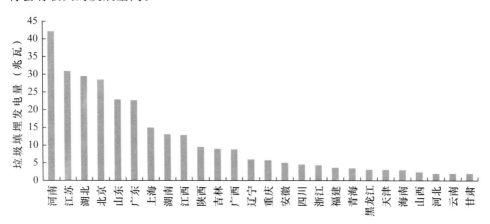

图 4-20　中国垃圾填埋发电分布

数据来源：国家可再生能源数据中心。

2. 生物质液体和固体燃料

能够转化为各种形态的生物燃料是生物质能的一个优势,与风电、太阳能、地热等其他可再生能源不同,生物质原料可以根据需要加工转化为需要的液体或者固体燃料。中国生物燃料主要有生物质固体成型燃料、燃料乙醇和生物柴油。生物质固体成型燃料主要用于各种锅炉,原料以农作物秸秆和木屑为主。2010年产量为300万吨,近几年取得了一定程度的发展,2014年达到700万吨。

从图4-21可以看出,2005年到2014年,中国生物质液体燃料总产量有较大幅度的增加,到2014年,已超过2083千吨油当量。由于不同的原材料和转化技术,生物质液体燃料有多种类型,中国现阶段生物质液体燃料主要由燃料乙醇和生物柴油两种,2014年产量分别为28亿升和11亿升。燃料乙醇的主要原料是以陈化粮为主,同时非粮乙醇燃料也有所发展。生物柴油的主要原料是废弃油脂,另外还有一些含油脂作物。

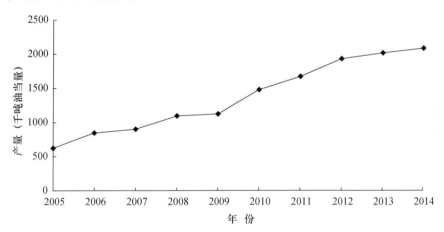

图 4-21 中国历年生物液体燃料产量

数据来源:可再生能源数据手册2015。

3. 沼气的发展现状

沼气是中国农村利用生物质能的主要方式。沼气利用在中国发展起步较早,近几年也得到较快的发展。2000年,农村沼气用户大约有848万户,到2013年中国农村沼气用户达4122万户,沼气利用量每年137亿立方米。沼气利用方式比较灵活,可以根据具体需要设计不同的规模。一般来说,农村户用沼气的规模相对较小。在一些农村地区也建立一些中型的沼气设备,主要方式是集中使用。除一般家用沼气之外,一些规模相对较大的沼气工程也得到了一定程度的发展。从表4-19可以看出,2013年,用于处理工业废弃物的沼气工程可以年产沼气26 583万立方米。与之相比,处理农业废弃物的沼气工程发展较快,2013年沼气产量已达到 183 650 万立方米。

表 4-19 中国沼气利用基本情况

年份	户用沼气		沼气工程	
	户数（万户）	年产气量（万立方米）	处理工业废弃物工程（万立方米）	处理农业废弃物工程（万立方米）
2000	848	258 854	8 963	3 373
2005	1807	705 893	11 129	22 985
2006	2175	818 733	12 884	21 829
2007	2623	988 359	13 316	35 604
2008	3049	1 138 823	18 533	52 604
2009	3507	1 240 770	15 236	76 492
2010	3903	1 307 829	12 524	105 426
2011	3997	1 384 410	27 635	143 650
2012	4803	1 377 787	30 992	167 368
2013	4122	1 366 268	26 583	183 650

资料来源：农业部科技教育司，全国农村可再生能源统计汇总表 2014。

从总量上来看，中国生物能发电已经初具规模，在 2006 年，中国生物质发电站装机容量已达到 2500 兆瓦，在此后的几年中，生物质发电也在稳步增加，到 2015 年达到 10 320 兆瓦。但相对于中国新能源产业的快速发展，从速度上来看，近几年发展相对缓慢，与风电、光伏的快速发展形成鲜明的对比。如风电装机容量已从 2005 年的 2599 兆瓦增加到 2015 年的 145 104 兆瓦，太阳能并网容量从 80 兆瓦增加到 43 062 兆瓦。除生物质发电外，生物燃料近几年的发展速度也相对缓慢。中国生物能虽然取得了一定的发展，但从发展速度和规模来看，与风电、太阳能等新能源相比，差距在不断扩大。

从图 4-22 可以看出，在 2006 年时，风电和生物质发电相比差距并不大，但是风电在之后得到了快速的发展，与生物质发电的差距在不断扩大。生物质发电在 2012 年之前一直是领先于太阳能发展，然而从 2013 年开始，太阳能发展速度加快，超过了生物质发电，且差距有不断扩大的趋势。

从世界范围来看，中国生物质能产业的发展也相对缓慢。与其他主要能源消费大国相比，中国可再生能源发展也取得了巨大的成就。2014 年中国水电利用量 241 百万吨油当量，位居世界第一，占全球水电总量的 27.4%。非水可再生能源利用总量 53 百万吨油当量，仅次于美国的 65 百万吨油当量，其中风电发电量占全球风电的 22.4%，太阳能发电占 15.7%，都位居世界第二。从增速来看，2014 年中国风电新增装机容量 23 196 兆瓦，占全球新增装机容量的 44.9%，远超其他国家。2014 年中国光伏新增装机 10 560 兆瓦，也位居世界首位。从生物质发电来

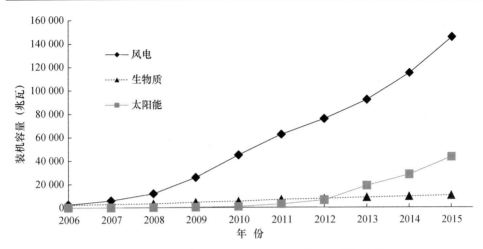

图 4-22　中国生物质发电、风电、太阳能的历年装机容量

数据来源：Renewable Capacity Statistics 2016。

看,2014 年中国并网装机容量为 950 万千瓦,美国最多为 1610 千瓦,德国为 880 万千瓦。中国生物质发电装机容量为世界第三,但是增速相对缓慢。从总量上来看,中国生物质能规模在世界相对比较靠前。但是相对于中国能源消费总量的规模,生物质能发展与其他国家相比仍然相对缓慢。从运行情况来看,国外特别是欧洲国家实现热电联产的比例较高,不仅提高了能源的使用效率,也增加了企业的盈利。在垃圾发电方面,一些国家如日本等垃圾发电的比例已占到垃圾处理量的 70% 以上,且整体效益较好,对周边环境的影响不大,很少带来相关的社会问题。中国垃圾发电所占的比例较低,由于没有实现垃圾分类处理以及技术上的问题,有很多地方垃圾发电厂出现了排放超标的情况,引起了公众的关注,给垃圾发电行业的发展带来了阻碍。中国生物质液体燃料的发展与美国和巴西的差距非常大,2014 年,美国的燃料乙醇和生物柴油产量分别为 543 亿升和 47 亿升,远高于中国的 28 亿升和 11 亿升。从增长速度来看,前两位的美国和巴西增长速度为 3.9% 和 1.6%,而同期中国仅为 0.3%,情况不容乐观。生物能发展整体相对落后,生物质液体燃料总量中国占全球比例仅为 2.9%,排名第七。中国生物质液体燃料现阶段主要还是以粮食作物为主,以纤维素转化乙醇为代表的第二代生物质液体燃料技术上还不成熟,而以微藻为代表的第三代液体燃料还处在研发阶段。在生物质液体燃料的整体技术水平上,中国与其他国家的差距应该不大。

4.3.2　生物质发电的减排与补贴分析

发展可再生能源的一个主要目的是替代现有的化石能源,减少温室气体排放。对生物质能源的减排量进行估算并与其他新能源进行比较,可以大致了解几

种新能源的减排效应。在现阶段,大部分新能源技术在成本上不具有优势,发展新能源还离不开政府补贴。政府在对新能源进行发展规划时,补贴是一个主要考虑的问题。生物质发电是中国生物质能源利用的主要方式,各地的扶持政策也比较接近,因此,选取生物质发电作为研究对象,对其减排和补贴进行分析,并选择风能、太阳能与生物质发电进行比较。

生物质发电作为生物质能利用的一个主要方式,在各国都得到了广泛的发展。中国生物质发电的主要形式还是农林废弃物发电和垃圾燃烧发电。其中农林废弃物发电按照具体的技术类型又可以分为农林生物质直燃发电,混合燃烧发电和气化发电。农林生物质直燃发电是主要的利用方式,是指全部燃料都是农林废弃物,包括农作物秸秆,林业废料等,都过直接在锅炉燃烧发电。混合燃烧发电是指在农林生物质燃烧的过程中加入一定比例的化石燃料,以提高燃烧的效率。但是生物质燃烧发电可以获得政府补贴,如果允许加入化石燃料,监管会有一定的困难,电厂会有多烧化石燃料的可能,因此,混合燃烧发电在中国并没有大规模推广,只有个别电厂使用这种技术。简单来说,生物质气化发电是指先将生物质燃料转化为可燃气体,然后再通过燃烧这些可燃气体产生动力发电。气化发电从能源转化效率上来说,一般比直接燃烧高。然而,生物质气化发电所需的投资成本和技术要求相对较高。中国生物质气化发电所占的比例也非常低。

中国垃圾发电主要有垃圾填埋发电和垃圾燃烧发电两种。其中垃圾燃烧发电发展较快,规模也大于垃圾填埋发电。垃圾燃烧发电一般来说装机容量较大,垃圾填埋发电的装机容量较小。从投资成本上来看,垃圾焚烧发电要远高于农林生物质发电,根据中国可再生能源发展报告的数据,2014 年垃圾焚烧发电的平均每单位千瓦的投资成本约为 18 000 元,而同期农林生物质发电的每单位千瓦的投资成本只有 9000 元左右。这主要是由原料不同决定的,农林生物质发电的主要原料主要是农作物秸秆,林业废弃物等,在燃烧过程中排放出的有毒气体较小,对环境的影响低。而垃圾燃烧发电的原料主要是生活垃圾,成本比较复杂,燃烧过程中有可能排放多种有毒气体。因此,垃圾发电在原材料的预处理,垃圾燃烧过程中的污染控制以及燃烧后废气废渣的处理都有严格的要求。这使得垃圾焚烧发电成为一个高资本投入的产业。

1. 生物质发电的减排效应分析

生物质发电作为一种重要的可再生能源利用方式,其社会和环境效应也主要在于与传统化石能源发电相比,减少了温室气体的排放。为对生物质发电减排量做一个大致的估算,在中国不同地区分别选择一个生物质发电项目作为典型企业进行分析。鉴于其他形式的生物质发电所占的比例较小,在研究中只考虑农林生物质直燃发电和垃圾燃烧发电两种主要的利用方式。由于农林生物质发电和垃圾燃烧发电在原材料和技术等方面的差别较大,因此,在分析的过程中分别考虑。

我们将农林生物质直燃发电在五个不同省份分别选取一个典型企业。具体为河北省的平泉泰达生物质发电项目,甘肃省的天水凯迪生物质发电项目,黑龙江省的友谊龙源生物质发电项目,江苏省的邳州国能生物质发电项目和湖北省的石首粤能生物质发电项目。具体企业基本信息、减排量估算数据来源于联合国气候变化框架公约(UNFCC)网站数据库。基本的计算方法是估算基本情形下的排放量,其中主要包括基准情形下发电产生排放量和生物质无控燃烧或者腐烂的排放量。再估算生物质发电项目的排放量。用基准情形下的排放量减去生物质发电项目的排放量,就可以得到减排总量,单位是以年为一个基本区间。

表4-20给出了五个农林生物质发电企业的基本信息,装机容量都为30兆瓦,也是农林生物质发电最常见的装量容量。第三列给出了五个企业每年的年均发电量,从中可以看出,虽然五个企业装机容量相同,但其年均发电量却并不相同。一方面原因可能是运营时间不同,另一方面也可能是不同地区的原料有所差别,企业的机器设备效率不同等,造成企业的发电效率有所不同。从减排总量上来看,五个企业的年均减排量都超过了110 000吨,总体减排量还是比较可观。为了对比几种可再生能源发电的年均发电量和减排量,在研究过程中,我们在不同风资源区分别选取了五个装机容量为49.5兆瓦风电项目进行比较。从年均发电量来看,五个风电项目在90 000~120 000兆瓦时之间,其中主要由于各地风资源丰富程度的区别,一类风资源区的发电量最大,在120 000兆瓦时左右。通过比较可以看出,即使装机容量大于生物质发电,风电的年发电量也小于生物质发电。这主要原因是在于生物质发电的年运行小时数远高于风电。从减排效果来看,五个风电项目的年均减排量在75 000吨到110 000吨之间。类似的,我们在光资源丰富的一类光资源区和二类光资源选取了三个太阳能发电项目,装机容量两个为30兆瓦,一个为40兆瓦。三个项目的年均发电量分别在35 000兆瓦时,49 000兆瓦时,62 000兆瓦时左右。发电量也远小于同样装机容量的生物质发电。三个项目的年均减排量在30 000~55 000吨之间。

表4-20 农林生物质发电企业减排情况

农林生物质发电企业	装机容量（兆瓦）	年净发电量（兆瓦时）	年均减排总量（吨二氧化碳）
平泉泰达	30	158 400	123 589
天水凯迪	30	171 600	143 737
友谊龙源	30	150 150	141 775
邳州国能	30	185 850	141 910
石首粤能	30	167 700	119 277

资料来源:United Nations Framework Convention on Climate Change (UNFCC)。

垃圾焚烧发电减排的分析与农林生物质发电的分析类似。垃圾焚烧发电也在五个地区分别选取一个典型企业,具体为天津市贯庄垃圾焚烧发电项目,上海市金山垃圾焚烧发电项目,深圳市宝安老虎坑垃圾焚烧发电项目,四川省成都市祥福垃圾焚烧发电项目,武汉市江北西垃圾焚烧发电项目。具体企业基本信息、减排量估算数据同样来源于联合国气候变化框架公约(UNFCC)网站数据库(表4-21)。垃圾焚烧发电减排量的估算方法和农林生物质发电类似。都是基准情形下排放量减去项目情形下的排放量。由于各地区城市垃圾的数量不同以及在规划时的具体考虑,各地垃圾焚烧发电的装机容量差别较大。选取的五个垃圾焚烧发电厂的装机容量都不相同。从成都祥福垃圾焚烧发电项目来看,其装机容量为36兆瓦,与之前分析的农林生物质发电项目差别不大。通过该项目与农林生物质发电项目的对比可以看出,垃圾焚烧发电的年均发电量与同样规模的垃圾发电与农林生物质发电比较接近,减排量也比较接近。

表 4-21 垃圾发电企业减排情况

企业名称	装机容量 (兆瓦)	年均净发电量 (兆瓦时)	年均减排总量 (吨二氧化碳)
天津贯庄	20	100 800	62 699
上海金山	15	73 512	98 129
深圳宝安老虎坑	60	299 000	462 152
成都祥福	36	196 000	196 325
武汉市江北西(新沟)	22	86 000	160 822

资料来源:United Nations Framework Convention on Climate Change(UNFCC)。

从以上两种生物质发电的减排量分析中可以看出,同样规模的生物质发电项目的年均发电量和减排量远远超过风电和太阳能项目。主要原因在于生物质发电项目的年运行小时数高于风电和太阳能。从这个方面来看,生物质发电项目的效率还是值得肯定的。对于政府来说,实现节能减排是发展可再生能源的一个主要目标。从减排潜力来看,生物质发电整体表现不错。但是对于社会来说,发展新能源需要补贴,如何能以最少的补贴实现减排目标是一个需要考虑的问题。我们需要知道生物质发电需要的补贴大致需要多少,与其他新能源相比,生物质发电需要的补贴是多还是少?因此,需要通过对生物质发电需要的补贴做一个大致的估算。

2. 生物质发电的补贴估算

生物质发电的补贴方式有多种,包括标杆上网电价,税收政策优惠以及接入电网系统而发生的工程投资和运行维护费用的补助等。对于农林生物质发电来说，目前的上网标杆电价为0.75元/千瓦时。垃圾发电的标杆电价为0.65元/千瓦时，而中国大部分省份脱硫火电的上网电价在0.4元左右。对于可再生能源发电企业来说，标杆上网电价一般是最有力的扶持政策。考虑到不同地区的具体情况以及计算方法的可比性，在具体计算中，对于一些实施范围较小或者地方性的补贴项目没有包括在内。在本研究的估算中，只考虑了电价补贴，税收补贴和接网补贴三种主要的方式。估算的补贴总额包括电价补贴，也就是标杆上网电价减去当地脱硫燃煤火电上网电价乘以年发电量，每年的税收优惠总额和接网补助总额。

表4-22给出了各生物质发电企业的年均补贴估算结果。从中可以看出，年补贴总额大约在5000万～9200万元之间。从单位补贴额可以更直接地看出生物质发电的补贴力度。由于各地区的情况不同，每个项目的单位补贴额也有所不同。最少的平泉泰达不到0.4元/千瓦时。类似的，为了与风电和太阳能进行对比，我们同样估算了以上分析中选择的五个风电项目和三个太阳能项目。大致估算结果如下，五个风电项目的单位补贴额度在0.25～0.42元/千瓦时之间。三个风电项目的单位补贴额度在0.75～0.8元/千瓦时之间。可以发现，农林生物质发电的单位补贴额度在风电和太阳能之间。

表4-22 农林生物质发电企业的补贴情况

农林生物质发电企业	装机容量（兆瓦）	年净发电量（兆瓦时）	年补贴额（万元）	单位补贴额（元/千瓦时）
平泉泰达	30	158 400	5804	0.366
天水凯迪	30	171 600	9151	0.533
友谊龙源	30	150 150	6626	0.441
邳州国能	30	185 850	8140	0.438
石首粤能	30	167 700	6544	0.390

资料来源：United Nations Framework Convention on Climate Change (UNFCC)。

垃圾发电企业一般可以获得一定数额的垃圾处理费，各地的处理费差别较大。垃圾处理费的收入是企业所提供的垃圾处理服务得到的收益，在估算的过程中，没有并入到可再生能源补贴中。表4-23给出了垃圾焚烧发电项目的补贴估算结果。可以看出，垃圾焚烧发电的单位补贴额在0.17～0.30元/千瓦时之间。从补贴力度上说，与风电基本持平。

表 4-23 垃圾发电企业补贴情况

企业名称	装机容量 （兆瓦）	年均净发电量 （兆瓦时）	补贴额 （千元）	单位发电补贴额 （元/千瓦时）
天津贯庄	20	100 800	29 790	0.296
上海金山	15	73 512	18 830	0.256
深圳宝安老虎坑	60	299 000	51 318	0.172
成都祥福	36	196 000	44 217	0.226
武汉市江北西（新沟）	22	86 000	21 345	0.248

资料来源：United Nations Framework Convention on Climate Change (UNFCC)。

整体上从补贴的角度考虑，风能比太阳能和生物质能更加有利。但是与风能和太阳能相比，生物质有其自身的优点。由于风电和太阳能的电力输出都不稳定，对电网的稳定造成一定的冲击，需要相应的调峰成本。而生物质能则没有类似的问题，在未来还可以作为调峰的备用电源。更为重要的是，无论是农林生物质发电和垃圾发电，都是以农业和工业废弃物为燃料。这些废弃物如果得不到合理的回收和利用，有可能会对环境造成危害。从这个方面上来看，生物质发电行业的发展不仅是作为一种可再生能源输出电能，而且还能处理工业农业垃圾，减少到环境的危害。因此，基本这两个方面的考虑，生物质发电是一个不错的选择。以中国的整体情况来看，风能和太阳能丰富的地区一般来说生物质资源并不丰富，而一些生物质资源丰富的农业大省风能和太阳能资源相对比较缺乏。对于各地区来说，在发展新能源的时候，应该考虑各地区的具体情况和资源禀赋，而不应该盲目跟风，造成资源浪费。

4.3.3 生物质能发展的制约因素分析

在几种主要的可再生能源中，生物质能源的起步相对较早，在前期也得到相对较快的发展，近年来生物质能发展相对缓慢，原因可能是政府支持力度相对较弱，配套设施不完善，有关法规政策不健全等。但是对于新能源行业来说这些问题都有可能存在，如风电和太阳能的发展也会存在这些问题。生物质能源发展缓慢还有其他制约因素与其他可再生能源不同，发展离不开充足的原材料，原料供给是影响生物质发展的一个主要因素。无论是农林生物质发电，垃圾发电，还是生物质固体成型燃料和液体燃料等，都需要原材料的供应。这是与风电、太阳能、地热能、潮汐等其他新能源的主要区别。

1. 农林生物质发电

农林生物质发电是生物质能的一种主要利用方式，原料主要有农作物秸秆、林业废弃物等。由于这类物质体积大，运输成本较高，而且收集不方便，需要较多的劳动力投入。与一些国家的大规模农业生产不同，中国农业生产有不同的特点。以美国为例,农业生产主要以规模化种植为主,机械化程度较高,农业废弃物的收集相对比较方便。中国农业生产规模化程度低,农作物废弃物相对分散,收集困难,耗时耗力。虽然秸秆出售给中间商或者秸秆发电厂可以获得一定的收入,但是由于秸秆的售价并不高。秸秆收集需要的时间较多,运输也比较麻烦。中国农村虽然劳动力资源丰富,但是大量年轻劳动力平时都外出务工,农忙时回来。回收秸秆需要占用一些时间,对于他们来说,秸秆搜集出售之后获得的收入一般没有外出务工赚钱多。因此,很多农民考虑到时间成本,往往采用最直接的焚烧或者丢弃,尽快处理掉农作物秸秆。由于劳动力和原材料价格的增加,农林生物质电厂的经营成本也在不断增加。对于农林生物质发电企业来说,原材料成本占据很大比例,而企业的上网电价是固定的,因此,企业的盈利能力在不断减弱。企业考虑到运营成本的限制,也很难提高秸秆回收价格,秸秆回收也变得更加困难。由于秸秆资源分布比较分散,秸秆过程中有可能出现中间商过多提高差价,使企业购买的成本进一步增加。生物质发电的原材料是各种农作物秸秆,林业废料等,由于形状、结构不同,在使用的过程中也会出现一些问题,如对机器设备造成损坏。

2. 垃圾发电

垃圾发电也面临类似问题,中国虽然城市垃圾总量较大,但是中国垃圾分类实施状况不佳,城市垃圾的再利用率较低,很多有利用价值废弃物直接焚烧,造成严重的浪费。没有经过分类的垃圾还造成垃圾中水分过多以及垃圾热值较低,发电效率不高。最为关键的是,没有经过垃圾分类回收,一些危险和特殊垃圾没有单独分类处理,造成垃圾发电原料构成十分复杂。在燃烧过程中容易产生多种有毒气体,给居民健康和环境造成严重的危害。公众出于安全的考虑,往往对垃圾发电持抵制态度。中国许多地方垃圾焚烧发电遭到当地居民反对,对垃圾发电行业的发展造成了不利的影响。国内很多垃圾发电厂也从国外引进了一些先进的技术和设备,然而由于一些国家垃圾分类体系相对成熟,垃圾焚烧没有考虑到中国垃圾原料的特点,因此从国外引进的机器设备不适合中国的具体情况,容易造成有毒气体排放超标。不可否认的是,垃圾焚烧发电过程中会产生一些有毒气体和物质,但是如果严格按照操作流程,绝大部分污染物都可以被清除,最后排放可以达到安全标准。这些污染物处理设备的运作运营成本较高。在政府部门监管缺失的情况下,一些企业为了减少成本而违规排放,造成了严重的危害。虽然只是部分企业没有按照要求运营,却给整个垃圾发电行业造成影响。

3. 生物质液体燃料

生物质液体燃料也存在原料供给不足的问题,中国人口众多,粮食安全一直是中国面临的问题,与其他国家不同,中国不具备大规模发展以粮食为主要原料的生物燃料的基础。以生物质液体燃料行业发展较快的国家来看,其中美国巴西都是土地资源较多的国家,具备以粮食为原料发展生物质液体燃料的基础,而中国人多地少的实际情况决定中国不可能发展以粮食作物为主的生物质液体燃料。而目前以木质纤维素和藻类等为主的第二代生物质燃料转化技术还处于发展阶段,技术不成熟,成本较高,近期规模化生产的可能性不大。近两年能源价格维持在较低的价位也使得其他生物燃料成本不具有优势。在一些边际土地上种植能源作物也是生物质能发展的一个方向,中国的基本情况决定只能在一些边际土地上推广种植,但是这些地区往往风能、光能资源相对比较丰富,且发展风电、光伏短期效益明显。因此,这些地区对能源植物种植和研发的积极性不高,使得目前能源作物的发展比较缓慢。从生物质液体燃料的特点上来看,由于产品自身特点,没有统一的标准,产品销售存在一定的问题。生物质固体成型燃料替代煤炭作为城市锅炉燃料可以有效减少排放,也是治理城市雾霾的一个有效措施。然而,由于煤炭价格较低,且更换锅炉需要一定的成本,现阶段还缺少相关的补贴和激励措施,企业的积极性不高。

配套设施建设以及相关支持措施不完善等虽然也是生物质发展缓慢的原因,生物质能源的自身特点是另一个重要因素。国家支持发展可再生能源的背景下,大量投资进入可再生能源领域,依靠中国相对完备的工业体系,相关配套基础设施和机器设备制造得到有力的保证,可再生能源行业得到快速发展,这也是中国太阳能、风电行业发展迅速跃居世界首位的原因。然而这些因素只能使生物能行业在短期内得到快速发展,长期内会出现各种问题。其中主要原因就是生物质能源的发展不只是一个行业的问题,生物质能源发展与人们的生产生活方式紧密相关。不管是农林废弃物还是城市垃圾等原材料收集都与生产生活相关,目前无法保证原料的充足供应。

中国农业生产规模相对较小,在城市垃圾分类利用没有实现的前提下,生物质能源发展得到很大限制。以垃圾发电为例,垃圾分类的推广是实施与人们的生活习惯相关,提高人们的意识,推动垃圾分类的实施是一个缓慢的过程,短期内很难实现。另一方面,中国各地情况差距较大,不同地区的具体资源禀赋条件不同,同样的发展模式不符合当地的实际情况。目前国家对生物质的发展缺乏考虑各地的差异,而各地区也较少制定当地的生物质发展规划。由于生物质能源发展需要各方面的协调配合以及人们生产方式的改变,短期效应不明显,地方发展的积极性不足。即使是一些生物质资源丰富的农业大省在发展新能源的过程中,也往往对生物质能源重视不够。与太阳能和风能不同,各地生物质资源种类差别较大,各地适合发展的利用方式和技术也不尽相同,这就决定了国家不容易在生物质能源发展上做出统一的规划,最好是各地方根据当地的资源情况做出实现当地发展的规划。然而事实上是各地方对于短期效应不明显的生物质能源重视不够。因此,生物质能源发展可以在国家实行总量目标的前提下,各地方选择适合当地的发展方式。

4.3.4 生物质能发展的政策建议

加快生物质能源的发展,不仅需要相关法规体系的健全和完善,还要合理规划布局,避免重复和过度建设,保证原材料的供应。很多地方的农林生物质发电和垃圾发电都存在这规划不合理,在企业的运行过程中出现原材料短期的现象。在未来的规划中,一定要在规划和评估过程中对原材料进行大致估算,确定达到需求再考虑其他条件。

目前农林生物质发电虽然有很多企业亏损,但也有一些企业通过科学的管理,实现了盈利。在原材料收集的问题,企业同当地合作社或者农户签订协议,可以通过减少收购环节,保障企业以稳定的价格收集到原材料。有些地区农作物种类较多,各种农业废弃物在使用中要求的预处理方式不同,需要在焚烧前对不同原料进行适当处置,才能保证在燃烧过程中不对机器设备和正常运行产生影响。因此,在机器设备上,企业在采购过程中要考虑是否适合当地的具体情况。由于农林生物质发电所需要的原材料较多,有些地区农林废弃物资源密度较低,从远处运输原料成本加高,不适合发展发电项目。在这种情况下,可以根据将当地的农作物废弃物转化为合适固体成型燃料。固体成型燃料一般来说规模较小,也比较灵活。加工之后的固体成型燃料可以用于当地锅炉的燃料。成型之后的生物质燃料也便于运输,可以运往其他地区。生物质固体燃料应该制定相应规划,推进对燃煤锅炉的替代。农村地区的农林生物质加工成固体燃料之后,可以用于附近城市地区锅炉的替代。城市地区大量燃煤锅炉的使用造成当地大气污染的加重,使用生物质燃料可以减少污染。推进燃料的替代是一个过程,对当地环境也是有利的。地方应出台一些鼓励政策,促进生物质固体成型燃料市场的发展。

在垃圾发电领域,虽然垃圾分类推广需要一个长期的过程,但现阶段可以推进实现简单的分类。中国劳动力成本相对较低,具备这样的条件,如利用城市无业人员劳动力价格相对较低的优势。由政府增加相关投入和管理,对城市垃圾进行分类处理,有毒或者特殊垃圾单独管理。这样,城市垃圾也可以增加再利用比例,节约原材料,使废弃物得到利用,也可以提高垃圾的热值。经过分类处理之后的垃圾符合焚烧的环境标准,再经垃圾电厂焚烧。垃圾发电的规划根据各地的具体情况分别考虑,由于中国各地区的具体情况不同,适合的垃圾处理方式也不同。如一些小的城镇,垃圾量较小,不适合发展规模较大的垃圾焚烧发电,可以在原来垃圾填埋处理方式的基础上进行改造,发展垃圾填埋能源回收方式,既能减少能源的浪费,又适合当地的具体情况,避免垃圾焚烧厂建成后出现垃圾原料不足的问题。中国不同城市之间由于自然环境和具体情况不同,即使是相同规模的城市,也不一定适合同样的垃圾处理方式。中国北方城市的垃圾焚烧厂在未来应该加快实现热电联产,当地政府在规划垃圾发电厂的时候就要考虑与当地供暖系统集中,以实现资源最大化利用,并降低企业的经营成本。南方城市一般不需要集中供暖,而且相比北方城市,垃圾的水分较大,垃圾热值较低,垃圾焚烧发电所需的运营成本可能偏高。但是南方地区的平均温度湿度加高,相比更适合垃圾填埋发电。因此,各地区应根据当地的具体情况选择适合的处理方式。

可以生产转化为生物质液体是生物质能的主要特点。发展生物质液体燃料也应成为未来的一个主要发展方向。在生物质液体燃料方面,考虑到中国的国情,在适当发展目前以陈化粮为主的液体燃料的基础上,要加快以非粮生物质为原料的液体燃料转化技术研发,降低成本,提高其竞争能力。但中国目前的生物质原料总量并不是很大,未来需要加快发展能源植物的种植,增加在边际土地的投入,减少使用可耕地资源,避免出现与粮争地的现象。能源植物的种植也需要考虑各地的具体情况,各地增加对该领域科研的投入。在未来还应加强对微藻生产转化生物质燃料的技术的重视。微藻培养和种植不占用土地,如果能够降低成本,规模化种植生产液体燃料的前景将会比较广阔。

由于各地区生物质资源差别较大,不同地区适合发展的生物质能源种类和方式都有所不同。生物质能源技术的研发上也需要以地方科研机构为主,然而各地方科研机构的资金投入相对有限,很难满足适合当地生物质能技术的研发投入需求。因此,在未来生物质能源的可以研发投入上,应增加对地方科研投入的支持力度,使各地区因地制宜,发展适合当地情况的生物质利用方式。

4.3.5 专题:废弃油脂的能源化利用

生物质原料现阶段主要农林废弃物,生活垃圾等。如果得不到合理的利用,对环境会造成不利的影响。在生活垃圾中,废弃油脂最为人们关注。与其他垃圾不同,虽然垃圾随意丢弃和处理会对环境产生影响,但是短期内对人们生活的影响不大,引起的关注不大。但是废弃油脂如果得不到合理的回收利用,就有可能回流到餐桌,对人们的身体造成严重的危害。这也是废弃油脂受到广泛关注的原因之一。其实废弃油脂也是一种生物质原料,可以通过加工转化成为生物柴油。废弃油脂的合理回收利用既能防止其回流餐桌,又能实现资源化利用。然而中国废弃油脂的现状却令人担忧。

狭义的地沟油是指从下水道的废弃油脂或者餐厅、饭馆等剩余饭菜中经过简单提炼加工而成的油脂。广义的地沟油泛指各种劣质油,其中包括通过提炼加工劣质肉类和反复使用的食用油。与一般的使用食用油相比,地沟油的生产过程简陋,无法去除其中的细菌和有毒化学成分,食用地沟油对人们身体健康造成严重危害。根据中商情报网的数据,中国每年使用食用油数量为3000万吨,其中15%约450万吨成为废弃油脂。北京立本市场研究有限公司研究数据显示近55%的废弃油脂经过简单的粗加工重回餐桌,用于工业原料仅占8%,被随意丢弃和处理的约为37%。

为了规范废弃油脂的再回收和利用,严防地沟油重回餐桌。政府部门近年来制定了一系列的政策法规。2010年国务院办公厅发布了《关于加强地沟油整治和餐厨废弃物管理的意见》,提出严厉打击非法生产销售"地沟油"行为,严防"地沟油"流入食品生产经营单位,规范餐厨废弃物处置,加强餐厨废弃物收运管理。卫生部也发布了《关于严防"地沟油"流入餐饮服务环节的紧急通知》,指出为切实保护消费者饮食安全,开展对餐饮服务单位食用油脂情况的监督检查,如发现采购和使用"地沟油",应监督其停止使用并销毁,对于情节严重的,吊销许可证。《餐饮服务许可管理办法》和《餐饮服务食品安全监督管理办法》中规定用回收食品作为原料制作加工食品的最高可处10万元罚款。为合理利用废弃油脂,国家能源局出台《生物柴油产业发展政策》,提出发展以废弃油脂为主,非食用油料为辅的原料供应体系。促进发展废弃油脂生物柴油产业,使原料符合中国国情,产业结构布局合理,技术水平高,市场规范的新型生物柴油产业。2012年为依法严惩"地沟油"犯罪,最高人民法院、最高检、公安部发布《关于依法严惩地沟油犯罪活动的通知》,提出坚决打击"地沟油"进入食用领域的各种犯罪行为,对生产加工销售使用地沟油各个环节的犯罪行为都做出了明确法律规定。

在国家法律法规的指导和约束下,近年来中国废弃油脂的回收和再利用得到了一定程度的规范。城市地沟油的回收形成了一些比较典型的模式,其中主要有正规废弃油脂利用企业直接回收和通过第三方回收两种主要形式。在企业直接回收的城市中,苏州、兰州在废弃油脂运输的过程中还实现了对其运输车辆的实时定位监控,保证废弃油脂回收率,政府对企业回收和生产过程进行补贴,其中兰州还实现了从收集、运输到处理过程的全程监测,可以为监督提供及时信息。南京市的废弃油脂回收则是由第三方企业负责,并受政府补贴。较为成功的案例还有上海推广和使用"餐厨油脂制生物柴油混合燃料"的公交车,同时具有节能环保和食品安全双重社会效益。除生产一般的替代和调和生物柴油外,地沟油作为原料生成生物航空煤油也是未来一个发展方向,中国已经成功进行飞机用生物航空煤油的试验,并已实现少量生物航空煤油出口。

中国非法使用地沟油的情况得到了一定的改善,一些地区摸索出了值得借鉴的经验和方法。但是从总体上来看,情况依然不容乐观。地沟油回流餐桌还占据

很大比例。从生物柴油的生产企业来看,在生物柴油发展高峰期,全国企业超过300家,但目前全线生产的只有几十家,发展目标比预计相差甚远。由于原料成本较高,加上近期油价较低,企业的盈利能力较弱,很多企业处于长期亏损状态。由于废弃油脂的运输条件决定其原料收集半径有限,长距离运输的成本较高,目前生物柴油加工以中小企业为主,而生物柴油的产品还没有统一严格的监督检测标准。因此油品质量得不到保证,石油公司等销售生物柴油的积极性不高。生物柴油产业的条件决定了其与大型石油化工行业的不同,基于此单独的产业链可能会更利于行业的发展。从上海市公交车以及日本环卫车使用地沟油制生物柴油的例子可以看出,发展较为成功的方式都在局部地区或者特定用途上,由政府推动进行有针对性的推广和使用。从总量上来看,中国地沟油每年大概有500万吨,且主要分散于大城市等人口集中地区,这些特征决定了地沟油不适合也不具备大规模生产的条件。

从宾馆餐厅等地沟油的流出方来看,中国对其废弃油脂出售的惩罚措施相对缺乏,而且其小而分散的特点决定了监管难度极大。目前,在许多地区,宾馆餐厅通过正规的渠道处理废弃残渣油脂等需要交纳一定的费用,而向违法收购人员出售则可以赚取相应利润。很多宾馆餐厅出于经济利益的考虑,往往将餐厨废弃物出售给不法收购者。从地沟油的非法收集和生产过程来看,由于其生产和收集过程小而分散,给监管带来极大的难度。非法食用地沟油销售过程的监管也存在着类似的问题。

地沟油非法生产加工和使用过程的特点决定了在治理中应采取疏堵结合、以疏为主的政策措施,让市场发挥作用。首先要从地沟油的源头上解决问题。在回收地沟油过程中,无论是政府还是企业,都可以支付给餐厅宾馆一定的报酬,由收费改为付费。在激励的同时,增加对餐厅等的监管,对其违法出售废弃油脂的行为依法查处,增加其违法成本。即使通过正规渠道出售地沟油获得利润没有非法渠道高,但是考虑到违法成本,也可以很大程度上减少违法出售行为。

废弃油脂的回收,不管是生物柴油等企业自己或者是第三方收购,都应该加强监管,借鉴一些地方成功的方式,对运输车辆实行实时监控,防止向非法渠道流出。根据地沟油相关产业的特点,地方政府应该根据当地的具体情况,由政府主导或者监管地沟油再利用的各个环节,主要把生物柴油应用到市政公共车辆上。这样既可以保证生物柴油的销售,还可以对地沟油生产,加工和使用的过程进行全方位的监督。

生物柴油现阶段成本高于传统燃料是短期内的既定事实,对于企业的补贴可能也是无法避免的。因此需要构建合理的成本分摊机制。首先,地沟油的回收和再利用属于可再生能源行业,国家财政应当予以扶持;其次,地沟油的再回收是城市环境卫生建设中不可或缺的重要部分,地方政府也有不可推卸的责任。地沟油是宾馆餐厅的废弃物,也应为后期处理付出一定的成本,只是在实际过程中,要改变收费的方式和渠道,不能在回收餐厨废弃物的过程中增加费用,可以增加到其他收费项目上。另外,现在一些城市中有很多餐厨废弃物的回收人员,这些人很多既没有政府的许可,也没有得到监管。政府可以统一规范这些人员,由政府进行资格审查,予以许可后在监督下合法收集。这样既能保证废弃油脂流向合法生产企业,又不至于这些人员铤而走险,非法贩卖废弃油脂。

第5章 能源热点问题之——中国汽车能源消费

5.1 汽车行业发展现状和能源消费

5.1.1 汽车行业发展现状

据中国汽车工业协会公布的统计数据,2015年全年中国汽车产销量分别完成2450.33万辆和2459.76万辆,同比分别增长3.25%和4.68%。虽然这一数据增速较上一年度有所放缓,分别减少了4.01和2.18个百分点,但自2013年以来中国汽车产销量已连续3年超过2000万辆,并在2015年以全球历史新高的成绩连续7年蝉联全球第一。同时,2015年中国乘用车销量还首次突破了2000万辆大关,达2114.63万辆,同比增长7.30%。截止到2015年底,全国机动车保有量已经达到2.79亿辆(如图5-1所示),其中汽车1.72亿辆。全国有40个城市的汽车保有量超过百万辆,北京、成都、深圳、上海、重庆、天津、苏州、郑州、杭州、广州、西安11个城市汽车保有量超过200万辆。2015年,小型载客汽车达1.36亿辆,其中以个人名义登记的达到1.24亿辆,同比增长17.8%,占小型载客汽车的总量的91.53%。全国平均每百户家庭拥有31辆私家车,北京、成都、深圳等超过60辆。

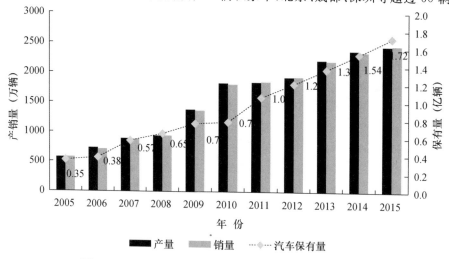

图5-1 2004—2015年中国汽车产销量及汽车保有量数据

来源:CEIC中国经济数据库。

2015年国内车市乘用车销量的增长主要来自第四季度,即2015年10月1日"1.6升及以下排量乘用车实施减半征收车辆购置税"这一优惠政策开始施行之后;而根据中汽协的统计,这一"购置税减半"优惠政策对2015年度汽车总销量增长的贡献度达到了124.6%,是2015年中国汽车市场保持增长的最主要因素之一。

新能源汽车方面,根据中国汽车工业协会的统计,2015年新能源汽车生产340 471辆,销售331 092辆,同比分别增长3.3倍和3.4倍(如图5-2所示)。其中纯电动汽车产销分别完成254 633辆和247 482辆,同比分别增长4.2倍和4.5倍;插电式混合动力汽车产销分别完成85 838辆和83 610辆,同比增长1.9倍和1.8倍。值得注意的是,2015年,新能源汽车销量占汽车销量比例首次超过1%,达到了1.3%,比2014年的比例增加了整整1个百分点,而2013年的比例还不到0.1%。

从保有量来看,2015年全国新能源汽车保有量达58.32万辆,与2014年相比增长169.48%。其中,纯电动汽车保有量33.2万辆,占新能源汽车总量的56.93%,与2014年相比增长317.06%。

2015年,新能源乘用车中,纯电动乘用车产销分别完成152 172辆和146 719辆,同比分别增长2.8倍和3倍;插电式混合动力乘用车产销分别完成62 608辆和60 663辆,同比均增长2.5倍。新能源商用车中,纯电动商用车产销分别完成102 461辆和100 763辆,同比分别增长10.4倍和10.6倍;插电式混合动力商用车产销分别完成23 230辆和22 947辆,同比增长91.1%和88.8%。

乘用车市场中,从各品牌的表现来看,比亚迪仍然是国内新能源汽车最主要的生产商之一,2015年新推出的纯电动汽车"T3""E5"以及插电式混动车"唐"等车型销量都较为可观。从电动车产品结构看,2015年的A00级汽车和A0级汽车的变化是导致电动车增长的主要原因(如表5-1所示),微型电动车有较强的生命力,以北汽E系列、QQ、众泰EV等车型为代表的低速电动汽车在2015年市场上表现都比较突出。值得注意的是,排在销量榜前几位的低速电动给汽车大多都是价格低廉的小微电动车,这些车大多是在原有的A0级车身基础上进行简单的加装三电系统改装而成,开发成本低、技术含量和价格水平都普遍较低。

虽然插电混动总量表现弱于纯电动轿车,但插电式混动汽车在2015年增长速度较快。

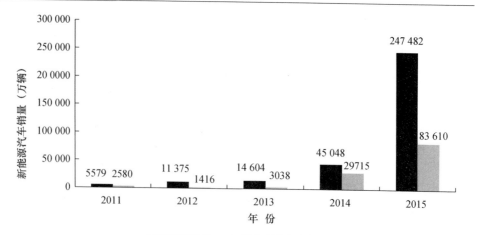

图 5-2 2011—2015 年中国新能源汽车销量

来源：CEIC 中国经济数据库。

表 5-1 2014—2015 年中国新能源乘用车主要车型销量

销量	名称	2014	2015	增长（%）
国产电动	北汽 E 系	5534	16 488	198
	康迪熊猫	8564	20 390	138
	吉利知豆	0	6164	—
	云 100	2311	15 467	569
	江淮 IEV	2694	10 420	287
	众泰 E20	7341	6385	−13
	芝麻 E30	0	572	—
	QQ 电动	9096	6885	−24
	eQ 电动车	542	7262	1240
	比亚迪 E6	3767	7029	87
	江淮 E100	0	5268	—
	腾势	132	2888	2088
	晨风	582	1273	119
	比亚迪 E5	0	1426	—
	逸动	0	1500	—
	风神 E30	0	511	—
	荣威 E50	191	412	116
	绅宝 D50	0	329	—
	绅宝 D70	15	243	1520
	比亚迪 T3	0	106	—
	赛欧	37	68	84
	众泰 TTev	0	2092	—

（续表）

销量	名称	2014	2015	增长(%)
国产电动汇总		41 059	113 178	176
插电混动	秦	14 704	31 898	117
	唐	0	18 375	—
	荣威 550	2705	10 711	296
	传祺 GA5EV	80	1266	1483
	宝马 5 系	0	800	—
	沃尔沃 S60L		470	—
	奔驰 C350		1	—
插电混动汇总		17 489	63 556	263
新能源乘用车总计		58 548	176 734	202

尽管这两年新能源汽车发展迅速,但距离政府当初规划的目标仍然还有一定距离。根据 2012 年 7 月国务院发布的《节能与新能源汽车产业发展规划(2012—2020 年)》中提出的目标,要求到 2015 年,纯电动汽车和插电式混合动力汽车累计产销量力争达到 50 万辆;到 2020 年,纯电动汽车和插电式混合动力汽车生产能力达 200 万辆、累计产销量超过 500 万辆,燃料电池汽车、车用氢能源产业与国际同步发展。2015 年中国纯电动车 33 万辆的现状显然距离目标甚远。

5.1.2 汽车行业能源消费

交通运输是链接生产端到消费端,承载人类社会经济活动的重要部门,而交通运输业的发展离不开能源的支撑。从工业革命蒸汽机的发明开始,交通运输部门消耗了大量的原煤、汽油、柴油燃料油、天然气、热力、电力等一次及二次能源。根据国际能源署(International Energy Agency,IEA)2008 年的数据显示,世界平均交通运输部门能源消耗比重为 29.6%,欧盟 25 国的交通运输能耗比重约为 29%,日本这一比重在 27%左右,而经济合作与发展组织(Organization for Economic Co-operation and Development,OECD)2008 年发布的 34 国交通运输能耗比重超过了 35%,美国甚至达到了 40%以上,并且这一比重仍在随着各国经济的发展而增加(耿勤等,2009)。而在石油消费方面,全世界交通运输部门的石油消费比重占到了世界石油消费总量的 50%。从另一个角度来说,交通运输部门的高能耗就意味着高污染和高排放。据 IEA 统计,目前交通运输部门的排放占世界能源消费排放的近三分之一,预计到 2030 年,交通运输能耗和排放比重都将超过 50%。

汽车部门是交通运输行业的重要组成部分。随着中国经济的快速发展以及城市化水平的不断提高,中国汽车行业进入了快速发展的时期。

快速发展的汽车部门带来了巨大的能源消费量。根据 Lin and Du(2015)对汽车部门能耗的估算方法,报告进一步估算了各省份汽车部门的能源消费量。根据我们估算结果,中国 2015 年汽车部门能耗占全国能源消费比重约为 10.73%,约为十年前的 3.6 倍。汽车部门能耗占石油消费比重也在快速的上升,尤其近几年增长明显加快,2015 年汽车部门石油消费比重已经接近了 60%。未来随着中国经济水平进一步发展,汽车保有量仍将处于一个快速增长的时期,汽车部门能源消费量将会继续增加。

根据计算,中国交通部门的能源消费量如图 5-3 所示:

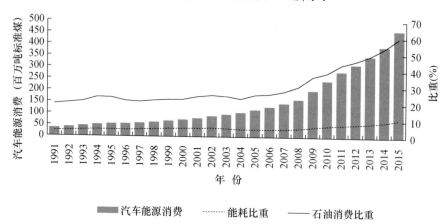

图 5-3 汽车部门能耗及占总能耗百分比
来源:CEIC 中国经济数据库及我们计算整理。

从图 5-3 中可以看出,中国汽车部门能耗总量从 1991—2015 年在逐年增多,尤其近几年增长势头明显加快。2013—2015 年三年汽车部门能耗总量分别为 35 121、39 177 和 46 160 万吨标煤,占全国能耗比重分别为 8.42%、9.20% 以及 10.73%。从汽车部门能耗占石油消费比重来看,也正快速地上升,2015 年汽车部门石油消费比重已经接近了 60%。

5.1.3 减少汽车能源消费的意义

减少汽车部门能源消费的意义首先在于缓解石油对外依存度逐渐扩大的趋势,保障石油安全。如图 5-4 所示,从 1993 年开始,中国成为石油净进口国,此后石油进口量不断提高,石油对外依存度也不断提高。到 2015 年,中国石油消费量为 543 百万吨,进口量为 328 百万吨,对外依存度首次超过了 60%。随着中国石油消费需求的逐渐增多,未来石油对外依存度仍将继续上升。汽车能耗作为最主要的石油消费因素,其能源消费量将直接决定了中国的石油安全问题。因此,抑制汽车数量的增长以及汽车能源消费量是缓解中国石油对外依存度扩大,保障石油安全的重要途径。

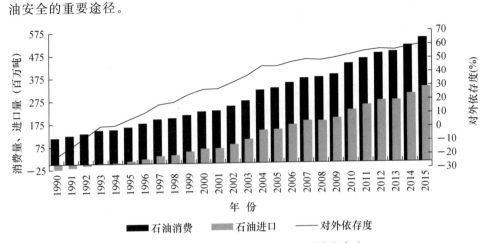

图 5-4 中国石油消费量、进口量及对外依存度
来源：CEIC 中国经济数据库。

其次，抑制汽车能源消费是改善空气环境的重要措施。近几年，中国的环境问题逐渐凸现出来，京津冀、长三角、河南等多地频繁出现雾霾天气，长三角地区细颗粒物污染自 2001 年起，浓度就已达到了 30 微克/立方米以上，2007 年接近 37 微克/立方米，远远超出中国平均水平。并且，二氧化硫、烟尘等空气污染物在中国省际之间的溢出效应非常明显，这也为环境治理带来了更大难度。汽车在行驶时，会排放出碳氢化合物、氮氧化合物、一氧化碳、二氧化硫、含铅化合物等污染物，可以说，汽车尾气排放是雾霾形成的重要原因。根据公安部交管局统计，2015年中国新能源汽车保有量为 58.32 万辆，比 2014 年增长 169.48%，其中，2015 年纯电动汽车保有量 33.2 万辆。虽然增长速度较快，但目前新能源汽车仍然只占到汽车总量的 0.34%。在未来长时间内，汽车仍将以石油为主要燃料。因此，抑制汽车能源消费对改善空气质量和缓解雾霾将起到重要的作用。

5.2 汽车部门能耗估算

根据《2015 年中国统计年鉴》列出的数据，2013 年中国交通运输、仓储和邮政业部门能源消费量为 34 819 万吨标煤，只占全国能源消费总量的 8.35%，这一数据远低于其他发达国家。一方面是由于中国汽车保有量仍然很低，并且交通系统尤其是西部地区仍需进一步完善。另一方面则是由于中国统计部门对交通运输能耗的统计口径与国际能源署（IEA）的统计口径有很大差异。中国统计范围涵盖了交通运输及仓储和邮政，而 IEA 以及其他国家统计时仅仅包含交通运输活动本身的终端能耗。但一般认为，这些差异相对于统计的交通运输能耗来说数值很小,对实际结果影响不大(贾顺平等,2010)。差异显著的原因主要在于,中国统计只包括了公共部门运营的交通工具的能耗,而社会民用汽车能耗并未涵盖在其中,因此造成中国统计的交通运输部门能耗明显小于实际能耗。本部分将用民用汽车的能耗来表示汽车部门的能耗,本部分将利用民用汽车数据测算中国从1991年到2015年共计24年的汽车部门能耗情况。

民用汽车的统计估算借鉴贾顺平等(2010)的方法。在中国统计年鉴的数据中,统计了民用汽车各种类型的数量,具体分类为:大型、中型、小型、微型客车,重型、中型、轻型、微型货车以及其他车辆。中国民用汽车类型及数量如图5-5所示。

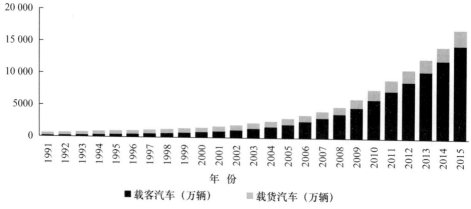

图 5-5　1991—2013 年民用汽车数量图①

来源:CEIC 中国经济数据库。

可以看到,从1991年开始,中国民用汽车数量基本上呈现出指数型增长。我们按照贾顺平等(2010)的估算,每种车型的平均油耗与平均行驶里程如表5-2所示。

表 5-2　各车型油耗及里程统计

	中小微客车②		大客车	微型货车	小型货车	中型货车	重型货车
	营利性	非营利性					
平均行驶里程 (百千米)	450	120	200	200	210	250	350
平均油耗 (升/百千米)	9.2	9.2	28.5	16.8	24.2	27.6	31.8

---

①　统计年鉴对于载客载货汽车数量的统计截止到2014年,2015年载客汽车数据根据公安部交管局公布的小型载客汽车数量增长比例估算得到,载货汽车数量为2015年载货汽车销售量与上年总数加总得到。

②　家庭用车每年约12 000千米,营利性用车每年约45 000千米(含出租车,出租车比例约占中小微客车数量的1%),根据数据,盈利性用车比重约为15%。

汽柴油密度按照：汽油密度0.740吨/千升，柴油密度为0.839吨/千升的标准来计算，各种车型汽柴油使用情况不一，本部分在计算时，中小微客车按汽油计算，大型客车、中型货车、重型货车按照柴油计算，微货和小货按照汽柴油混合的平均密度0.7895吨/千升来算。并将计算的燃油能耗，按照表5-3的系数转化为标准煤。

表5-3 各种能源折标准煤系数

能源名称	折标准煤系数	能源名称	折标准煤系数
原煤	0.7143千克标煤/千克	柴油	1.4571千克标煤/千克
洗精煤	0.9000千克标煤/千克	液化石油气	1.7143千克标煤/千克
燃料油	1.4286千克标煤/千克	天然气	12.143吨/万立方米
汽油	1.4714千克标煤/千克	热力	0.03412吨/百万千焦
煤油	1.4714千克标煤/千克	电力	1.229吨/万千瓦时

在贾顺平等（2010）的计算中，并没有包含年鉴中列出的其他车辆的能耗值，而计算了摩托车的能耗。由于统计数据对摩托车的统计并不全面，缺失较为严重，因而本部分并没有将其列入计算，而是将其他车辆具体类型数量按照当年中国民用汽车结构比例来估算，纳入到民用车辆能耗中。并且车辆类型的统计是从2002年开始，1997年至2001年的数据只统计了民用汽车总量及客车、货车总量，缺少具体的类型结构数据。因而本部分在计算时，具体车型数量按2002年中国车辆结构来估算。举例来说，中国2002年货车共计812.22万辆，其中重型货车148.28万辆，比重为18.26%，我们可以得到2001年货车共计765.24万辆，从而推算2001年重型货车为139.7万辆。但如果所有年份均按照表5-2的油耗及里程标准来设定，显然会产生偏差，这是此方法估算的局限。

根据计算，中国交通部门的能源消耗如图5-6和图5-7所示。

从图中可以看出，中国汽车部门能耗总量从1991年到2015年在逐年增多，尤其近几年增长势头明显加快。2013年至2015年三年汽车部门能耗总量分别为35121、39177和46160吨标煤，占全国能耗比重分别为8.42%、9.20%以及10.73%。从汽车部门能耗占石油消费比重来看，也正快速上升，2015年汽车部门石油消费比重已经接近了60%。

从民用汽车交通能耗和公共交通能耗的对比来看（如图5-8所示），汽车能耗的比重逐渐增加，2006年时，汽车能耗仅为公共交通能耗的62.5%，到2011年开始，汽车用能耗已经超过了公共交通部分（公共交通能耗统计只到2013年）。

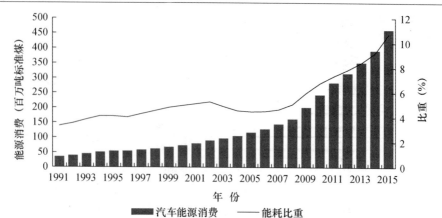

图 5-6 汽车部门能耗及占总能耗百分比

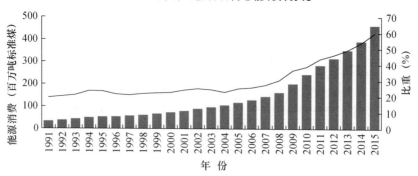

图 5-7 汽车部门能耗及占石油消费百分比

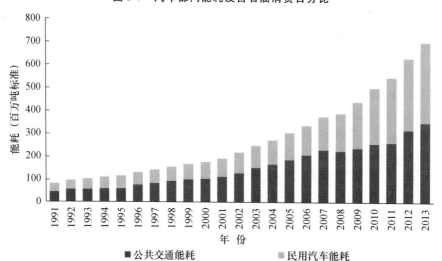

图 5-8 1991—2013 年公共交通、民用汽车能耗对比图

5.3 汽车部门柴油消费预测

5.3.1 物流行业的发展

通常意义上所说的物流,指的是物品从供应地向接受地的实体流动过程;物流业则是将运输、储存、装卸、搬运、包装、流通加工、配送、信息处理等基本功能根据实际需要实施有机结合的活动的集合。随着中国经济的快速发展,区域之间货物变得越来越普遍,物流等生产性服务业出现了繁荣,物流业近年来的发展概况如图 5-9 所示,可以看出物流业增加值从 2004 年的 1.23 万亿元,一直快速增长到 2013 年的 3.89 万亿元,2014 年出现了短暂的下滑为 3.55 亿元,十年期间一共增长了 188.6%,年均增长率达到 11.2%,物流业在除 2014 年之外的各个年份均保持了较高速度的增长。

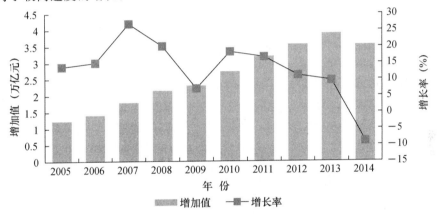

图 5-9 2004—2014 年物流业发展概况

来源:CEIC 中国经济数据库。

一般来说货物物流费用包括管理、保管和运输,管理费用所占比例最小,保管次之,运输费用所占比例相对较高。图 5-10 显示了近年来物流业费用的变动情况,从 2010 年的 7.10 万亿元,增长到 2014 年的 10.60 万亿元,其中运输费用从 2010 年的 3.83 万亿元,增长到 2014 年的 5.60 万亿元,运输费用在物流业总费用的占比相对比较稳定,2010 年为 54.0%,2011 年为 52.8%,2012 年为 52.5%,2013 年同样为 52.5%,2014 年略微增加到 52.9%,总的来说,运输费用占物流费用的比重为 53% 左右。

图 5-11 显示了近年来物流总额的变动情形,2010 年为 125.4 万亿元,2014 年为 213.5 万亿元,增长迅猛。表 5-4 显示另外物流总额的构成变动情况,可以看出各个分类细目所占比例相对固定,工业品在物流总额中占比最高,稳定在 90% 以上,其他项目占比低于 10%,进口货物占比仅次于工业品,接着是农产品,其他占比相对较少。

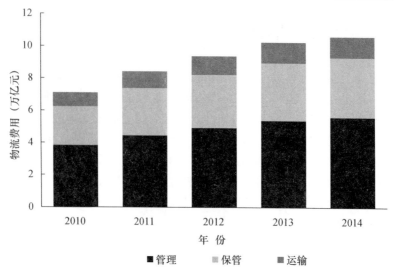

图 5-10　物流业费用变动及构成

来源：CEIC 中国经济数据库。

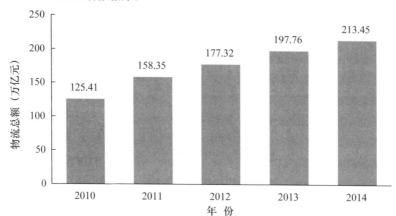

图 5-11　近年来物流总额变动情况

来源：CEIC 中国经济数据库。

表 5-4　物流总额的构成变动

	农产品（%）	工业品（%）	进口货物（%）	再生资源（%）	单位与居民物品（%）
2010	1.78	90.18	7.52	0.36	0.16
2011	1.66	90.71	7.10	0.37	0.16
2012	1.63	91.38	6.50	0.38	0.11
2013	1.59	91.76	6.12	0.39	0.14
2014	1.55	92.24	5.64	0.40	0.17

来源：CEIC 中国经济数据库。

货物物流行业的发展,催生着着公路、铁路、水路运输的快速发展,随着铁路向着电气化迈进,水路运输中的内河航运在一定程度上受到地理条件的限制,而公路作为陆路运输是最为灵活方便的方式,其化石能源消费增长近年来呈现出快速发展的态势。除此之外,高速公路和高速铁路的日益完备,各地区人员流动性有逐渐变强的趋势;人均收入的提高,使得旅游等服务行业快速崛起,公路运输的货运周转和客运周转量都极大提高,促进了能源消费的快速增长。

5.3.2 柴油汽车保有量预测

柴油车作为汽车的一种,在中国主要用于商用部门。根据近年来的汽车销售数据,商用汽车的柴油化率基本上在80%左右。目前中国的统计年鉴中没有明确列出柴油汽车和汽油车的保有量,只能采用合理的方法估算。中国环保部发布的《中国机动车污染防治年报》中有最近几年的柴油车数量,对于以前年份的数据,需要根据现有的文献资料进行估算,我们参照《柴油车减排中外实践手册》等资料,结合中国汽车工业协会公布的历年来汽车销售数据,进行柴油车保有量的核算。分类计算各车型的柴油车保有量时,由于各种车型汽柴油使用情况不一,按照近年来重型货车完全柴油化,重型货车、大客车柴油化次之,中型客车、轻型货车的柴油化再次之,最后利用小型客车和轻型货车的数据对照总的柴油车保有量进行调整,以保持总的柴油车保有量不变,运用上面的方法得到各车型中国柴油车的历史保有量变动。近年来柴油车的保有量的估计如图5-12所示。根据估计的结果,2000年柴油车保有量约为390万辆左右,2005年约为750万辆,2010年约为1096万辆,2014年约为2038万辆。中国柴油车保有量在过去的20多年间快速增长,目前仍然处于增长较快的时期(林伯强,2016)。

经济增长有其内在的规律,关联较大的经济部门发展往往具有一致性。这种部门发展的一致性反映在宏观经济统计指标中,则呈现出多个经济变量之间长期的对应关系。在道路交通运输部门,柴油汽车主要用于物流行业的货物运输,以及大型客车运送旅客等,因而根据经济学知识,可以预计柴油汽车的保有量可能和经济总量、经济发展速度、经济结构、油价等变量之间存在着长期均衡关系。这里我们选取GDP、第二产业比重、第三产业比重、0#柴油的价格作为自变量代表以上的各种指标,来研究这些变量和柴油车保有量之间的关系。

油价取年度平均值,2004年之后0#柴油的价格数据来自CEIC中国经济数据库,之前的价格按照工业出厂品价格分类指数中油气行业进行折算,得到以前年份柴油价格的估算值,采用不变价格处理,其他数据来自于中国统计年鉴。为了消除量纲的影响,同时为了使回归的参数经济意义更明确,对柴油车保有量、实际GDP指数、0#柴油的价格取对数,接下来选择1991年到2014年的样本数据,研究各变量之间的关系。模型涉及的变量包括对数化后的柴油汽车保有量、

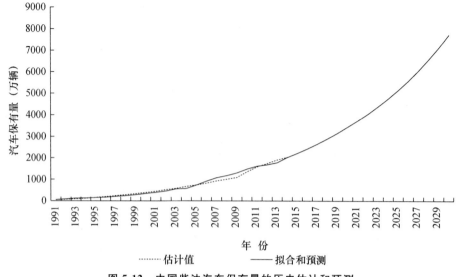

图 5-12 中国柴油汽车保有量的历史估计和预测

GDP、油价的年平均值以及第二产业和第三产业比重。

根据模型结果,参照各变量在 2030 年所设定的情景,GDP 的增长与前文一致,假定油价保持不变,第二产业比重的历史变化情形为 2000 年比重 45.9%,2014 年 42.7%,假定 2030 年降低到 40%,第三产业比重 2000 年为 39.0%,2014 年为 48.1%,假定 2030 年为 55%,则可以推出柴油车保有量在 2030 年约为 7732 万辆。

5.3.3 汽车部门柴油消费预测

随着中国经济的发展和人们收入水平的提高,中国的汽车消费量快速增长。同样的车型,柴油车比汽油车的耗油量低,不断攀升的油价和日益增长的物流、人员流通需求促进了柴油车保有量近些年大幅度的攀升,由此带来柴油消费的快速增加。汽车部门的柴油消费分为两部分:一部分是道路运行的客车和货车柴油消耗,另一部分则主要是是农村的三轮、四轮汽车等的消费。道路运行客货车的柴油消费可以根据汽车道路上实际运行的平均油耗、平均运距、燃烧柴油的各类型客货车数量进行大致的估算。不同的文献资料表明,农村的三轮、四轮汽车公开资料的数据差异较大;由于燃烧柴油的道路客、货车保有量快速增长,在最近几年的汽车部门柴油消费中占据主导地位,我们在接下来的部分中,重点估算该部分的柴油消费量;对于农村低速汽车的柴油消费量,参照现有的文献研究进行相对简略的评估。

计算道路运行客货车柴油消费的历史数据,首先估算出分车型的客货车保有量,对于各种车型的百公里单耗,各车型理论上的燃油消耗相对于真实运行情况存在着差距,故我们采用交通运输部和统计部在2008年和2013年联合调查的数据资料。具体的,以往历史年份的油耗数据参照工业和信息化部给的主要国家和地区燃料消耗量状体及标准,对比中国实际的消耗情况,按照对应的年燃油效率提高比率,回溯估算以前年份各车型的百公里单耗,其他较近的年份采用线性插值进行补充。根据交通运输部和统计部联合调查后发布的交通运输统计公报,整理得到的2008年、2013年各车型单耗数据如表5-5所示。

表5-5 各车型柴油车平均油耗(升/百千米)

	大客车	中型客车	轻型客车	微型货车	小型货车	中型货车	重型货车
2008	25.5	18.4	14.4	15.1	20.2	25.1	32.85
2013	25.42	18.05	14.13	15.28	18.77	23.12	32.48

对于平均行驶里程采用,贾平顺等(2010)的估算,其他年份的数据按照中国统计年鉴中客货车平均运距进行对应折算。根据各年份各车型平均油耗、行驶里程和柴油车拥有量可以对道路运营的客货车柴油消费进行大致的估算。对于农用低速汽车的数据参照贾平顺等(2010)对部分年份所给的估计值。2000年农村低速汽车估计的柴油消费量约为1800万吨,2005年约为2700万吨,但对于2000年的消费量有不少研究介于1400~1900万吨,结合车辆保有量对照贾平顺(2010)等,这里对2000年的消费量取1400万吨,其他年份按照该类型车保有量的对应比例进行折算,得到各年份农村低速汽车的柴油消费量。将两部分进行加总,最终得到整个汽车部门柴油消费如图5-13所示。

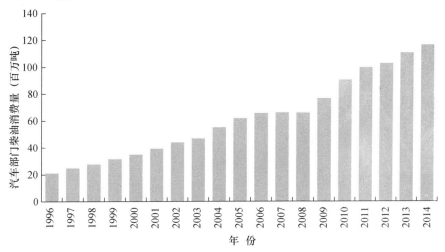

图5-13 近年来汽车部门柴油消费量

直观上看,道路运营的客货车柴油消费与公路基础设施、物流繁忙程度、柴油车保有量、油价等有密切的关系。一般而言柴油汽车保有量越多,代表柴油车作为重要的运输工具被人们使用的频率也越高,因而会带来柴油消费的上升。油品花费是汽车运输成本的重要组成部分,高油价一方面会促使人们寻找油品的替代品,另一方面也催生人们寻找各种节油的方法,由于同种车型柴油机比汽油机的油品消费少,因而油价的升高可能带来柴油消费的增加,同时伴随着汽油消费的减少,汽、柴油总消费的减少。公路客运周转量和货运周转量反映了物流业的发展情况,其与公路总里程的比值,反映了每单位公路里程数上承载的货物和旅客运输量,在一定程度上体现了公路物流的繁忙程度;路面基础设施质量对柴油消费也具有较大的影响。

我们这里选取对道路客货车运输柴油消费影响较大的因素进行分析,再加上农村低速汽车柴油消费,进而预测出 2030 年之前中国汽车部门柴油消费的情形。接下来考察了道路交通基础设施的优化、汽车油耗节能技术进步、汽车相关能耗政策等对道路客货车运输柴油消费的影响。选取的相关变量为:汽车保有量、柴油的价格、公路物流繁忙程度、等级公路占公路总里程的比重,来研究这 4 个变量与道路客货车运输柴油消费在长期中的协同变动关系。

对于公路客运周转量以及货运周转量、道路交通基础设施的情形构造了两个指标来反映。首先利用公路客运周转量和货运周转量除以公路总里程,得到每单位里程中客运周转量和货运周转量的数据序列作为客运、货运周转繁忙的衡量指标,然后以 1990 年为基年分别构造出客运和货运繁忙程度的序列,取二者的均值作为公路运输繁忙程度的衡量指标。

公路等级是根据公路的使用任务、功能以及流量进行划分,中国将公路分为高速公路、一级公路、二级公路、三级公路、四级公路、五个等级,此外还包括等级外的公路。参照 Lin et al.(2013)道路路面情况我们这里采用等级公路占公路总里程的比重来表示,数据来自中国统计年鉴,部分年份数据缺失,我们采用线性差值进行补充。

模型结果显示,柴油汽车每增加 1%,对应道路柴油消费增加约 0.49%;油价价格变动 1%,柴油消费向相反的方向变动约 0.26%;物流繁忙程度每提高 1%,柴油能耗相应的增加 0.51%;道路交通基础设施的改善将导致能耗显著的降低,等级公路在总的公路里程中所占的比重每提高 1 个百分点,对应的柴油消费降低 1.16%。柴油车保有量的增加和道路交通越繁忙,能够引起道路的柴油能耗增加得越多,而等级公路在公路总里程中所占比重的提高则能够有效降低道路客货车柴油消费。

假定油价在 2030 年维持不变,物流繁忙程度、等级公路所占比重与以往采用同样的假定,即假定 2030 年物流繁忙程度为 6.67,等级高公路比重为 78.4%。不考虑汽车节油技术进步的情形下,2030 年道路客货车的柴油消费为 32 220 万吨,如图 5-14 所示。

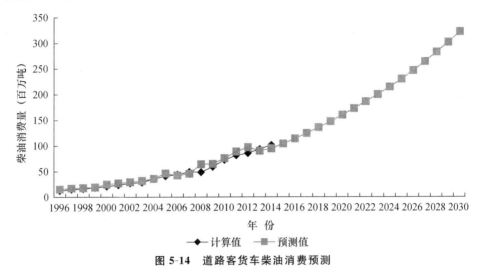

图 5-14　道路客货车柴油消费预测

考虑节油技术的进步,根据《节能与新能源汽车产业发展规划(2012—2020年)》的 2020 年新车燃料消耗目标:2015 年新生产轻型汽车燃料消耗量标准目标为 6.9 升/百千米,2020 年新生产轻型汽车的油耗标准为 5 升/百千米。假定 2015 到 2030 年间的柴油车燃油消耗每年技术进步的节约率约为 2.75%,则 2030 年道路客货车运输的柴油消费为 21 210 万吨。

考虑农村低速汽车的情况,假定 2030 年该部分柴油消费为 0,从 2014 年到 2030 年采用线性递减的方式,则不考虑技术进步的情形下,整个汽车部门柴油消费预测结果如图 5-15 和表 5-6 所示。

表 5-6　柴油车保有量和汽车部门柴油消费预测

		2014	2020(预测)	2025(预测)	2030(预测)
柴油车保有量(万辆)		2037.8	3443.6	5160.1	7732.1
汽车部门柴油消费(百万吨)	燃油技术每年节约 0%	116.3	169.1	234.8	322.2
	燃油技术每年节约 2.75%	116.3	148.3	178.8	212.1

根据上文的假定,考虑到目前中国柴油车的保有量较低,主要集中在商用车领域,未来随着尾气处理技术的进步,在更严厉的节能降耗管制下,相同车型的柴

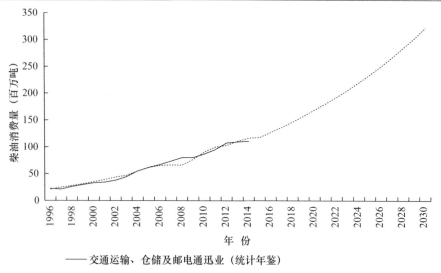

——交通运输、仓储及邮电通迅业（统计年鉴）
……汽车部门柴油消费历史估计、基准预测（未考虑节油技术进步）

图 5-15 汽车部门柴油消费基准预测

油车相对于汽油车更节能的优势将得到更大的显现,进一步在小型客车、轿车市场获得推广,预测的结果显示柴油车的保有量增长较快,未来 2020 年柴油车的保有量约为 3443.6 万辆,2025 年为 5160.1 万辆,2030 年为 7732.1 万辆。在没有燃油技术进步的假定下,对应的 2020 年、2025 年、2030 年道路客货车柴油消费为 15 990 吨、23 480 万吨、32 220 万吨;农村低速车在 2020 年、2025 年柴油消费量分别为 920 万吨、460 万吨。在燃油技术进步率为每年 2.75% 的假定下,对应的 2020 年、2025 年、2030 年道路客货车柴油消费为 13 910 万吨、17 420 万吨、21 210 万吨,可以看出,燃油技术进步将是促进汽车部门柴油消费的重要影响因素。

5.4 柴油消费目标的实现

5.4.1 约束下的柴油消费目标

本节将主要讨论 2015—2030 年中国柴油消费的合理消费区间。首先利用 Hubbert 模型结合中国历年石油产量数据对 2015—2030 年中国石油产量做出合理估计,可以得到中国 1949—2015 年石油产量的估计值,并与实际产量进行对比,如表 5-7 所示。

可以看出,由 Hubbert 模型估计出的中国 2000—2015 年石油产量与实际石油产量差别小,说明模型在一定程度上是有效的。因此,可以对 2015—2030 年中国石油产量进行预测。预测结果如图 5-16 所示。

表 5-7 中国 2000—2015 年石油实际产量与估计产量对比

年　份	实际产量(百万吨)	估计产量(百万吨)
2000	162.62	155.99
2001	164.83	160.66
2002	166.87	165.27
2003	169.59	169.80
2004	174.05	174.24
2005	181.35	178.57
2006	184.77	182.77
2007	186.32	186.82
2008	190.44	190.70
2009	189.49	194.38
2010	203.01	197.86
2011	202.88	201.10
2012	207.48	204.10
2013	209.96	206.83
2014	211.43	209.28
2015	214.56	211.44

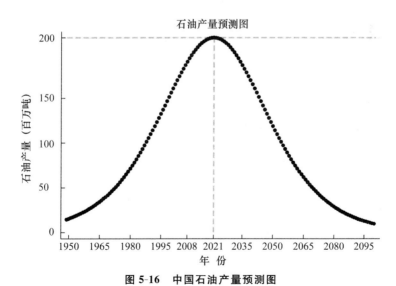

图 5-16 中国石油产量预测图

从图 5-16 可以看出,中国原油产量整体走势符合"钟形曲线",产量峰值将出现在 2021 年,峰值产量为 217.56 百万吨。2030 年中国原油预测产量为 204.10 百万吨。能源安全是中国石油消费不得不考虑的一个重要问题。最新数据显示,2015 年中国石油对外依存度首次突破 60%,达到 60.6%。随着中国石油消费的快速增加以及本土石油产量已经接近峰值,因此未来中国石油对外依存度仍将上升。假设中国石油对外依存度的上限是70%,2015—2030年对外依存度逐渐上升,并于2030年达到最高值70%,就可以采用线性插值法得到各年份的对外依存度数据。根据中国石油产量预测以及对外依存度预测,就能够推算出中国到2030年的原油消费量总量,预测结果如表5-8所示。

表5-8 2014—2030年中国原油估计产量及消费量

年份	估计产量(百万吨)	对外依存度(百万吨)	估计消费量(百万吨)
2015	214.56	0.606	544.57
2020	217.39	0.635	595.46
2025	214.81	0.664	639.03
2030	204.10	0.700	680.33

表5-8中,除2015年为实际产量外,其他年份均为估计产量。因为2015年原油消费量数据还未公布,所以也按对外依存度进行了估算。由表看出,同中国石油产量一样,中国原油消费量在2015—2030年依然保持上升趋势,从2016年的549.39百万吨上升至2030年的680.33百万吨。

化工行业包含化工、炼油、冶金、能源、轻工、石化、环境、医药、环保和军工等部门从事工程设计、精细与日用化工、能源及动力、技术开发、生产技术管理和科学研究等方面的行业。可以将化工行业划分为三大类:石油化工、基础化工以及化学化纤三大类。对应《中国统计年鉴》中对行业的分类,认为化工行业包含化学原料及化学制品制造业,化学纤维制造业,橡胶和塑料制品业,非金属矿物制品业,黑色金属冶炼及压延加工业和有色金属冶炼及压延加工业。

表5-9 中国原油消费量   (单位:百万吨)

年份	化学原料及化学制品制造	化学纤维制造	非金属矿物制品	冶炼及压延加工 黑色金属	冶炼及压延加工 有色金属	橡胶和塑料制品	化工行业	工业	消费总量
2000	18.10	6.05	0.54	0.10	0.008	0.005	24.80	210.52	212.32
2005	25.11	0.12	0.14	0.00	0.003	0.009	25.37	299.62	300.89
2010	30.62	0.00	0.03	0.003	0.007	0.001	30.66	427.17	428.75
2014	36.57	0.00	0.002	0.00	0.001	0.000	36.57	515.02	515.47

由表5-9可以看出,中国原油消费主要集中在工业部门,而在工业部门内部,化工行业虽然原油消费的绝对量保持上涨趋势,但其占原油消费总量的比例却在不断下降。具体来说,化工行业原油消费量从2000年占原油总消费量的11.68%下降到2014年占原油总消费量的7.09%。2000—2014年平均占比为8.38%,2005—2014年平均占比为7.16%。考虑到中国经济进入"新常态"发展阶段,工

业化和城镇化也已经进入后期阶段,认为 2015—2030 年中国化工行业原油消费量占比最大为 7%。由此,结合前文估算出的 2015—2030 年中国原油消费量,可以估算出此时期中国化工行业和其他部门原油消费量。

根据表 5-10 的估算,2015—2030 年间,中国化工行业和其他部门原油消费量同样保持上升趋势,其中化工行业原油消费量从 2016 年的 38.46 百万吨上涨至 2030 年的 47.62 百万吨。其他部门原油消费量从 2016 年的 510.94 百万吨上涨至 2030 年的 632.70 百万吨,年均增长率为 1.54%。

表 5-10 未来中国化工行业和其他部门原油消费量估算　　（单位:百万吨）

年　份	估计消费量	化工行业消费量	其他部门消费量
2015	544.57	38.12	506.45
2020	599.42	41.96	557.46
2025	648.32	45.38	602.94
2030	680.33	47.62	632.70

从中国的原油消费总量中,扣除化工行业的原油消费,剩下的部分即为其他产业部门的原油消费总量。这部分原油通过炼化被加工为汽油、柴油和煤油等成品油,供其他产业部门使用。从原油到成品油涉及炼化率的问题。炼化率是指在原油加工过程中,产出的成品油与投入原油的比重。根据中石化 2015 年年报,当前中国的原油炼化率大约是 62.9%,未来随着技术水平的不断提高,预计到 2030 年炼化率能提高到 80%左右（具体详看表 5-11）。其余年份的炼化率按照线性插值的方法获得。因此,将扣除化工行业原油消费的剩余部分乘以对应的炼化率水平,即可得到当前的汽油、柴油及煤油等成品油消费量。未来煤油消费量按照近五年煤油占柴油、汽油、煤油消费总量的平均比例计算。

表 5-11 成品油消费量相关计算结果　　（单位:百万吨）

年　份	其他部门消费量	炼化率(%)	成品油	煤油	汽油和柴油
2015	506.45	62.90	318.56	23.91	294.64
2020	557.46	68.60	382.42	28.71	353.71
2025	602.94	74.30	447.98	33.63	414.35
2030	632.70	80	506.16	38.00	468.17

根据厦门大学能源经济与能源政策协同创新中心预测的产业部门柴油消费数据(2016)以及上文预测(如表 5-6 所示)的轴柴油消费,加总得到中国未来总的柴油消费量。汽油消费量增速按照到 2020 年 8%,2025 年 4%,2030 年 2%的增长率进行设定,其余年份按照线性插值的方法获得,从而可以得到未来柴油的约束目标。

从表 5-12 中可以看到,到 2030 年,柴油消费距离约束相差 104.04 百万吨,因而要达成约束,至少要减少 35% 的柴油消费量。

表 5-12　柴油消费约束目标　　　　　　　　　　（单位:百万吨）

年份	汽油柴油约束	汽油消费量	柴油消费约束	柴-汽比	无约束下柴油消费	目标距离
2016	303.02	123.23	179.79	1.46	180.47	0.68
2020	353.71	182.23	171.48	0.94	212.62	41.14
2025	414.35	237.41	176.94	0.75	253.81	76.87
2030	468.17	272.54	195.62	0.72	299.66	104.04

5.4.2　柴油总量目标的改善

根据历史趋势情形可以得出,在 2030 年中国柴油消费量将达到 299.66 百万吨,而根据中国能源消费总量控制目标以及资源环境等其他约束条件,在有约束情况下柴油消费量为 195.62 百万吨,其中的差额部分,需要通过各种途径来实现削减目标。表 5-13 列出了历史趋势情形以及有约束情形下未来中国柴油预计消费量,其中的差额部分即为需要达到的削减目标。

表 5-13　柴油消费历史趋势情形、有约束情形下的消费量以及节能目标

（单位:百万吨）

年份	2020	2025	2030
无约束目标下消费量	212.62	253.81	299.66
约束下的消费量	171.48	176.94	195.62
削减目标	41.14	76.87	104.04

根据未来柴油消费量的估计结果,结合厦门大学能源经济与能源政策协同创新中心对未来汽-油消费量的估计结果,估算出未来汽-柴油比例,结果如下:在无约束目标下,2030 年柴-汽比为 1.10,柴油消费量仍将大于汽油消费量,而在资源环境等条件的约束下,柴-汽比则会是 0.72(具体详见表 5-14)。

表 5-14　历史趋势情形、有约束情形下的柴-汽油比例

年份	2020	2025	2030
无约束目标下柴-汽比	1.17	1.07	1.10
约束下的柴-汽比	0.94	0.75	0.72

5.4.3　柴油削减情景分析

柴油需求的削减目标可以通过提高柴油车辆的效率、改善道路的路面情况等来实现。因此,以下通过改变这些因素对柴油需求削减情境进行分析模拟。首先是道路物流的繁忙程度。根据前面的计算结果,2014 年公路物流繁忙程度衡量指

标取值为 2.62，由于中国经济的增长，物流繁忙程度在未来可能会进一步增加，在基准情形下，我们假定 2030 年该指标取值为 6.67。但由于近年来中国铁路的快速发展，未来趋势将可能会是客货逐渐分流，铁路发展转向货运重载化。运输效率会得到提高，所以未来公路物流繁忙程度可能低于基准情形。假定物流繁忙程度到 2030 年为 5.5，则柴油的消费量则降为 279.85 百万吨，比基准情形减少 19.81 万吨。

道路路面情况也对柴油汽车的能耗有比较显著的影响，2014 年等级公路占公路总里程的比重为 87.38%。基准情形下我们设定 2030 年该比重为 78.4%。如果设定该比例进一步提高到 81.1%，维持其他因素不变，2030 年柴油消费量预计为 293.09 万吨，比基准情形下下降 6.57 百万吨。如果在物流繁忙程度降低的同时，另外提供更优质的公路路况，提高等级公路在总的公路运营里程中的比重，则与基准情形相比，柴油消费量将会有更大程度的下降，2030 年可以减少到 273.89 百万吨。

汽车油耗节能技术进步也会降低未来柴油消费量。在基准情形下，我们设定该技术进步效应为 2.75%。虽然在近些年来，柴油机的燃烧效率有了很大的提高，但是目前针对柴油燃烧前磁化处理、减少机器的摩擦阻力等方面取得了一些进展，未来节能技术有较大突破的可能性依然存在，因此，可以假定汽车油耗节能技术效率有一个较大幅度的增加，如果设定该技术进步效应为 4% 的话，则 2030 年预计柴油消费量为 262.26 百万吨。另外，油价的变动也会对柴油的消费量产生影响，由于与汽油车相比，柴油车相对比较节能，当油价相对较高时，燃油支出占人们消费支出的比重变大，人们会更多的选择消费柴油车。由于油价变动的影响因素很多，在基准情形下，我们假定未来柴油价格不变，以 2014 年的 8453 元每吨为参考价格。而近期石油价格持续低迷，2015 年柴油价格多在 8000 元以下。因此随着替代燃料以及电动汽车的发展，未来油价持续保持在一个较低价位的可能性也依然存在。如果假定 2030 年柴油价格在 7500 元每吨，则 2030 年柴油消费量将可能降低到 293.27 百万吨。几种情境如表 5-15 所示。

表 5-15 柴油削减情境分析表

	物流繁忙程度	道路情况	节能技术进步	油价变动(元/吨)
2030 年情境设定	5.5	81.1%	4%	7500
削减的柴油消费量(百万吨)	19.81	6.57	37.40	6.39
削减量占基准消费比重(%)	6.61	2.19	12.48	2.13
削减量占削减目标比重(%)	19.04	6.31	35.95	6.14

以上分别考虑了几个可能影响未来柴油消费量的因素，而在现实中一般是几

个因素同时发生变动。现在如果假定物流繁忙程度,道路路面状况,技术进步效应与石油价格等因素与基准情形相比同时发生变化,即2030年公路物流繁忙程度为5.5,等级公路占比为81.1%,油价为7500元,柴油机技术进步效率为每年4%,则2030年柴油消费量预计为236.41百万吨,比基准情形减少63.26百万吨。我们通过计算得出节能目标为104.04百万吨。因此,虽然依靠以上四个途径还难以完成柴油的节能目标,但是与无约束的情况相比,已经可以完成一半以上的节能目标。

5.4.4 政策及应对措施

通过以上分析可以看出,由于考虑到中国资源环境条件以及能源安全等因素的约束,未来需要制定相关政策措施减少柴油消费量。减少公路的物流繁忙程度可以降低公路运输部门的能源消耗。未来一些大宗商品运输可以多向铁路,水路等分流。另外提高等级公路比重,创造更有利的运输条件,也可以在一定程度上降低公路运输的柴油消费量。柴油机节油技术效应的提高对于减少柴油消费作用十分明显。然而,通过分析结果可以看出,仅依靠以上几个方面还不能达到柴油消费的削减目标。因此发展柴油替代能源,减少柴油消费环节是降低未来柴油消费量的重要途径。

1. 提高柴油节能技术水平,降低油耗标准

柴油机较多用于各种工程机械,大型客车等商用车辆上,一般来说油耗相对较高,污染比较严重。因此,提高柴油汽车的燃油效率,降低使用过程中的污染排放是降低柴油消费外部性的一个重要途径。在未来的研发过程中,要增加对柴油机工作过程的处理,对柴油燃烧前的处理以及柴油机工作过程中的摩擦阻力进一步改善,降低油耗。另外在燃烧后尾气处理上采用增加净化器等措施减少固体颗粒的排放。目前中国在柴油发动机制造领域具有较多的自主知识产权,具备较强的自主创新能力。现阶段柴油的油耗相对较大,还有进一步的下降空间。除提高柴油机的效率,降低油耗之外,同时还要注重提高油品质量。在未来汽车行业发展的战略中,应将发展先进的柴油技术作为重要组成部分之一。

2. 发展柴油替代能源

生物柴油作为可以部分替代柴油的一种新的能源,近年来发展较快,受到世界各国的重视。与传统的柴油相比,生物柴油在燃烧过程中排放的污染较少,如硫化物的排放量比石化石油减少70%左右,一氧化碳的排放量也有明显减少。生物柴油的清洁和安全的优势使其成为较为理想的柴油替代品。一些国家和地区已经开始推广生物柴油调合燃料,在石化柴油中添加生物柴油,来降低柴油消费对环境的污染。生物柴油可以利用废弃油脂进行转化生产,中国废弃油脂数据较大,2014年中国消耗食用油脂约3000万吨,其中15%约450万吨成为废弃油脂,

利用这些废弃油脂生产生物柴油的转化率可达到75%左右,因此生物柴油的产量可达到300万吨以上。未来如果生物柴油市场需求增加,还可以通过在边际土地上种植能源作物作为生物柴油的原材料进行加工转化。以藻类为代表的第三代生物质能源还在研发阶段,在未来技术成熟的情况下,可以通过使用藻类转化生产生物柴油。藻类的生长主要在近海海域中,不会占用耕地资源,生物质原料的供给可以得到保证。

除生物柴油外,液化天然气由于能量密度大,也可以作为柴油的替代能源。与柴油相比,天然气燃烧对环境的影响较小,更加清洁。中国天然气对外依存度相对较低,管道运输又占据一定的比例,因此,与石油进口相比,不确定性较低。目前柴油很大部分是由工程机械车辆使用,液化天然气的能源密度可以作为重型机械车的燃料,目前发展液化天然气重型车辆还有一定难度,主要是成本相对较高,国家应该加大对其的扶持力度,对于成本高于柴油重型车的部分给予补贴。另外,增加配套加气设施的建设,为液化天然气燃料车的维护和使用提供方便。

3. 工农业生产中增加电力对柴油的替代,推进"油改电"

柴油作为一种重要的能源,被广泛应用于工农业生产过程中,柴油机是一种工农业生产中常用的热机,是很多生产环节中不可缺少的。由于柴油在使用过程中的外部性以及中国的资源禀赋特征,在未来的发展过程中需要减少对柴油消费。在目前的工农业以及建筑业中,有一部分生产过程以及设备在现有的技术条件下还离不开柴油。但是电力在生产过程中的推广是一个大的趋势,应逐步推进工农业生产中电气化的普及,如在部分环节逐步使用电动机代替柴油机。中国目前电力产能相对过剩,推进部分生产环节和过程的"油改电",不仅可以减小柴油消费,降低对环境的负面效应,而且还能消耗过剩的电能。中国许多地区如西部内蒙古、甘肃等地区的新能源发电由于无法及时消化,造成资源浪费。如果在当地工农业生产中增加使用电力,减少对柴油等传统能源的依赖,对当地的新能源产业的发展和环境改善都是一个重大利好。现阶段中国正在实行电力体制改革,未来电力生产方和需求方的联系可能会得到加强,工农业等用电价格将可能会有所下降,使用电力的成本会降低,因此对于推广"油改电"来说是一个良好的契机。在这个过程中,政府可以制定相关政策措施,如增加对生产中的设备改造和升级的补贴和支持,促进企业增加使用电力的积极性。柴油发电机组在一些偏远地区被用来作为备用电源,如牧区、山区农村、工作站、雷达站等,除此之外,也有一些企业或机构在网电供应不足的情况也会使用柴油发电。因此,为减少柴油消费,电网建设在未来要考虑到一些偏远地区的用户需求。另外,对部分特殊用电需求的企业或机构应制定应对措施,最大限度保障其正常用电,减少柴油发电机组的使用。

5.5 轨道交通对汽车能耗的抑制作用

5.5.1 城市轨道交通发展

随着中国经济的发展和人口的增长,大城市交通状况日趋恶化。简单的扩路增车方法已解决不了城市的这一重大问题。因此研究一种基于中国国情,既经济又实用的城市轨道交通系统的确迫在眉睫。

城市轨道交通是城市公共交通的骨干。它具有节能、省地、运量大、全天候、无污染(或少污染)又安全等特点,属绿色环保交通体系,符合可持续发展的原则,特别适用于大中城市。城市轨道交通种类繁多,城市轨道交通(Rail Transit)包括地铁、轻轨、单轨、有轨电车、磁浮等运输方式,是城市公共交通模式的一种。截止到 2015 年末,中国累计有 26 个城市建成投运城轨线路 116 条(如附表所示),运营线路长度仅为 3612 千米,其中地铁 2658 千米(Liu et al.,2015)。中国人口超过千万的超大城市就多达 15 个,因此从长远来看,要解决中国大城市交通拥堵和环境问题,需要轨道交通的快速发展。

城市轨道交通的发展为人们出行提供了更新鲜、更有效的交通方式,但是城市轨道交通的修建是否会有效抑制汽车保有量的增长进而抑制汽车能源消费,或者这一抑制效应到底有多大?这是在目前城市轨道交通快速发展背景下需要明确的一个重要问题,以便为未来轨道交通的发展提供决策和证据支持。结合上述考虑,我们试图通过实证研究来评估中国城市轨道交通对汽车能源消费的抑制效应。

5.5.2 轨道交通对汽车能耗的影响

林伯强和杜之利(2016)利用倍差法对轨道交通修建对汽车能源消费的影响进行了分析,结果发现轨道交通变量显著为负,说明轨道交通的修建对汽车总能耗以及人均汽车能耗都有显著的抑制作用,修建轨道交通可以使汽车能源消费减少 5.5 个百分点,并且可以使人均汽车能耗减少 6.6%,可以说这一抑制作用相当明显。为了考察修建城市轨道交通对汽车能耗的持续影响,在模型中引入变量分析轨道交通运营第二年对汽车能耗的影响。从模型结果来看,轨道交通的修建具有明显的持续意义,在修建的第二年分别可以使总的汽车能源消费和人均汽车能耗下降 6 个百分点左右。由于数据周期较短,我们没有继续对政策变量的三期、四期影响进行考察。根据之前的计算,2015 年中国汽车能源消费约为 325 百万吨石油,如果轨道交通能够在此基础上推广,政策实施当期可减少大约 16.25 百万吨石油。

5.5.3 发展轨道交通的政策建议

相比来看,日本也是通过轨道交通解决了大城市的交通问题。作为世界上人口最密集的城市,2015年,东京城市圈面积为1.34万平方千米,拥有人口3760万,汽车保有量约为800万辆,而北京城市面积1.6万平方千米,人口数量2100万,汽车保有量约为560万辆。直观想过去,东京要在更小的土地面积上解决更多人口、更多车辆的出行,交通压力应该更大。然后,东京目前交通情况良好,很少发生拥堵现象。完善和发达的城市公共轨道交通系统是东京解决交通问题的重要原因。东京的轨道交通主要由地铁、JR(Japan Railways,日本铁道公司集团)铁道、民铁三部分组成,2015年,东京城市圈轨道交通线路总长约2500千米,居世界第一位,其中地铁333千米、民铁和JR铁道分别达到了1100千米和880千米。东京轨道交通网络覆盖程度高,换乘便捷,目前东京的交通出行总量中,轨道系统占86%。相比之下,到2015年,北京的轨道交通总长度仅为554千米,2014年的公共交通出行率只占到48%。在完善的城市轨道交通系统的强大支撑下,东京通过收取高额的停车费、违规罚单来"迫使"人们选择公共交通。东京停车通常按10分钟或15分钟来计费,市区内一般路边停车1小时约为20人民币,并且限停1小时,大厦内的停车场每小时大约在35~90人民币,停车超时要被罚款约900人民币。因此开车出行的成本很高,东京汽车出行的比例只有11%。东京为中国解决大城市交通以及环境问题提供了一个很好的典范。截止到2015年末,中国累计有26个城市建成投运城轨线路116条,运营线路长度仅为3612千米,其中地铁2658千米。中国人口超过千万的超大城市就多达15个,因此从长远来看,要解决中国大城市交通拥堵和环境问题,需要轨道交通的快速发展。

从推广轨道交通的政策来说,首先,政府应该重新制定轨道交通项目审批的标准,并且尽可能简化流程。上一个轨道交通的审批标准出台在2003年,从我们的分析来看,目前无论是人口还是城市GDP早已超出当时的轨道交通需求标准,因此这份标准已经成为了一个约束力不强的"软标准"。这就导致各城市根据标准制定了交通规划,但是迟迟得不到国家的审批。本身轨道交通项目修建周期较长,审批流程也相对复杂,因此个别城市轨道交通项目从规划到通车超过了10年。因此,政府应该根据新的形势、新的需求,重新制定项目审批标准,进而简化项目运作流程,尽量缩短项目周期。

另外,轨道交通项目成本高昂,需要政府发挥灵活的融资渠道。轨道交通修建耗资巨大,地铁每千米成本大概需要5亿~10亿元,并且绝大多数线路是在亏本运行。因此,轨道交通项目单单靠政府拨款难以推广,需要公司合伙制、发行债券等多种灵活的融资方式并行。并且,也可以着眼于如单轨等小型、灵活且成本相对较低交通方式,作为地铁、轻轨的补充。

第6章 能源热点问题之——能源补贴改革与机制设计(以天然气为例)

2009年9月,20国集团领导人在美国匹兹堡G20峰会上提出"在中期内逐步取消并理顺低效化石能源补贴,同时有针对性地为贫困人群提供支持"?会上要求各国能源和财政部长明确本国的化石能源补贴,并制定取消化石能源补贴的时间表及报告进度。

化石能源补贴通常会造成低效甚至无效的能源使用,导致能源过度消费和环境污染。2009年G20峰会后各国纷纷制定了化石能源补贴改革计划。作为全球第一大能源消费国和碳排放国,中国的化石能源补贴改革对全球削减化石能源补贴的努力具有重要意义,其化石能源补贴改革备受关注。

2014年,中美在关于气候变化的联合声明中提出,双方同意在G20框架下就低效化石能源补贴进行联合同行审议。这为两国在中期内规范和逐步取消鼓励浪费的低效化石燃料补贴打下基础,同时也能够为最贫困人群提供特定帮助。2016年4月,G20框架下中美化石燃料补贴同行审议中方审议活动在北京进行。

过去,中国的化石能源价格普遍受政府管制,且多为成本加成定价。政府管制下的较低的化石能源价格意味着大量的化石能源补贴。我们对中国能源价格改革政策进行梳理后发现,2009年G20峰会以来中国化石能源价格改革明显加速并在各个领域全面铺开(具体见表6-1)。

表6-1 中国化石能源价格(补贴)改革历程(2009—2015年)

年份	改革领域	主要内容
2009	成品油	当布伦特、迪拜和辛塔三地原油连续22个工作日移动平均价格变化超过4%时,相应调整国内成品油价格; "变费为税",提高成品油消费税单位税额,取消公路养路费等,新增税收收入依次分配给公路养路费及弱势群体补贴。
	煤炭	终止一年一度的煤炭订货会,以网络汇总形式召开,鼓励供需企业之间签订5年及以上的长期购销合同
2010	天然气	提高天然气价格,将第一、二档天然气出厂气价并轨
2011	天然气	在广东、广西进行价格改革试点,按照60%和40%加权计算燃料油和液化石油气的等热值可替代能源价格,按0.9的折价系数调整,确定最高省门站价格

(续表)

年份	改革领域	主要内容
2012	电力	在全国范围内实施居民阶梯电价,各省将城乡居民每月用电量按照满足基本用电需求、正常合理用电需求和较高生活质量用电需求划分为三档,电价分档递增
2013	成品油	将成品油计价和调价周期由 22 个工作日缩短至 10 个工作日,取消上下 4%的调价幅度限制;根据进口原油结构及国际市场原油贸易变化,相应调整国内成品油价格挂靠油种。
	天然气	对全国各省门站价实施最高上限价格管理,划分存量气和增量气。增量气门站价按照两广地区试点方案中的计价办法一步调整到 2012 年下半年以来可替代能源价格 85%的水平,存量气门站价在 3 年内分步调整完成;民用气不做调整。
	煤炭	取消电煤重点合同,取消电煤价格双轨制,煤炭企业和电力企业自主衔接签订合同,自主协商确定价格。
	电力	完善煤电联动,规定当电煤价格波动幅度超过 5%时,以年度为周期调整上网电价,电力企业将消化煤价波动比例的 10%。将现行销售电价逐步归并为居民生活用电、农业生产用电和工商业及其他用电价格三个类别,规范各类销售电价的适用范围
2014	天然气	要求 2015 年底前所有已通气城市实施居民三档式阶梯气价。第一档用气保障基本生活需求,覆盖 80%居民;第二档用气改善提高合理用气需求,覆盖 95%居民;原则上第一、二、三档气价按 1∶1.2∶1.5 的比价安排
2015	天然气	将非居民用气由最高门站价格管理改为基准门站价格管理,供需双方可在上浮 20%、下浮不限的范围内协商确定具体门站价格

资料来源:我们根据历年能源价格及补贴改革整理制表

同时,从表 6-1 中我们可以看到,与其他化石能源品种相比,中国近年来天然气价格改革措施密集且推进速度较快。此外,天然气在中国未来清洁发展中占有重要地位。因此,本章将重点探讨天然气价格改革与补贴机制设计的相关问题。

6.1 天然气价格改革与补贴变化

随着低碳全球化时代的到来,被誉为"最清洁化燃料"的天然气近年来需求旺盛。与此同时,非传统天然气产量的大幅增长以及天然气利用技术的发展为天然气市场发展创造了有利条件。国际能源署(International Energy Agency,IEA)在 2011 年发布的《天然气黄金时代的黄金法则》中指出,2010—2035 年天然气将迎来黄金发展时代,全球天然气需求将在 2010—2035 年间增长逾 50%。

事实上,中国天然气消费在本世纪初开始呈现快速增长趋势,从图 6-1 可以看出,2000—2013 年中国天然气消费量都保持两位数的增长趋势。尤其是"十一五"

期间,天然气消费呈现井喷式增长,年均增长率达到18.1%。2010年中国天然气消费量突破1000亿立方米。2013年中国天然气消费量达1705亿立方米,同比增长13.9%。2014年天然气消费量增速放缓至9.6%,2015年消费增速进一步降低。

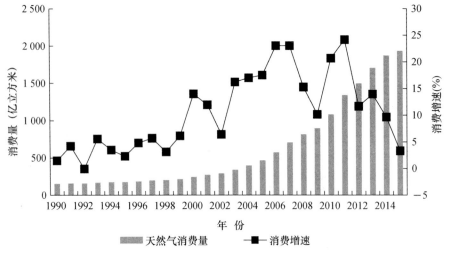

图6-1　1990—2015年中国天然气消费情况

数据来源:CEIC数据库。

随着中国天然气消费量的快速上升,国产天然气供应逐渐出现缺口,2007年中国开始成为天然气净进口国,2011年中国天然气进口量突破300亿立方米,2013年进口量超过500亿立方米,同比增长率达到25%,其中管道气增长率24.3%,进口液化天然气(LNG)增长27%,对外依存度突破了30%。从图6-2可以看出,2016—2015年中国进口天然气量基本维持在590亿立方米,对外依存度稳定在30%左右。2015年管道气进口量占进口总量的56.7%,LNG进口量占43.3%。中国管道天然气进口主要来源于土库曼斯坦、缅甸、乌兹别克斯坦及哈萨克斯坦,而LNG进口主要来自卡塔尔、澳大利亚、印度尼西亚、马来西亚等国。

在世界能源消费结构中,天然气通常占一次能源消费总量的24%左右。而在中国,"贫油、富煤、少气"的资源禀赋特点,使天然气消费占比长期处于较低水平。2015年中国天然气消费量达1930.6亿立方米,仅次于美国和俄罗斯,但其占一次能源消费总量的比重却仅为5.9%。为应对当前严峻的雾霾等环境问题,中国政府正在努力推动能源结构调整,加快发展清洁能源特别是天然气的利用。2014年11月,国务院发布的《能源发展战略行动计划(2014—2020年)》中明确提出,到2020年中国天然气在一次能源消费中的比重提高到10%以上,天然气主干管道

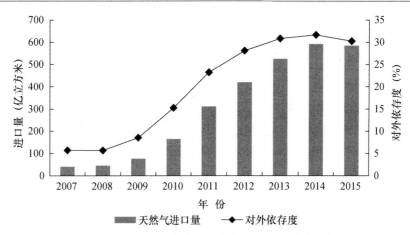

图 6-2　2007—2015 年中国天然气进口量和对外依存度
数据来源：CEIC 数据库。

里程达到 12 万千米以上,城镇居民基本用上天然气[①]。根据 IEA 在 2015 年 6 月发布的《2015 年 IEA 中期天然气市场报告》,预计 2020 年中国天然气消费量将达 3140 亿立方米(IEA,2015)。2015 年受经济增速放缓以及气候、能源价格等因素的影响,中国天然气需求增速放缓,仅为 3.3%。但中国天然气占一次能源比重以及人均天然气消费量[②]远低于世界平均水平。客观而言,未来中国天然气发展仍有很大空间。从表 6-2 也可以看出,目前中国仍然是全球天然气需求增长的最主要动力。

表 6-2　中国天然气消费增量占世界的比重

年 份	2007	2008	2009	2010	2011	2012	2013	2014	2015
消费增量（十亿立方米）	13.6	11.1	8.5	18.6	25.9	13.9	21.0	16.5	8.9
增量占世界的比重(%)	12.24	13.58	100.0	8.07	54.27	16.63	34.75	95.13	15.27

数据来源：British Petroleum, Statistical Review of World Energy 2016.

6.1.1　天然气价格改革历程

过去中国天然气定价机制长期以来采取行政定价为主的成本加成法,政府按照产业链实行分段管制定价,其中出厂价和管输价由国家发改委制定,城市输配气费由地方物价局核定。终端用户价格即为城市门站价加城市输配气费。在实

---

① http://www.gov.cn/zhengce/content/2016-11/19/content_9222.htm
② 2015 年中国人均天然气消费量仅为 140.6 立方米,而全球人均天然气消费量为 467 立方米。

施初期虽然起到了保护国内天然气工业、防止自然垄断、保证和鼓励工业与居民用气的作用。但随着天然气供需形势的变化,成本加成定价法无法反映资源的稀缺性、无法正确地传导价格信号和配置资源,逐渐成为导致中国天然气行业供需不平衡的主要限制因素。

自 2007 年起,中国天然气进口量逐年攀升,成本加成定价法则下进口天然气与国内天然气价格差异加大,气价倒挂现象严重,天然气进口企业严重亏损[①]。成本加成定价法则下国内"气荒"现象频发,同时,随着中国天然气对外依存度的不断攀升,国内气价倒挂的问题越来越严重,中国天然气价格矛盾逐步凸显。为理顺天然气价格与可替代能源比价关系,保障天然气行业效率,引导天然气市场化发展,中国政府在近几年陆续推出了一系列天然气价格改革措施。

2011 年 12 月 26 日,国家发改委下发《国家发展改革委关于在广东省、广西自治区开展天然气价格形成机制改革试点的通知》,在广东、广西两省率先试点进行"市场净回值"的定价改革,确定统一的、最高上限门站价格。广东、广西以上海市场作为计价基准点,按照 60% 和 40% 加权计算等热值可替代能源价格——燃料油和液化石油气,按 0.9 的折价系数调整,确定最高省门站价格。

2013 年 6 月 28 日,国家发改委下发《国家发展改革委员会关于调整天然气价格的通知》,明确了天然气价格调整的基本思路和适用范围,将天然气价格改革进行渐进式的全国推广。此次改革将天然气价格管理由出厂环节调节转移至门站环节,实行政府指导的最高上限价格管理,推行"存量气+增量气"门站价调整方案,增量气门站价格按照广东、广西试点方案中的计价办法,一步调整到 2012 年下半年以来可替代能源价格 85% 的水平,存量气门站价格在 3 年内分步调整完成[②],存量气、增量气价格调整方案开启了全国性的天然气价格市场化改革步伐。

改革后,天然气含税城市门站价格如下所示:

$$P_{天然气} = K \times (\alpha \times P_{燃料油} \times H_{天然气}/H_{燃料油} + \beta \times P_{LPG} \times H_{天然气}/H_{LPG}) \times (1+R) \quad (6\text{-}4)$$

其中 K 为折价系数,$K=0.85$;α 和 β 为燃料油和液化石油气的权重,分别为 60% 和 40%;R 为天然气增值税税率,$R=13\%$;$P_{燃料油}$、P_{LPG} 为计价周期内海关统计进口燃料油和液化石油气的价格;$H_{燃料油}$、H_{LPG}、$H_{天然气}$ 为燃料油、液化石油气和天

[①] 中国最大的天然气进口公司,中石油在 2010 年销售进口气净亏损约 50 亿元,2013 年亏损扩大至 418.72 亿元。

[②] 存量气为 2012 年实际使用气量,增量气为超出部分,2013 年调价涉及的存量气、增量气比重分别为 91% 和 9%。各省增量气上调幅度为 30%~70%,存量气提价幅度最高不超过 400 元/千立方米,上调幅度 10%~15%。

然气的低位热值,分别为 10 000 千卡/千克、12 000 千卡/千克和 8000 千卡/立方米。

2014 年 3 月 20 日,国家发展改革委下发《国家发展改革委关于建立健全居民生活用气阶梯价格制度的指导意见》,要求 2015 年底前所有已通气城市实施居民阶梯气价制度。2014 年 8 月 12 日,国家发展改革委下发《国家发展改革委关于调整非居民用存量天然气价格的通知》,决定自 9 月 1 日上调非居民用存量天然气门站价格(每立方米提高 0.4 元),同时进一步落实放开进口液化天然气(LNG)、非常规天然气出厂价格政策。需要进入管道与国产陆上气、进口管道气混合输送并一起销售的,供需双方可区分气源单独签订购销和运输合同,气源和出厂价格由市场决定,管道运输价格按有关规定执行。

2015 年 2 月 26 日,国家发改委下发《国家发展改革委关于理顺非居民用天然气价格的通知》,通知规定将增量气最高门站价格降低 0.44 元/立方米,存量气最高门站价格提高 0.04 元/立方米,实现存量气和增量气价格并轨。同时试点放开天然气直供用户(化肥企业除外)用气门站价格,由供需双方协商定价,进行市场化改革试点。2015 年 11 月 18 日,国家发改委下发《国家发展改革委关于降低非居民用天然气门站价格并进一步推进价格市场化改革的通知》,通知规定将非居民用气由最高门站价格管理改为基准门站价格管理。降低后的最高门站价格水平作为基准门站价格,供需双方可以基准门站价格为基础,在上浮 20%、下浮不限的范围内协商确定具体门站价格。

6.1.2 改革对宏观经济的影响

中国目前处于城市化、工业化的经济发展阶段,能源价格改革必须考虑到其对宏观经济的影响及对居民的影响,在追求效率的同时必须兼顾到社会稳定和公平。一方面,中国政府努力加快推进天然气价格改革步伐;另一方面,在改革时政府也需要进行全面的考虑,设计合理的价格改革机制,从定价机制改革的影响范围大小、程度高低来考虑改革对于社会各方面的影响,以更好地把握后续的改革时机、方向和进程。2013 年 6 月,国家发改委发布的《国家发展改革委员会关于调整天然气价格的通知》标志着全国性天然气价格改革拉开帷幕。此次改革对宏观经济的影响如何,我们将在本节进行分析。

1. 天然气价格波动对不同行业的影响程度

我们首先基于投入产出模型,利用中国 2010 年投入产出延长表(包括 65 个部门)对天然气价格波动的影响进行模拟和计算。结果表明在 65 个部门中对天然气价格最为敏感的 10 个行业中化工行业、钢铁业、有色金属行业占绝大多数。如

表 6-3 所示,其中受天然气价格波动影响最显著的部门是基础化学原料业,敏感度①为 1.2727%。而受天然气价格波动影响最弱的是房地产、金融业、批发零售业、农林牧渔业等 10 个与居民消费相关的行业,敏感度系数均小于 0.25%。从行业受天然气价格波动的平均影响来看,工业产出价格影响(0.4900%)＞建筑业价格影响(0.3550%)＞第三产业产出价格影响(0.2465%)＞农林牧渔业产出价格影响(0.1218%)。

表 6-3　对天然气价格敏感度最强(弱)的 10 个部门

序号	敏感度最强部门	敏感度（%）	敏感度最弱部门	敏感度（%）
1	基础化学原料	1.2727	房地产业	0.0919
2	黑色金属矿采选业	1.1933	金融业	0.0989
3	专用化学产品制造业	1.0587	批发和零售业	0.1043
4	非金属矿及其他矿采选业	0.8592	农林牧渔业	0.1218
5	钢压延加工业	0.7183	烟草制品业	0.1396
6	合成材料制造业	0.7016	教育	0.1453
7	铁路运输设备制造业	0.6551	公共管理和社会组织	0.1498
8	肥料、农药	0.6320	综合技术服务业	0.2088
9	其他化学制品	0.5789	信息传输、计算机服务和软件业	0.2140
10	其他电气机械及器材制造业	0.5548	食品及酒精饮料	0.2261

　　天然气价格上涨对各行业的直接影响②程度大小取决于本行业中间的投入结构、投入量和总产出。单位行业总产值耗费的天然气行业提供的中间产品越多,则受到天然气涨价的直接影响就越大。在 65 个部门中除化工、钢铁、有色金属外住宿和餐饮业、水的生产和供应业受天然气价格上涨的直接影响也较大,分别为 0.3643%、0.3252%。

　　天然气价格上涨的间接效应大小取决于各个行业的产业内循环的程度,中间产品投入率越高的产业内循环的特征越明显。从表 6-4 可以看出,虽然肥料、农药部门受天然气价格上涨的直接影响不高,但受产业内循环影响,其间接影响较为显著,达 0.5017%。

---

　　① 敏感度反映了天然气价格变动对各经济部门的综合影响,各部门单位产值中承载的天然气消费量越多,受天然气价格波动的影响就越大。
　　② 各个部门对天然气行业的直接消耗系数代表着直接影响系数的大小。直接影响系数越大,表明该部门对天然气行业的依赖性越强。

表 6-4 受天然气价格上涨直接和间接影响最强的 10 个部门

序号	部门	直接影响（%）	部门	间接影响（%）
1	黑色金属矿采选业	0.8153	专用化学产品制造业	0.6201
2	基础化学原料	0.7992	钢压延加工业	0.5370
3	非金属矿及其他矿采选业	0.5299	合成材料制造业	0.5247
4	专用化学产品制造业	0.4386	肥料、农药	0.5017
5	住宿和餐饮业	0.3634	黑色金属冶炼	0.4854
6	水的生产和供应业	0.3252	塑料、橡胶制品	0.4805
7	铁路运输设备制造业	0.2415	基础化学原料	0.4735
8	船舶及浮动装置制造业	0.1944	电子元器件制造业	0.4320
9	钢压延加工业	0.1813	文化、办公用机械制造业	0.4272
10	合成材料制造业	0.1769	金属制品业	0.4214

2. 不同天然气价格上调幅度和调价结构对价格指数的影响

2013 年 6 月 28 日，国家发改委发布《国家发展改革委员会关于调整天然气价格的通知》，明确了天然气价格调整的基本思路和适用范围。根据政府计划在"十二五"末期完成存量气价改的要求，存量气和增量气的并轨将进一步拉动气价上涨，天然气价格在 2013—2015 年的复合增速会在 10%～15% 左右。因此我们将模拟天然气价格上调 10% 和 15% 两种情形下对各物价指数的影响。

表 6-5 不同天然气调价幅度和调价结构对各种物价指数的影响 （单位：%）

价格指数	气价上调 10% 的影响		气价上调 15% 的影响	
	无差别上调	差别上调	无差别上调	差别上调
消费者物价指数 CPI	0.0925	0.0904	0.1388	0.1356
农村消费者物价指数	0.0554	0.0526	0.0832	0.0789
城镇消费者物价指数	0.1033	0.1014	0.1550	0.1521
生产者物价指数 PPI	0.0689	0.0683	0.1033	0.1024
总物价指数	0.0554	0.0541	0.0831	0.0812

注：无差别上调指所有行业的天然气价格都按照 10% 或 15% 的幅度统一上调；差别上调：指城乡居民用气、农林牧渔业和肥料、农药生产用气价格不上调，其他行业按照统一幅度上调。

如表 6-5 所示，气价上调 15% 的影响大于气价上调 10% 的影响。其中当天然气价格上涨 10%，将推动 CPI、PPI 和总物价指数分别上涨 0.0925%、0.0689%、0.0554%，其中城镇消费者物价指数上涨幅度最大为 0.1033%。天然气价格上涨 10%，经济会受到一定的影响，各种价格指数都有不同程度的上涨，但整体的影响较小。另外，在气价上调时若实施差别上调将会减少物价指数的上涨幅度，其中居民消费物价指数减少幅度相对较大，可降低约 0.002 个百分点，但对生产者物价指数影响较小。整体来说气价上调10%时,实施差别气价对各类物价指数的影响不大,但气价上调15%时,若实施差别气价,居民消费物价指数上涨幅度可相应缩小0.003个百分点。可见,在气价上调幅度较大时实施差别气价对居民消费物价指数上涨的抑制效果相对较好。

3. 天然气价格上涨对物价水平影响的时滞

天然气价格上涨,对物价水平的传导存在时滞。基于结构向量自回归(SVAR)模型,我们利用2001年1月至2013年12月的天然气平均价格[①]月度数据、CPI月度数据、PPI月度数据考察天然气价格水平对CPI、PPI的传导效应。脉冲响应的结果表明,PPI和CPI都对一个标准差的天然气价格冲击产生正的响应,且响应都经历了一个先增大然后逐渐减小的过程。其中天然气价格对PPI的冲击在滞后第5个月达到最大值,随后开始逐渐减少,而天然气价格对CPI的冲击则在滞后7个月达到最大值,且对CPI产生的影响更为持久,随后减少不明显。且天然气价格冲击对PPI产生的影响大于CPI,但整理来说都不明显。由于天然气价格上涨的影响会沿着工业生产链逐渐向后传导,其对深加工产品价格的影响会因为产业链各环节生产和销售时间的存在而滞后一段时间,而天然气价格上涨通过影响PPI,进而影响产业链后续环节的生活资料价格以及服务产品价格影响CPI,推动CPI的上涨则需要更长的滞后时间。

以上分析表明,在中国天然气占一次能源消费结构比重较低的情况下,实施天然气价格改革,提高天然气价格,并辅之以差别上调、适当补贴的政策配套,天然气价格改革不会对中国宏观经济造成显著的负面影响。反之,如果错失现在的改革机会,则未来的改革可能要支付更大的成本,也可能对国民经济产生更大冲击。

6.1.3 天然气补贴变动及影响因素分析[②]

自2007年中国成为天然气净进口国以来,天然气补贴规模不断增加,天然气占化石能源总补贴比重大幅提升。而2013—2015年中国政府实施了一系列天然气价格改革措施,这些措施是否真正有助于抑制和减少天然气补贴?我们将以此为出发点进行验证,分析中国天然气补贴规模的动态变化。

1. 中国天然气补贴规模变化

中国的天然气价格受政府管制,大部分的天然气补贴表现为消费侧补贴,受限于数据的可得性,我们参照Lin and Jiang(2011), Wang and Lin (2014), Lin et al.(2015)等,同样采取价差法对2007—2015年中国天然气补贴规模进行计算。

利用价差法计算补贴规模的公式如下:

---

① 此处天然气平均价格为工业用气、商业用气以及民用气价格的加权值。
② 本小节在参考文献"林伯强,刘畅.中国天然气补贴变动及影响因素分析——基于LMDI方法[J].厦门大学能源经济与能源政策协同创新中心工作论文,2016."基础上进行了修改和完善。

$$S = \sum_{i=1}^{n} S_i = \sum_{i=1}^{n} PG_i \times C_i = \sum_{i=1}^{n} (RP_i - CP_i) \times C_i \qquad (6\text{-}5)$$

其中,S 为天然气总补贴规模,S_i 为第 i 个部门的天然气补贴规模,C_i 为第 i 个部门的天然气消费量,RP_i 为第 i 个部门的天然气基准价格,CP_i 为第 i 个部门的天然气终端消费价格,PG_i 为价格差。

利用价差法计算补贴规模时,对于基准价格的选取是关键。就天然气而言,进口部分基准价格的计算比较明确,即进口天然气(包括管道气及 LNG)到岸完税价格加运输费用。其中,进口天然气到岸完税价格数据来源于中国海关总署;而对于国内生产部分的天然气基准价格选取,现有文献的选取方法各有不同。不同于石油,天然气各区域市场由于资源禀赋、定价机制以及供需结构的不同,价格差异较大。以 2015 年为例,美国 Henry Hub 的天然气价格仅为 2.62 美元/百万英热单位,而英国 NBP 天然气价格为 6.62 美元/百万英热单位,日本 LNG 进口平均价格则为 10.64 美元/百万英热单位。过去受于数据限制,学者多以美国 Henry Hub 天然气价格作为国际天然气价格以计算中国天然气基准价格? 2013 年中国天然气定价机制改革后,天然气价格与可替代能源价格挂钩,因此我们采用 Lin et al. (2015) 的计算方法,以增量气城市门站价格加输配气费作为中国天然气国内基准价格。其中输配气费为国内天然气市场价格与门站价格之差。2013—2015 年增量气城市门站价数据来源于国家发改委历年公布的通知文件,2007—2013 年的国内基准价格以 2013 年增量气门站价格为基础,参照 60%的国际燃料油价格、40%的国际液化石油气价格变动进行调整。

中国的天然气终端消费价格主要分为工业、居民和公共服务业。我们选取中国 36 个城市的平均天然气价格作为各部门的终端消费价格,数据来源于 CEIC。值得注意的是,我们将中美两国天然气价格进行比较,从图 6-3 可以看出:美国各部门天然气价格由低到高依次为工业、公共服务业、居民,其中居民用气价格为工业气价的 1 倍还多,且季节变化趋势明显,这与各部门天然气使用成本相符。而在中国情况恰好相反,居民部门用气价格一直处于较低水平,同时民用气价与工商业气价水平差距不断增加,居民部门用气价格严重扭曲,交叉补贴现象严重。

根据国家统计局公布的历年天然气各部门消费数据,结合以上数据,我们可以计算得出 2007—2015 年天然气补贴规模。同时,我们以 2015 年为基准年,将 2007—2015 年的天然气补贴额换算成不变价进行比较。从图 6-4 可以看出:第一,2007—2009 年天然规模并不大,但在 2009 年出现了骤降情形。这主要是受国际油价剧烈波动、页岩气革命及能源供需宽松的影响,2009 年国际天然气市场价格暴跌,日本 LNG 价格、德国进口天然气市场价格降幅约 25%~27%,英国石油公司(British Petroleum,BP)及美国 Henry Hub 天然气市场价降幅超过 50%。

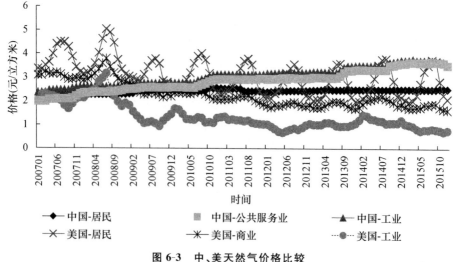

图 6-3　中、美天然气价格比较

注：中国数据来源于 CEIC，美国数据来源于 IEA，美国价格按照每月即期汇率换算。

与此同时，受气候因素及消费增长驱动的影响，中国天然气市场供需偏紧，甚至出现了大面积的"气荒"现象，天然气价格不降反升，这导致中国天然气补贴率大幅下降，天然气补贴规模大幅减小；第二，2010—2012 年，随着天然气消费量的爆发式增长、天然气市场价格的回升以及价格改革的停滞，中国天然气补贴规模迅速增加。事实上，自 2009 年 12 月中国第一条进口天然气管道（中亚 A 线天然气管

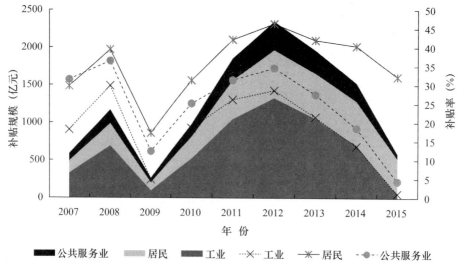

图 6-4　天然气补贴规模及补贴率变化（2007—2015）

道）建成投产，中国天然气进口量大幅增加（2012年中国进口天然气428亿立方米，是2010年的2.5倍），中国的天然气价格扭曲所引发的进口气价倒挂问题在此期间格外凸显，天然气价格改革呼声高涨。第三，随着2013年以来天然气价格改革的推进，中国工业、公共服务业天然气补贴规模、补贴率大幅降低，但由于定价机制改革并未涉及居民部门，居民部门天然气补贴量、补贴率减少幅度并不大。

2. 天然气补贴规模变化影响因素分解

值得注意的是，在实施天然气价格改革期间，中国天然气消费增速明显放缓，2013—2015年中国天然气消费增速依次为13.9%、9.6%、3.3%。与此同时，世界主要天然气市场价格大幅下跌，2013—2015年美国Henry Hub天然气价格、英国NBP天然气价格以及日本LNG价格降幅分别为29.3%、37.7%、34.2%。那么，价格大幅下跌、需求增速减缓以及定价机制改革三大因素对天然气补贴的影响有多大？未来一旦天然气需求和价格反弹，补贴是否也将如2010年时大幅反弹？接下来我们将尝试利用对数平均迪氏指数分解方法（The Logarithmic Mean Divisia Index，LMDI）对天然气补贴变化的影响因素进行量化分解。本处拟将LMDI方法运用到能源补贴研究中，对天然气补贴规模变动进行结构分解，量化定价机制、价格和消费三大影响因素的贡献度。

图6-5(a)、(b)、(c)分别反映了工业、公共服务业以及居民部门在2007—2015年的补贴规模变化情况及主要影响因素的贡献情况。从图6-5(a)和图6-5(b)对比可以看出，工业和公共服务业天然气补贴变化情况基本相似，在三个因素中，定价机制对补贴规模变化的影响最大，特别是2013年开始实施天然气定价机制改革后，改革定价机制使天然气补贴规模每年均有较大幅度的下降，以2016—2015年为例，非居民部门的定价机制改革使工业和公共服务业天然气补贴分别减少了614亿元和191亿元。而在实施改革前，定价机制对补贴规模变化的影响取决于政府当年的调价力度。比如，由于2009年政府在国际天然气价格下滑的情况下逆向调高天然气实际价格，减少了天然气实际价格与市场价格的差距，补贴规模大幅降低。但这种没有固定机制保障的调价无法延续，随后三年天然气价格上调的滞后导致补贴规模迅速反弹。此外，可以看到，2014年以来公共服务业的消费量变动因素明显大于工业，这主要是由于中国城市燃气管网覆盖面积的持续增加，商业用户数量稳定增加，而工业产能过剩，用气需求疲软。

从图6-5(c)可以看出，2013年后居民部门的天然气补贴规模变化明显滞后于工业和公共服务业。2013年实施的城市门站定价机制改革并未涉及居民部门，但众多省市仍上调了居民用气价格，而2015年全国所有通气城市建立了阶梯气价机制，该项措施对天然气补贴变化起到了相对明显的作用。但相较于其他部门，居民部门的定价机制改革措施对补贴变化的影响并不明显。

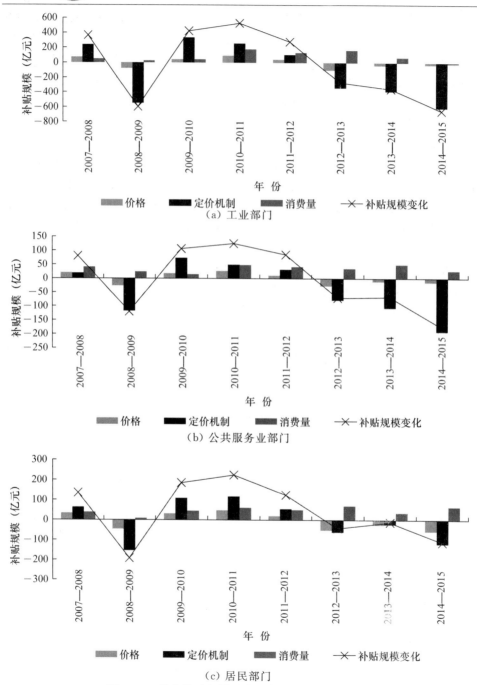

图 6-5 天然气补贴规模影响因素分解(2007—2015)

为了深入研究居民部门的补贴及其影响因素变化,我们以 2007 年为基期,计算 2007—2015 年间居民部门天然气补贴增量变化及分解到各影响因素的累计贡献值。从图 6-6 中可以发现,与 2007 年相比居民天然气补贴增加了 312 亿元,其中天然气消费量增加对补贴增长的贡献随时间的累计逐渐递增,是居民部门天然气补贴增长的最主要驱动因素。而定价机制、市场价格的变化对居民部门补贴规模的累计影响并不大,这也体现出居民部门天然气定价机制改革的必要性。

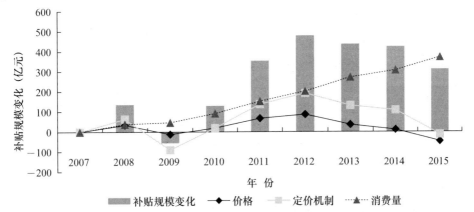

图 6-6 居民部门天然气补贴规模影响因素贡献累计变化

接下来我们从整体的角度考察天然气补贴规模变化的影响因素。我们将天然气总补贴规模变化按照 LMDI 加法分解方法分解为四个影响因素项:定价机制因素(ΔR)、价格因素(ΔRP)、消费结构因素(ΔCS)和消费量因素(ΔC)对天然气补贴规模变化量的贡献值。从表 6-6 的计算结果可以看出,在任何时期,定价机制的变化,无论定价(包括调价)机制实施好坏与否,都是影响天然气补贴变动最主要的因素。特别是在 2013 年实施天然价格改革以后,定价机制对天然气补贴变动的贡献率超过 90%,起到了决定性的作用。其次,2010—2014 年天然气消费总量的大幅增长使补贴规模大幅增加,但在 2015 年放缓,使得消费量对补贴减少的抑制作用大大减弱。再次,天然气市场价格变动对补贴规模变化的影响并没有想象中大。此外,天然气消费结构的变化对补贴变动的影响并不大。

表 6-6 天然气补贴变化影响因素分解

年 份	贡献值(亿元)					贡献率(%)			
	ΔRP	ΔR	ΔCS	ΔC	ΔS	ΔRP	ΔR	ΔCS	ΔC
2007—2008	128.3	324.6	8.9	120.2	582.1	22.0	55.8	1.5	20.7
2008—2009	−148.1	−818.0	0.5	57.6	−908.0	16.3	90.1	−0.1	−6.3
2009—2010	93.0	518.6	4.0	101.4	717.1	13.0	72.3	0.6	14.1
2010—2011	166.9	423.9	−9.8	296.6	877.6	19.0	48.3	−1.1	33.8

(续表)

年 份	贡献值（亿元）					贡献率（%）			
	ΔRP	ΔR	ΔCS	ΔC	ΔS	ΔRP	ΔR	ΔCS	ΔC
2011—2012	70.4	193.9	−4.3	230.2	490.2	14.4	39.6	−0.9	47.0
2012—2013	−176.0	−479.6	−6.3	280.2	−381.7	46.1	125.6	1.7	−73.4
2013—2014	−72.9	−518.5	−5.1	158.7	−437.8	16.7	118.4	1.2	−36.3
2016—2015	−98.0	−925.9	52.7	29.4	−941.8	10.4	98.3	−5.6	−3.1

与此同时我们以改革阶段（2013—2015 年）为研究期,分析各因素的贡献率。结果表明,改革阶段价格、定价机制、消费结构及消费量变化对天然气补贴规模减少的贡献率依次为 11.08%、101.21%、−3.15%、−9.14%。也即是说价格机制改革的成功推进以及天然气市场价格的下降促使天然气补贴减少,但天然气消费量的不断增加以及城市燃气消费相对快速的增长抑制了天然气补贴的削减过程。

另外,从 2007—2015 年天然气补贴规模影响因素贡献累计变化趋势图（图 6-7）可以看到,通过 2013—2015 年的一系列天然气价格改革措施,天然气补贴快速增长的趋势得以转变,2015 年天然气补贴规模水平与 2007 年基本持平。在天然气消费量增加对补贴增长累计贡献不断递增的前提下,定价机制改革有效抑制了天然气补贴的增长。客观而言,未来天然气价格及消费量的反弹将会对补贴反弹造成一定压力,而补贴会否大幅反弹,很大程度上还是取决于现行定价机制实施的效果以及进一步解决居民部门交叉补贴的有效措施。

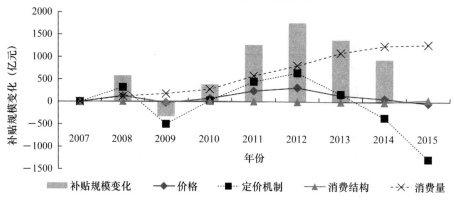

图 6-7　天然气补贴规模影响因素贡献累计变化

3. 政策建议

首先,未来中国能源需求和价格反弹将给补贴反弹造成压力,政府需要把握目前低能源价格与供需宽松的良好时机,继续推进天然气价格市场化改革,保障天然气定价机制的有效运行,锁定天然气补贴取得的成果。政府应继续推动市场化的门站价格与终端用户价格的联动机制,逐步放开非居民用气价格,采用市场定价。在全国门站价格市场化改革全面铺开的同时,如何与终端用户价格联动,将是未来天然气价格改革需要完善的重要一环。也就是说,在完善门站价格形成机制的同时,还需要进一步完善整体的天然气价改方案,包括终端气价传导机制与阶梯气价制度的整体配套,从公平和效率的角度考虑天然气价格改革,照顾不同地区和不同用户对价格的承受能力,设计有目标的补贴措施。

其次,由于目前中国天然气生产环节竞争不足,政府需要加强对天然气生产企业的价格行为进行监管,防止垄断定价。通过天然气价格市场化改革倒逼天然气行业体制改革,形成竞争性的天然气市场。

此外,政府还应尽力解决居民天然气交叉补贴问题。现阶段中国工业用气占天然气消费的比重最大,但在未来民用天然气将成为主要的使用方向,随着天然气供热发展,居民用气量会很快加大,而居民用气价格常常是价格改革最困难的一环,因此改革越早越主动。只有使天然气价改延伸至民用气领域,才能实现天然气全产业的市场化价格。考虑到社会承受能力和接受程度,完全取消居民部门的交叉补贴不太现实。政府可以尽量缩小居民和非居民用气价格差距,优化居民阶梯气价机制,并设计有目标和差异性的补贴措施机制。2014年3月,国家发改委发布的实施居民生活用气阶梯价格制度的指导意见要求2015年底前所有已通气城市建立起居民生活用气阶梯价格制度。考虑到地区差异,如何合理确定各档气量、分档气价、计价周期等符合地区天然气发展需要的阶梯气价方案,将是下一步重要的落脚点。

6.2 天然气补贴机制设计

6.2.1 重新设计能源补贴机制的必要性

改革开放以来,中国经济取得了举世瞩目的成就。国内生产总值(GDP)从1978年的3645亿人民币增长到2015年的676 708亿人民币,年均增长速度高达9.7%。中国已在2010年超越日本,成为全球第二大经济体。

为了支持经济的高速增长,长期以来中国政府一直采用高投入、高消耗、高污染的粗放型经济增长方式,为此付出了巨大的能源代价。一方面,中国能源对外依存度不断攀升,能源安全问题日益严重;另一方面,中国的能源利用效率低下,能源浪费现象较为严重。

巨大的能源消费和以煤为主的能源消费结构直接导致了中国二氧化碳排放量的激增。2000年之前中国二氧化碳排放量增长相对缓慢,与美国相比还有不少差距,但2000年之后排放量急剧增长,并在2006年超过了美国,成为世界最大的二氧化碳排放国。英国石油公司BP 2016年最新统计数据显示,2015年中国的碳排放量高达91.54亿吨,占全球碳排放总量的27.3%,而美国碳排放的全球占比为16.4%,欧盟碳排放的全球占比为10.4%,即中国的碳排放总量已经超过美国和欧盟的总和。

随着全球各国对资源、环境、气候变化等问题的日渐关注以及世界经济格局的不断变化,处于城市化、工业化加快发展阶段的中国现如今面临着比发达国家同时期发展时更严峻的能源和环境问题。当今中国经济增长、能源稀缺、环境恶化三者之间的矛盾日益深化,威胁着社会的可持续发展。目前雾霾等环境问题日益严重,亟需中国改变能源结构和调整能源供需,而这一切的关键则在于能源价格(补贴)改革,即通过能源改革发挥价格、税收、补贴等的激励和导向作用。从效率的角度来讲,通过能源价格改革,将资源稀缺成本和环境外部成本反映能源价格,可以有效引导市场供需、提高消费侧的利用效率、增强清洁能源的竞争力。从公平的角度来看,治理雾霾应该遵循"谁污染,谁治理,谁买单"原则,但现实中很难严格界定"谁污染"并进行有效定价,比如公众可能对于看不见的煤炭排放缺乏支付意愿。行政措施而非人为压低能源价格的做法,需要动用财政补贴能源企业,其结果是用"穷人"的钱补贴"富人",与公平背道而驰。因此需要通过能源价格改革,建立公平有效成本分摊机制。

1. 中国能源定价的现有问题

一直以来,中国政府通过成本加成定价参与能源市场。在经济发展的初期和能源需求快速增长时期,成本加成定价有其实用性。但是,随着能源稀缺压力加大,环境治理迫切,传统的成本加成定价无法正确、及时反映市场供需关系,扭曲能源市场,成为能源和环境可持续发展的障碍。

能源政府定价存在许多问题。首先,只要是政府定价,提价就常会被理解为政府在涨价而不是市场涨价,因此涨价是政府不愿意做的事,这导致能源价格长期低于供应成本;其次,政府常常很难向公众解释"能源紧缺时价格要涨,能源过剩时价格也要涨"的这种经济现象。因此,定价机制很重要,没有明确的定价机制,价格的风险预期就不明确,能源企业就必须博弈,甚至与政府博弈、与消费者博弈。为了不让价格博弈影响经济运行和社会稳定,政府需要通过改革建立合理透明的价格机制,并且尊重价格机制。

如果市场定价,显然不涉及"透明"问题。如果还是采用政府定价,定价机制的"透明"很重要。传统的政府成本加成定价的主要问题之一就是不透明。由于生产商之间生产条件存在差异,生产成本难以用统一的标准衡量,而且生产商有做大成本的动力。生产商收益"合理"与否同样难以确定。保障资源性产品供应,需要在定价中体现出对勘探开发的鼓励,但是,事实上很难确认未来勘探开发的风险和收益。

缺乏透明合理的定价机制的核心问题是,能源企业市场化运行和投资都将充满不确定性,导致企业发展缺乏有效战略规划。如果没有透明的价格机制,能源价格调与不调,常常是博弈过程,政府在博弈中的反复权衡,往往会使决策滞后,造成经济社会损失。即使政府的能源成本加成定价在经济快速发展阶段有其必要性,但是政府现阶段经济发展的重心已经改变,经济转型和环境治理需要市场化的能源价格,也需要市场化的能源企业。政府可以利用目前能源供需比较宽松(主要表现为煤炭供需宽松)的时机,尽快进行能源领域改革(包括能源体制和能源价格改革),改变参加能源市场的方式,从直接定价参与改变为通过财税和补贴参与,通过能源价格改革和机制设计来实现公平和效率的平衡。

2. 能源价格改革的同时必须辅以公平合理的能源补贴

作为基本(必需品)消费品,电、油和气价含有公用事业和公益性服务意义,政府不会置身事外。在能源价格改革进程中,需要比较实事求是地考虑这个问题。作为发展中国家,目前中国社会对能源稀缺和环境污染的支付意愿和支付能力比较弱。其结果是,即使价格市场化改革,能源价格也很难大幅度上涨以充足地反映资源稀缺成本和环境成本。此外,由于社会稳定对发展的重要性,如果社会稳定可能由于能源价格上涨受到影响,那么能源价格改革的幅度和深度也会受到影响。

由于能源供应成本和环境成本日益增长,因此能源价格改革的结果常常是涨价。而从另一个角度看,对于发展中国家来说,过快地提高能源价格并不一定会促进节能,反而可能迫使老百姓寻找有害于环境的、低效的替代能源。例如,如果老百姓用不起电,可能会迫使他们采用更具污染的替代能源(如煤炭),还可能会直接影响他们的劳动生产效率。因此,能源价格上涨是否在百姓的承受能力范围内,是否会影响到能源基本需求,都是政府在价格机制设计中应当考虑的问题。能源对于中国这样的发展中国家来说,其特殊性在于它既影响稳定又影响发展。

解决上述问题,可以通过价格机制设计,在放开竞争性环节能源价格的同时辅以能源补贴。能源价格改革需要考虑实际支付能力,而承受能力是相对于收入而言的,能源价格的国际接轨不等于消费者必须支付相同的国际市场价格。而能源补贴同时也是一个社会公平的问题,因此政府对某个消费群体和某个需要鼓励的行业进行补贴是可以接受的,重要的是补贴的设计应当合理、有针对性、并有利于向市场化过渡。

可以预期,在相当长一段时间内,政府的能源价格干预(定价)可能依然会持续存在,但政府可以采用相对市场化的方式干预能源市场。能源价格改革除了坚定市场化的改革方向,着重点应该是建立透明合理的能源价格机制,辅之以公平、有效的能源补贴设计和严格的成本监管。也就是说,建立透明有效的价格机制不一定必然导致能源价格大幅度上涨,因为在价格机制设计上,政府可以通过税收和补贴来影响价格水平。这样除了可以降低能源价格改革的难度,还可以有效平衡能源发展的三大目标。

6.2.2 居民阶梯气价改革设计——以河南省为例

与电力行业相似,出于保障民生的需要,中国居民用气价格长期以来低于工业用气价格,存在着严重的交叉补贴现象。随着供气成本的大幅上涨,中国工、商业用气已调高多次,涨幅超过50%,相应的居民气价涨幅则远远小于这个幅度[①]。如何调整民用气价格,将天然气价改延伸至民用气领域,是中国进一步完善天然气价格改革最困难的环节。

2000年以来中国城市天然气管网建设的发展为居民使用天然气提供了便利条件。根据国家统计局的数据显示,2000—2014年中国人均生活天然气消费从2.56立方米/人增加至25.11立方米/人,增加了8.8倍,人均液化石油气消费从6.80千克/人增加至15.93千克/人,增幅仅为134%,而人均生活煤气消费自2007年开始逐年下降,2014年人均生活煤气用量仅为7.11立方米/人,比2000年还要低。可见,与煤气、液化石油气相比,天然气具有清洁、安全、经济等特点,已逐渐成为居民生活燃气的首要选择。2000—2014年中国居民生活天然气消费量由32.3亿立方米增加至342.58亿立方米,占消费总量的比重由13.19%上升至18.33%,增加了5个百分点。随着雾霾治理的压力增加,中国多地纷纷制定"气化全省"的目标,实施煤改气、油改气,民用天然气消费比例还将进一步提升。

居民天然气消费量的快速增加、民用气价偏低的局面迫使中国在民用气领域实施价格改革。为保障民生需要,中国民用气价格改革必然不会如工、商业领域大幅提高气价,对发展中国家而言,有必要对居民实施一定的合理的能源补贴。因此,阶梯气价作为解决居民气价上涨而推出的价格(补贴)机制,应该是可行和较易接受的改革方案。

在人为保持低气价的情况下,无区别平均居民气价导致每个单位消费量受到相同补贴。一般而言,用气量大受到的补贴也就多。因此低收入人群(用气量较少)获得补贴较少,高收入人群(用气量较多)获得更多补贴。由于中国天然气补贴主要来源于财政支出,公共资源流向高收入群体,相当于穷人补贴富人。实行阶梯气价,根据用气量大小分等级,进行差别定价,将供气补贴引向低收入人群,可以满足公平原则。此外对高收入群体对现有的气价不太敏感,容易导致其对天

---

① 2001年中国工业气价比民用气价高出约0.16元/立方米,2015年工业气价比民用气价高出了1.13元/立方米。

然气的过度使用并产生不必要的浪费。对高收入群体征收较高气价,可抑制不必要的消费,提高用气效率,也有利于增强其节能意识。

2014年3月,国家发改委发布了《关于建立健全居民生活用气阶梯价格制度的指导意见》(下简称《意见》),将阶梯气价分为三档,要求第一档用气量覆盖80%的居民家庭用气量以保障居民基本生活用气需求,第二档用气量覆盖95%的居民家庭用气量以体现改善和提高居民生活质量的合理用气需求;各档气价实行超额累进加价,原则上第一、二、三档气价按1∶1.2∶1.5的比价安排,要求2015年底前所有已通气城市建立起居民生活用气阶梯价格制度,《意见》为地方政府的具体实施方案给出了指导建议。受收入水平、气候因素、生活习惯等因素的影响,各地区的用气实际情况各异,如何合理确定各档气量、分档气价、计价周期等符合地区天然气发展需要的阶梯气价方案是阶梯气价改革的重点和难点。

截止到2015年底,全国绝大多数省份已建立实施了居民用气阶梯价格制度。鉴于地区差异,各省市的阶梯价格制度有着不同的特点,整体来说主要有以下三类制度设计:

第一类,实施三档式阶梯气价。按年用气量定档,分一般生活用气、壁挂炉采暖用气。实施该类阶梯气价的省市主要包括北方地区如北京、天津、山西、吉林、山东、内蒙古、陕西、甘肃、宁夏以及贵州,各地定档气量及价格有一定差异。

从表6-7北京市阶梯气价执行情况中可以看到针对壁挂炉采暖用户,在执行居民一般生活用气分档气量的基础上,额外增加采暖用气气量。此外,"一户多人口"的家庭用气问题成为焦点,以北京市为例,由于一档气量(350立方米)相当于五口之家的平均用气水平,因此六口之家及以上的家庭,可凭居民户口簿或实际居住证明办理核增手续,每户每档年度可增加150立方米的用气气量基数。而天津市阶梯气价则规定一户4口人以上,每增加一人,各档年用气量分别增加60立方米。

表6-7 北京市天然气阶梯气价执行情况

	一般生活用气(炊事、生活热水)		壁挂炉采暖用气	
	用气量(立方米)	价格(元/立方米)	用气量(立方米)	价格(元/立方米)
第一档	0~350(含)	2.28	0~1850(含)	2.28
第二档	350~500(含)	2.5	1850~3000(含)	2.5
第三档	500以上	3.9	3000以上	3.9

注:(1) 2016年1月1日起执行;(2) 一户六口级以上家庭:可申请按户每档年度增加150立方米;(3) 执行居民气价的非居民用户,暂不执行阶梯气价,气价标准按照每立方米2.3元执行。

第二类,实施三档式阶梯气价。按年用气量定档,仅规定一般生活用气气量。

实施该类阶梯气价的省市主要包括河北、沈阳、黑龙江、上海、江苏、安徽等地区。在该类阶梯气价制度设计中同样有不少省市关注到"一户多人口"的家庭用气问题,以上海市为例,户籍人口5人(含)以上的居民家庭可申请年度增加150立方的气量基数。

值得一提的是,各地区第一档气量差异不大,大多数设定在300~400立方米以下,但各地的第二档气量设计差异有着明显差异。例如上海市第二档气量为310~520(含)立方米(见表6-8),广东省广州市第二档气量仅为320~400(含)立方米,而安徽省合肥市第二档气量为480~1680(含)立方米。

表6-8 上海市天然气阶梯气价执行情况

	一般生活用气(炊事、生活热水)	
	用气量(立方米)	价格(元/立方米)
第一档	0~310(含)	3
第二档	310~520(含)	3.3
第三档	520以上	4.2

注:(1) 2014年9月1日起执行;(2) 户籍人口5人(含)以上的居民家庭可申请年度增加150立方的气量基数,户籍人口7人(含)以上的家庭可申请选择年度增加150立方的气量基数,或选择按3.05元/立方米气价执行。

第三类,实施两档式阶梯气价。按月用气量定档,仅规定一般生活用气气量。实施该类阶梯气价的省市主要在河南省。河南省于2011年底在全省范围内建立了阶梯气价制度,2013—2015年在其他各省市地区逐渐建立三档式阶梯气价的同时,河南省仍沿用了此前的阶梯价格制度。

由于各省市地区的阶梯气价制度绝大部分于2015年底前刚刚建立,制度实施效果还有待时间检验。作为中国最早试点阶梯气价的省份,河南省阶梯气价制度的考察具有现实意义。此外,河南省天然气消费量位居全国第六,但其城镇人口气化率、天然气管网覆盖率远小于北京、江苏等经济发达地区。随着天然气管网建设的大力发展,作为中国人口第一大省份的河南省在未来一段时间的居民天然气消费量还将持续增长。因此,接下来我们将以河南省为例,估算居民天然气补贴,考察阶梯气价设计方案中各档气量、分档气价等问题以及阶梯气价对居民福利和补贴再分配的影响。

1. 河南省居民天然气补贴规模

受限于天然气管网基础设施的发展,中国的天然气消费具有很强的地域特性,天然气消费主要集中在经济发达地区以及气源产区。其中包括四川、广东、江苏、新疆、北京的五个省份天然气消费量占中国总消费量的近40%。这五个省份中四川、新疆地区得益于丰富的天然气资源,而广东、江苏、北京三省市经济发展水平较高,受益于"西气东输"管线的建设及进口LNG的发展,天然气消费量处于中国前列。然而经济发展水平相对较低、本省天然气资源并不丰富的河南省受益于西气东输气源的进入、管网基础设施的快速发展,近年来天然气消费量不断增加,在2010—2013年超过气源丰富的陕西省和重庆市,成为第六大天然气消费省份。

河南省早期受气源限制,天然气消费量并不大。自2003年西气东输气源进入河南后,河南省天然气消费量快速增加,年平均消费增速超过15%。河南省是中国人口第一大省,GDP总量高于全国平均水平,但河南省人均天然气消费量仅为中国平均水平的49%,天然气消费潜力大。2010年河南省政府提出"气化河南"的目标,根据河南省能源规划建设局、中国石油规划总院的预测①,2010—2020年河南省天然气年均增长24亿立方米,年均增长率预计达22%,2020年达288亿立方米。事实上,2010—2013年河南省天然气消费量平均同比增长18%,天然气消费量已进入快速增长阶段。

与此同时河南省居民部门的天然气消费量也在迅速增加,2010—2013年,河南省居民部门天然气消费量从6亿立方米增加至11.1亿立方米。城市居民越来越多地选择管道天然气替代管道煤气作为生活燃料的使用(图6-8)。

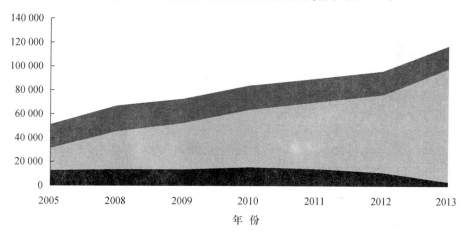

图6-8 河南省城市家庭燃气消费变化
来源:《2014年河南省统计年鉴》。

为分析居民部门阶梯气价,我们首先利用价差法估算出2013年河南省居民天然气消费交叉补贴的规模。经估算,2013年河南省天然气补贴规模为68.07亿

---

① 《河南省天然气发展和利用规划纲要(2011—2020年)》。

元,占GDP总额的0.23%,而其中居民部门的天然气补贴规模为18.09亿元,占总补贴规模的26.58%。在三个部门中,居民补贴率最高,工业补贴率最低。2013年国家实施天然气价格改革后,河南省工业、公共服务部门用气价格有所上涨,相应的补贴率大幅下降,而居民部门的价格仍未上调。

2. 河南省不同收入阶层的天然气消费和补贴

相对偏低的气价意味着居民部门的气价补贴,然而补贴中一个重要的问题即公平问题,低气价是否补贴给需要补贴的低收入居民?我们有必要分析不同收入阶层的天然气消费和补贴特点。

根据《2014年河南省统计年鉴》中的资料,河南省城镇居民[①]生活状况的调查采用抽样调查的方法,调查户按照"分层""二阶段""等距抽样"随机抽选了23个市、县的2300户样本,采用《中国统计年鉴》中对城镇居民的分组方式,根据收入将城镇居民分为七组,为最低收入组、低收入组、中等偏下组、中等收入组、中等偏上组、高收入组和最高收入组,人数比重分别为10%(包括5%的困难户)、10%、20%、20%、20%、10%和10%。调查数据显示,城镇居民收入与家庭规模成反比,最低收入户平均每户家庭人口为3.56人,最高收入户平均每户家庭人口仅为2.29人(见表6-9)。

表6-9 河南省城镇居民收入分组状况

	调查户数(户)	占比(%)	平均每户家庭人口数(人)	消费支出(元)	人均可支配收入(元)
最低收入户	231	10.0	3.56	7799	8430
低收入户	230	10.0	3.58	8922	12 076
较低收入户	459	20.0	3.29	11 432	16 253
中间收入户	460	20.0	2.91	13 867	21 008
较高收入户	460	20.0	2.70	18 684	27 351
高收入户	230	10.0	2.65	21 640	35 893
最高收入户	229	10.0	2.29	30 792	55 412

来源:《2014年河南省统计年鉴》。

在对城镇居民生活状况调查的结果显示,2013年河南省城镇居民家庭每户平均购买管道天然气数量为41.64立方米/人,其中最低收入户购买天然气数量仅为23.91立方米/人,中间收入户人均购买天然气数量为最低收入户的2倍,而最高收入户购买数量高达84.11立方米/人。结合河南省居民部门天然气补贴规模数据以及河南省不同收入阶层的天然气消费状况,我们可以计算出河南省不同阶

---

① 河南省居民天然气消费主要集中在城镇居民,2013年城镇居民天然气消费为10.1亿立方米,农村居民天然气消费仅为1亿立方米,鉴于数据限制,我们对收入的分组以城镇居民为样本。

层所获得的天然气补贴情况。

从表 6-10 可以看出,居民天然气消费主要集中在收入较高的群体,与此对应,收入较高的群体则获得了更多的补贴。占人口总数 20% 的高收入群体(包括高收入户、最高收入户)获得了 32.36% 的用气补贴,其中仅占人口总数 10% 的最高收入户获得了 18.98% 的补贴。而最需要补贴的低收入群体(最低收入户、低收入户)却仅得到 11.95% 的补贴,这显然与低收入群体所占的人口比重(20%)极不相符。也即是说,目前河南省居民气价补贴并没有做到公平的重要准则,低收入人群获得补贴较少,高收入人群获得更多补贴。而源于财政支出的补贴则意味着公共资源流向高收入群体,相当于穷人补贴富人。

表 6-10 河南省不同收入阶层的天然气消费及补贴状况

	人均年天然气消费(立方米)	年用气量(万立方米)	相应补贴量(万元)	占居民用气补贴的比例(%)
最低收入户	23.91	5494.59	8956.18	5.44
低收入户	28.68	6573.89	10 715.44	6.51
较低收入户	27.01	12 337.53	20 110.18	12.22
中间收入户	40.31	18 459.65	30 089.23	18.28
较高收入户	55.52	25 447.63	41 479.63	25.20
高收入户	58.95	13 512.23	22 024.94	13.38
最高收入户	84.11	19 174.54	31 254.51	18.98

3. 河南省阶梯气价的设计是否合理?

考虑到居民生活的基本需要,完全取消补贴时所引起的气价上涨是难以被民众接受的。另外,对贫困居民进行合理的补贴也是必要的。因此阶梯气价作为解决居民气价上涨而推出的补贴机制,成为了中国居民部门天然气价格改革的主要方案。河南省作为中国最早实施阶梯气价的省份,在 2012 年已实施阶梯气价。2011 年底,河南省启动了天然气价格调整方案,在提高天然气价格的前提下,配套实施两档式阶梯气价:每户每月用气量不超过 50 立方米的,执行第一档气价(各地区第一档气价较之前有所上调,平均气价由 1.9 元/立方米上调至 2.25 元/立方米;每户每月用气量超过 50 立方米的部分,按第一档气价 1:1.3 的差率执行。同时,此次价格调整对城市低保家庭炊事、热水等基本生活用气每户每月使用 30 立方米以内的部分不进行调整,仍按照原价格执行。

在阶梯气价设计时,合理确定第一档气量的水平至关重要,若规定气量过低,无法满足居民的基本生活需要,而规定气量过高,又无法达到阶梯气价引导居民节约用气的作用。此外各档之间的价差率也会影响阶梯气价的实施效果。因此,我们进一步分析河南省阶梯气价的气量及价差率。

根据河南省对城镇居民生活状况的调查结果,我们将不同收入组的平均每户

人均天然气消费量换算为月均每户天然气消费量,即

$$\text{不同收入组每户月均天然气消费量} = \frac{\text{平均每户人均年天然气消费} \times \text{每户家庭人口数}}{12 \times \text{天然气气化率}}$$

根据《河南省天然气发展和利用规划纲要(2011—2020年)》的数据统计,2010年,河南省城镇居民气化超过400万户。在此基础上,我们推算出河南省2013年城镇居民管道天然气气化率为50%。进一步的,我们通过计算得到河南省不同收入阶层的月均每户天然气消费数量(见图6-9)。

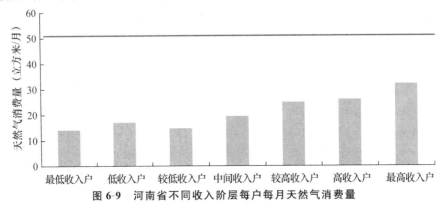

图6-9　河南省不同收入阶层每户每月天然气消费量

根据河南省发改委在2010年底阶梯气价公布的数据,中国普通居民平均每月每户的天然气用量是20立方米,而河南省为15立方米,这与我们计算的结果相符合。从图6-9可以看出,河南省不同收入阶层每户月均天然气消费量均在35立方米以内,很显然,河南省设定的50立方米的第一档阶梯气量无法起作用。可以说,河南省阶梯气价试点改革设计方案是失败的,过高的第一档气量无法引导居民节约用气。在设定阶梯气价时,河南省发改委考虑到"壁挂炉"等天然气采暖的特殊用气现象,把阶梯气价第一档基础用量定为50立方米/月。而事实上居民由于采暖用气而导致气量大幅增加的现象具有很强的季节性及特殊性,据此确定的第一档气量将无法达到促使居民节约用气的效果。

由于数据及地区差异的限制因素,在研究阶梯气价的设计方案时,最优化设计方案较为困难。对于如何制定阶梯气价,国家发改委在2014年明确提出了阶梯气价方案的指导意见。《意见》中明确提出要求第一档用气量覆盖80%的居民家庭用气量以保障居民基本生活用气需求,各档气价实行超额累进加价,原则上第一、二、三档气价按1∶1.2∶1.5的比价安排。

怎样的阶梯气价设计对河南省来说是合理的?根据不同收入阶层每户月均天然气消费的计算可见,若将第一档气量调整至25立方米,已可以覆盖80%的用户,因此我们根据国家发改委的指导意见提出几类阶梯气价方案:

方案一 仍执行两档式阶梯气价,并将第一档气量调整至 25 立方米,第二档气价按第一档气价 1∶1.3 的差率执行;

方案二 严格执行《意见》中的三档式阶梯气价,第一档气量为 25 立方米,第二档气量为 30 立方米,各档气价按照 1∶1.2∶1.5 的差率执行;

方案三 在遵循《意见》的基础上适当提高第二、三档气价差率,即执行三档式阶梯气价,第一档气量为 25 立方米,第二档气量为 30 立方米,各档气价按照 1∶1.3∶1.5 的差率执行。

实施阶梯气价后,不同用户面临的不同气价将对居民的福利和支出产生直接的影响,我们利用 Caroline Freund 和 Christine Wallich(1997)提出的福利分析法则,对不同阶梯气价方案下的居民福利进行分析。我们将福利损失表示为消费者剩余在居民消费性支出中所占的比例。

处于二、三级阶梯居民的福利损失分别为

$$DCS/E = [Q_0(p_2-p_1)/E][1+e(p_2-p_1)/2p_1] \\ -Q_1(p_2-p_1)/E \quad (6-2)$$

$$DCS/E = [Q_0(p_3-p_1)/E][1+e(p_3-p_1)/2p_1] \\ -Q_1(p_2-p_1)/E - Q_2(p_3-p_2)/E \quad (6-3)$$

其中,DCS 表示消费者剩余,E 表示居民消费支出,e 为居民需求价格弹性,Q_1 为第一档气量,Q_2 为第二档气量,Q_0 为实际消费气量,p_1 为第一档阶梯气价,p_2 为第二档阶梯气价,p_3 为第二档阶梯气价。对于河南省居民天然气价格弹性,我们借鉴 Lin and Jiang (2012) 的方法,利用计量模型进行估算,估算结果显示河南省居民天然气价格弹性为－0.33。由于数据限制,我们无法估算出不同收入阶层的天然气价格弹性,因此采用李虹等(2011)的弹性调整方法对不同收入阶层的天然气价格弹性进行调整。根据公式(6-10)、(6-11),可以估算出河南省不同收入阶层居民的消费者剩余变化(表 6-11)。

表 6-11 阶梯气价对河南省不同收入阶层的福利影响

	方案一		方案二		方案三	
	消费者剩余损失(元)	福利损失(%)	消费者剩余损失(元)	福利损失(%)	消费者剩余损失(元)	福利损失(%)
最低收入户	0.00	0.000	0.00	0.000	0.00	0.000
低收入户	0.00	0.000	0.00	0.000	0.00	0.000
较低收入户	0.00	0.000	0.00	0.000	0.00	0.000
中间收入户	0.00	0.000	0.00	0.000	0.00	0.000
较高收入户	0.00	0.000	0.00	0.000	0.00	0.000
高收入户	2.96	0.014	1.67	0.008	2.96	0.014
最高收入户	13.24	0.043	13.98	0.045	16.93	0.055

从福利分析的角度看,如表 6-11 所示,三类阶梯气价方案对河南省最低收入户、低收入户、较低收入户、中间收入户以及较高收入户的福利不产生影响。对高收入户而言,其气量消费主要位于第二级阶梯,因此执行 1∶1.3 的两档式阶梯气价与三档式阶梯气价无差异,执行 1∶1.2 的差异率时损失的福利相对较少;最高收入户气量消费最高,随着分档的增多以及各档间差率的加大,用户的消费者剩余损失越多。但整体而言,不论哪一种方案对各收入阶层的福利损失影响不大,均在 0.008%~0.055%。也即是说,高收入群体对阶梯气价产生的福利损失并不敏感。

此外我们进一步计算出各阶梯气价方案下不同收入阶层的补贴变化情况,结果表明,实施阶梯气价后,居民用气补贴有所下降,而档位越多、各档之间差异率越大,补贴下降数额越多,如若实施第三种方案的阶梯气价(25/30 立方米气量,1∶1.3∶1.5 差异率)居民用气补贴将从 164 630 万元减少至 159 603 万元(见表 6-17);无论实施哪种阶梯气价方案,除高收入和最高收入户外的收入群体所获补贴数额不变,这也意味着 25 立方米的第一档气量至少覆盖了 80% 的居民;对处于二级阶梯的高收入户而言,第一、二档用气实施 1∶1.2 的差异率减少的补贴将少于 1∶1.3 差异率下的补贴,而处于三级阶梯的最高收入户实施三档式阶梯气价减少的补贴量多于两档式。在三种方案中,方案三对补贴再分配的优化作用最好,即若实施第三种阶梯气价方案,高收入群体(较高收入户、高收入户、最高收入户)获得的补贴比列将从 57.56% 下降至 56.22%。可见,合理的阶梯气价将有助于改善补贴机制的公平和效率(具体详见表 6-12)。

表 6-12 阶梯气价方案对河南省不同收入阶层的补贴部分影响

		最低收入户	低收入户	较低收入户	中间收入户	较高收入户	高收入户	最高收入户	所有居民
实施前	所获补贴量(万元)	8956	10 715	20 110	30 089	41 480	22 025	31 255	164 630
	所占比例(%)	5.44	6.51	12.22	18.28	25.20	13.38	18.98	100.00
方案一	所获补贴量(万元)	8956	10 715	20 110	30 089	41 480	20 735	28 011	160 096.6335
	所占比例(%)	5.59	6.69	12.56	18.79	25.91	12.95	17.50	100.00
方案二	所获补贴量(万元)	8956	10 715	20 110	30 089	41 480	21 120	28 189	160 660.1674
	所占比例(%)	5.57	6.67	12.52	18.73	25.82	13.15	17.55	100.00
方案三	所获补贴量(万元)	8956	10 715	20 110	30 089	41 480	20 735	27 517	159 602.9375
	所占比例(%)	5.61	6.71	12.60	18.85	25.99	12.99	17.24	100.00

3. 阶梯气价的改进方向

阶梯气价作为解决居民气价上涨而推出的补贴机制,能有效地解决公平和效率问题,成为了中国居民部门天然气价格改革的主要方案。然而设计方案的合理性影响着阶梯气价的实施效果。我们的分析结果表明,即使已经实施两档式阶梯气价的河南省,由于第一档气量设计过高,并没有起到引导居民节约用气的作用,阶梯气价效果甚微。通过设计分析更为合理的第一档气量以及三档式阶梯气价方案,我们发现即使是实施第一档气量较低的三档式阶梯气价,其对高收入群体的福利损失产生的影响也仅为 0.055%。而档位越多、各档之间差异率越大的阶梯气价方案,能有效减小补贴规模,补贴下降数额越多。如河南省阶梯气价若实施 25、30 立方米的第一、二档气量(各档气价差异率为 1:1.3:1.5),居民用气补贴将从 164 630 万元减少至 159 603 万元;同时,有效的阶梯气价方案还将改善公平和效率,降低高收入群体所获补贴比例,优化补贴再分配。

事实上,根据国家发改委 2014 年提出的居民阶梯气价指导意见,将阶梯气价分为三档,第一档用气量覆盖 80% 的居民家庭用气量以保障居民基本生活用气需求,原则上第一、二、三档气价按 1:1.2:1.5 的比价安排。各地方政府若按指导意见实施阶梯气价,理论上没有问题。然而考虑到地区差异,地方政府在听证阶梯气价过程中,如何合理确定第一档气量并不容易。听证阶段政府提出的第一档气量方案往往遭到民众的质疑,民众普遍认为第一档气量设计过低,质疑政府统计的基本用气消费数据。为缓解公众压力,地方政府往往在最终方案中将第一档气量设计偏高,但这必将影响到阶梯气价的实施效果。因此政府应着力调查分析第一档气量,向公众具体解释为什么公布的第一档气量可以覆盖大多数的居民用户,而且可以保证居民的基本用气,获得民众的支持理解。此外,由于高收入消费群体不太在乎气价上涨,价格弹性小,因此更大幅度的三档气价才能引起高收入群体的重视,增强高收入群体的用气节能意识。

在推出阶梯气价方案时,政府还应考虑季节性差异。随着中国北方地区大面积推进"煤改气",未来天然气将大规模进入供热环节,季节性用气不均衡。政府按年度用气量为计算周期将是更好的选择,这将有助于解决季节性问题,使大多数消费者理性安排每月用气,从而避免进入二档、三档。同时,政府还应考虑得更加全面,针对壁挂炉采暖用户,在执行居民一般生活用气分档气量的基础上,额外增加采暖用气气量。

此外,地方政府还应界定未来阶梯气价各档用气量的调整方向。随着经济增长和居民收入水平的增加以及天然气供热在居民部门的大面积普及,居民用气量还将随之上涨。因此,各地政府需要对居民收入和用气成本变化趋势进行评估,相应调整阶梯气价机制。事实上,阶梯气价的设计根据政策的需要还可以有很多方案。如可以适当地增加阶梯,把三阶梯改成四阶梯或五阶梯,针对不同收入群体制定相应气价。如考虑到居民对改革后价格的接受程度,减少而不是完全消除交叉补贴。同时,阶梯气价设计应考虑到各个地方的地域特点、居民生活消费情况等因素,因地制宜。

第7章 能源热点问题之——其他

7.1 能源行业如何去产能

1. 产能过剩现状

当前,"去产能"被确定为2016年中国经济任务之首和工作主线。一时间,"去产能"成为各大媒体上报道的热门词汇。去产能指的是去掉过剩的产能,使得市场重新恢复供需平衡状态。Chamberlin在1933年最早给出了产能过剩的定义:企业的生产能力相对于市场需求的过剩。产能过剩可以从两个维度来理解,一个是生产能力过剩,另一个是市场需求的不足。前者是表现和结果,后者是产能过剩的根本原因。

一般来说,产能是否过剩用产能利用率来衡量。虽然不同国家有不同的产能利用率,但是大部分国家在产能适度的时候都处在同一个区间内。纪志宏(2015)通过总结美国、欧洲和新兴经济体国家的产能利用率水平得到这样的结论:81%~82%为产能利用率基本正常,高于85%则是产能严重不足,低于75%则认为是产能严重过剩。

2. 产能过剩原因

在能源领域,产能过剩也较为严重。2015年大宗商品(产业链上游)和能源相关的电力、煤矿、钢铁、石化加工、水泥、平板玻璃、电解铝等(产业链上游)主要行业都出现了25%~30%的过剩产能。从需求侧看,中国的能源和大宗商品需求及增速在2011年前后达到顶峰,许多行业的增长都接近10%,2012年表现略差,2013年需求出现轻微反弹,2014年需求增速则大幅度下降,直至2015年,许多行业出现负增长。

作为经济快速增长的发展中国家,产能过剩的逻辑其实比较简单:2011年前后的高增速导致了高投资,经济高增速通常带来需求高涨的预测,而产能大幅扩张就是按照需求增速持续推高的预期来进行投资的,一旦出现低需求增长,产能过剩便不可避免。事实上,2011年没有谁会预测到2015年的煤炭增速为-4%。

3. 产能过剩影响

严重产能过剩的直接后果是产品价格大幅下跌。煤炭价格继2014年大跌后,2015年又下跌近30%,量价齐下导致企业财务恶化,能源产品价格持续下跌

至少有两方面的直接影响:

一是作为国民经济的重要投入,这些产品的价格暴跌加剧了经济疲弱的风险。工业出厂价格近4年连续下降,而能源上下游煤炭、石油、石化、钢铁、铁矿石这五大行业对整个工业生产者出厂价格下降的贡献占70%以上。

二是大部分相关企业财务状况恶化,出现普遍亏损。2015年全国规模以上煤炭企业利润同比大幅下降,行业亏损面达到90%以上。能源下游行业的大中型钢铁企业主营业务亏损面也达近50%。

4. 国内治理产能过剩经验

1992年,在中国共产党的十四次全国代表大会上,历史性地提出了要建设社会主义市场经济,并由此掀起了一轮投资高潮。在1998年发生亚洲金融危机的时候,由于前几年的盲目乐观和蜂拥投资,积累下来了大量过剩产能。情况跟如今的产能过剩比较类似,比如前期扩张过快导致大部分行业产能利用率严重不足,比现在更为严重;银行不良贷款节节攀升,金融体系紊乱;财政压力巨大,等等。此外,上一次产能过剩和如今也有着不一样的地方,在此,我们整理如表7-1。

表7-1 90年代产能过剩和现今产能过剩区别

	去产能背景	
	90年代	现今
领头行业	纺织业等劳动密集型企业	钢铁、煤炭等资本密集型企业
企业主要成本	劳动力等可变成本	机器设备等固定资本
国际经济环境	只有亚洲需求不足	国际市场整体需求不足
中国经济背景	中国潜在增长率上行(人口红利、资源环境优势、即将加入WTO)	中国正调整经济结构,转型升级,经济增长率低于90年代
政策效果	凯恩斯主义刺激政策有效	凯恩斯主义刺激政策效果不足

针对产能过剩的成因,当时政府主要采取了五项主要措施:一是实施"中性偏紧"的货币政策,倒逼企业去产能、去杠杆。二是直接有力的行政干预,优化供给端,为市场的自动调节赢得必要时间。三是企业债权转股权,金融政策支持托底,由金融资产管理公司剥离银行债务。四是1998—2003年实施以增发长期建设国债为主的积极财政政策。五是撬动新的需求增长点。

5. 日本治理产能过剩经验

20世纪60年代,日本因为发生经济危机也碰到和中国目前类似的产能过剩,但是日本通过一系列政策措施,很好地扭转了这个局面。即使国情和时代条件有所不同,日本的做法也可以给我们一些启示。

第一,提高国民收入,拉动内需。产能过剩的重要原因是因为需求不足。日本就着重提高低收入人群的购买力,提高国内的有效需求,消化过剩产能。主要的手段有:推行最低工资制度,保障低收入人群的收入水平;完善社会保障体系,减少因为意外而导致国民财富急剧下降的可能性。

第二,扩大海外投资,引导国内过剩的产能走出国门。引导过剩的产能向海外流动,才能缓解企业的财务负担,避免大面积亏损,甚至于破产清算。80年代中期,由于日元升值,给日本国内本来就产能富余的制造业带来了成本升高的困扰,日本便引导企业向海外投资来消化过剩产能。80年代末,日本对外直接投资达到675亿美元,达到了历史最高记录。

第三,制定产业政策,引导产业结构转型。日本通过制定一系列产业政策,限制了产能过剩行业的进一步发展,同时鼓励一些新兴产业,实现了产业结构的转变。受到限制的产业有附加值不高的原材料工业,污染严重的钢铁和石油化工行业以及能耗高的劳动密集型制造业等。另外,电子工业和高精度机械工业等能耗低和附加值高的产业被日本政府列为朝阳产业,在财政和金融等方面给予优惠政策,鼓励其发展。

第四,淘汰落后产能,实行产业"瘦身"。日本政府通过制定设备注册制度和提高设备准入标准等办法,让企业逐步淘汰目前的落后设备,增加的设备只能是能效高的新型设备。强行提高标准来淘汰落后设备无疑会给企业增加沉重的财务负担,因此,日本政府也同时对淘汰落后设备的企业进行财政补偿,例如出资收购报废,提供低息贷款来推广新型节能设备等。淘汰产能会带来裁员等社会问题,日本也同时制定了一系列政策措施来促进是也职工的培训再就业。

6. 去产能政策建议

去产能的难度想必已经领教过了。"十一五"以来,政府多次强调要化解部分行业的产能过剩,但产能似乎越做越大。比较近的例子是煤炭行业,近三年来煤炭去产能成为行业发展的普遍共识,但今年的煤炭产能却可能比三年前还要大。地方保护主义和"僵尸"企业显然是两个很重要的原因。企业之所以"僵尸",显然有其复杂和困难的背景,而解决这些背景性问题则是去产能的关键。

首先,中国的产能过剩大多集中在高耗能基础设施相关行业,属于资本密集型,这些行业对 GDP 的刺激作用往往非常明显。当这些高耗能行业处于上升期时,地方政府通过各种政策优惠招商引资,比较容易获得更快的 GDP 增长和更多的税收及就业增长,高需求增长又反过来刺激了这些行业投资的"大干快上"。而当此类行业发展下行时,地方政府可能同样为了稳增长、保税收和就业而不得不积极维持这些行业尽可能不减产。

其次,在需求下降和价格走低时,对企业自身而言,维持生产还能获得必须的现金流,避免破产清算。而"僵尸企业"退出面临的诸如职工安置、负债和不良贷款等难题，也将让地方政府和相关金融系统望而却步。所以可以预见，即使有政策支持，去产能也将是一个非常缓慢的过程。

根据日本治理产能过剩的经验来看，去产能某种意义上也是去除部分落后产能。去产能过程中，需要职工分流和就业再教育以及去产能相关的庞大费用，因此，去产能是一个"很花钱"的过程。除了政府基金和政策支持，只有较好的企业财务状况才可能真正使去产能顺利推进，而通过减少供大于求的缺口和降低供需矛盾的预期才能支撑价格，比较好的价格才有比较好的企业财务状况。减少供大于求的缺口和降低供需矛盾的预期需要提高需求，这也是一种更现实的加速市场出清的选择。此外，中国经济发展过程中也曾多次出现过产能过剩，但问题没有今天这么突出，区别在于对需求增长的预期，比较弱的预期会抑制价格。也需要通过增加需要来转变预期。

如果能源需求持续下滑，供需缺口将长时间无法缩小，价格难以维持，企业财务进一步恶化，去产能将更加复杂困难。所以需要双管齐下，一方面在供给端"多兼并重组、少破产清算"，通过并购重组等手段，将社会资源和市场空间留给较好的企业；另一方面，产能过剩是相对需求而言的，提高需求来消化产能短期更有效。采用政策支持基础设施建设，提高能源上游企业的有效需求，或至少减缓需求进一步下滑，政府可以在以下几个方面发力。

首先是加快能源供给侧改革，包括能源体制和价格改革，能源国企管理改革，真正实现政企分离，进而让企业可以更加市场化和灵活地去产能。

其次，通过"一带一路"增加国际市场的产能合作机会。对于火电、钢铁、石化、玻璃、电解铝等高耗能产业的过剩产能，"一带一路"战略可以在中长期消化产能。虽然无法解决目前过剩行业的"燃眉之急"，但比较积极的"一带一路"措施可以提高行业景气预期。由于目前大规模过剩产能多存在于高耗能和基础设施建设行业，"一带一路"相关的西部和南部周边地区大多为经济发展程度不高的国家，基础设施薄弱且缺乏投资资金，政府可以支持国内多个基础设施相关过剩产业进行横向联合，整装编队参与"一带一路"。

第三，由于过剩行业产能和消费量占全球产能和消费量的50%，即使是采取积极的"一带一路"措施，也仍难以消化如此庞大的产能，因此，短期内仍需主要通过积极增加国内能源需求的办法，缓解供求失衡问题。

事实上，中国依然处于城市化进程中，中小城市和乡镇农村的基础设施建设依然存在巨大空间。当然，基础设施建设可能加剧地方政府本已严峻的财政压力，但是其意义更在于转变预期，可以争取时间，避免需求侧短期内过快下滑而导致能源企业财务状况进一步恶化。即通过恢复行业景气度以时间换空间，在企业维持较好财务状况的背景下，有的放矢、相对有效地推进过剩产能的兼并重组等供给侧改革。

7.2 "十三五"能源战略规划建议

"十三五"是中国经济转型和改革的关键时期,"十三五"能源战略规划制定的成败,也是决定经济转型和改革能否顺利实现的关键因素之一。以经济转型和可持续发展为视角,以雾霾治理和应对气候变化为背景,"十三五"能源战略规划需要有什么样的革命性思路和相适应的战略性调整?

1. 现阶段经济发展中能源行业的特征

对比发达国家经济发展历程,虽然有能源稀缺程度、环境空间、技术水平等的不同,但是目前中国的许多经济发展问题,如高耗能、高排放、粗放式经济增长等都是经济发展的阶段性特征,符合发展的规律性,快速增长的经济常常比较粗放,而速度和效率难以兼顾。

经济发展新常态使得能源需求增长减缓,能源企业的发展重点也发生改变。过去几十年,能源行业为了支持经济增长,满足能源需求是首要发展目标,能源行业的主要矛盾是供给能力不足,因此能源行业重在规模扩张。而随着经济增长放缓,能源供需已经由不足转为相对过剩,提高效率逐渐成为能源发展的首要目标。因此,能源市场化改革和有效竞争日益重要。

环境保护也是能源改革的重要方面,近期雾霾治理的压力越来越大。另一方面,中国政府近期提出,决定到2020年单位国内生产总值二氧化碳排放量即碳排放强度比2005年下降40%~45%,2030年碳排放到达峰值。相对于能源强度而言,碳排放强度也受能源效率影响,但主要受能源结构的影响,因此,是一个能源质量即清洁能源在能源结构中的比例问题。与能源强度一样,碳排放强度还受宏观因素的影响,包括经济发展阶段、产业结构、技术水平、能源和环境政策等。从能源强度到碳排放强度的目标约束变化,体现了中国能源战略规划和政策将面临一个战略规划性转变,即从"十一五"时期以提高能源利用效率为主,转变为将气候变化因素作为约束目标。

能源革命要求能源的生产、消费、技术、体制革命的有机结合。中国的一次能源结构以煤炭为主,未来的经济发展与能源战略规划,除了要符合自身经济发展的阶段性特征外,还将受到温室气体减排的约束。尽管中国经济放缓,但由于基数增大,能源需求与排放将继续增长。在应对气候变化问题上,中国的国际压力将日益增大,能源消费将受到二氧化碳排放约束。因此,中国需要通过能源战略规划调整,选择一个现阶段经济发展可以接受的能源结构和能源成本。

2. 能源结构转型升级

在"十三五"规划当中,比较引人注意的是关于能源结构转变的问题。2015年年末出台的十三五规划纲要指出,在2020年年末,能源消费总量计划控制在50亿吨标准煤以内,其中煤炭消费总量不超过41亿吨,基本达到峰值,比重降低到58%以内,非化石能源消费的比重要达到15%以上。

这个目标,是否能顺利实现?或者说它顺利实现的条件是什么?我们在此给大家分析一下。

先看2015年中国的能源结构。化石能源中煤炭、石油、天然气所占比重分别为64%、18.1%、5.9%;非化石能源中水电占8.5%,核电占1.4%,风电占1.6%,太阳能占0.5%,其他如生物质能微小不计。由于资源禀赋、石油价格和能源安全问题,属于化石能源的石油一直很稳定地占18%左右,"十三五"期间还将保持这个比重。非化石能源当中,水电曾经有过快速增长,但近年来由于资源潜力约束,基本上稳定在8.5%的比重。因此,"十三五"期间能源结构中石油和水电(共占比约26.6%)这两个板块的比例将保持稳定。

如果根据《能源发展战略行动计划(2014—2020年)》,把化石能源中的天然气和非化石能源中的核电、风电、太阳能统称为清洁能源,加总起来大致为9.4%。而化石能源中的煤炭目前占64%。在雾霾治理和低碳清洁发展的背景下,"十三五"期间能源结构中可能有比较大变化的是煤炭的减少和清洁能源的增加,基本上是此消彼长的过程。

"十三五"能源结构一定会得到调整。根据中国政府的目标,到2020年非化石能源在能源结构中比例为15%,但目前非化石能源在能源结构中比重只有12%,所以需要增长3个百分点。在建的核电可以贡献1个点左右,即核电从目前1.4%增加到2020年的2.5%;风电和太阳能需要从目前的2.1%翻1倍到4%;加上水电稳定在8.5%,凑成15%的非化石能源比重。预期"十三五"期间天然气在能源结构中的比例应该可以增加2个百分点左右,从目前的5.9%增加到8%。这样,天然气增长和非化石能源增长,可以使煤炭占能源结构的比例减少5个百分点,从2015年的64%下降为2020年的59%。

当然,"十三五"能源结构调整的预期是否可以如期实现,除了政府的政策支持和引导以外,很大程度上取决于能源需求增长速度。如果出现类似2015年的能源需求增长为负的情况,煤炭替代将很容易,2015年煤炭占能源消费的比例的确下降了超过1个百分点,从2014年的65.6%降为64%。

现在清洁能源在能源结构中比例为9.5%(包含化石能源中的天然气和非化石能源的核电、风电和太阳能等),因此就每个年份而言,如果能源需求增长为零,清洁能源大约增长10%就可以替代能源结构中1%的煤炭。如果能源需求增长速度为1%,就需要20%的清洁能源增速才能在满足1%的能源需求增长的同时还替代1%的煤炭。如果能源需求增长速度为2%,则需要30%的清洁能源增速才可能替代1%的煤炭。如果能源需求增速超过2%,煤炭的替代速度必然减缓。

尽管"十三五"期间预期比较低的能源需求增长显然有利于煤炭替代,预期煤炭在能源消费总量以平均每年1个百分点的速度下降,可能还是一个比较乐观的预期。

对于能源企业而言,除了关心能源结构调整,更关心的可能是能源绝对量的变化。如果能源需求增长反弹超过2%,煤炭消费的绝对量还可能上升,目前清洁能源的比例太小,难以在满足能源需求快速增长的同时,还可以替代煤炭。

这种情境是有可能发生。国际上,就美国非常成熟的发达经济产业结构而言,20世纪90年代美国平均能源需求还有1.58%的增长。国内而言,中国城市化进程远没有结束,基础设施建设任务依然繁重。中国要进入中高等收入国家,比较的不是北京和纽约这样的大城市,而是中小城市、乡镇、农村的基础设施。此外,大中城市的地铁和轨道交通基础设施建设,既可以解决城市交通堵塞和空气污染,还可以减少石油消费,应该是"十三五"基础设施建设的重要方面。因此,中国基础设施建设依然存在巨大空间,在政府支持下再形成一个基础设施建设高潮并非不可能。

这也就是为什么政府把中国二氧化碳的排放峰值放在2030年而不是2013年。事实上,2014年煤炭需求增长下降了2.5%,2015年又进一步下降了3.7%,中国2014年和2015年的碳排放由于煤炭消费大幅削减而大幅下降。但目前对中国今后能源需求增长速度没有十分的把握,一旦能源需求反弹超过2%,煤炭消费绝对量可能还会增长,二氧化碳排放也可能还会增长。

因此,我们认为清洁能源要替代煤炭不是那么容易的一件事情,比较合理的预测是煤炭消费占比在"十三五"期间可能会下降到62%~61%。

3. "十三五"应大力规划发展储能产业

煤炭消费占比的下降主要靠可再生能源的发展来替代,中国要大力发展可再生能源已经形成共识。然而,可再生能源的发展也不是那么简单,其中可再生能源发电并网是急需解决的难题。可再生能源并网有一个大障碍在于其发电具有波动性、间歇性与不可预测性。发电并网比例上升,电网波动性显著增加,稳定性降低,成本大幅度提高。因此,为了实现新能源大规模应用,必须规划相应的储能系统。

在能源领域内,可再生能源不仅被视为解决环境问题尤其是二氧化碳减排的有效途径,而且长期看,还可能是满足人类能源需求的最重要的解决方案之一。

中国长期以来以煤为主的能源结构是严重的环境污染尤其雾霾等现象的主要因素,发展可再生能源,满足能源需求增长、展开对煤炭的替代过程已经开始。中国"十三五"能源规划提出,到2020年,一次能源消费总量控制在48亿吨标准煤左右,非化石能源占一次能源消费比重将达到15%。

2014年,中国可再生能源发电量为1.2万亿千瓦时,占总发电量的22%。其中水电最高,核电次之,以风电与光伏为代表的新能源总发电量为1794亿千瓦时,占比仅为3.24%。按现有发展进度折算,到2020年,水电与核电可能新增约3000亿千瓦时,因此,风电与光伏需要填补4000亿千瓦时的发电缺口。风电、光伏并网比例必然超过5%,甚至有可能接近10%。

我们看到,传统储能的主要形式为抽水蓄能电站,然而抽水蓄能电站的建设由于选址的限制,很难与风电光伏配合,因而难以满足"十三五"新能源装机的发展要求。因此,五至十年内,电池储能可能是解决新能源发电并网问题的必经途径。电池储能技术发展迅速,能量密度与功率密度较高,应用较为灵活,可以高效地与新能源发电进行转换。2015年5月,Tesla发布名为Powerwall的家用电池系统和商用电池系统Powerpack,则标志着电池储能商业化的开始。

储能技术受到了政府的关注,国家能源局已经委托中国化学与物理电源行业协会启动国家储能产业"十三五"规划大纲的编写工作,以指导与推动储能行业的发展。大纲编写意见指出:应用储能技术能为电网系统调峰填谷,解决供用电矛盾;提高电网系统可靠性和安全性,减少备用需求及停电损失;作为用户侧辅助电源,提高电能质量和供电稳定性,保障电网安全、稳定运行;作为分布式发电及微电网的关键技术,稳定系统输出、备用电源、提高调度灵活性、降低运行成本、减少用户电费。

可以预见,"十三五"规划将支持储能技术得到飞跃式发展。然而,经济视角的研究也应作为储能技术政策制定的基础。

上述大纲编写意见中,首先指出储能技术应以提升电网稳定性为目的,可以认为储能设备所有者是电网与电力公司,目的是降低电网成本;之后,又指出储能应在分布式发电与微网侧发挥作用,可以认为用电单位是储能设备的所有者,目的是发挥其经济效益。这两大目标所对应的主体结构不一致、目标不一致,可能不能同时达到最优。

储能的经济性应体现为储能收益大于储能成本。从电网侧来看,储能的主要目标是调节峰谷,减少新能源发电对电网的冲击。因此,电网的储能收益体现为储能导致的电网成本的降低。

现阶段中国新能源发电比例很小,峰谷电价等分时电价的制定无须考虑新能源发电的影响。但峰谷电价与电力需求具有正相关性,运用得当储能可以同时优化上述两大目标。然而当新能源发电占到一定比例后,供需双方的作用将使电力需求的峰谷结构发生改变,新能源发电不存在燃料成本,其运行成本可以忽略不计,电网运行成本由扣除新能源发电的其他发电部分决定。

要使储能在分布式中实现应用,还需要解决市场准入的问题。如果只允许用户自储自用,将会限制储能的投资热情。但若是允许储能作为电源接入电网,则需要有相关的政策和标准以配合。这方面国外已经有现成的案例,如美国的FERC792法案就将储能定义为小型发电设备,允许其并网运行。

储能系统能够帮助电网进行调频调峰,同时在不增加电网容量的情况下提升可再生能源的消纳能力。这些可以视为储能的外部性。但在市场交易中外部性是无法得到体现的,这就需要通过补贴等手段进行调节。

那么,储能的外部性如何衡量?如何制定有效的补贴政策?外部性的地区差异如何评价与补偿?就成了需要深入研究的问题。

产业方面,鉴于储能技术对于可再生能源发展的重要作用,应该对相关研发给予补贴与扶持。特别是在技术发展的初期阶段,由于技术积累水平和市场规模等因素的制约,储能技术的研发收益可能无法覆盖其成本。这就需要在政策上对于储能研发进行扶持,在制定产业政策时,应特别注意激励机制的合理性,以避免浪费补贴。

综上,储能技术作为"十三五"能源发展中重要的一环,在制定发展目标时,要把经济性研究与技术研究放在同等重要的位置进行考量。

可再生能源发电并网是世界性的难题,需要在合理的市场机制下,由电价经济性杠杆与储能技术物理性杠杆同时发挥作用。经济方面的研究着眼于如何优化资源配置,其对促进储能的健康发展可能更为重要。这就要求对市场机制的设计、价格杠杆的应用、补贴政策的制定以及产业的规划等一系列问题,进行系统性的评估。

只有经济研究与技术研究两条腿走路,才能促使储能行业在"十三五"期间健康发展,从而更有效地同时实现改善电网稳定性与实现盈利两大目标。

参 考 文 献

[1] 陈诗一. 中国工业分行业统计数据估算:1980—2008[J]. 经济学(季刊),2011(3): 734—776.
[2] 高志刚,尤济红. 环境规制强度与中国全要素能源效率研究[J]. 经济社会体制比较,2015(6):111—123.
[3] 耿勤,佘湘耘,朱虹,等. 我国交通运输能源消费的初步分析与探讨[J]. 中国能源,2009,31(10):28—29.
[4] 胡鞍钢,郑云峰,高宇宁. 中国高耗能行业真实全要素生产率研究(1995—2010)——基于投入产出的视角[J]. 中国工业经济,2015(5):44—56.
[5] 贾顺平,毛保华,刘爽,等. 中国交通运输能源消耗水平测算与分析[J]. 交通运输系统工程与信息,2010,10(1):22—27.
[6] 李虹,董亮,谢明华. 取消燃气和电力补贴对我国居民生活的影响[J]. 经济研究,2011(2):100—112.
[7] 李俊峰. 2011中国光伏发展报告[M]. 中国环境科学出版社,2011.
[8] 李立涅,饶宏,张东辉,等. 输煤输电的技术经济比较研究及其重要战略意义[J]. 中国工程科学,2015,17(9):63—68.
[9] 李琳娜. 低碳交通运输政策节能效果评价实证研究[D]. 长安大学,2014.
[10] 林伯强. 从中国汽车石油消费的角度分析中国汽车政策的方向性[J]. 厦门大学能源经济与能源政策协同创新中心工作论文,2016.
[11] 林伯强,杜之利. 城市轨道交通能否有效抑制汽车能源消费[J]. 厦门大学能源经济与能源政策协同创新中心工作论文,2016.
[12] 林伯强,李想. 电池储能能够解决中国弃风弃光问题吗[J]. 厦门大学能源经济与能源政策协同创新中心工作论文,2016.
[13] 林伯强,李想. 与新能源发电结合的储能系统经济性分析[J]. 厦门大学能源经济与能源政策协同创新中心工作论文,2016.
[14] 林伯强,李想. 中国分布式光伏政策规划分析[J]. 厦门大学能源经济与能源政策协同创新中心工作论文,2016.
[15] 林伯强,李想. 中国何时投资分布式光伏是最优的[J]. 厦门大学能源经济与能源政策协同创新中心工作论文,2016.
[16] 林伯强,刘畅. 中国能源补贴改革与有效能源补贴[J]. 中国社会科学,2016,10:30—48.
[17] 林伯强,刘畅. 中国天然气补贴变动及影响因素分析——基于LMDI方法[J]. 厦门大学

能源经济与能源政策协同创新中心工作论文,2016.

[18] 林伯强,刘畅.居民阶梯气价改革设计的失败和改进方案——以河南省为例[J].厦门大学能源经济与能源政策协同创新中心工作论文,2016.

[19] 林伯强,田鹏.中国轻工行业的节能:从要素替代和能源替代的视角[J].厦门大学能源经济与能源政策协同创新中心工作论文.2016.

[20] 林伯强,吴微.电池储能的经济可行性与电网应对策略:中国电力市场的特别案例[J].厦门大学能源经济与能源政策协同创新中心工作论文,2015.

[21] 林伯强,中国石油消费结构变化研究[J].厦门大学能源经济与能源政策协同创新中心工作论文,2016.

[22] 林伯强,贺家欣.生物质发电是中国新能源中一个好的选择吗?[J].厦门大学能源经济与能源政策协同创新中心工作论文,2015.

[23] 林伯强,贺家欣.中国垃圾发电的问题、原因分析与政策建议.[J].厦门大学能源经济与能源政策协同创新中心工作论文,2015.

[24] 林伯强,贺家欣.中国生物质发电的学习曲线:成本下降的因素分析[J].厦门大学能源经济与能源政策协同创新中心工作论文,2015.

[25] 林伯强,刘奎.中国重工业发展与环境污染的空间计量分析[J].厦门大学能源经济与能源政策协同创新中心工作论文,2015.

[26] 林伯强,刘奎.中国重工业真实全要素生产率[J].厦门大学能源经济与能源政策协同创新中心工作论文,2016.

[27] 林伯强,柳炜升.中国交通运输业的能源反弹效应研究[J].厦门大学厦门大学能源经济与能源政策协同创新中心工作论文,2016.

[28] 林伯强,谭睿鹏.控制中国关键行业二氧化碳排放:来自中国高耗能行业的证据[J].厦门大学能源经济与能源政策协同创新中心工作论文,2016.

[29] 林伯强,王爱伦.中国省际商业部门二氧化碳排放效率研究[J].厦门大学能源经济与能源政策协同创新中心工作论文,2016.

[30] 林伯强,仵金燕.中国公路运输业区域二氧化碳排放绩效评价及减排潜力[J].厦门大学能源经济与能源政策协同创新中心工作论文,2016.

[31] 林伯强,仵金燕.中国公路运输业全要素综合效率测算及其动态变化[J].厦门大学能源经济与能源政策协同创新中心工作论文,2016.

[32] 林伯强,张广璐.中国服务业能源效率——基于省际面板数据[J].厦门大学能源经济与能源政策协同创新中心工作论文,2016.

[33] 林伯强,张广璐.中国服务业碳排放影响因素分析[J].厦门大学能源经济与能源政策协同创新中心工作论文,2016.

[34] 林伯强,赵红丽.基于超越生产函数的纺织业替代效应分析[J].厦门大学能源经济与能源政策协同创新中心工作论文.2016.

[35] 林伯强,赵红丽.中国纺织业全要素能源效率变动分解——基于Malmquist指数的视角[J].厦门大学能源经济与能源政策协同创新中心工作论文.2016.

[36] 林伯强,赵红丽.纺织业二氧化碳排放影响分析:基于 STIRPAI 模型[J].厦门大学能源经济与能源政策协同创新中心工作论文,2016.
[37] 林伯强,郑清英.造纸及纸制品行业能源效率表现及地区技术差异[J].厦门大学能源经济与能源政策协同创新中心工作论文,2016.
[38] 林伯强,郑清英.产业集聚是否促进了中国造纸及纸制品行业的能源效率改善——基于面板门限的分析[J].厦门大学能源经济与能源政策协同创新中心工作论文,2016.
[39] 林伯强."十三五"需大力规划发展储能产业[N].第一财经日报.2015-02-04
[40] 林伯强.储能技术如何缩小与国际的差距[N].第一财经日报.2015-04-04
[41] 林伯强.尽快发展中国储能技术[N].中国社会科学报.2015-03-09
[42] 林伯强.能源革命与"十三五"能源规划的制定[N].中国能源报.2014-10-15
[43] 林伯强.提高需求来配合去产能[N].中国能源报.2015-03-21
[44] 林伯强.像支持风电、太阳能一样支持储能发展[N].中国证券报.2015-05-08
[45] 林嫘.中国天然气价格改革及其影响的研究[D].厦门大学,2014.
[46] 王兵,於露瑾,杨雨石.碳排放约束下中国工业行业能源效率的测度与分解[J].金融研究,2013(10):128—141.
[47] 王钢.日本供给侧改革的经验与启示[J].西部金融,2016(4).
[48] 王亚华,吴凡,王争.交通行业生产率变动的 Bootstrap-Malmquist 指数分析(1980—2005)[J].经济学(季刊),2008,3:006.
[49] 王瑞军.基于省域视角的中国交通运输对区域经济发展影响研究[D].北京交通大学,2013.
[50] 张占斌,孙飞.中国上一轮去产能的经验与启示[J].人民论坛,2016(10):47—49.
[51] 杨莉莉,邵帅.能源回弹效应的理论演进与经验证据:一个文献述评[J].财经研究,2015,41(8):19—38.
[52] 朱德进.基于技术差距的中国地区二氧化碳排放绩效研究[D].山东大学,2013.
[53] Ang B W,Mu A R,Zhou P. Accounting frameworks for tracking energy efficiency trends[J]. Energy Economics,2010,32(5):1209—1219.
[54] A. Hasanbeigi. Improving energy efficiency and reducing carbon dioxide emissions in the textile industry[J]. Lawrence Berkeley national laboratory,working pape. 2012.
[55] Andresen G B,Rodriguez R A,Becker S,et al. The potential for arbitrage of wind and solar surplus power in Denmark[J]. Energy,2014,76:49—58.
[56] Anuta O H,Taylor P,Jones D,et al. An international review of the implications of regulatory and electricity market structures on the emergence of grid scale electricity storage[J]. Renewable & Sustainable Energy Reviews,2014,38(38):489—508.
[57] Barzin R,Chen J J J,Young B R,et al. Peak load shifting with energy storage and price-based control system[J]. Energy,2015,92:504—514.
[58] Birol F,Keppler J H. Prices,technology development and the rebound effect[J]. Energy policy,2000,28(6):457—469.

[59] Bradbury K, Pratson L, Patiño-Echeverri D. Economic viability of energy storage systems based on price arbitrage potential in real-time U. S. electricity markets[J]. Applied Energy, 2014, 114(114):512—519.

[60] British Petroleum, Statistical Review of World Energy 2015.

[61] British Petroleum, Statistical Review of World Energy 2016.

[62] Brockway P E, Steinberger J K, Barrett J R, et al. Understanding China's past and future energy demand: An exergy efficiency and decomposition analysis[J]. Applied Energy, 2015, 155:892—903.

[63] Brown M H, Sedano R P. Electricity transmission: A primer. National council on electric policy[C]. Washington, DC: National Conference of State Legislatures.

[64] Carson R T, Novan K. The private and social economics of bulk electricity storage[J]. Journal of Environmental Economics & Management, 2013, 66(3):404—423.

[65] Chen K H, Yang H Y. A cross-country comparison of productivity growth using the generalised metafrontier Malmquist productivity index: with application to banking industries in Taiwan and China[J]. Journal of Productivity Analysis, 2011, 35(3):197—212.

[66] Christensen L R, Lau L J. Transcendental Logarithmic Production Frontiers[J]. Review of Economics & Statistics, 1973, 55(1):28—45.

[67] Conejo A J, Arroyo J M, Alguacil N, et al. Transmission Loss Allocation: A Comparison of Different Practical Algorithms[J]. IEEE Power Engineering Review, 2002, 22(5):65—66.

[68] Das T, Krishnan V, Mccalley J D. Assessing the benefits and economics of bulk energy storage technologies in the power grid[J]. Applied Energy, 2015, 139(1):104—118.

[69] Dunn B, Kamath H, Tarascon J M. Electrical energy storage for the grid: a battery of choices.[J]. Science, 2011, 334(6058):928—935.

[70] European Commission, 2008. Commission Staff Working Document. Brussels. 57,23 January 2008. Accessed November 17. 2008 at: 〈http://ec. europa. eu/energy/cIimate_actions/doc/2008_res_working_document_en. pdf〉.

[71] Eyer J. Electric utility transmission and distribution upgrade deferral benefits from modular electricity storage[J]. Sandia National Laboratories, 2011.

[72] Fei R, Lin B. Energy efficiency and production technology heterogeneity in China's agricultural sector: A meta-frontier approach[J]. Technological Forecasting & Social Change, 2016, 109:24—34.

[73] Freund C, Wallich C. Public-Sector Price Reforms in Transition Economies: Who Gains? Who Loses? The Case of Household Energy Prices in Poland. [J]. Economic Development & Cultural Change, 1997, 46(1):34—59.

[74] G20 Leaders. G20 Leaders' Declaration, Pittsburgh G20, 2009,September.

[75] Greening L A, Greene D L, Difiglio C. Energy efficiency and consumption——the rebound

effect——a survey[J]. Energy policy, 2000, 28(6):389—401.

[76] Harmon C, Schrattenholzer L. Experience Curves of Photovoltaic Technology[J]. Working Papers, 2000, 16(4):254—256.

[77] He F, Zhang Q, Lei J, et al. Energy efficiency and productivity change of China's iron and steel industry: Accounting for undesirable outputs[J]. Energy Policy, 2013, 54(54):204—213.

[78] He Y, Wang B, Li D, et al. China's electricity transmission and distribution tariff mechanism based on sustainable development[J]. International Journal of Electrical Power & Energy Systems, 2015, 64:902—910.

[79] Hittinger E S, Azevedo I M. Bulk energy storage increases United States electricity system emissions. [J]. Environmental Science & Technology, 2015, 49(5):3203—3210.

[80] Hoppmann J, Volland J, Schmidt T S, et al. The economic viability of battery storage for residential solar photovoltaic systems——A review and a simulation model[J]. Renewable & Sustainable Energy Reviews, 2014, 39(6):1101—1118.

[81] International Energy Agency, Experience Curves for Energy Technology Policy. International Energy Agency Energy Report No. 7, 2000, Paris, OECD/IEA Publications.

[82] International Energy Agency, National Survey Report of PV Power Applications in Germany 2006. International Energy Agency Photovoltaic Power Systems Program. 〈http://ieapvps. org/countries/download/nsr06/06deunsr. pdf〉

[83] International Energy Agency, Medium-Term Gas Market Report 2015.

[84] International Energy Agency, World Energy Outlook 1999.

[85] International Renewable Energy Agency, Renewable Capacity Statistics, 2016.

[86] International Renewable Energy Agency, Renewable Energy Statistics 2016.

[87] Jiang Z, Lin B. China's energy demand and its characteristics in the industrialization and urbanization process: A reply [J]. Energy Policy, 2013, 60(49):583—585.

[88] Kanakasabapathy P. Economic impact of pumped storage power plant on social welfare of electricity market[J]. International Journal of Electrical Power & Energy Systems, 2013, 45(1):187—193.

[89] Karl T R, Arguez A, Huang B, et al. Possible artifacts of data biases in the recent global surface warming hiatus. [J]. Science, 2015, 348(6242):1469—1472.

[90] Kloess M, Zach K. Bulk electricity storage technologies for load-leveling operation——An economic assessment for the Austrian and German power market[J]. International Journal of Electrical Power & Energy Systems, 2014, 59(7):111—122.

[91] Krishnan V, Das T. Optimal allocation of energy storage in a co-optimized electricity market: Benefits assessment and deriving indicators for economic storage ventures[J]. Energy, 2015, 81:174—188.

[92] Lamont A D. Assessing the economic value and optimal structure of large-scale electricity

storage[J]. IEEE Transactions on Power Systems, 2013, 28(28):911—921.

[93] Li G, Fang C. Global mapping and estimation of ecosystem services values and gross domestic product: A spatially explicit integration of national 'green GDP' accounting[J]. Ecological Indicators, 2014, 46:293—314.

[94] Li K, Lin B. Metafroniter energy efficiency with CO_2, emissions and its convergence analysis for China[J]. Energy Economics, 2015, 48:230—241.

[95] Lin B, Du K. Energy and CO_2, emissions performance in China's regional economies: Do market-oriented reforms matter? [J]. Energy Policy, 2015, 78:113—124.

[96] Lin B, Du K. Measuring energy efficiency under heterogeneous technologies using a latent class stochastic frontier approach: An application to Chinese energy economy[J]. Energy, 2014, 76:884—890.

[97] Lin B, Du K. Modeling the dynamics of carbon emission performance in China: A parametric Malmquist index approach[J]. Energy Economics, 2015, 49:550—557.

[98] Lin B, Du Z. How China's urbanization impacts transport energy consumption in the face of income disparity[J]. Renewable & Sustainable Energy Reviews, 2015, 52:1693—1701.

[99] Lin B, Fei R. Analyzing inter-factor substitution and technical progress in the Chinese agricultural sector[J]. European Journal of Agronomy, 2015, 66:54—61.

[100] Lin B, Jiang Z. Estimates of energy subsidies in China and impact of energy subsidy reform[J]. Energy Economics, 2011, 33(2):273—283.

[101] Lin B, Li J. The rebound effect for heavy industry: Empirical evidence from China[J]. Energy Policy, 2014, 74(C):589—599.

[102] Lin B, Liu C, Lin L. The Effect of China's Natural Gas Pricing Reform[J]. Emerging Markets Finance & Trade, 2015, 51(4):812—825.

[103] Lin B, Liu C. Why is electricity consumption inconsistent with economic growth in China? [J]. Energy Policy, 2016, 88:310—316.

[104] Lin B, Tan R. Ecological total-factor energy efficiency of China's energy intensive industries[J]. Ecological Indicators, 2016, 70:480—497.

[105] Lin B, Wang A. Estimating energy conservation potential in China's commercial sector [J]. Energy, 2015, 82:147—156.

[106] Lin B, Xie C. Energy substitution effect on transport industry of China-based on trans-log production function[J]. Energy, 2014, 67(4):213—222.

[107] Lin, B. and A. Wang, Regional energy efficiency of China's commercial sector: an emerging energy consumer. Emerging Markets Finance and Trade, accepted,2016.

[108] Liu W, Li H. Improving energy consumption structure: A comprehensive assessment of fossil energy subsidies reform in China[J]. Energy Policy, 2011, 39(7):4134—4143.

[109] Luo X, Wang J, Dooner M, et al. Overview of current development in electrical energy storage technologies and the application potential in power system operation [J]. Applied

Energy, 2015, 137(C):511—536.

[110] Ma T, Yang H, Lu L. Development of hybrid battery——supercapacitor energy storage for remote area renewable energy systems[J]. Applied Energy, 2015, 153:55—62.

[111] Notton G. Importance of islands in renewable energy production and storage: The situation of the French islands[J]. Renewable & Sustainable Energy Reviews, 2015, 47:260—269.

[112] O'Donnell C J, Rao D S P, Battese G E. Metafrontier frameworks for the study of firm-level efficiencies and technology ratios[J]. Empirical Economics, 2008, 34(2):231—255.

[113] Odonnell C, Rao D, Battese G. Metafrontier frameworks for the study of firm level efficiencies & technology ratios[J]. Empirical Economics, 2008, 34(2):231—255.

[114] Patterson M G. What is energy efficiency? Concepts, indicators and methodological issues[J]. Energy Policy, 1996, 24(5):377—390.

[115] Pindyck R S. Interfuel substitution and the industrial demand for energy : an international comparison[J]. Review of Economics & Statistics, 1977, 61(2):169—179.

[116] REN21. Renewables 2012 Global Status Report.

[117] Rigter J, Vidican G. Cost and optimal feed——in tariff for small scale photovoltaic systems in China[J]. Energy Policy, 2010, 38(11):6989—7000.

[118] Shao S, Huang T, Yang L. Using latent variable approach to estimate China's economy-wide energy rebound effect over 1954—2010[J]. Energy Policy, 2014, 72:234—248.

[119] Sioshansi R, Denholm P, Jenkin T, et al. Estimating the value of electricity storage in PJM: Arbitrage and some welfare effects[J]. Energy Economics, 2009, 31(2):269—277.

[120] Tan X H, Lie T T. Allocation of transmission loss cost using cooperative game theory in the context of open transmission access[C]. Power Engineering Society Winter Meeting. IEEE, 2001:1214—1219.

[121] Upshaw C R, Rhodes J D, Webber M E. Modeling peak load reduction and energy consumption enabled by an integrated thermal energy and water storage system for residential air conditioning systems in Austin, Texas[J]. Energy & Buildings, 2015, 97:21—32.

[122] W Yanjia, W Chandler. The Chinese nonferrous metals industry——energy use and CO_2 emissions[J]. Energy Policy, 2010, 38(11):6474—6484.

[123] Wagner A. Residual Demand Modeling and Application to Electricity Pricing[J]. Energy Journal-Cambridge Ma then Cleveland Ohio, 2014, 35(2):44—73.

[124] Walawalkar R, Apt J, Mancini R. Economics of electric energy storage for energy arbitrage and regulation in New York[J]. Energy Policy, 2007, 35(4):2558—2568.

[125] Wang H, Zhou P, Zhou D Q. An empirical study of direct rebound effect for passenger transport in urban China[J]. Energy Economics, 2012, 34(2): 452—460.

[126] Wang T, Lin B. China's natural gas consumption and subsidies——From a sector per-

spective[J]. Energy Policy, 2014, 65(C):541—551.

[127] Welsch H, Ochsen C. The determinants of aggregate energy use in West Germany: factor substitution, technological change, and trade[J]. Energy Economics, 2005, 27(1): 93—111.

[128] Wu Y. China's Capital Stock Series by Region and Sector[J]. Economics Discussion, 2015.

[129] Zakeri B, Syri S. Electrical energy storage systems: A comparative life cycle cost analysis [J]. Renewable & Sustainable Energy Reviews, 2015, 42(C):569—596.

[130] Zhang N, Choi Y. A comparative study of dynamic changes in CO_2, emission performance of fossil fuel power plants in China and Korea[J]. Energy Policy, 2013, 62(9): 324—332.

[131] Zhang N, Choi Y. Total-factor carbon emission performance of fossil fuel power plants in China: A metafrontier non-radial Malmquist index analysis[J]. Energy Economics, 2013, 40(2):549—559.

[132] Zhang N, Kong F, Choi Y, et al. The effect of size-control policy on unified energy and carbon efficiency for Chinese fossil fuel power plants[J]. Energy Policy, 2014, 70(4): 193—200.

[133] Zhang N, Kong F, Yu Y. Measuring ecological total-factor energy efficiency incorporating regional heterogeneities in China[J]. Ecological Indicators, 2015, 51:164—172.

[134] Zhou P, Ang B, Han J. Total factor carbon emission performance: a Malmquist index analysis[J]. Energy Economics, 2010, 32(1): 194—201.

附录A 中国能源领域相关数据

1. 碳排放

表 A-1 中、美、印二氧化碳排放总量　　　　　　　（单位：百万吨）

年　份	中国	美国	印度
2000	3327.354	5976.013	965.411
2001	3486.153	5863.577	973.307
2002	3809.264	5897.142	1025.211
2003	4495.685	5968.585	1065.830
2004	5291.781	6071.054	1120.803
2005	6058.260	6108.159	1209.260
2006	6656.030	6029.180	1257.323
2007	7211.089	6132.420	1370.728
2008	7351.939	5954.086	1472.500
2009	7695.211	5529.795	1609.618
2010	8098.519	5754.630	1678.833
2011	8746.917	5617.271	1729.960
2012	8911.021	5460.018	1864.576
2013	9148.601	5572.435	1957.919
2014	9165.523	5631.224	2106.078
2015	9153.897	5485.741	2218.434

资料来源：BP Statistical Review of World Energy 2016。

表 A-2 2014年中国各省二氧化碳排放量

省　份	碳排放（百万吨）	省　份	碳排放（百万吨）
北京	155.25	辽宁	907.30
天津	251.85	吉林	299.23
河北	935.31	黑龙江	428.13
山西	806.35	上海	329.24
内蒙古	793.23	江苏	912.90

(续表)

省　份	碳排放（百万吨）	省　份	碳排放（百万吨）
浙江	521.48	重庆	163.89
安徽	505.54	四川	413.53
福建	347.78	贵州	280.10
江西	223.88	云南	228.65
山东	1485.26	西藏	N/A
河南	651.04	陕西	552.32
湖北	398.14	甘肃	257.63
湖南	326.60	青海	64.45
广东	759.77	宁夏	213.59
广西	271.77	新疆	559.90
海南	95.81	—	—

资料来源：我们根据各省统计年鉴与中国能源统计年鉴相关数据计算。

表 A-3　2014 年中国各省碳强度排名

省　份	碳强度（吨/万元）
北京	0.73
广东	1.12
重庆	1.15
湖南	1.21
浙江	1.30
上海	1.40
江苏	1.40
江西	1.42
福建	1.45
四川	1.45
湖北	1.45
天津	1.60
广西	1.73
云南	1.78
河南	1.86
吉林	2.17
安徽	2.42
山东	2.50
海南	2.74

(续表)

省　份	碳强度(吨/万元)
青海	2.80
黑龙江	2.85
贵州	3.02
陕西	3.12
辽宁	3.17
河北	3.18
甘肃	3.77
内蒙古	4.46
新疆	6.04
山西	6.32
宁夏	7.76

资料来源:我们根据各省统计年鉴与中国能源统计年鉴相关数据计算。

2. 一次能源

表 A-4　中国一次能源消费

年　份	能源消费量(百万吨油当量)
2000	1003.11
2001	1059.63
2002	1156.00
2003	1347.98
2004	1576.92
2005	1793.70
2006	1967.98
2007	2140.07
2008	2222.28
2009	2322.12
2010	2487.36
2011	2687.90
2012	2795.26
2013	2903.95
2014	2970.31
2015	3013.96

资料来源:BP Statistical Review of World Energy 2016。

表 A-5　中、美、日、印、俄一次能源消费量比较　（单位：百万吨油当量）

年　份	中国	美国	印度	日本	俄罗斯
2000	1003.11	2312.43	315.98	512.68	620.30
2001	1059.63	2258.40	318.01	509.07	630.70
2002	1156.00	2292.92	332.03	508.61	628.51
2003	1347.98	2300.98	345.36	507.28	641.61
2004	1576.92	2347.79	365.86	513.88	648.01
2005	1793.70	2350.21	393.61	522.55	647.22
2006	1967.98	2333.14	413.91	521.76	676.11
2007	2140.07	2371.82	450.20	517.43	680.51
2008	2222.28	2320.28	475.75	510.83	683.51
2009	2322.12	2206.13	515.19	468.96	648.00
2010	2487.36	2285.33	541.03	497.36	673.32
2011	2687.90	2266.02	565.03	471.86	694.90
2012	2795.26	2210.39	599.77	468.49	695.27
2013	2903.95	2271.70	626.00	465.78	688.02
2014	2970.31	2300.46	666.17	453.87	689.85
2015	3013.96	2280.60	700.50	448.49	666.81

资料来源：BP Statistical Review of World Energy 2016。

表 A-6　中国历年一次能源消费结构变化　（单位：百万吨油当量）

年　份	石油	煤炭	天然气	核能	水力发电
2000	223.6	667.4	22.1	3.8	50.3
2001	227.9	681.3	24.7	4.0	62.8
2002	247.4	713.8	26.3	5.7	65.2
2003	271.7	853.1	30.5	9.8	64.2
2004	318.9	983.0	35.7	11.4	80.0
2005	327.8	1100.5	42.1	12.0	89.8
2006	347.7	1215.0	50.5	12.4	98.6
2007	364.4	1313.6	62.6	14.1	109.8
2008	380.3	1406.1	73.2	15.5	132.4
2009	404.6	1537.4	79.8	15.9	139.3
2010	437.7	1676.2	96.8	16.7	163.4
2011	461.8	1839.4	117.6	19.5	157.0
2012	483.7	1873.3	129.5	22.0	194.8
2013	503.5	1961.2	153.7	25.3	208.2
2014	526.8	1949.3	169.6	30.0	242.8
2015	559.7	1920.4	177.6	38.6	254.9

资料来源：我们根据 BP 历年相关数据制表。

表 A-7　2015年中、美、印、日、俄一次能源结构对比

	中国	美国	印度	日本	俄罗斯
总量(百万吨油当量)	3014.0	2280.6	700.5	448.5	666.8
石油(百万吨油当量)	559.7	851.6	195.5	189.6	143.0
所占比重(%)	18.57	37.34	27.91	42.27	21.45
天然气(百万吨油当量)	177.6	713.6	45.5	102.1	352.3
所占比重(%)	5.89	31.29	6.50	22.76	52.83
煤(百万吨油当量)	1920.4	396.3	407.2	119.4	88.7
所占比重(%)	63.72	17.38	58.13	26.62	13.30
核能(百万吨油当量)	38.6	189.9	8.6	1.0	44.2
所占比重(%)	1.28	8.33	1.23	0.22	6.63
水力发电(百万吨油当量)	254.9	57.4	28.1	21.9	38.5
所占比重(%)	8.46	2.52	4.01	4.88	5.77

资料来源：BP Statistical Review of World Energy 2016。

表 A-8　中国各省能源消费量　　　　　　　　　　（单位：万吨标准煤）

省　份	2000	2005	2010	2011	2012	2013	2014
北京	4144	5522	6954	6995	7178	6723	6831
天津	2794	4085	6818	7598	8208	7882	8145
河北	11196	19836	27531	29498	30250	29664	29320
山西	6728	12750	16808	18315	19336	19761	19862
内蒙古	3549	9666	16820	18737	19786	17681	18309
辽宁	10656	13611	20947	22712	23526	21721	21803
吉林	3766	5315	8297	9103	9443	8645	8560
黑龙江	6166	8050	11234	12119	12758	11853	11955
上海	5499	8225	11201	11270	11362	11346	11085
江苏	8612	17167	25774	27589	28850	29205	29863
浙江	6560	12032	16865	17827	18076	18640	18826
安徽	4879	6506	9707	10570	11358	11695	12011
福建	3463	6142	9809	10653	11185	11190	12110
江西	2505	4286	6355	6928	7233	7583	8055
山东	11362	24162	34808	37132	38899	35358	36511
河南	7919	14625	21438	23062	23647	21909	22890
湖北	6269	10082	15138	16579	17675	15703	16320
湖南	4071	9709	14880	16161	16744	14918	15317

(续表)

省份	2000	2005	2010	2011	2012	2013	2014
广东	9448	17 921	26 908	28 480	29 144	28 480	29 593
广西	2669	4869	7919	8591	9155	9100	9515
海南	480	822	1359	1601	1688	1720	1820
重庆	2428	4943	7856	8792	9278	8049	8593
四川	6518	11 816	17 892	19 696	20 575	19 212	19 879
贵州	4279	5641	8175	9068	9878	9299	9709
云南	3468	6024	8674	9540	10 434	10 072	10 455
陕西	2731	5571	8882	9760	10 626	10 611	11 222
甘肃	3012	4368	5923	6496	7007	7287	7521
青海	897	1670	2568	3189	3524	3768	3991
宁夏	1179	2536	3681	4316	4562	4781	4946
新疆	3328	5506	8290	9927	11 831	13 632	14 926

注:我们根据 CEIC 中国经济数据库相关数据制表。

表 A-9 中国分行业能源消费总量 （单位:万吨标准煤）

年份	农、林、牧、渔、水利业	工业	建筑业	交通运输、仓储和邮政业	批发、零售业和住宿、餐饮业	其他行业	生活消费
2000	3913.8	103 773.9	2178.5	11 241.6	3047.6	5761.6	15 613.9
2001	4115.2	107 137.6	2255.0	11 613.1	3170.2	5931.6	16 183.1
2002	4331.2	113 600.4	2409.6	12 313.2	3373.2	6240.9	17 162.5
2003	4954.6	131 167.9	2720.7	14 116.2	3914.9	7152.8	19 764.7
2004	5697.4	152 506.5	3114.6	16 642.2	4484.1	8242.8	22 768.4
2005	6071.1	168 723.6	3403.2	18 391.0	4847.6	9254.6	25 305.4
2006	6330.7	184 945.5	3760.7	20 284.2	5314.2	10 276.0	27 765.2
2007	6228.4	200 531.4	4127.5	21 959.2	5689.4	11 158.2	30 813.9
2008	6013.1	209 302.2	3812.0	22 917.3	5733.6	11 771.3	31 898.3
2009	6251.2	219 200.0	4562.0	23 692.0	6412.3	12 690.0	33 843.0
2010	6477.3	231 100.0	6226.0	26 068.0	6826.0	13 680.0	34 558.0
2011	6758.6	246 440.0	5872.2	28 536.0	7795.4	15 189.0	37 410.0
2012	6784.4	252 460.0	6167.2	31 525.0	8545.9	16 581.0	39 666.0
2013	8054.8	291 130.6	7017.0	34 819.0	10 598.2	19 762.6	45 530.8
2014	8094.3	295 686.4	7519.6	36 336.5	10 873.0	20 084.0	47 212.3

资料来源:我们根据 CEIC 中国经济数据库相关数据制表。

表 A-10　中国石油储量变化

年　份	石油储量（万亿桶）
2000	15.2
2001	15.4
2002	15.5
2003	15.5
2004	15.5
2005	15.6
2006	15.6
2007	15.5
2008	15.6
2009	15.9
2010	17.0
2011	17.3
2012	17.3
2013	18.5
2014	18.5
2015	18.5

资料来源：BP Statistical Review of World Energy 2016。

表 A-11　世界主要国家和地区石油储量比较
（统计至各年末）　　　　　　　　　（单位：万亿桶）

国家或地区	2011	2012	2013	2014	2015	比例（%）
中国	17.34	17.34	18.5	18.5	18.5	1.1
美国	34.99	34.99	48.5	55.0	55.0	11.9
俄罗斯	87.09	87.23	105.0	103.2	102.4	5.2
北美	220.98	220.24	232.5	238.0	238.0	14.0
非洲	126.60	130.30	130.1	129.3	129.1	7.6
中美洲和拉丁美洲	326.92	328.38	329.8	331.7	329.2	19.4
欧洲	140.26	140.83	157.2	154.6	155.2	9.1
中东地区	797.94	807.68	808.7	803.8	803.5	47.3
全球储量	1654.1	1668.9	1701.0	1700.0	1697.6	100

资料来源：BP Statistical Review of World Energy 2016。

表 A-12 中国石油消费增长趋势

年份	石油消费量（千桶/日）
2000	4697
2001	4810
2002	5205
2003	5795
2004	6755
2005	6900
2006	7432
2007	7808
2008	7941
2009	8279
2010	9436
2011	9791
2012	10 229
2013	10 732
2014	11 201
2015	11 968

资料来源：BP Statistical Review of World Energy 2016。

表 A-13 世界主要国家石油消费　　　　　　　　　　（单位：千桶/日）

年份	中国	美国	日本	印度	欧洲
2000	4697	19 701	5802	2259	19 435
2001	4810	19 649	5756	2285	19 762
2002	5205	19 761	5526	2413	19 651
2003	5795	20 033	5637	2485	19 943
2004	6755	20 732	5542	2556	20 047
2005	6900	20 802	5392	2606	20 213
2006	7432	20 687	5312	2737	20 426
2007	7808	20 680	5418	2941	20 166
2008	7941	19 490	5270	3077	20 086
2009	8279	18 771	5354	3237	19 276
2010	9436	19 180	5174	3319	19 223
2011	9791	18 882	5014	3488	19 075
2012	10 229	18 490	4848	3685	18 605
2013	10 732	18 961	4389	3727	18 372
2014	11 201	19 106	4442	3849	18 266
2015	11 968	19 396	4441	4159	18 380

资料来源：BP Statistical Review of World Energy 2016。

表 A-14　2015 年世界主要国家原油进出口情况　（单位：百万吨）

国　　家	原油进口	原油出口	总消费量	进口依存度(%)
美国	336.0	24.5	851.6	39.5
中国	339.1	57	559.7	60.6
印度	156.4	3	195.5	80.0

资料来源：BP Statistical Review of World Energy 2016。

表 A-15　中国历年石油进出口量　（单位：百万吨）

年　　份	进口量	出口量	贸易差额
2000	97.485	21.72	75.764
2001	91.182	20.47	70.715
2002	102.69	21.39	81.302
2003	131.9	25.41	106.49
2004	172.91	22.41	150.51
2005	171.63	28.88	142.75
2006	194.53	26.26	168.27
2007	211.39	26.64	184.75
2008	230.15	29.46	200.70
2009	203.49	4.69	198.80
2010	234.56	2.03	232.52
2011	252.94	1.48	251.46
2012	271.3	1.3	270.00
2013	282.6	0.9	281.7
2014	308.4	0.06	308.3
2015	332.6	2.86	329.7

资料来源：BP Statistical Review of World Energy 2016。

表 A-16　中国煤炭消费增长趋势

年　　份	生产量（百万吨油当量）	消费量（百万吨油当量）
2000	762.4806	709.6377
2001	809.5363	720.8088
2002	853.7517	760.4231
2003	1013.378	900.2489
2004	1174.093	1065.598
2005	1302.166	1186.201
2006	1406.392	1317.667

(续表)

年　份	生产量	消费量
2007	1501.091	1392.548
2008	1557.052	1441.059
2009	1652.075	1579.46
2010	1797.667	1676.213
2011	1956.039	1839.446
2012	1825.0	1873.3
2013	1894.6	1964.4
2014	1864.2	1949.3
2015	1827.0	1920.4

资料来源：BP Statistical Review of World Energy 2016。

表 A-17　中国煤炭进出口量

年　份	进口量（万吨）	出口量（万吨）	净出口量（万吨）
2002	1081	8384	7303
2003	1110	9403	8293
2004	1861	8666	6805
2005	2617	7172	4555
2006	3811	6327	2517
2007	5102	5317	215
2008	4034	4543	509
2009	12 583	2240	−10 343
2010	16 478	1903	−14 575
2011	18 210	1466	−16 744
2012	28 841	928	−27 914
2013	32 706	751	−31 955
2014	29 100	574	−28 526

资料来源：《中国能源统计年鉴2015》。

表 A-18　中国煤炭基础储量

年　份	煤炭基础储量（百万吨）
2002	331 760
2003	334 203
2004	337 343
2005	332 635

（续表）

年　　份	煤炭基础储量（百万吨）
2006	333 480
2007	326 126
2008	326 144
2009	318 960
2010	279 393
2011	215 790
2012	229 886
2013	236 290
2014	239 993

资料来源：CEIC 中国经济数据库。

表 A-19　中国天然气消费增长趋势

年　　份	生产量（十亿立方米）	消费量（十亿立方米）
2000	27.2	24.5
2001	30.3	27.4
2002	32.7	29.2
2003	35.0	33.9
2004	41.5	39.7
2005	49.3	46.8
2006	58.6	56.1
2007	69.2	69.5
2008	80.3	81.3
2009	85.3	89.5
2010	94.8	107.6
2011	102.5	130.7
2012	107.2	143.8
2013	122.2	171.9
2014	131.6	188.4
2015	138.0	197.3

资料来源：BP Statistical Review of World Energy 2016。

表 A-20　中国历年天然气贸易量　　　　（单位：百万立方米）

年　份	生产量	消费量	净进口量
2000	27 200	24 503	－2697
2001	30 329	27 430	－2899
2002	32 661	29 184	－3477
2003	35 015	33 908	－1107
2004	41 460	39 672	－1788
2005	49 320	46 763	－2557
2006	58 553	56 141	－2412
2007	69 240	70 523	1283
2008	80 300	81 293	993
2009	85 269	89 520	4251
2010	94 848	107 576	12 728
2011	102 530	130 710	28 180
2012	107 220	143 844	133 122
2013	122 200	171 900	49 700
2014	131 600	188 400	56 800
2015	138 000	197 300	59 300

资料来源：BP Statistical Review of World Energy 2016。

表 A-21　中国天然气探明储量

年　份	天然气探明储量（万亿立方米）
2000	1.4
2001	1.4
2002	1.3
2003	1.4
2004	1.5
2005	1.6
2006	1.7
2007	2.3
2008	2.8
2009	2.9
2010	2.8
2011	3.0
2012	3.2
2013	3.5
2014	3.7
2015	3.8

资料来源：BP Statistical Review of World Energy 2016。

表 A-22 主要国家天然气探明储量变化情况 （单位：万亿立方米）

国家	2000末	2010末	2011末	2012末	2013末	2014末	2015末
中东地区	59.15	79.35	80.42	80.50	80.00	79.80	80.00
俄罗斯	29.63	31.11	32.92	32.92	32.30	32.60	32.30
非洲	12.46	14.56	14.66	14.50	14.20	14.20	14.10
中美洲和拉丁美洲	6.88	7.53	7.54	7.60	7.70	7.70	7.60
美国	5.02	8.63	8.83	8.50	9.60	9.80	10.40
中国	1.37	2.91	3.10	3.10	3.50	3.50	3.80
全球储量	139.66	177.26	187.78	187.29	186.50	187.10	186.90

资料来源：BP Statistical Review of World Energy 2016。

3. 电力

表 A-23 中国历年发电量变化

年份	发电量（十亿千瓦时）
2000	1355.6
2001	1480.8
2002	1654.0
2003	1910.6
2004	2203.3
2005	2500.3
2006	2865.7
2007	3281.6
2008	3495.8
2009	3714.7
2010	4207.2
2011	4713.0
2012	4987.6
2013	5431.6
2014	5794.5
2015	5810.6

资料来源：BP Statistical Review of World Energy 2016。

表 A-24 2015 年中国发电装机构成

	装机容量（万千瓦）	占比（%）	较上年增长（%）
火电	99 021	65.65	7.21
水电	31 937	21.17	4.76
风电	12 934	8.57	33.94
核电	26 080	17.29	29.89
太阳能及其他	4318	2.87	73.68
全部	150 828	100.000	10.07

资料来源：CEIC 中国经济数据库。

表 A-25 2015 年中国全口径发电量构成

	发电量（十亿千瓦时）	占比（%）	较上年增长（%）
火电	4173.47	75.84	0.00
水电	995.99	18.10	0.05
核电	171.44	0.03	31.83
风电	162.33	0.03	18.74
全部	5503.22	100.00	1.84

资料来源：CEIC 中国经济数据库。

表 A-26 2015 年分行业全社会用电量

	用电量（亿千瓦时）	增长率（%）
第一产业	1020	2.5
第二产业	40 046	-1.4
其中：工业	39 348	-1.4
轻工业	6729	1.3
重工业	32 620	-1.9
第三产业	7158	7.5
居民用电量	7276	5.0
用电总量	55 500	0.5

资料来源：国家能源局。

表 A-27 电力投资　　　　　　　　　　　　　　　　　（单位：亿元）

年　份	2010	2011	2012	2013	2014	2015
电源工程投资	3969	3927	3732	3872	3686	4091
水电	819	971	1239	1223	943	782
火电	1426	1133	1002	1016	1145	1396
核电	648	764	784	660	533	560
风电	1038	902	607	650	915	0
电网投资	3448	3687	3661	3856	4119	4603

资料来源：CEIC 中国经济数据库。

表 A-28　火电发电设备利用小时数

年份	设备利用小时数（小时）
2000	4848
2001	4899
2002	5272
2003	5767
2004	5991
2005	5865
2006	5612
2007	5344
2008	4885
2009	4865
2010	5031
2011	5305
2012	4982
2013	5020
2014	4739
2015	4329

资料来源：CEIC 中国经济数据库。

表 A-29　中国火电装机容量

年份	火电装机容量（万千瓦）
2000	23 754.02
2001	25 301
2002	26 554.67
2003	28 977.09
2004	32 948.3
2005	39 138
2006	48 382.21
2007	55 607.42
2008	60 285.8356
2009	65 107.6274
2010	70 967.2058
2011	76 833.9663
2012	81 968.4517
2013	87 009.0756
2014	92 362.611
2015	99 021

资料来源：CEIC 中国经济数据库。

表 A-30　中国水电装机容量

年　份	水电装机容量(万千瓦)
2000	7935.22
2001	8300.64
2002	8607.46
2003	9489.62
2004	10 524.16
2005	11 739
2006	13 029.22
2007	14 823.21
2008	17 260.3919
2009	19 629.0188
2010	21 605.7181
2011	23 297.8808
2012	24 947.0476
2013	28 044.0715
2014	30 485.6844
2015	31 937

资料来源:CEIC 中国经济数据库。

表 A-31　中国风电装机容量

年　份	风电装机容量(万千瓦)
2004	81.97
2005	105.83
2006	207.25
2007	419.89
2008	838.7728
2009	1759.9408
2010	2957.5478
2011	4623.3138
2012	6142.3343
2013	7651.6835
2014	9656.65
2015	12 934

资料来源:CEIC 中国经济数据库。

表 A-32　中国及主要国家历年核电发电量　（单位：十亿千瓦时）

年份	中国	美国	法国	日本
2000	16.7	793.6	415.2	319.7
2001	17.5	809.3	421.1	321.1
2002	25.1	821.1	436.8	314.9
2003	43.3	803.9	441.1	230.4
2004	50.5	830.0	448.2	285.9
2005	53.1	823.1	451.5	293.0
2006	54.8	828.7	450.2	305.0
2007	62.1	848.9	439.7	279.0
2008	68.4	848.6	439.4	251.7
2009	70.1	840.9	409.7	287.4
2010	73.9	849.4	428.3	292.4
2011	86.4	831.8	442.1	162.9
2012	97.4	809.8	425.4	18.0
2013	111.6	830.5	423.7	14.6
2014	132.5	839.1	436.5	—
2015	170.8	839.1	437.4	4.5

资料来源：BP Statistical Review of World Energy 2016。

表 A-33　中国核电装机容量

年份	核电装机容量（万千瓦）
2000	210
2001	210
2002	446.8
2003	618.6
2004	696
2005	696
2006	696
2007	908
2008	907.82
2009	907.82
2010	1082.4
2011	1257.02
2012	1257.02
2013	1465.9
2014	2007.8
2015	2608

资料来源：CEIC 中国经济数据库。

表 A-34　中国各省、市、自治区电力消费量　　（单位：亿千瓦时）

省　份	2010	2011	2012	2013	2014
北京	830.9	853.7	911.94	908.70	933.41
天津	675.4	727.0	767.13	794.48	823.94
河北	2691.5	2984.9	3077.8	3251.19	3314.11
山西	1460.0	1650.4	1765.8	1832.34	1826.86
内蒙古	1536.8	1833.6	2016.8	2181.91	2416.74
辽宁	1715.3	1861.6	1899.9	2008.46	2038.73
吉林	577.0	630.6	787.05	659.52	667.81
黑龙江	762.6	816.8	827.91	840.19	832.87
上海	1295.9	1339.6	1353.4	1410.61	1369.02
江苏	3864.4	4281.6	4580.9	4871.77	5012.54
浙江	2820.9	3116.9	3210.6	3453.05	3506.39
安徽	1077.9	1221.2	1361.1	1528.07	1585.18
福建	1315.1	1520.2	1579.5	1772.55	1859.21
江西	700.5	835.1	867.67	947.11	1018.52
山东	3298.5	3635.3	3794.6	4083.12	4223.49
河南	2463.5	2822.6	2926.2	3085.88	3160.95
湖北	1417.8	1572.6	1642.7	1814.43	1853.67
湖南	1353.3	1545.0	1582.3	1500.48	1513.65
广东	4060.1	4399.0	4619.4	4830.13	5235.23
广西	993.2	1112.2	1153.8	1237.75	1307.51
海南	158.2	185.1	210.31	232.02	251.88
重庆	625.0	717.0	723.03	813.27	867.21
四川	1549.0	1962.5	2009.6	1984.61	2055.16
贵州	835.5	944.1	1046.7	1128.02	1173.73
云南	1004.1	1204.2	1313.6	1305.03	1529.48
陕西	859.2	982.5	1066.7	1152.22	1226.01
甘肃	804.4	923.5	994.56	1073.25	1095.48
青海	465.2	560.7	602.22	676.29	723.21
宁夏	546.8	724.5	741.79	795.04	848.75
新疆	662.0	839.1	1151.5	1602.50	1915.73

资料来源：CEIC 中国经济数据库。

表 A-35　中国各省发电量　　　　　　　　（单位：亿千瓦时）

省　份	2010	2012 年	2013 年	2014 年	2015 年
北京	268.8	290.8	335.62	336.26	396.34
天津	589.08	589.7	624.07	618.12	615.34
河北	1993.1	2370.9	2487.6	2473.86	2464.85
山西	2151	2454.8	2603.7	2623.55	2410.62
内蒙古	2489.3	3116.9	3475.8	3623.13	3646.15
辽宁	1295.1	1414.7	1516	1589.87	1625.95
吉林	604.56	684.4	751.31	748.42	710.88
黑龙江	777.43	843.1	826.39	837.56	866.58
上海	876.19	886.2	959.51	791.71	792.70
江苏	3359.2	3928.4	4288.9	4293.52	4317.64
浙江	2568.4	2710	2883.6	2797.35	2888.92
安徽	1443.8	1767.5	1958.4	1991.88	2013.26
福建	1356.3	1622.6	1643.2	1736.64	1738.80
江西	664.45	664.7	788.07	780.25	833.89
山东	3042.7	3195.2	3500	3659.42	4635.16
河南	2191.8	2626.9	2853.3	2720.35	2578.59
湖北	2043	2174.1	2118.8	2323.44	2280.44
湖南	1226.3	1260.1	1277.2	1228.25	1205.82
广东	3236.9	3593.2	3796.2	3836.22	3877.37
广西	1032.2	1133	1199.1	1242.97	1219.30
海南	152.66	192	215.24	229.20	244.13
重庆	504.29	536.5	583.49	638.16	632.39
四川	1794.6	2002.4	2448.3	2925.17	2942.44
贵州	1385.6	1548.4	1620.1	1680.30	1724.91
云南	1365	1533.9	1954.6	2339.61	2331.07
西藏	21.02	19.6	22.01	20.05	30.51
陕西	1112.3	1330.5	1493	1579.22	1578.94
甘肃	791.53	1083.2	1141.7	1124.04	1122.12
青海	468.26	556.3	565.74	545.51	530.15
宁夏	587.16	1005.9	1074.5	1121.93	1062.89
新疆	679.32	1051.6	1445.6	1865.08	2328.03

资料来源：CEIC 中国经济数据库。

表 A-36　2015 年中国各省发电设备利用小时数　（单位：小时/年）

省份	火电	水电	平均
北京	4158	664	3806
天津	4519	—	4453
河北	4846	563	4116
山西	4100	1245	3744
内蒙古	4979	1756	4050
辽宁	4343	1082	3822
吉林	3326	1400	2742
黑龙江	4081	1864	3519
上海	3716	—	3671
江苏	5125	1011	4908
浙江	3950	2137	4019
安徽	4541	1444	4274
福建	3872	3368	3996
江西	4927	3276	4564
山东	4924	698	4587
河南	4025	2655	3913
湖北	4024	3620	3750
湖南	3452	3363	3374
广东	4028	1762	4049
广西	3193	4380	3744
海南	5586	1489	4754
重庆	3708	3520	3637
四川	2682	4286	3946
贵州	4304	3840	3933
云南	1879	4276	3686
西藏	74	3118	2268
陕西	4690	3063	4441
甘肃	3778	3854	2776
青海	4958	3257	3052
宁夏	5422	3693	4294
新疆	4730	3617	3753

资料来源：CEIC 中国经济数据库。

附录 B 2015 年国内能源大事记

1. 建立上海石油天然气交易中心

2015 年 1 月 5 日,上海市政府批复同意组建上海石油天然气交易中心,交易中心按规定将开展天然气、非常规天然气、液化石油气、石油等能源品种的现货交易以及提供相关的交易服务。

2. 新一轮电力体制改革破茧

2015 年 1 月 15 日,国家发改委发布消息称已批复深圳市输配电价改革试点首个监管周期电网输配电准许收入和输配电价。2015—2017 年深圳市电网输配电价水平分别为每千瓦时 0.1435 元、0.1433 元和 0.1428 元,比 2014 年的每千瓦时 0.1558 元下降 1 分多钱。

3. 中缅原油管道起点缅甸马德港正式开港

2015 年 1 月 30 日,马德港正式开港,首艘 30 万吨油轮向马德岛原油罐区注油。中缅原油管道工程与天然气管道工程一起构成中缅油气管道项目,迄今已累计向中国输气 40 亿立方米。

4. 黑龙江省首条中俄冬季能源运输通道开通

2015 年 2 月 13 日,黑龙江省首条中俄冬季能源运输通道开通,载运 65 吨液化石油气罐式集装箱的车辆从俄罗斯出发,通过中国同江哈鱼岛口岸浮箱固冰通道进境。实现了液化石油气的不间断、大规模运输,构筑了中俄两国间的"冰河丝绸之路"。

5. 国家发改委发布新石油进口配额

2015 年 2 月 16 日,国家发改委下发通知,对符合条件的炼油厂做出要求,同时再次呼吁关闭低效工厂。要求的基本内容为只有炼油厂有申请石油进口配额资格,且想申请的炼油厂必须关闭小型基础加工单位。

6. 中国海上油气勘探跨入"超深水"时代

2015 年 2 月,中海油宣布中国首个深水自营气田——陵水 17-2 气田天然气探明储量已通过国土资源部评审办公室组织的专家组审查,储量规模超千亿方,为大型气田。作为中国首个深水自营气田,该气田开启了中国海洋石油勘探开发的"超深水"时代。

7. 国家发改委两次下调非居民用气价格,理顺天然气价格

2015年2月28日,国家发改委宣布,自2015年4月1日起中国天然气价格正式并轨。各省增量气最高门站价格每立方米下降0.44元,存量气最高门站价格每立方米上调0.04元,这也是中国价格改革中,首次大幅下调天然气价格。同时宣布,2015年将全面建立居民用气阶梯价格制度。此次非居民用天然气价格调整以及直供用户用气价格放开试点,意味着天然气价格改革完成"破冰之旅",也为深化天然气价格改革,特别是价格完全市场化打下基础。

8. 核电重启尘埃落定

2015年3月10日,国家发改委发布文件,确定中广核红沿河核电二期项目两台百万千瓦核电机组获批准,这是继2012年12月核准田湾二期工程以来,4年以后中国真正意义上新批的核电项目。

9. 中石化、中石油年报公布,2014年共赚1855亿

2015年3月,中国石油与中国石化发布2014年年报显示,2014年共实现净利润1855.09亿元。其中中国石油净利润1190.28亿元,中国石化净赚664.81元。

10. 新一轮电改序幕开启

2015年3月22日,国务院发布《进一步深化电力体制改革的若干意见》,揭开了新一轮电改序幕。新一轮改革涉及电价改革、电网独立、放开市场等一系列核心内容。

11. 神华煤基煤油发动机热试车成功

2015年4月12日,在中国航天科技集团六院火箭发动机试验区,使用由神华集团与中国航天科技集团共同研制的液氧煤基航天煤油的火箭发动机整机热试车获圆满成功。这是世界上首次将煤基煤油应用于航天领域,标志着中国煤基航天煤油研制取得重要阶段性成果,对保障中国高速发展的航天工业燃料需求,拓宽航天燃料供给来源,具有深远的战略意义。

12. 煤矿安全监察局组织专项安全检查

国家煤矿安全监察局定于4至6月组织开展煤矿建设项目专项安全检查。检查对象包括全国所有煤矿建设项目(新建、改建、扩建、资源整合煤矿)。重点检查高瓦斯、煤与瓦斯突出以及水害等灾害严重的煤矿建设项目。

13. 蛰伏四年"华龙一号"露面

2015年4月15日,国务院总理李克强主持召开的国务院常务会议提出,按照核电中长期发展规划,在沿海地区核准开工建设"华龙一号"示范机组。此前,使用ACPR1000技术的红沿河核电站5号机组已于3月29日正式开工建设。这意味着时隔四年重新启动沿海地区新的核电项目建设。

14. 中海油进军页岩气受挫

2015年4月,在考察和准备了3年之后,中国海洋石油总公司宣布暂时放弃其安徽页岩气项目。这或许标志着未来一段时间中海油在页岩气领域的投资将放缓。

15. 中亚能源斥资9.5亿元收购LNG公司

2015年4月27日,中亚能源公布以9.5亿元收购液化天然气公司Perfect Reward,其中的1.3亿元将以现金支付;1.2亿元将通过发行代价股份、7亿元将通过发行债券支付。

16. 中国超越美国成为世界最大石油进口国

2015年4月,中国超越美国成为最大原油进口国,这标志着过去10年能源流动的大转变达到高潮。中国海关数据显示,4月份石油进口达到每日740万桶(相当于全球每日石油消费量的1/13),超过美国每日720万桶的进口量。

17. "三桶油"领导人变动

2015年5月4日,中央组织部副部长王京清当日分别赴三大石油公司,宣布了人事变动决定:中海油原董事长王宜林接替到龄退休的周吉平,担任中石油董事长;中国工程院原副院长、曾担任过大庆油田董事长兼总经理的王玉普接替已超期服役的傅成玉,出任中石化董事长;中海油原总经理杨华接替王宜林任中海油董事长。

18. 中国首条页岩气外输管道建成

2015年5月11日,中国首条页岩气外输管道涪陵—王场管道建成投运,来自重庆涪陵国家级页岩气示范区焦石坝区块的页岩气成功在涪陵增压站点火成功,这标志着国内首条大口径、高压力页岩气外输管道涪陵—王场管道顺利建成投运。

19. 中国首个海外LNG基地投产

2015年5月25日,中海油宣布中国海外首个世界级LNG(液化天然气)生产基地柯蒂斯项目建成投产,经过4年多的建设,位于澳大利亚昆士兰州的中国海外首个世界级LNG生产基地柯蒂斯项目建成投产,这也是中国首次参与海外LNG项目上、中、下游全产业链。

20. 中俄能源合作不断扩大

2015年5月7日至12日,中国国家主席习近平出访哈萨克斯坦、俄罗斯、白俄罗斯三国,此行签下的大单中,能源领域颇有成效。习主席出访几天前,俄罗斯总统普京刚刚签署有关协议,批准通过中俄东线天然气输气管道向中国供应天然气。"能源合作是中俄务实合作的重点"。中国政府表示,将按计划实施好长期原油贸易合作和东线天然气项目,积极商谈西线天然气项目,推进油气上游开发合作和天津合资炼厂等下游项目,扩大煤炭、电力贸易及煤电输一体化合作,拓展可再生能源、能源装备和技术等新的合作项目。

21. 中国航空煤油出口欧洲

2015年5月24日,12万吨级的成品油轮"SKS DRIVA"(德里瓦)号靠泊海南炼化成品油码头装载航煤。5月27日,该船装载9.6万吨航煤开往欧洲英属直布罗陀港,供应欧洲机场。

22. 中电投与国家核电正式合并

2015年5月29日,经国务院批准,中国电力投资集团公司与国家核电重组成立国家电力投资集团公司。2015年3月份,王炳华向媒体表示,中电投与国家核电组成的国电投,其资产将超过7000亿元,年营业收入超过2000亿元。

23. 进口原油使用权放开

2015年5月27日,国家发改委在其官网登出了《关于山东东明石化集团有限公司进口原油使用评估情况的公示》,初步确认山东东明石化集团有限公司可使用进口原油750万吨/年,成为首家获得进口原油使用权的地炼企业,中国炼油产业开始迈进新的阶段。

24. 国家层面能源核准项目减少

2015年6月10日,国家能源局对外发布《关于推进简政放权放管结合优化服务的实施意见》,提出要再砍掉一批投资审批事项,进一步减少国家层面能源项目核准,坚决清除阻碍能源发展的"堵点"和"痛点"。

25. "中国煤炭大数据"平台在太原上线

2015年6月12日,2015年中期煤炭市场研讨会在中国(太原)煤炭交易中心举行,作为"互联网+煤炭"产品的中国煤炭大数据平台在太原上线。本次大会旨在探索经济新常态和新形势下煤炭交易模式,探讨2015年煤炭市场发展及物流金融服务前景。

26. 电网成本监管加码

2015年6月17日,为推进输配电价改革,国家发改委和国家能源局联合印发了《输配电定价成本监审办法(试行)》。这是中国第一个针对超大网络型自然垄断行业的成本监审办法,标志着国家对电网企业成本监管全面进入科学监管、制度监管的新阶段。

27. 中石油出资2亿处理漏油事故后续问题

2015年6月26日,中石油同意支付3200万美元和解金,以了结中国最大一桩环境公益诉讼案。5年前,大连附近海岸遭遇了一起中国史上最严重的原油泄漏,最终在大连市环保志愿者协会的努力下了结此案。

28. 浙江最大风电场并网运行

2015年6月28日,浙江最大风力发电场并网投运,年发电量约1.3亿千瓦时。该风电场位于磐安县维新乡廿四尖背山区,平均海拔1172米。与同等规模火电厂相比,每年可节约煤炭5.2万吨,减少二氧化碳排放量12.96万吨。

29. 中俄东线天然气管道开工

2015年6月29日,中俄东线天然气管道中国境内段正式开工。中俄双方于2014年5月上海亚信峰会期间签署了《中俄东线天然气购销合同》,合同期为30年。这不仅是中俄能源合作的里程碑,同时也标志着"中国四大油气进口通道战略拼图"的全面完成——四条能源进口通道都将"油气兼备"。

30. 第十二届亚洲天然气大会在京举行

2015年6月,第十二届亚洲天然气大会在北京举行。本届会议主题为"聚焦定价机制,优化能源结构"。来自政府及其他各单位的近100位代表围绕天然气行业发展趋势、气价改革、储运优化和最新应用等议题进行了交流和讨论。

31. 广东车用油将进入"国五"时代

2015年7月1日起,广东车用汽、柴油将进入"国五"时代。广东是全国最大的油品消费市场,年消费车用汽柴油约占全国的1/10。此次提前全面完成"国五"油品升级对降低机动车尾气排放具有积极意义,预计广东省全年可减少汽车尾气硫排放1120吨。

32. 天然气"首秀"网上交易

2015年7月1日,来自中石油西气东输公司1400万立方米的管道天然气,在中国金融信息中心的大厅屏幕上闪动。挂牌价为2.6109元/立方米,摘牌方为上海管网。这是中国首单管道天然气现货网上交易。它的诞生,标志着上海石油天然气交易中心投入试运行。

33. 大唐古瓦水电站获四川省发改委核准批复

2015年8月31日,古瓦水电站位于甘孜州乡城县,是硕曲河干流乡城、得荣段规划"一库六级"开发的龙头水库电站。电站装机容量20.54万千瓦,年平均发电量8.078亿千瓦时,与下游梯级电站联合运行时,可增加下游梯级电站发电量2.462亿千瓦时。

34. "十三五"1.7万亿元"编"配电网

8月31日,国家能源局发布了《配电网建设改造行动计划(2014—2020年)》,明确加大配电网资金投入,2014—2020年,配电网建设改造投资不低于2万亿元,其中2015年投资不低于3000亿元,"十三五"期间累计投资不低于1.7万亿元。

35. 能源央企合并初露端倪

2015年9月13日,中共中央、国务院对外公布《关于深化国有企业改革的指导意见》,这一千呼万唤的国企改革顶层设计终于面世,为新一轮国企改革指明了方向。自 2013 年年底十八届三中全会以来,关于新一轮国企改革的顶层设计方案酝酿近两年时间,终于出炉。

36. 习近平首倡全球能源互联网

2015 年 9 月 26 日,国家主席习近平在纽约出席联合国发展峰会并发表题为《谋共同永续发展做合作共赢伙伴》重要讲话时提出,中国倡议探讨构建全球能源互联网,推动以清洁和绿色方式满足全球电力需求。国家电网公司董事长刘振亚称,构建全球能源互联网,是实现世界能源可持续发展的必由之路,是破解化石能源困局的治本之策,也是全球经济拉动和产业升级的重要抓手。他预计,到 2050 年全球能源互联网累计投资将超过 100 万亿美元。

37. 光伏制造向光伏应用转变

2015 年 10 月 12 日,在"第四届光伏领袖峰会"上,光伏作为一种丰富、清洁和可再生的新能源,再次成为国内外政策制定者、学者专家、企业领袖和金融精英关注的焦点。国际能源署在内的多家国际组织都预计到 2050 年光伏将成为全球第一大电力来源,光伏发电是最有发展前景,也是当前最有实践意义的清洁能源。

38. 中国核电进军英国市场

2015 年 10 月 21 日,中广核与法国电力签署关于建设和运营英国欣克利角 C 核电站《英国核电项目投资协议》。根据协议,中广核及法国核电主导的中方联合体将分别占欣克利角 C 项目 33.5% 及 66.5% 的股份。

39. 中沙两国签署石油技术合作协议

2015 年 10 月 31 日,中国与沙特两国代表在利雅得签署了石油技术合作协议。据此,两国将加强在石油炼化领域的经验交流与合作,旨在提高石油化工产品的质量,促进石化产品更新换代,加快石油炼化和化工产业的一体化进程。

40. 能源"十三五"规划全面启动

2015 年 11 月 3 日,"十三五"规划建议发布,其提出,推动低碳循环发展,推进能源革命,加快能源技术创新,建设清洁低碳、安全高效的现代能源体系。从节能发展到绿色发展,中央提出了能源革命,这意味着绿色贯穿在能源消费、供给、技术和体制改革全方位的"革命"。

41. 国际能源变革论坛聚焦能源转型

2015 年 11 月 6 日,由中国国家能源局、江苏省人民政府和国际可再生能源署联合主办的"2015 国际能源变革论坛"在江苏苏州召开。来自全球多个国家的能源部长、全球大型能源企业、国际组织以及研究机构代表共 800 余人参加了这次论坛。其间,与会嘉宾围绕"全球能源转型与中国能源变革"这一主题,通过主旨发言、部长论坛、企业家论坛、闭门对话以及分论坛等形式,共同探讨能源转型所面临的机遇和挑战。

42. 百余项目搅热太阳能热发电

2015年11月10日,国家太阳能热发电示范项目启动会议如期召开。此次会议标志着中国太阳能热发电首批示范项目正式启动,会议云集了全国范围内欲开发太阳能热发电示范项目的几乎所有单位代表。伴随着项目正式启动,项目评审也就此拉开序幕。

43. 中国成为国际能源署(IEA)联盟国

2015年11月18日,在国际能源署(以下简称IEA)2015年部长级会议上,中国成为国际能源署联盟国。IEA成立于1974年,最初是西方发达国家为了协调应对重大石油供应中断危机成立的政府间组织。加入IEA成员国需要满足几个条件,严格意义上中国并不具备加入的条件。所以,中国也只是成为联盟国而非成员国,并不是真正意义上的"加入"。

44. 新一轮电力体制改革正式实施

2015年11月30日,国家发改委、国家能源局正式公布6大电力体制改革配套文件,包括:《关于推进输配电价改革的实施意见》《关于推进电力市场建设的实施意见》《关于电力交易机构组建和规范运行的实施意见》《关于有序放开发用电计划的实施意见》《关于推进售电侧改革的实施意见》《关于加强和规范燃煤自备电厂监督管理的指导意见》。按照文件,中国今后将向社会资本开放售电业务,这被认为是本轮电改的最大红利。中国将逐步扩大输配电价改革试点范围;将组建相对独立的电力交易机构;将建立优先购电、优先发电制度;符合市场准入条件的电力用户可以直接与发电公司交易。

45. 核电开启3.0时代

2015年12月16日,国务院常务会议确定,对已列入国家相关规划、具备建设条件的广西防城港红沙核电二期工程"华龙一号"三代核电技术示范机组和江苏连云港田湾核电站扩建工程项目予以核准。中国自主三代核电技术即将全面落地,中国核电3.0时代的大幕已开启。

46. 无电人口时代终结

2015年12月23日,青海省全面解决无电人口通电工程竣工投运,实现电力全覆盖。至此,中国最后9614户、3.98万无电人口挥别无电时代。

47. 成品油价格多次调整

受国际石油价格波动影响,2015年国内成品油零售限价累计下调12次,累计上调7次,搁浅4次。汽油累计下调2165元/吨,上调1495元/吨;柴油累计下调2155元/吨,上调1440元/吨。冲抵之后汽油最终累计下调670元/吨,柴油下调715元/吨。本轮下调落实之后,国内成品油累计下调次数将达到13次。

48. 煤炭行业产能过剩，煤价持续走低

2015年煤炭行业发展形势严峻：环渤海动力煤指数跌破400元，重回十年前的"3"时代；煤炭库存连续47个月超过3亿吨，过剩产能无处消纳；逾八成煤企亏损，在大打价格战的同时降薪减员、出售资产以求自保，在中国一次能源生产和消费结构占主导地位的煤炭行业，2015年发展形势依然严峻，亟需谋求转型。

49. 弃风弃光现象严重

国家能源局数据显示，2015年弃风现象严重。从2012年开始，中国弃风情况曾十分严重，弃风率达到17%；经过一段时间的努力这种情况有所缓解，2013年和2014年的弃风率分别下降为11%和8%。但2015年弃风率大幅回升，平均弃风率达到15%；而最为严重的甘肃、新疆、吉林三省份，弃风率均超过30%；甘肃甚至接近39%。

50. 新能源汽车产业快速发展

据中国汽车工业协会公布的统计数据，2015年全年中国汽车产销量分别完成2450.33万辆和2459.76万辆，同比分别增长3.25%和4.68%。虽然这一数据增速较上一年度有所放缓，分别减少了4.01和2.18个百分点，但自2013年以来中国汽车产销量已连续3年超过2000万辆，并在2015年以全球历史新高的成绩连续7年蝉联全球第一。

附录 C 2015 年国际能源大事记

1. 俄罗斯石油出口关税下调

2015 年 1 月 1 日起,俄罗斯石油出口关税下调 40％,三年内将下调 70％。

2. 美国天然气价首破 3 美元

2015 年 1 月 9 日,受石油价格持续走低影响,美国天然气价格持续下跌,并跌破 3 美元/百万英热单位。这也是美国天然气价格自 2012 年 9 月 26 日以来首次跌破 3 美元大关。

3. 壳牌将获得印度 LNG 终端项目 26％股份

2015 年 1 月 21 日,荷兰皇家壳牌公司将在计划中的位于印度东海岸的卡基纳达 LNG 终端项目中获得 26％的股份,略高于其先前提出的股份数。此外,法国燃气公司拥有 26％的股份,而 GALL(印度)公司麾下的安德拉邦天然气配送公司拥有剩余 48％的股份。

4. 美国决定对中国光伏征收双反关税

2015 年 1 月 24 日,美国国际贸易委员会公布对华光伏双反案终裁结果,认定自中国进口的晶体硅光伏产品对美国产业构成实质损害,美方将据此征收"双反"关税。

5. 欧盟能源联盟宣布正式启动

2015 年 2 月 6 日,欧洲能源联盟宣布正式启动。欧盟委员会主管能源的副主席马罗什·谢夫乔维奇在拉脱维亚首都里加召开的欧盟能源部长会议上说,欧盟能源联盟的战略目标非常明确,就是降低欧盟对进口石油和天然气的依赖。同月 25 日,欧盟能源联盟正式公布总体架构,确立五大原则:保障能源供应安全;建立完全一体化、具有竞争力的内部能源市场;降低能源需求,提高能源效率;加强利用再生资源;加强研究、创新以发展绿色技术。

6. 意大利塞班去年净亏损 2.3 亿欧元

2015 年 2 月 16 日,意大利著名油田服务集团塞班公司(Saipem)公布的统计数据显示,在登记 2014 年第四季度 4.1 亿欧元的减损费用以后,塞班公司 2014 年的净亏损达到了 2.3 亿欧元(2.62 亿美元)。

7. 全球最大太阳能飞机试飞

阿联酋当地时间 2015 年 2 月 26 日,全球最大的太阳能飞机"阳光动力 2 号"

在阿联酋首都阿布扎比上空试飞,并于 2015 年 3 月开始环球飞行。

8. 卡塔尔成为日本最大的 LNG 供应国

2015 年 2 月,卡塔尔成为日本最大的 LNG 供应者,当月向日本出口 173 万吨,而向澳大利亚出口 145 万吨。自 2012 年 7 月以来,几乎每月澳大利亚都是日本最大的 LNG 供应国,部分原因是卡塔尔 LNG 是世界上价格最高的地区之一。

9. 埃尼成为油价暴跌后首个削减股息石油巨头

2015 年 3 月 13 日,意大利石油巨头埃尼公司做出削减股息和暂停股票回购计划的决定,使其成为了全球第一个在油价暴跌以后削减股息以节约资金用于刺激未来产量增长的石油巨头。

10. 南非国家电力公司发电厂罢工

2015 年 3 月,南非国家电力公司(Eskom)旗下 Medupi 发电厂工人举行一日罢工。当月 27 日,南非国家电力公司表示,参加罢工的 1000 余名工人均被开除,另有 3000 余名工人将接受纪律处分。

11. 奥巴马下令联邦政府减排温室气体

2015 年 3 月 19 日,美国总统奥巴马签署行政命令,要求美国联邦政府机构到 2025 年在 2008 年基础上减少 40% 的温室气体排放。到 2025 年,美国联邦政府机构要把来自可再生能源的电力消费比例提高至 30%,将清洁能源在总能源消费中的比例提高至 25%。

12. 挪威国家石油公司在坦桑尼亚海域有重大天然气发现

2015 年 3 月 31 日,挪威国家石油公司(下称挪国油)Statoil 表示,公司已经在坦桑尼亚海域的 Mdalasini-1 勘探井中有额外的天然气资源发现。挪国油表示,公司在该井中新发现 1 万亿~1.8 万亿立方英尺的天然气,区块 2 的天然气总探明储量达到约 22 万亿立方英尺。

13. 伊朗核问题达成共识,石油出口解禁

2015 年 4 月 2 日,伊朗核问题谈判进入冲刺阶段。伊朗和国际六方(美国、英国、法国、德国、俄罗斯和中国)就伊朗核问题达成框架性解决方案。7 月 14 日,各方终于达成了历史性的全面解决伊朗核问题的协议,就解决延续了 12 年的伊朗核问题达成了政治共识。

14. 阿曼批评 OPEC 油价与市场份额政策

2015 年 4 月 13 日,阿曼石油部长在首都马斯喀特的一个新闻发布会上指出,他认为石油输出国组织(OPEC)成员国以削减他们一半收入为代价坚持保住石油市场份额的做法是极其错误的。阿曼是阿拉伯半岛最大的地区性产油国,但其并非 OPEC 成员。

15. 印度 IOC 将投资 75 亿美元建 LNG 终端和石化厂

2015年4月13日，印度最大的炼油企业和燃料零售商印度石油公司(IOC)在新德里表示，IOC在今后3年里将投资大约75亿美元建造石化和LNG终端。印度石油公司是印度国内最大的企业，它是印度国内最重要的名列全球财富500强的公司。

16. 科威特宣布发现 4 个新油田

2015年4月19日科威特原油公司(KOC)总裁哈希姆宣布，经过两年的勘探，公司在科威特的北部和西部地区发现了4个新的油田并新增2口油井，这将提高科威特的石油产量。4个新油田的发现，标志着科威特石油工业将进一步发展，原油产量将在短时间内得到提高。

17. 特斯拉发布 Powerwall 家用储能电池

2015年5月1日，特斯拉发布了家用储能电池产品Powerwall，不仅可以给Tesla供电，而且可以供给整个家庭用电，包括电视、空调、电灯等。它主打日常使用的一款7度电的产品售价3000美元，而主打备用电池的10度款售价则为3500美元。Powerwall可以配合电力使用，这样就可以对用电进行调节，比如当用电低谷的时候，它就可以把电能存储下来，在用电高峰的时候使用，更重要的是，Powerwall还可以让使用者们存储太阳能面板转化的电能，这样，即使太阳下山后，之前收集的也可以继续使用。

18. 法国道达尔公司决定放弃丹麦东部页岩气许可证

2015年5月23日，海外媒体在哥本哈根报道，丹麦能源署日前在哥本哈根表示，法国道达尔公司正在就放弃其在丹麦的两份页岩气许可证中的一份许可证与丹麦监管机构举行会谈，这意味着法国石油巨头在欧洲的页岩计划再次受挫。

19. 荷兰将瓦登海岛石油钻探决议时间推迟一年

2015年5月27日，荷兰经济大臣坎普在新闻发布会上表示，2015年不会就是否允许新的石油公司在瓦登海海域的泰尔丝海灵岛上进行油气钻探做出决定。瓦登海海域是独一无二的联合国世界自然遗址。泰尔丝海灵岛下藏油气田在20年前首次勘明。

20. 墨西哥批准新的公司开展石油勘探

2015年5月31日，墨西哥国家石油委员会表示，该委员会批准了26家公司开展海上(浅水)石油勘探，这些企业都通过了第一轮招标的资格预审。委员会主席塞佩塔指出，除了墨西哥石油公司(PEMEX)以外，有3家本国公司参与了不同的联营企业。

21. 塞尔维亚将寻求新的天然气管道线路

2015年6月9日，塞尔维亚能源部长亚历山大·安蒂奇表示，塞将寻求新的天然气管道线路,以便获得更优惠的价格和更稳定的供给。塞尔维亚天然气供给主要来自俄罗斯天然气工业股份公司(俄气),但是塞尔维亚需要开发新的线路,为市场引入竞争。

22. 挪威国家石油公司在挪威海有重大天然气发现

2015年6月10日,挪威国家石油公司Statoil表示,公司在位于挪威海AastaHansteen区域内的Gymir远景区有重大天然气发现,估计Gymir发现的可开采储量为600万~1900万桶石油当量。这已经是该公司三个月内在该区域的第三次重大天然气发现。

23. 俄罗斯取代沙特阿拉伯成为最大的对华石油供应国

2015年6月23日,中国海关总署的数据显示,5月份中国从俄罗斯进口的石油量上升20%,达到392万吨的高位,相当于每天92.7万桶;而5月从沙特阿拉伯进口的石油量下降42%,至305万吨。沙特阿拉伯4月对华供应原油526万吨,是2013年7月以来的最高点。

24. 法国道达尔石油公司将退出俄罗斯什托克曼气田

2015年6月25日,法国道达尔公司(Total)向俄罗斯天然气工业公司交还所持什托克曼气田开发公司25%股份。法国道达尔公司俄罗斯地区勘探和生产负责人表示,未来道达尔还希望与俄罗斯天然气工业公司进行合作。

25. 尼日利亚石油管道爆炸

2015年7月9日,尼日利亚南部负责运营的一处输油管道在维修时意外爆炸,导致12人死亡、3人受伤。据该公司人士说,爆炸发生在巴耶尔萨州,12名死者均为管道维护人员。

26. 中海油加拿大子公司发生约31 500桶溢漏

2015年7月16日,阿尔伯塔能源管理局表示,中海油加拿大子公司尼克森发布报告称,由于输油管路出现问题,在油砂地区发生了油、砂、水溢漏,总量计有大约31 500桶。

27. 法国谋划能源战略转型

2015年7月26日,法国国民议会通过投票表决通过《绿色发展能源过渡法》草案,自此该法案正式生效。法案规定到2025年将法国核能发电量比重从75%降到50%、限定现有的63.2吉瓦为今后的最高核能电力;同时通过促进绿色增长,为法国创造10万个就业岗位。

28. 美国发布《清洁电力计划》最终方案

2015年8月3日,美国总统奥巴马发布《清洁电力计划》最终方案。该方案较2014年美国环保局发布的计划草案小幅提高了减排标准,扩大了各州实施计划的灵活性,并增加了对可再生能源扶持力度。

29. 日本重启核电站,结束"零核电"

2015年8月11日,日本九州电力公司宣布,川内核电站1号机组当日成为日本全国首座被审查符合新安全标准后重启的反应堆,日本由此结束了1年11个月以来的"零核电"状态。不过,日本国内反对重启核电站的声音依然很大。

30. 美国放宽原油出口限制

2015年8月14日,美国商务部同意出口原油到墨西哥,这打破了40年来美国对墨西哥原油出口的禁止。美国国会也已经同意将轻质原油出口至墨西哥与之进行重质原油的贸易。而加拿大却与墨西哥不同,不需要出口相似的原油到美国。

31. 意国Eni公司在埃及发现"超大"天然气田

2015年8月31日,意大利能源公司Eni宣布,在近埃及的地中海海域发现超大型天然气油田,该气田或是在地中海发现的最大气田,这一气田每100平方千米可能潜藏有30万亿立方英尺的天然气,且该气田或成为世界最大气田之一。

32. 英国批准北海天然气开采计划

2015年9月1日,英国政府批准丹麦马士基石油公司(Maersk Oil)规模45亿美元的北海天然气开采计划,Culzean为10年来在北海发现的最大天然气田,估计在2021年开采高峰期的产量可望满足英国5%的天然气需求。

33. 国际原子能机构呼吁朝鲜尽快与原子能机构合作

2015年9月7日,国际原子能机构(IAEA)理事会会议在奥地利首都维也纳举行。国际原子能机构总干事天野之弥在向理事会提交的工作报告中,对伊朗核问题达成全面解决协议表示欢迎,同时呼吁朝鲜尽快与原子能机构合作解决所有悬而未决的问题。

34. 土库曼斯坦加入国际原子能机构

2015年9月17日,土库曼斯坦政府宣布国际原子能机构的成员一致同意土库曼斯坦的加入,这是在国际原子能机构大会第59次会议上所做出的决议。国际原子能机构成员国的代表称赞土库曼斯坦在全球范围内,尤其是在中亚地区不扩散核武器的原则。

35. 意大利为阿塞拜疆天然气运输至欧洲提供基础设施

2015年9月23日,阿塞拜疆石油公司和意大利SNAM公司在巴库签署了合作备忘录,评估发展南部天然气走廊项目的提案。该项目预计耗资450亿美元,是欧盟重点能源项目之一,计划将里海地区的天然气经过格鲁吉亚和土耳其运输到欧洲。

36. 首届二十国集团能源部长会议召开

2015年10月2日,首届二十国集团(G20)能源部长会议在土耳其伊斯坦布尔召开。这次峰会重点关注能源获取、可再生能源、能源效率和能源投资等问题,各国能源部长强调"包容性"合作,以在布里斯班峰会上达成的二十国集团能源原则(G20 Energy Principles)为基础,携手应对未来的能源挑战。会议公报强调,对可持续能源安全问题高度关注并通过"G20能源可及性行动计划",同意"G20可再生能源利用自愿行动选项",并强调进行可再生能源的创新、技术与知识共享,认识创新能源技术特别是清洁能源技术的重要性。

37. 法国道达尔公司出售挪威油田15%股份

2015年10月16日,法国石油公司道达尔同意出让挪威Gina Krog油田15%的股份,这是法国石油公司在油价下跌情况下为改善现金流而出售资产计划的一个步骤。道达尔表示,将把这一资产以14亿挪威克朗(1.7亿美元)出售给Sequa石油旗下忒勒斯石油公司。

38. 伊朗核协议正式生效

2015年10月18日,联合国安理会5个常任理事国和德国(P5+1)于2015年7月14日在维也纳对伊朗核方案达成的"联合全面行动计划"正式生效。

39. 土耳其就俄罗斯天然气价格问题上诉国际仲裁法庭

2015年10月26日,土耳其就俄罗斯供应该国天然气价格问题上诉至国际仲裁法庭。土耳其BOTAS石油管道公司此前称如果俄罗斯天然气工业股份公司不宣布对该公司实行最终价格削减,他们将可能上诉至国际仲裁法庭。

40. 英国宣布2025年前关闭其燃煤电站

2015年11月23日,英国政府宣布欲在2025年以前,关闭所有燃煤电站。为当前世界上第一个明确期限来限煤减排的主要经济体。同时国家能源和气候变化秘书安柏也表示,英国将转向核及天然气电站以满足其可再生能源需求。

41. 西班牙Abengoa申请破产保护

2015年11月26日,全球最大可再生能源公司之一、西班牙的Abengoa申请破产保护,原因是一家投资公司放弃了向其注资的计划。

42. 巴黎气候协定达成

2015年12月13日,在巴黎举行的2015年联合国气候大会最终达成一致,各方承诺加强对气候变化威胁的全球应对,将全球平均气温较工业化前水平升高幅度控制在2℃内。发达国家承诺在2020年至2025年间,每年拨款至少1000亿美元,协助发展中国家应对气候变化带来的冲击。

43. 美国废除原油出口禁令

2015年12月18日,美国废除了1975年以来一直生效的原油出口禁令。该禁令旨在缓和未来的石油供应危机。